T0157270

Printed in the United States
By Bookmasters

ثورة 25 يناير المصرية

ثورة شعب حرّ

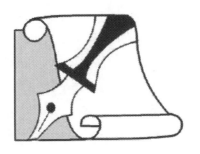

جميع الحقوق محفوظة

باحث للدراسات
الفلسطينية والاستراتيجية

الطبعة الأولى

2012

بيروت- لبنان

www.bahethcenter.net

تلفاكس: 01/843882

information@bahethcenter.net

هاتف: 01/842882

isdarat@bahethcenter.net

النسخة الإلكترونية

www.neelwafurat.com - www.nthinkers.com

ثورة 25 يناير المصرية

ثورة شعب حر

مجموعة من الباحثين

(تحرير عبد القادر ياسين)

 باحث للدراسات الفلسطينية والاستراتيجية

فهرس المحتويات

تقديم

أخيراً، لم يعد الشعب المصري يتواكل على من يأتي له بحبيبه، حسب المغنّي المصري، قبل نحو قرن؛ كما لم يعبأ أحدٌ بانتقام المتحكِّم بمياه الريّ من الشعب، إذا ثار؛ صحيحٌ أن مصر خضعت لاحتلالاتٍ متواليةٍ، على مدى خمسة آلاف سنة؛ وكلّ احتلالٍ يطرد سلفه، في انتظار خلفٍ يطرد الاحتلال الجديد. فنظام مبارك لم يكن احتلالاً، وإن تجاوز فيما اقترف أيّ احتلال!

لقد كانت ثورة 25 يناير/كانون الثاني 2011 حلقة في سلسلة الثورات والانتفاضات الوطنية المصرية، وإن كانت حلقة مميّزة، الأمر الذي غطّاه المهندس أحمد بهاء الدين شعبان في مدخل هذا الكتاب.

اختصّ الباب الأوّل في "الاقتصاد السياسي للثورة"، حيث غطّى الخبير الاقتصادي عبد الخالق فاروق الأساس الاقتصادي-الاجتماعي للثورة، فيما أضاء الكاتب السياسي عبد العال الباقوري على الأساس السياسي للثورة؛ ورصدت رضوى عبد القادر الحركات الاحتجاجية، التي قامت بدور الفرقة الثورية، بعد أن استقالت الأحزاب المعارضة من مهامها. وأوضحت سناء سلامة كيف أسّس المسرح المصري للثورة، فيما ألقى الناقد السينمائي كمال رمزي حزمة من الأضواء على ما أسهمت به السّينما المصرية في كشف الاستبداد، والفساد، والظلم، فقدّمت هذه السينما حصّتها في التوعية الشعبية.

في الباب الثاني، كان "الانفجار"، حيث كشف الباحث والصحافي أحمد عاطف "المفاجأة"، وتتبّع الكاتب الصحافي ناصر حجازي يوميّات الثورة، بينما لاحق الباحث نادر سلسيلي السلطة فيما اتخذته من إجراءاتٍ في مواجهة الثورة. وتبعه الباحث محمّد قاياتي، الذي تعامل مع الشعارات والهتافات التي أُطلِقت في محاولة لقراءة خطاب الثورة.

عن "الأصداء" كان الباب الثالث، وأوّلها في المجال العربي، رصدتها الباحثة رشا حسني، فيما تتبّع المختصّ في الشؤون الإسرائيلية، خالد سعيد "الأصداء الإسرائيلية"، ورصد الباحث مجدي السيّد "الأصداء الدولية". وختم عبد القادر ياسين فصول الكتاب بالحديث عن الثورة الشعبية المصرية وتداعياتها على القضية الفلسطينية".

وأُلحِق بالكتاب عددٌ من الملاحق، مثل بيانات الثورة، وشهادات مشاركين فاعلين فيها، وأسماء شهدائها، فضلاً عن قرص مدمّج لمشاهد حيّةٍ من الثورة.

القاهرة 2011/5/15

المحرّر

عبد القادر ياسين

المدخل:

جيل من بعد جيل

أحمد بهاء الدين شعبان

ثورة شعب!

تاريخُ مصر الحقيقي هو تاريخُ شعبها، صانع المجد وباني الحضارات.

وفي القلب من هذا التاريخ الناصع، يأتي دور شبابها، الذي ناضل وسط شعبه، ورفع راية الكفاح من أجل كرامة وطنه، واندفع، جيلاً من بعد جيل، يذود عن استقلاله، ويسعى جاهداً لانتزاع حرّيته، ويقدّم الشهداء الأبرار، صفوفاً من خلف صفوف، قرباناً للثورة، وفداءاً للأمّة!

والذين يتصوّرون أن ثورة الخامس والعشرين من يناير-كانون الثاني 2011، هي مجرّد هبّةٍ للشباب المصري، منقطعة الصلة عمّا سبقها من مراحل، وأن لا رابط بينها وبين ما سيأتي من بعدها من تفاعلات، لا يعرفون تاريخ مصر جيّداً، فهم لم يقرؤوه كفاية، ولا أحسّوا بنبضه، إحساساً حقيقياً!.

الصحيح، أنها ليست ثورة شبابية، على الرغم من أن دور الشباب في التجهيز والدعوة إليها، وفي تفجيرها، والمشاركة البطولية في جميع وقائعها، وفي نشرها، وفي القتال دفاعا عن وجودها، كان دورًا بطوليًا، لا شك في هذا، أبدًا!؟

ومع ذلك، لم تكن الثورة شبابية وحسب، كما يزعم البعض، بل إن مصلحتها المباشرة

تقتضى الإصرار على عدم نعتها بهذا الوصف، والتأكيد، في المقابل، على أنها ثورة شعبية فريدة الطابع، شارك فيها كل أبناء الوطن، من جميع طبقات وفئات وطوائف الشعب المصري، بأغنيائه وفقرائه، بنسائه ورجاله، بعجزته وفتيانه، بمسلميه ومسيحييه، بيسارييه وقومييه، بإسلامييه وليبرالييه، من دون حظر أو حجب، أو إقصاء أو تمييز!

ولو لمّ يكن للثورة هذا الطابع الشعبي الشامل، لسهّل على أعدائها حصارها، ولتمكنوا، في النهاية، بما يملكونه من قدرات، وما في قبضتهم من أسلحة، أن يقضوا عليها في مهدها، وأن يُجهضوا حلم شعبنا في الحرية والتغيير!

مخاض ممتد!

المؤكّد أن هذه الثورة لم تأت من فراغ، ولا نجاحها كان ضربة حظٍ، وإنما وُلدت عبر مخاضٍ طويل، قاسٍ ومكلفٍ، ونجحت لأنها راكمت الخبرة، عقدًا من وراء عقد، وتجمّعت عناصرها، سنة إثر سنة، حتى إذا حانت لحظةُ الوجود، أذهلت العالم باكتمالِ ملامحها، وفرضت عليه احترام تحضُّرها، وسمو حضورها!

لقد سعى خصومُ الشعب المصري، وأعداء تقدمه، والحريصون على أن يظل مُحَاصَراً ومهزوماً، ليُرسِّخوا في أذهاننا، ويزرعوا في إدراكنا، "حقيقة" كاذبة، بذلوا جهدًا خارقاً لإثباتِ صدقيتها المفتعلة، وتاريخيتها المزيّفة، واستخدموا كل أساليب الخداع، وغسل الأدمغة، والعبث بالعقول، لترسيخها في وعينا، وتثبيتها في خلايانا، حتى لا تقوم لنا قائمة، أو ننهض من كبوتنا، أبدًا!

. . . ومزاعم باطلة!

هذه "الحقيقة "الكاذبة، تدّعي أن الشعب المصري خانعٌ بطبعه، خاضعٌ بسليقته، لا يثورُ أبداً، مهما وقع عليه من ظلم، أو تعرّض له من عسفٍ واستغلال، وأن عصور القهر الممتدة، وقرون الاحتلال المستمرة، قد طبعت شخصيته بالسلبية الكاملة، ووسمتها بالميل للخضوع، والركون للاستسلام. وأنه، اختصاراً، كما كتب البعض: "شعبٌ تُجَمِّعَهُ طبلةٌ، وتُفَرِّقَهُ عصا!"[1].

لقد تبدّدت كلّ هذه التُرّهات، في الخامس والعشرين من يناير، وذرّتها رياح الثورة إلى مزبلة التاريخ، حيث مكانها اللائق! وبرزت في المقابل، الحقيقة المؤكّدة: لم يكُفّ شعبُ مصر، أبداً، طوال تاريخه المرصود، الطويل، عن الثورة، ولا صمت عن ظلم ٍتَعَرَّضَ له، أو حيفٍ مورس في مواجهته.

أولى ثورات التاريخ!

بل إن أولى ثورات التاريخ المكتوب، كانت فوق أرضه، وهي الثورة التي وُصِفَت باعتبارها: "أول ثورة طبقية " في التاريخ (في الفترة ما بين عامي 2280ق. م. 2132 ق. م. على وجه التقريب) [2]؛ حينما تمرّد الشعب المصري على الظلم الاجتماعي والامتيازات الطبقية، التي أثقلت كاهله، على امتداد فترات طويلة قبل الثورة، وقد وصف الحكيم " إيبور" في نبوءاته الشهيرة، أنواع المظالم التي عانى منها المصريون، وعكس تدهور الأحوال، واضطراب الأمن، وشيوع الأمراض، وانتشار الأوبئة والمجاعات، ووقوع البلاد تحت سلطان المطامع الأجنبية، وإعراض الملك، (المُرجّح أنه الملك " بيبي الثاني ")، عن التواصل مع الشعب، بفعل الطبقة العازلة المحيطة من الحاشية والمستفيدين، الأمر الذي أصبح معه: " القوم يقتاتون الحشائش، ويعيشون على الماء. وحتى الطيور لا تجد ما تأكله من فاكهة وأعشاب، وأصبحت القاذورات تُخطف من أفواه الخنازير. . . لقد انبث ّ الوباء في كل الأرض، وأصبحت لفائف الموميات تتكلم من دون أن يقترب منها إنسان! " [3]؛ وهو الوضع الذي أفاض حكيم آخر في شرحه، وهو الحكيم " نفر روهو ": " انتبه يا قلبى، واذرف الدمع على هذه البلاد في كل نبضاتك! أصبحت الأرض خراباً، ولا أحد يهتم بها، ولا من يتحدث، أو يذرف الدمع السخين!. . . كيف أضحت هذه البلاد وأمست؟!. . . إن الشمس قد احتجبت، ولم تعد تشرق ليرى الناس. . . ونهر مصر قد جفَّ، حتى ليستطيع المرء أن يعبره ماشيًا. . . إن كل ما هو طيّب قد ولّى، والبلاد خضعت للشقاء، وغزاها البدو. . . وظهر الأعداء في برّ مصر، ونزل إلى برها الآسيويون. . . ولسوف أريك هذه البلاد ذليلة بائسة، وما لم يكن يحدث، أبداً، قد حدث! "[4].

هكذا، وفي ظلّ الظروف المتدهورة، التي أفاض الحكيمان في وصفها، وتبيان آثارها على

أوضاع الشعب المصري، آنذاك، كانت ثورة الفقراء والمعوزين، أمراً محتماً، ثورة استهدفت تحقيق "العدالة"، حلم " المصري الفصيح "، منذ القدم: " إن العدالة خالدة أبداً، وهي تنزل القبر مع من أقامها في الأرض، فإذا توارى في قبره، ووُضع في التراب، فلن يمحى ذكره في الأرض، وسيذكره الذاكرون بما فعل من خير! " [5].

مع تولي الحقب والقرون، وعلى مدار عمره الممتدّ، تعدّدت ثورات الشعب المصري، في مواجهة الإغريق، الرومان، الفرس، العرب[6]، الانجليز، الفرنسيين والعثمانيين!

ثورات المصريين المحدثين!

ثورتا القاهرة على الحملة الفرنسية:

لم تتوقف انتفاضات شعب مصرفي مواجهة حكّامه وقهرهم، فثار ـ في العصر الحديث ـ على الحملة الفرنسية، في ثورتي القاهرة: الأولى (في 21 أكتوبر/تشرين الأول سنة 1798)، والثانية (أواخر مارس/آذار 1800)، وهما ثورتان منظمتان، اشترك في وقائعهما الشعب بجميع فئاته وطبقاته، على اختلاف أديانها وأصولها وحرفها، وقامت على الزعامة فيهما قيادات شعبية مخلصة (عمرمكرم، أحمد المحروقى. وغيرهما). وامتدت آثارهما إلى أرجاء العاصمة كافّة، وفي أحيائها الشعبية بالذات، مثل حي بولاق، ودارت فيهما معارك طاحنة، سقط على إثرها المئات من الشهداء من أبناء الشعب. وعلى الناحية المقابلة، تكبّد الفرنسيون خسائر فادحة، وسقط لهم مئات القتلى والجرحى، لعل من أهمهم " ساري عسكر " فرنسا، الجنرال " كليبر"، الذي خلفه " بونابرت " في حكم مصر، بعد رحيله. واغتيل "كليبر" على يد الشاب السوري، سليمان الحلبي.

وقد أبدى المصريون، في هاتين الثورتين، ضروبًا من الإبداع والابتكار، حازت إعجاب حتى الأعداء أنفسهم، ودفعت " مسيو مارتان"، أحد علماء الحملة الفرنسية، إلى الاعتراف: " لقد قام سكان القاهرة بما لم يستطع أحدٌ أن يقوم به من قبل، فقد صنعوا البارود، وصنعوا القنابل من حديد المساجد وأدوات الصنّاع، وصنعوا مايصعب تصديقه: ذلك أنهم صنعوا المدافع! "[7].

لقد أجبرت ثورات شعب مصر، الفرنسيين، في نهاية المطاف، على اتخاذ قرار الرحيل[8].

تولية محمد علي: العدل والكف عن المظالم!

تولى محمد علي موقع الولاية، نزولا عند إرادة الشعب المصري، بعد أن أزيح الوالي العثماني المتسلِّط، خورشيد باشا، وبناءً على "وثيقة" حرّرها زعماء الشعب، بقيادة عمر مكرم، ألزموا فيها محمد علي بألا تُفرض ضريبة، إلاّ بعد إقرار العلماء و(الأعيان)، وأن يلتزم تحقيق العـــدل، وتنفيذ الأحكام والشرائع، والكفّ عن المظالم، وإلا عزلوه عن الحكم " متى حاد عن هذه الشروط"![9].

طرد حملة " فريزر "!

حينما حاولت إنجلترا تكرار محاولات خصمها اللدود، فرنسا، احتلال مصر بأساطيلها البحرية، عبرحملة عسكرية قادها الجنرال فريزر، (قوامها ستة آلاف جندي، وهبطت إلى الإسكندرية، في 21 مارس/آذار 1807)، دارت معارك طاحنة، أبرزها في بلدة رشيد، انتهت بهزيمة إنجليزية فادحة، تكبّد فيها الغزاة 170 قتيلاً، 250 مصاباً، 120 أسيرا. وحينما عاودت القوات الانجليزية العدوان على رشيد، انتقامًا لهزيمتها الشائنة، وطوّقت حدودها، وقصفتها قصفاً عنيفاً، بقنابل المدفعية. صمدت رشيد، صموداً بطولياً، وأجبرت القوات الانجليزية على الاستسلام والانسحاب، ومغادرة أرض "المحروسة" نهائيًا، في غضون عشرة أيام من تاريخ توقيع معاهدة الانسحاب (في 14 سبتمبر/أيلول 1807)، بعد أن عجزت أمام بطولة أهلها، وفي مواجهة قوات الإمداد التي وافاها بها الشعب المصري، من العاصمة، ومن الاسكندرية، والمدن المحيطة. وقد سقط في هذه المعركة ما يزيد عن 450 قتيلاً، وأُسر أكثر من 400 ضابط وجندي بريطاني[10].

الثورة العرابية: لن نُورَّث ولن نُستعبد!

مع تزايد الإحساس بالظلم والتمييز، والشعور بالقهر والاستغلال، في عهد " توفيق"، تحرّك شعب مصر، هذه المرة بقيادة جيشه، وتحت زعامة " أحمد عرابي "، الذي واجه "الخديوي"

بمطالب الجيش والشعب: عزل وزارة "رياض"، وتشكيل مجلس نواب، وزيادة عدد قوات الجيش، وتنفيذ القوانين العسكرية. وحينما اعترض " الخديوي " على هذه الطلبات، معلناً: " لقد ورثت هذه البلاد عن آبائي وأجدادي، وما أنتم إلاّ عبيد إحساناتنا! "، دوّى صوت " عرابي "بصيحته الشهيرة: " لقد خلقنا الله أحرارًا، ولم يخلقنا تراثًا وعقارًا، فوالله الذي لا إله إلاّ هو، إننا سوف لن نورَّث بعد اليوم! "[11].

حتى بعد انكسار الثورة العُرابية، (لاختلال توازن القوى، وضعف الخبرة العسكرية، والخيانة التي تعرّضت لها)، لم يتوقف نهر الثورة عن ري الأرض المصرية المتعطِّشة!.

مصطفى كامل ومحمد فريد!

نهض شاب في ريعان الشباب، "مصطفى كامل"، يتحدى الهزيمة، ويترنّم بأناشيد الوطنية وحبّ الوطن والفداء. ومن بعده، قدّم " محمد فريد" جهوداً مضنية لتنظيم الصفوف في مواجهة الأعداء، وأشعل الشعب المصري الثورة الوطنية الكبرى، عام 1919، بزعامة "سعد باشا زغلول"، التي لعب فيها طلاّب المدارس والمعاهد والجامعة دورًا مشهودًا.

انتهت الحرب العالمية الأولى، يوم 11نوفمبر/تشرين الثاني سنة 1918، وهي الحرب التي أرغم الاحتلال الانجليزي مصرعلى أن تتحمل أوزارها، من دون رغبة منها، مساندة لبريطانيا ولمجهودها الحربي!

بعث انتهاء الحرب الأمل في نفوس المصريين في أن ينالوا حريتهم، فألفَّ نفرٌ من الوطنيين وفدًا برئاسة سعد زغلول باشا، أخذ على عاتقه مهمة المطالبة بالاستقلال، بواسطة جمع "توكيلات" من الأمة، تفوِّض " الوفد " في عرض مطالبها. وحين تقدم سعد بطلب إلى قيادة الجيش البريطاني للسماح له ولزملائه بالسفر إلى انجلترا، لعرض " القضية المصرية "، قوبل الطلب بالرفض، ثم أُلقي القبض على سعد وثلاثة من رفاقه، وتم نفيهم، يوم 9 مارس/آذار 1919، إلى مالطة، فانفجرت الثورة!

خرجت التظاهرات من مدرسة الحقوق، وانضم إليها طلاب " المهندسخانة "، والزراعة،

وطلاب مدرسة التجارة العليا بالمبتديان. وفي حي " السيدة زينب" انضم إلى المتظاهرين طلاب دار العلوم، والتجارة المتوسطة، والقضاء الشرعي، وطلاب المدارس الثانوية، واصطدمت التظاهرات بقوات الأمن، حيث أصيب واعتقل المئات.

في اليوم التالي والأيام التالية، وصلت التظاهرات إلى الأزهر، والمدارس العليا، والثانوية. وانضمت إلى صفوف الثائرين فئات الشعب المختلفة، وإلى جانبهم أضرب سائقو "الترام" وسيارات الأجرة، والتجّار. وتحوّلت الثورة ـ التى بدأها الطلاب والشباب ـ إلى "ثورة شعبية" حقيقية، شارك فيها العمال، والفلاحون، والمستخدمون، والمهنيون، في العاصمة، و" المديريات "، والأطراف. وسقط عشرات الشهداء، فداءً لثورتهم. وانتقلت الثورة إلى الريف البعيد، إلى الإسكندرية، وطنطا، والمحلة الكبرى، والمنصورة، وغيرها من المدن، وتجاوزت المدن إلى الريف. وشاركت في وقائع الثورة، كل الطبقات والمستويات الاجتماعية، وتجسدت فيها أرقى معاني الوحدة الوطنية، والكفاح المشترك!

ثورات الشباب: الراية لم تسقط!

1935: رفعت العَلَم يا عبد الحكم!

انتفض الشباب والطلاب، عام 1935، في مواجهة مؤامرات القصر، والاهتراء الحزبي، والاحتلال البريطاني. فبعد فترة من التخبُّط السياسي، وحكم أحزاب الأقلية المتواطئة مع القصر والاحتلال، الذي أعلن، على لسان وزير خارجيته، صمويل هور، في نوفمبر/تشرين الثاني 1935، أن حكومته لا توافق على عودة دستور 1923، بذريعة أنه غير صالح للعمل! انفجرت الانتفاضة في البلاد، يوم 13 نوفمبر/تشرين الثاني، في ذكرى " عيد الجهاد "، ودارت معارك بطولية بين قوات الأمن وطلاب جامعة القاهرة (فؤاد الأول)، الذين استشهد منهم " محمد عبد المجيد مرسي"، (طالب كلية الزراعة)، و"محمد عبد الحكم الجراحي"، (الطالب بكلية الآداب)، و"علي طه عفيفي"، (طالب كلية العلوم). كما سقط شهداء آخرون، في مدن أخرى، كطنطا، وغيرها من المدن المصرية [12].

اللجنة الوطنية للطلبة والعمّال

في عام 1946، تشكلت قيادة شعبية من نوع جديد، لمرحلة جديدة من كفاح الشعب المصري، بعد أن ثبُتت حقيقة عجز الأطر السياسية الحزبية القائمة عن الوفاء بالتزامات النضال الوطني والشعبي، نتيجة لجمودها، وسيطرة كبار رجال المال ومُلاّك الأراضي عليها، وخفوت روح النضال في أبرزها (حزب الوفد). وخاضت الجماهير الطلابية والشعبية، معارك عنيفة، ضدّ الاحتلال والقصر، تحت قيادة " اللجنة الوطنية العليا للطلبة والعمال "، دفعت فيها تضحيات كبيرة، من دون تردُّد أو خوف. وكما يحدث اليوم، فقد تابع العالم كله، بتعاطف وإعجاب، كفاح شعب مصر، وطلابها، وشبابها، وثمّنَ تضحياتهم في سبيل "الحرية " و"الاستقلال". وتقديراً لنضالهم البطولي، اعتُبر يوم 21 فبراير/شباط من كل عام، وهو ذكرى اليوم الذي خرجت فيه التظاهرات الحاشدة في مصر، تلبية لدعوة "اللجنة الوطنية العليا للطلبة والعمال"، فسقط المئات من الشهداء والمصابين، " يوماً للطالب العالمي "، يُحتفل به في العالم أجمع، تقديرًا لدور طلاب مصر، ودور طلاب الهند، الذين كان لهم، في اليوم نفسه، وقفة بطولية مشابهة![13].

قادت هذه المرحلة، بتفاعلاتها وتراكماتها، إلى ثورة 23 يوليو/تموز عام 1952، بقيادة تنظيم "الضباط الأحرار"، الذي ترأسه "جمال عبد الناصر". وانتقلت مصر من عهد الملكية، إلى العصر الجمهوري. وتحت زعامة " ناصر "، في أعقاب فترة رئاسة محدودة لـ " الرئيس محمد نجيب"، خاضت مصر معارك طاحنة لتحقيق استقلال الإرادة والبناء، فأمّمت قناة السويس، وهزمت "العدوان الثلاثي"، وبنت السد العالي، وساندت حركات التحرُّر، العربية والأفريقية والآسيوية، ووقفت ضدّ الاستعمار ومشاريعه المعادية للسلام وللشعوب، ودعت لوحدة الأمة العربية، وتوحدت مع سوريا لتكوين " الجمهورية العربية المتحدة "، التي سرعان ما انهارت، تحت وطأة الضربات الانفصالية، عام 1961، بعد سنوات محدودة من إنشائها[14]!

حينما تآمر الاستعمار والصهيونية، والتسلُّط والبيروقراطية، على شعب مصر، ووقعت هزيمة يونيو/حزيران 1967 المأساوية، لم يستسلم الشعب، وأعاد بناء جيشه المحطَّم، في زمن قياسي، وخاض معارك بطولية، لاسترداد كرامته المهدورة، ولتحرير أرضه المحتلة، طوال مرحلة "حرب

الاستنزاف"، ثم في عام 1973. وكان لازمًا حتى تندفع مصر لعبور هزيمتها، من أن ينتفض شبابها في الجامعة والمصانع، أعوام 1968، و1972، و1973، 1975. ثم كان ضروريًا حتى يدافع شعب مصر عن حقه في الحياة الكريمة، أن يثور، مجددًا، في انتفاضته الكبرى، يومي 18 و19 يناير/كانون الثاني 1977[15]!

فضلاً عما تقدم، كانت مصر الدولة العربية الكبيرة، التي أردى متمردون رافضون رئيسها، أنور السادات، برصاصاتهم، وسط احتفالاته و" جنوده "، وعلى مرأى ومسمع من العالم كله، يوم 6 أكتوبر/تشرين الأول عام 1981[16]!

مع تولّي الرئيس السابق، حسني مبارك مقاليد الحكم، لم تتوقف حركة شعب مصر الضاغطة من أجل انتزاع حقّه في العدل والحرية، فتشكّلت عشرات اللجان والجمعيات ومؤسسات المجتمع المدني الحقوقية، من أجل تنظيم القوى الشعبية في مواجهة الفساد، والاستبداد، والقهر، وضد توحُّش جهاز القمع، في عهده، الذي استطال على مساحة ثلاثين عامًا متصلة. كما تأسست " حركة كفاية "، التي كانت بداية مرحلة جديدة من النضال في سبيل الديموقراطية، أواخر عام 2004، بشعارها المميَّز: " لا للتمديد. . . لا للتوريث!"[17]. ومن بعدها لم يكد يمر يوم في مصر، من دون أن تشهد شوارعها، وجامعاتها، ومصانعها، وحقولها، معارك طاحنة، بلغت الآلاف، وعلى امتداد مصر كلها، وفي جميع مستوياتها الطبقية والاجتماعية، بين الشعب من جانب، وبين تحالف الثروة والسلطة، والقمع والاستغلال، من جهة أخرى!

هكذا، تقول لنا القراءة الشاملة لمجريات تاريخ وطننا المعاصر، إن ماحدث يوم 25 يناير/كانون الثاني 2011، لم يكن من صنع اللحظة، ولا هبط علينا من سماوات السحر والغموض، بل كان تطورًا طبيعيًا، وتصعيدًا منطقيًا لمؤثرات تراكمت، يومًا بعد يوم، وعامًا إثر عام.

. . . كانت رياح الثورة تتجمع في الأفق، تنتظر الشرارة: ومن الشرارة. . . اندلع اللهيب!

الهوامش:

1ـ لمزيد من التفاصيل حول هذه القضية، أنظر: الدكتور إبراهيم السايح، جذور السلبية الشعبية في مصر، دار البستاني للنشر والتوزيع، القاهرة 2002.

2ـ انظر: محمد العزب موسى، أول ثورة على الإقطاع، سلسلة "كتاب الهلال"، القاهرة، العدد 182، مايو/أيار 1966.

3ـ المصدر نفسه، ص: 73.

4ـ المصدر نفسه، ص: 82.

5ـ من وصايا " الفلاح الفصيح "، المصدر نفسه، ص 120.

6ـ أنظر: الدكتور حسين نصّار، الثورات الشعبية في مصر الإسلامية، منشورات إقرأ، الطبعة الثانية، بيروت 1980.

7ـ أنظر: حسنين كروم، ملامح الحرب الشعبية في ثورات القاهرة، الهلال، (القاهرة)، (عدد خاص: مصر المحاربة)، يونية/حزيران 1970، ص 72.

8ـ لمزيد من التفاصيل، هناك عشرات المراجع عن هذه الفترة، منها تاريخ الجبرتي. وانظر: محمد عبد الرحمن حسين، كفاح شعب، المجلس الأعلى للشؤون الإسلامية، القاهرة 1967، ص 14 ـ 15.

9ـ المصدر نفسه، ص: 22- 24. وانظر أيضا: عبد الرحمن الرافعى، مصر المجاهدة في العصر الحديث ـ الجزء الثاني، تاريخ مصر القومي: من ولاية محمد علي إلى نهاية حكم سعيد، الطبعة الثالثة، دار الهلال 1989.

10ـ المصدر نفسه، ص 26 ـ 32.

11ـ محمد أمين حسونه، كفاح الشعب من عمر مكرم إلى جمال عبد الناصر، المجلد الثاني، مطبعة جريدة الصباح، القاهرة، 1955، ص: 45. وانظر أيضا: عبد الهادي مسعود، ثورات مصر من أول عهد سعيد إلى آخر عهد توفيق، مطبعة مخيمر، القاهرة، ص 209 ـ 292.

12 ـ د. سعيد عبد الفتاح عاشور، ثورة شعب: عرض للحركة الوطنية في مصر في القرنين التاسع عشر والعشرين، مع دراسة تفصيلية لثورة 23 يوليو 1952، دار النهضة العربية، القاهرة، الطبعة الأولى 1964، ص: 110ـ 112.

13ـ الدكتور أحمد عبد الله رزّة، الطلبة والسياسة في مصر، ترجمة: إكرام يوسف، دار سينا للنشر، القاهرة، الطبعة الأولى، 1991، ص 82 ـ 97.

14ـ المصدر نفسه، ص: 230 ـ 242.

15ـ أنظر شهادة الكاتب الشخصية عن يومي الانتفاضة، في: أحمد بهاء الدين شعبان، 48 ساعة هزّت مصر، دار هفن للترجمة والنشر والبرمجيات، الطبعة الأولى، القاهرة، 2009، ص: 35ـ67.

16ـ تحليل الظروف الاقتصادية والسياسية التي سبقت وواكبت وتلت وقائع انتفاضة 18و19يناير، موضّحة في: حسين عبد الرازق، مصر في 18و19 يناير: دراسة سياسية وثائقية، دار شهدي للنشر، القاهرة 1985.

17ـ لمزيد من التفاصيل حول تاريخ حركة "كفايه" ونضالاتها، أنظر: أحمد بهاء الدين شعبان، رفّة الفراشة: كفايه ـ الماضي والمستقبل، مطبوعات كفاية، القاهرة 2006.

الباب الأوّل

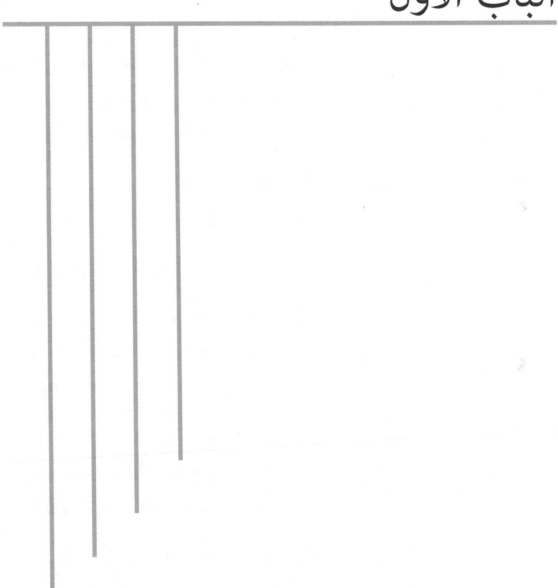

الاقتصاد السياسي للثورة المصرية

الفصل الأوّل:

الأساس الاقتصادي والاجتماعي للثورة

عبد الخالق فاروق

إذا جاز للمؤرخين والمهتمين بالشأن الوطني العام أن يؤرّخوا لعهد الرئيس المخلوع، حسني مبارك، فسوف يجدون أنفسهم أمام حقيقة أساسية، لا تخطئها العين، وهي أن عهده الذي امتد لأكثر من ثلاثين عامًا، علاوة على السنوات السبع السابقة عليها، التي شغل فيها منصب نائب رئيس الجمهورية، ومارس بجانب الرئيس الأسبق، أنور السادات، مسئولية قراراته وتنفيذها، نقول، يكاد ينقسم عهده إلى مرحلتين:

- الأولى: هي تلك الفترة التي امتدت من أكتوبر/تشرين الأول عام 1981، وتكاد تكون قد انطوت، تمامًا، في الثاني من أغسطس/آب عام 1990.

- الثانية: وهي التي أعقبت عام 1990، واستمرت حتى تاريخ خلعه، في 11 فبراير/شباط 2011.

تميّزت الفترة الأولى بحالة من القبول الشعبي، والرغبة في منح مبارك الفرصة كاملة، وانتظار النتائج. وكانت جهوده واضحة في البحث عن مخرج، وترطيب الأجواء الداخلية، وتحسين علاقات مصر العربية، وإن بدا أن هناك ملامح استمرار غير إيجابية لسياسات سلفه، في الكثير من الجوانب والأساسيات.

بيد أن ما اتسمت به المرحلة الثانية، كان فوق طاقة الناس على التحمل، وفوق قدرة الضمير على الاحتمال.

هكذا كانت نتائج حكمه، الذي استمر ثلاثين عامًا، علاوة على سبع سنوات قبلها، في منصب (النائب)، مشاركاً في صنع القرارات، وعاملاً على تنفيذها، بجد وإخلاص.

وإذا كانت هناك من إنجازات في مجال إصلاح البنية الأساسية، مثل تمهيد الطرق، وبناء الكباري، ومحطات الكهرباء، والمياه والصرف الصحي، ومد شبكة الاتصالات، و"مترو الأنفاق". . . الخ، وهي قائمة وحقيقية، لا ينكرها أحد، فهي لا تقارن بالثمن السياسي والاقتصادي والاجتماعي، بل حتى الأخلاقي، الذي دفعته مصر وشعبها، من كرامتها، وقيمتها، ودورها.

فالاستعمار البريطاني لمصر، والاستعمار الفرنسي للجزائر وبقية دول المغرب العربي -وكلّ استعمار شهدته البشرية- قام أيضًا، بإصلاحات في شبكات الري، والصرف، وإقامة الجسور، وبناء بعض المدارس، وغيرها من وسائل الحياة الحديثة، ورغم ذلك لا نستطيع أن نعتبر " إنجازات " الاستعمار محلاً للترحيب، أو أساسًا لشرعية وجوده، لقد سلب من الشعوب الروح، والعزة، والكرامة الوطنية.

والسؤال: ما هو الثمن: الإقتصادي، والاجتماعي، والسياسي، لفترة حكمه، التي جاوزت ثلاثين عاما؟ وما هو الانعكاس الأخلاقى لهذه الفترة على المصريين، بشرائحهم وأعمارهم كافّة؟

لنعرض بعضًا من جوانب الصورة الأخرى، المسكوت عنها، أحياناً:

أولا: في المجال الاقتصادي

1- لقد بدأ عهد مبارك وحجم الدين المحلي الإجمالي، عام 1982، يُقدّر بنحو 15. 4 مليار جنيه (بما يمثل حوإلى 54% من الناتج المحلي الإجمالي)، فإذا به، في نهاية عهده (2010)، قد تجاوز 885 مليار جنيه (حوالي 97% من الناتج المحلي الإجمالي). وباتت خدمة هذا الدين تلتهم أكثر من ثلث مصروفات الموازنة العامة للدولة، سنويًا.

فالمديونية تعني التكثيف المركّز للعجز المتفاقم في الموازنة العامة للدولة، والميزان التجاري،

أو ميزان المدفوعات، وتزداد وطأة الإحساس بالدين العام، الداخلي والخارجي، حينما لا تكون هذه المديونية نتيجة للاستثمار الداخلي، أو تنمية قوى الإنتاج المادي في المجتمع، أو من أجل تنمية هذه الأصول الإنتاجية. والحالة المصرية، في جوهرها، خصوصاً منذ منتصف السبعينيات وحتى منتصف الثمانينيات، كانت نموذجًا فريدًا لهذا الوضع.

وخلال مرحلة حسني مبارك (82 - 2010)، تميّز وضع مديونية الاقتصاد المصري بسمات جديدة، هي:

أولاً: أبرز ما اتسمت به المرحلة الجديدة كان إعادة هيكلة الدين العام؛ فقد تزايد الاعتماد خلالها على مصادر محلية، وأوعية ادخارية محلية متاحة، لتمويل العجز في الموازنة العامة، وتمويل الاستثمارات العامة. وهكذا زاد الدين العام المحلي على الحكومة، من 15. 4 مليار جنيه، عام 1982، إلى أن بلغ 136. 7 مليار جنيه، عام 1998[1].

والحقيقة أن الأرقام الرسمية المقدّمة بشأن الدين العام المحلي، تعتمد على المفهوم أو التعريف الضيِّق للدين، من حيث هو التعاملات الحكومية، فحسب، مع قطاعات الاقتصاد القومي، أي تقصّره على إصدار الحكومة للأوراق المالية، وأذون الخزانة، والاقتراض من الجهاز المصرفي، من دون اقتراض الهيئات الاقتصادية من بنك الاستثمار القومي.

أما إذا أخذنا بالمفهوم الأوسع للدين المحلي، الذي يتضمن، إضافة إلى ما سبق، صافي تقديمات بنك الاستثمار القومي، التي يتم توجيهها إما إلى الحكومة، أو الهيئات الاقتصادية، أو إلى شركات القطاع العام وديون الهيئات الاقتصادية، فإن رقم الدين المحلي يزداد، ليصل إلى 187. 8 مليار جنيه، في يونية/حزيران 1998[2].

ووفقا للمفهوم الأول، فإن هذا الدين يعادل 49. 6% من الناتج المحلي الإجمالي، لعام 1998. أما إذا أخذنا بالمفهوم الثاني، فإن النسبة ترتفع، لتصل إلى 68. 2% من الناتج المحلي الإجمالي، لذلك العام، وهو معدل خطر، ويتجاوز حدود الأمان لأي اقتصاد، ولأي مجتمع.

وقد "اتسع الفتق على الراتق"، بعد ذلك، حيث بلغ ذلك الدين المحلي، بحلول عام 2006،

حوالي 441 مليار جنيه. وإذا أضفنا ديون الهيئات الاقتصادية، فإن الرقم تجاوز 521 مليار جنيه، ثم 885 مليار جنيه، بحلول 2009/6/30، بما يُمثِّل خطرًا بالغًا على هيكل النظام المالي والاقتصادي المصري كله[3].

فمن ناحية، زادت أعباء خدمة الدين المحلي، حتى ابتلعت نحو 21% من استخدامات الموازنة العامة، لعام 1999/98؛ وفي موازنة 2002 / 2003 زاد على 28%، وفي موازنة عام 2006/2005 ابتلع نحو 33% من إجمالي استخدامات الموازنة، ثم أنه، باستمراره، يؤدي إلى حلقة حلزونية من التضخم، وزيادة العجز في الموازنة العامة للدولة، مرة أخرى.

ويُظهر البيان التالي تطور أعباء خدمة الدين العام المحلي، التي تجاوزت، عام 1996/95، نحو 15 .3 مليار جنيه، ثم بلغت، عام 2000/99، حوالي 21. 5 مليار جنيه. وفي العام المالي 2006/2005 تجاوزت 35. 0 مليار جنيه.

جدول رقم (1)

تطور أعباء خدمة الدين العام المحلي خلال الفترة 1986 – 1996

(القيمة بالمليون جنيه)

العجز الكلي للموازنة (فعلي)	العجز الصافي في الموازنة العامة	خدمة الدين المحلي			السنوات
		الإجمالي	الفوائد	الأقساط	
	7 .2418	2262	1609	653	1987/86
10849	4 .5061	2716	1922	754	1988/87
11847	4 .4758	3166	2366	800	1989/88
14517	4 .5537	3808	2852	956	1990/89
16951	4 .1684	5631	4069	1062	1991/90
6157	7 .5798	6445	5284	1161	1992/91
5520	4 .1682	12434	9295	3139	1993/92
3697	5 .1072	18856	12176	6689	1994/93
2537	29905	13072	11151	1921	1995/94
2996	3 .6018	15399	12231	3168	1996/95

المصدر: البنك المركزي ولجنة الخطة والموازنة والتقرير السنوي للبنك المركزي للأعوام (93/92) ص 209، 98/97 ص 112.

وهكذا، فإنّ ازدياد الدين المحلي، وما يترتب عليه من زيادة أعباء خدمة الدين، يُمثّل مخاطر، على المديين، المتوسط والطويل، على الموازنة العامة، وعلى الاقتصاد المصري، في مجموعه.

ثانياً: استمر معدل الاقتراض الخارجي على معدله المرتفع، حيث زاد الدين الأجنبي، من 25 مليار دولار، في نهاية عام 1981 (بخلاف الديون العسكرية)، إلى أن بلغ 50 مليار دولار، بحلول عام 1991، بيد أن أهم ما اتّسم به الاقتراض، في تلك المرحلة، الحرص على استكمال مشروعات البنية الأساسية، والمشروعات المعطّلة، التي ظلّت، لسنوات، تحت التنفيذ، مع استمرار الاقتراض لتمويل العجز في ميزان المدفوعات، بسبب تزايد العجز في الميزان التجاري.

ويُظهر تقرير لجنة الخطة والموازنة، عن الحساب الختامي للموازنة العامة للدولة، عام 1989/88، تطور الاقتراض من الخارج، خلال تلك المرحلة كالتالي:

جدول رقم (2)

تطورات الاقتراض الخارجي خلال الفترة 1982 - 1989

السنوات	الاقتراض الخارجي (بالمليون جنيه)
رصيد يونية 1982	4661
1983	5334
1984	5570
1985	5916
1986	6192
1987	6902
1988	7078
1989	7220

المصدر: تقرير لجنة الخطة والموازنة عن الحسابات الختامية للدولة، للعام المالي 1989/88، الفصل التشريعي السادس، دور الإنعقاد العادي الأول، مضبطة الجلسة (63) بتاريخ 1991/5/19.

هذا بخلاف 8. 7 مليار دولار، تم الاتفاق على إعادة جدولتها مع أعضاء "نادي باريس"، في عام 1987[4].

إذن، الاقتراض الخارجي ظلّ مستمراً - لأن مصدر العجز ظلّ قائمًا في الموازنة، وفي الميزان التجاري - مع محاولات لترشيد هذا الاقتراض، وسداد مستحقاته، في مواعيدها.

2- ذكرنا أن الدين الأجنبي استمر في التوسّع، من حوالي 25 مليار دولار، عام 1981، حتى بلغ، عشية حرب تدمير العراق الأولى (1991)، نحو 50 مليار دولار (بخلاف الديون العسكرية التي تجاوزت 11 مليار دولار أخرى، منها حوالي 7 مليار للولايات المتحدة الأميركية)؛ وفي مايو/أيار 1991، عقدت الحكومة المصرية اتفاقًا جديدًا مع أعضاء "نادي باريس"، تم بمقتضاه إلغاء 50% من الديون على مصر، علاوة على الديون العسكرية لصالح الولايات المتحدة الأميركية.

وصاحب هذا، عقد اتفاق جديد مع صندوق النقد الدولي، لتنفيذ برنامج للتغيير الاقتصادي، يتكون من ثلاث مجموعات من السياسات، هي:

الأولى: برنامج تثبيت، يتضمّن تحرير سعر الفائدة، وإلغاء التخصيص الإداري للائتمان، والاعتماد على أذون الخزانة لإدارة السيولة المحلية، وإنهاء الرقابة على سعر الصرف الأجنبي، وتوحيده، وتخفيض سعر الجنيه، في المرحلة الأولى هذه، بنحو 30%.

الثانية: برنامج للتعديلات الهيكلية، يشتمل على تعديل أسعار المنتجات الزراعية والصناعية، وتحرير التجارة، وإزالة الحواجز، والبدء الجدي في ما سُمي هيكلة القطاع العام وعمليات الخصخصة، مع إجراء إصلاحات تشريعية، تناسب الأوضاع الجديدة.

الثالثة: برنامج تعويض للسياسات الاجتماعية، وفي طليعتها إنشاء الصندوق الاجتماعي للتنمية، لتعويض وتكييف ضحايا هذه السياسات الجديدة (من عمال وخريجين. . . الخ)، وإتاحة الفرصة لتمويل المشروعات الصغيرة، المناسبة لقدراتهم[5].

ارتبطت كل شريحة من شرائح إلغاء الدين، بتنفيذ جزء متفق عليه من البرنامج المشار إليه؛ فأسقطت الشريحة الأولى، وقدرها 15% من الدين الأجنبي على مصر، في يوليه/تموز 1991؛ وتأجّل إسقاط الشريحة الثانية، وقدرها 15% أخرى، من ديسمبر/كانون الأول 1992، حتى تنفيذ المتّفق عليه من البرنامج، في أكتوبر/تشرين الأول 1993. وأسقطت الشريحة الثالثة والأخيرة، وقدرها 20%، في أكتوبر/تشرين الأول 1996 وكان مقدرًا إسقاطها يوليو/تموز 1994[6].

وبعد إسقاط هذه الشرائح الثلاث، وقدرها (50%)، بلغ حجم الدين الخارجي على مصر، في أواخر عام 1996، نحو 31 مليار دولار أميركي[7]. وفي أواخر 1998، انخفض الدين الخارجي إلى 28. 1 مليار دولار، وكان من ضمن أسباب هذا الانخفاض، ما حدث من انخفاض أسعار صرف معظم العملات المبرم بها اتفاقيات القروض والتسهيلات، أمام الدولار الأميركي، وهي عملة التقييم الرئيسية لرصيد الدين الخارجي؛ والصحيح، أنه رغم انخفاض الالتزامات الخارجية، المتعلقة بخدمة الدين الأجنبي؛ فإنّ استمرار الالتجاء إلى الاقتراض، الخارجي والداخلي، يُمثِّل خطرًا مستقبليًا ما يزال يحتاج إلى تضافر الجهود، لوقفه، وتقليص أثره.

وقد كان للموقف الموالي للولايات المتحدة، والعائلة السعودية، الذي إتّخذه مبارك، ثمنًا، تمثل في تخفيض هذا الدين الخارجي، بقيمة النصف تقريبًا (وحذف الدين العسكري الأميركي)، شرط تطبيق برنامج جديد للتحول الاقتصادي، وفي الصدارة منه ما سُمّي برنامج " بيع الأصول العامة أو الخصخصة ". فأصبح الدين الخارجي في حدود 28 مليار دولار، وها هو يرتفع، مرة أخرى، إلى حوالى 32 مليار دولار، وإذا أضفنا ما تلجأ إليه بعض الهيئات أو الشركات العامة (مثل الشركة المصرية للاتصالات) من طرح سندات دين دولارية، بضمانة الحكومة المصرية، فإن هذا الدين الأجنبي يكاد يصل إلى 35 مليار دولار - بخلاف الديون العسكرية الجديدة للولايات المتحدة، التي تتراوح بين 9 مليارات إلى 12 مليار دولار - بعضها مرهون بضمان قناة السويس، أو البترول المصري، وكأنه يرهن مستقبل الأجيال القادمة لصالح الحاضر، الذي تستفيد منه قلّة قليلة، تحتكر الثروة والسلطة، تحت إشراف مبارك، ورعايته المباشرة.

3- في مجال الزراعة ومعدّل اكتفائنا الذاتي من أهم المصادر الغذائية، اتّبع مبارك ووزراؤه مجموعة من السياسات، سواء في التركيب المحصولي، أو التسويق الزراعي، أو الائتمان الزراعي، أو في قوانين الإيجارات الزراعية، وطرد الفلاحين من أراضيهم لصالح الملاك القدامى، ممّا سلّم القطاع الزراعي إلى التجار والرأسماليين الجدد، فتداعت قدرتنا على الاكتفاء الذاتي من أهم المحاصيل الأساسية، وفي طليعتها القمح، الذي انخفض حجم اكتفائنا الذاتي منه، من

55%، في أوائل عهد مبارك، إلى 23% في أواخر التسعينيات، ثم لم يزد، حاليًا، عن 45% من احتياجاتنا، فشهدت مصر وشعبها بوادر حالات المجاعة، في مارس/آذار من عام 2008، التي عانى منها الفقراء، وحدهم، ووصلت إلى حد اقتتال المصريين في طوابير "الخبز"، وسقط على إثرها عشرات القتلى والجرحى. وقد زاد على ذلك أن أصبح الاقتصاد المصري، والقرار السياسي المصري رهينة لعدد من الموردين، في الداخل والخارج، وفي الصدارة منهم الولايات المتحدة وبعض حلفائها الغربيين (كندا - استراليا - جورجيا - أوكرانيا. . . الخ). وبالمحصِّلة النهائية، فقد أضعفت سياسة مبارك الزراعية مناعة القرار السياسي والاقتصادي المصري، وحوّلتنا إلى ثاني أكبر دولة مستوردة للقمح في العالم!

4- كما أدت سياسة مبارك في مجال التصرف بالتعاقد - شبه السري - في مواردنا من النفط والغاز، ومنحه لعدونا الرئيسي، ومصدر التهديد الأساسي لأمننا القومي (إسرائيل)، وبأسعار تفضيلية، والتصرُّف، بنزق، وإهدار، وعدم كفاءة، في هذه الموارد الحيوية، لصالح رجال المال والأعمال، المصريين والعرب والأجانب، المرتبط كثير منهم بعائلة مبارك ونظامه (الحديد - السراميك - الأسمنت - الأسمدة. . . الخ). وقد جاءت على حساب الخزينة العامة، وما ينبغي أن توفِّره من خدمات صحية وتعليمية لأبناء الفقراء، الذين يشكلون الأغلبية الساحقة من أبناء هذا البلد.

5- وانصياعًا لشروط الدول الغربية، والخليجية، ومؤسسات التمويل الدولية (الصندوق، والبنك)، جرى انتهاج برنامج بيع الأصول والممتلكات العامة (الخصخصة)، منذ عام 1991، مما رتّب أضراراً وتداعيات خطيرة، ليس أقلها إهدار قيمة هذه الأصول، وبيعها بمبالغ أقل من قيمتها الحقيقية، وما صاحبها من انتشار الفساد، والعمولات، والسمسرة بين كبار المسؤولين والقائمين على قرار البيع، وكذلك، ما نتج عنها من التضحية بالخبرات والأصول البشرية، حيث وجد عشرات الآلاف من العمال والكوادر المهرة أنفسهم - وهم في عزّ سنّ الإنتاج والعمل - متقاعدين، وفقًا لما سُمي "المعاش المبكر"، فزادت البطالة رافدًا إضافيًا، وتعدى عدد المتعطلين في البلاد، في نهاية عهد مبارك، رقم التسعة ملايين عاطل.

6- وصاحب كل ذلك حالة من انتشار الفساد، والمحسوبية، والوساطة، ونهب المال العام، لم تشهد له مصر مثيلاً، في تاريخها الطويل، وطالت عمليات الفساد القطاعات كافّة، والمؤسسات، من البنوك والمصارف، إلى الزراعة وبيع الأراضي والعقارات. وتفاقمت انحرافات، وحامت الشبهات حول الكثيرين من أعضاء مجلسي الشعب والشورى من أعضاء الحزب الحاكم، وغدا التجنس بجنسية دول أوروبية وأميركية محط آمال الكثيرين منهم، بل غدا التهرُّب من الخدمة العسكرية الوطنية، وتجارة المخدرات، إحدى السمات المميِّزة للكثير من أعضاء الحزب الحاكم، وهيئته البرلمانية. ولم يحفل مبارك بما يدور بين شعبه، بشأن مصادر ثروات أقرب المقربين إليه، ومدى استغلالهم للنفوذ، وتدخلهم في عمل الهيئات الرسمية، من دون سند من قانون أو دستور، بما يُشكِّل إهداراً لليمين الدستوري، الذي أقسم مبارك عليه، حين تبوأ موقعه في الحكم. ويُقدَّر حجم الأراضي، التي تصرّف فيها "محمد إبراهيم سليمان "، وزير الإسكان والمجتمعات العمرانية، منذ توليه منصبه الوزاري في منتصف التسعينيات حتى خروجه منه، عام 2005، بحوالي 400 إلى 500 مليون متر مربع، كما يُقدّر حجم الأموال التي ضاعت على الدولة وخزينتها العامة، بسبب سوء تخصيص هذه الأراضي، طوال الفترة الممتدة من عام1994 حتى عام2005، بأكثر من 170 مليار جنيه، ذهبت إلى جيوب السماسرة ورجال المال والأعمال، المرتبطين بالدولة، وحصلوا على هذه الأراضي بمبالغ زهيدة، ثم قاموا "بتسقيع" تلك الأراضي - التي كان بعضها مخصصًا لأغراض صناعية أو سكنية اجتماعية - وبيعها بأسعار السوق، فحقّقوا من ورائها أرباحًا خيالية .

7- وإذا تأملنا ما جرى في عهد مبارك، أثناء إعداد الموازنة العامة للدولة، والمخالفات الدستورية المصاحبة لإعدادها، وإصدارها، والعمل بها، وخرق مبدأ "المشروعية المالية"، من خلال تجنيب جزء لا يستهان به من مواردها ومخصصاتها، تحت مسمى "بند الاعتماد الإجمالي"، واستخدامه في غير الأغراض المخصصة له، أصلاً (مثل مواجهة الكوارث، والزلازل، والمصائب)، عبر إعادة توجيهه، سرًا، إلى تعزيز مخصصات وسائل وأجهزة الأمن، بما أدى إلى إيجاد جيش إضافي في الداخل، يتولى قمع المواطنين، والتنكيل بهم، بكل القسوة

والعنف، والتعذيب في السجون والمعتقلات، وأماكن الاحتجاز بأقسام ومراكز الشرطة، وهو ما تضمنته تقارير حقوق الإنسان، المحلية والدولية كافّة، بما في ذلك "المجلس القومي لحقوق الإنسان" في مصر، ذو الصفة شبه الرسمية، وبما يحول دون الادّعاء بعدم معرفة مبارك، أو علمه بحقيقة هذه الجرائم، التي إرتكبت بحقّ مواطنيه، ورعاياه.

8- وقد كان لتحيُّزه المطلق، منذ عام 1991، لصالح رجال المال والأعمال، المصريين والعرب والأجانب، تحت زعم " تشجيع الاستثمار والمستثمرين، " أثره على أكثر من صعيد، فمن ناحية، انعكس ذلك في تعديل عشرات القوانين، مثل الضرائب، والجمارك، والاستثمار، من أجل منح هذه الفئة مزايا مالية واقتصادية إضافية (ليس أقلّها تخفيض معدّل الضرائب من 42% من أرباحهم إلى 20%) مما أثر، سلبًا، على الموارد المطلوبة لتلبية متطلبات الطبقات الاجتماعية الأكثر فقرًا، والأكثر عددًا، التي يقع على عاتقها، وحدها - تقريبًا - تحقيق 85% من عبء سداد الضرائب العامة وضريبة المبيعات والدخل. وأدى نمط الاستثمار والتصنيع القائم، إلى زيادة الاعتماد على الواردات، حيث أصبحت 45% إلى 60% من مستلزمات إنتاجنا، وغذائنا مستوردة من الخارج، ومعظمها في قبضة رجال المال والأعمال والتجار الجدد، الذين حظوا برعايتهم الشخصية والعائلية.

9- ونتج عن سياسته تلك، أن تزايد عدد ونسبة الفقراء في البلاد، حتى بلغ حوالي 45% من إجمالي السكان، بل إن من يعيشون في فقر مدقع تصل نسبتهم إلى حوالي 20% من السكان، رغم ما توافر للبلاد من موارد مالية لم تحظ بها، في أي مرحلة من تاريخها، فقد بلغ دخل مصر، طوال الثلاثين عامًا الماضية، حوالي 500 مليار دولار، من المصادر الأربعة الكبرى (تحويلات المصريين في الخارج - البترول والغاز - السياحة - قناة السويس)، فتبدّد كلّ هذا في إنفاق غير تنموي، غذّته سياسته وسلفه في عمليات مضاربة على الأراضي والعقارات، وفي البورصات المتقلّبة الأحوال، وفي الإنفاق الاستهلاكي الترفي المجنون، بدلا من تخطيط جيّد لمسارات تنمية تستفيد من تلك الفوائض، وتحسن توجيهها لصالح الحاضر والمستقبل. هذا بعض من كثير لنتائج سياسته الاقتصادية.

10- أما على صعيد سياسته الدولية والإقليمية، فقد تحولت مصر في عهده، إلى دولة أقرب إلى "السمسار الإقليمي"، ليس لها معالم سياسة خارجية واضحة، سوى السير في ركاب المطامع والمطامح الأميركية في المنطقة والعالم، والتي ترتكز على حماية أمن "إسرائيل"، والعائلة المالكة السعودية، وتأمين منابع النفط، فأصبحت مصر، تحت إدارته، مجرّد تابع للدول الثلاث، وساهمت بذلك في تفتيت المنطقة واحتلال العراق وحصار الشعب الفلسطيني البطل في غزّة والضفة، والوقوف في صف العدوان الاسرائيلي الهمجي على لبنان ومقاومته الوطنية، في يوليو/تموز من عام 2006. بل ذهب إلى حد النفخ في الانقسام الفلسطيني، والتآمر لتفجير الأوضاع في غزّة، في صيف عام 2006.

11-لن نضيف هنا سياساته في مجال الأمن الداخلي، التي أودت بعشرات الآلاف - من دون مبالغة - إلى السجون والمعتقلات، وما جرى فيها من تعذيب وتنكيل بالأبرياء والبشر، وإحالة المدنيين المعارضين له إلى المحاكمات العسكرية، التي لا تتوافر فيها أية ضمانات قانونية، فهي كلها حقائق حزينة، وصفحة سوداء في تاريخ مصر الحديث. هذه بعض الأسباب الاقتصادية والاجتماعية والسياسية التي أدت إلى انفجار ثورة 25 يناير العظيمة، والتي سبقتها سنوات خمس من الغليان الاجتماعي والسياسي، وعبّرت عنها أكثر من ثلاثة آلاف تظاهرة واعتصام وإضراب ووقفات احتجاجية. ورغم وضوح الصورة، كان النظام قد فقد حاسة البصر، وفضيلة البصيرة، فكانت الثورة هي الرد الشعبي الهادر ضدّ نظام مبارك، بكلّ ما يمثّله في تاريخ مصر الحديث من عبء على الذاكرة الوطنية المصرية، وثِقل على ضمير المصريين.

كيف تحوّل الفساد في عهد مبارك إلى بنية مؤسسية متكاملة؟

عندما تثار قضية الفساد في مصر - أو في غيرها من بلاد الدنيا - ينقسم الرأي العام، عادة، بين تيارين رئيسيين، يعبّر كلّ منهما عن رؤية أحيانا، أو عن مصالح مختلفة أحيانا أخرى.

فأغلبية الرأي العام الساحقة، التي تعاني من تدهور مستويات معيشتها، تشكّل مظاهر الفساد المتفشية تحديًا لمشاعرها، واستفزازًا لوجدانها، وهي بهذا تنظر إلى هذه الممارسات الفاسدة باعتبارها جرائم اقتصادية وأخلاقية، قبل أن تتوقف عند مضامينها السياسية والثقافية.

أمّا التيّار الثاني - والذي يمثله رجال المال والأعمال ودوائر رسم وصنع السياسات والقرارات، وبعض الدوائر الإعلامية والصحافية المرتبطة بهم - فتروِّج لمفهوم مختلف، ينطلق من مقولة إنّ " الفساد موجود في كل الدنيا "، وأنّ هذه الممارسات الفاسدة هي جزء من اقتصاد الدول الحديثة، أو أنّ هذه الممارسات ذات طبيعة فردية وشخصية، وإنها الاستثناء الذي لا يلغي القاعدة العامة، التي هي سليمة وصحيحة، وأن " كل شيء تمام ".

والآن، علينا أن نتساءل ما هو وجه الصحة في موقف هؤلاء أو أولئك؟

المفاهيم. . . الآليات . . . النتائج

دعونا إذاً، نبدأ من البداية بطرح عدد من الأسئلة الضرورية ومحاولة الإجابة عنها:

أولا: ما هو الفساد؟

عندما زادت ممارسات الفساد في كثير من دول العالم، خصوصاً منذ منتصف السبعينيات، في الدول النامية، تجمّع عدد من الخبراء الاقتصاديين، ورجال القانون الدوليين، وفى طليعتهم المحامى النيوزيلاندي، جيرمي بوب، والألماني بيتر إيغين، وقاموا - بتمويل من مؤسسة "فورد" الأميركية - بتأسيس ما سمي " منظمة الشفافية الدولية "، عام **1994**.

حاول هؤلاء، على مدار خمس سنوات، صياغة موقف دولي، صادر عن منظمات المجتمع المدني الدولي، تجاه هذه الظاهرة، التي باتت تدمّر أسس التنافس الحرّ، المبني على وضع المعايير وشفافيتها[(8)].

فالفساد، علاوة عن كونه ممارسة من جانب الأثرياء، عادة، والمتنفذين في الأجهزة الحكومية، والشركات الكبرى، محلّية كانت أو دولية، فهو، أيضًا، ترسيخٌ لواقع الظلم الاجتماعي، وأداة من أدوات الاستقطاب الاجتماعي والطبقي، ليس على أسس الجدارة الاقتصادية والمهنية، وإنما على أسس أخرى، مثل استغلال النفوذ، والتعسّف في استخدام السلطة التنفيذية، أو حتى سلطة التشريع، أو استخدام منصّات القضاء في غير محلها المرسوم في القوانين والدساتير

المختلفة للدول. ومع استمرار وتزايد أنماط الفساد، من دون مقاومة حقيقية مؤثرة من الشرفاء ومنظمات المجتمع المدني، فإنه سيتحوّل، لا محالة، إلى نمط عام، وسلوك واسع الانتشار، ليس بين الطبقات العليا فحسب، وإنما إلى ما دون ذلك من فئات اجتماعية، مما يهدّد مجمل فكرة " حكم القانون"، ليتحول المجتمع إلى ما يشبه الغابة، من دون قواعد تحكم السلوك، أو أخلاق تنظّم العلاقات. وبتفشي " ثقافة الفساد " نصبح أمام كارثة مجتمعية، بكل ما تحمله الكلمة من معنى.

لقد عرّفت "منظمة الشفافية الدولية"، في بداية عهدها، الفساد بأنه " سوء استخدام السلطة الممنوحة من أجل تحقيق منفعة خصوصاً ". بيد، أن هذا التعريف، لم يكن شاملا أو جامعا، لذا عادت المنظمة، في وقت متأخر، وتحت تأثير اجتهادات عدد من الباحثين - مثل " سوزان روز أكرمان " Suzan rose-Ackerman - لتعرّفه بأنه " السلوك الذي يمارسه المسؤولون في القطاع العام، أو القطاع الحكومي، سواء كانوا سياسيين، أو موظفين مدنيين، بهدف إثراء أنفسهم، أو أقربائهم، بصورة غير قانونية، ومن خلال إساءة استخدام السلطة الممنوحة لهم"[(9)].

أما قانون العقوبات الفرنسي، فقد ميّز بين ما أسماه "الفساد النشط"، و"الفساد السلبي" فعرّف الأوّل بأنه "سعي الموظف الحكومي بنشاط من أجل الحصول على هدية، أو منفعة، أو رشوة، قبل تقديمه الخدمة، أو منح العقد". أما الفساد السلبي، فقد عرّفه بأنه " قبول المسؤول، أو مكافأة أخرى، بعد منح العقد، أو تقديم الخدمة".

في قانون العقوبات المصري، نصّت المادة (103 مكرر) على تعريف المرتشي بأنه "كلّ موظفٍ عمومي يطلب لنفسه، أو لغيره، أو قبل، أو أخذ وعداً، أو عطية، لأداء عمل، يعتقدُ خطأ، أو يزعم أنه من أعمال، وظيفته، أو الامتناع عنه" [(10)].

لكن تطور الحياة الاقتصادية في مصر، وفي غيرها من الدول، والمجتمعات، منذ منتصف السبعينيات، أوجد أشكالا جديدة، وعديدة للفساد، فلم تعد الرشوة، أو الاختلاس هما

مظاهره الوحيدة، بل هناك عشرات السلوكيات، والممارسات التي تندرج في توصيف الفساد، بالمعنى القانوني، والأخلاقي للكلمة [11].

على صعيد النظرية الاقتصادية، انشغل العقل الاقتصادي بقضية الفساد، التي احتلت جانبا من النظرية الاقتصادية الحديثة، وكذا في الدراسات الاقتصادية التطبيقية. وبرز نتيجة هذا الاهتمام، ما يسمّى، في النظرية الاقتصادية بـ"الاقتصاد الخفي" (hidden economy)، أو "الاقتصاد الأسود"(black economy)، وتعني تلك الأنشطة المالية، أو الاقتصادية، التي تجري في الخفاء، وتخالف القوانين المعمول بها، وعادة ما لا تجد طريقة ما لتسجيلها في سجلات الحسابات القومية(national accounts). ومن ثمّ، فهي لا تُدرج داخل مصفوفة الدخل القومي الرسمي (national income matrix)، رغم أهميّتها وثقلها في صيرورة التدفقات المالية والنقدية في البلاد [12].

كما برزت، على ضفاف هذا الإطار النظري الجديد، مفاهيم إضافية، مثل دخول الظلّ (shadow income)، التي تتمثل في الدخول النقدية التي يحصل عليها بعض الأفراد أو الجماعات (وغالبيتهم من الموظفين في المصالح الحكومية) بصورة غير قانونية، مثل الدروس الخصوصية أو الأعمال الموازية أثناء وقت العمل الرسمي (مثل قيادة سيارات التاكسي أو أنشطة تجارية أو غيرها) ويندرج بها أيضا الحصول على الإكراميات والرشاوى نظير أداء أعمالهم أو التبرع للقيام بهذه الأعمال. . . إلخ [13].

أدت السياسات الحكومية الجائرة في مجال الأجور والمرتبات، إلى انتشار هذه الممارسات، حيث أصبح لدينا ما يمكن أن نسميه " المرافق الموازية " أو غير الرسمية، مقابل الأجهزة الحكومية الرسمية، مثل خدمات التعليم والصحّة والشرطة والأمن والمحاكم ومكاتب التوثيق والشهر العقاري والمرور وغيرها [14].

وقد دفعت هذه الظواهر المتنامية، بعض المؤسسات الدولية، مثل البنك الدولي وصندوق النقد الدولي، إلى دراسة هذه الظاهرة الاقتصادية والمالية، ففي عام 1998 أعدّت مجموعة خبراء من صندوق النقد الدولي(I. M. F) دراسة حول موضوع الاقتصاد الخفي على مستوى

العالم، وقدرته الدراسة بنحو 9 تريليون دولار، أي ما يعادل 23% من الناتج المحلى العالمي، الذي بلغ ذلك العام 39 تريليون دولار [15].

ثم توالى الاهتمام من الباحثين المرموقين في هذا الحقل المعرفي الجديد، وكان من أبرز هؤلاء عالم الاقتصاد النمساوي البارز "فردريك شنيدر" (Frederick Schneider) الأستاذ في جامعة " هانز كبلر"، الذى قام بدراسة اقتصاد 76 دولة على مستوى العالم، وتبيّن فيها أن نسبة ممارسة الاقتصاد الخفي تتراوح بين 15% إلى 35% من الناتج المحلى الإجمالي لهذه الدول. والمدهش، أن هناك ثلاث دول تجاوزت هذا المعدل الوسطي، وهى تايلاند (73%) نيجيريا (70%) ومصر (65%) وذلك عام 1998. بينما بلغت النسبة 8% في الولايات المتحدة و19% في كندا و35% في البرازيل و20% في الدنمرك [16].

ثانيا: أشكال الفساد وأنواعه:

تكاد الحالة المصرية أن تكون نموذجية في دراسة كيفية تحول الفساد، في مجتمع ما، من حالات انحرافات فردية معزولة (مهما اتسع وازداد عدد المنخرطين فيها، في قمة هرم السلطة) إلى ممارسة مجتمعية شاملة بالمعنى الحقيقي، لا المجازي للكلمة. وهنا نستطيع أن نميّز في تحليل ظاهرة الفساد وحقائقه في مصر، بين نوعين:

الأول: ما نسميه " فساد الكبار " المنفّذين على قمة الهرم الإجتماعي والسياسي، سواء في الفرع التنفيذي (الحكومة)، أو التشريعي (مجلس الشعب)، أو الأمني، حيث شكلوا شبكات مصالح تتنازع فيما بينها أحيانا، وتتناغم في توزيع المزايا، والغنائم، أحيانا أخرى.

الثاني: ما نطلق عليه " فساد الصغار والفقراء "، حيث لم تعد ممارسات الفساد والرشوة، والوساطة، والمحسوبية، تقتصر، أو تنحصر، في " الكبار "، وحدهم، بل إنها، وعبر سياسات الإفقار، واتساع الفجوة في الدخول(INCOME)، وارتفاع الأسعار المستمر، وغياب " القدوة " في قمّة هرم السلطة، والمجتمع، وتآكل دور أجهزة الرقابة، تسربت إلى ممارسات الناس العادية في قطاعات الخدمات، الحكومية، وغير الحكومية [17].

تختلف الدول المتقدمة والمتحضرة عن كثير من دول العالم الثالث، في طريقة تعاملها مع ظواهر الفساد، ورموزه، ومدى سطوة القانون في إخضاع ممارسات الفساد إلى قصاصه العادل، فبينما يطبق القانون، في أقصى أشكاله، على رموز الفساد، ووقائعه في الدول المتقدمة (اليابان، أميركا، أوروبا. . . الخ)، فإننا على العكس من ذلك في بلادنا، نجد أن المفسدين، والفاسدين، هم الذين يصوغون القواعد القانونية، عبر سيطرتهم المباشرة على أجهزة التشريع والتنفيذ، وأحيانا بعض أفرع الهيئات القضائية.

ثالثا: مجالات وقطاعات الفساد:

تشير دراسة" منظمة الشفافية الدولية"، المنشورة عام 2001، إلى حقيقة كون أكثر المجالات الحكومية عرضة للفساد في الدول النامية، هي:

- المشتريات الحكومية.

- تقسيم وبيع الأراضي والعقارات.

- نظم الجباية الضريبية والجمركية.

- التعيينات الحكومية.

- إدارات الحكم المحلي في المحافظات [18].

بيد أن الحالة المصرية ضربت الأرقام القياسية، فاتسع نطاق ومجالات الفساد، التي انغمس فيها - بصورة شبة دائمة - كبار رجالات الدولة وأبنائهم، مثل:

1. قطاع المقاولات، وتخصيص الأراضي، وشقق المدن الجديدة، والطرق والكباري، والبنية الأساسية.

2. عمولات التسلح، ووسائل نقلها.

3. قطاع الاتصالات، والهواتف، المحمولة والثابتة.

4. خصخصة وبيع الشركات العامة، ونظم تقيّيم الأصول، والممتلكات، والأراضي المملوكة لهذه الشركات.

5. البنوك ونظم الائتمان، وتهريب الأموال إلى الخارج عبر القنوات المصرفية الرسمية.

6. شركات توظيف الأموال وما جرى فيها.

7. تجارة المخدرات واختراق قيادات الأجهزة الأمنية والمؤسسة السياسية.

8. تجارة العملات الأجنبية والمضاربة على سعر صرف الجنية المصري.

9. تجارة الدعارة وشبكات البغاء ذات الصلة أحيانا بكبار رجال الدولة وأجهزتها.

10. نظم الاستيراد وأذون الاستيراد وبرامج الاستيراد السلعي.

11. طرق توزيع مشروعات المعونة الأميركية.

12. الصحافة ومؤسساتها وإفساد الصحافيين عبر وسائل شتى، والإعفاء غير القانوني للمؤسسات الصحافية (القومية) من أداء الضرائب العامة، وتسهيل سبل الارتزاق السري وغير القانوني لبعض الصحافيين.

13. ما يسمى " علاوة الولاء" التى تمنح بصورة سرية والمخالفة لقواعد المشروعية المالية لكبار قيادات الجيش والأمن.

14. إفساد النظام التعليمي الرسمي، والصمت على جريمة الدروس الخصوصية، بل وخلق الظروف الملائمة لتفشيها.

15. الإبقاء على فساد النظام الصحّي الحكومي، من أجل إتاحة الفرص لتوسع المستشفيات الاستثمارية.

16. البورصة وسوق الأوراق المالية وسوق التأمين.

هذه عيّنة من بعض القطاعات التى أفسدتها السياسات العامة، وسوف نتعرض إليها تفصيلا لاحقاً.

أمّا مجالات الفساد لدى صغار المواطنين ومحدودي الدخل، فهي تتنوع بدورها، حيث أصبحت تشكّل تياراً عريضاً من الممارسات، وجزءاً أساسيا مما يسمى "الاقتصاد الخفيّ" (-hid den economy) أو دخول الظلّ (shadow income) أو الاقتصاد الموازي، وباتت

تشمل الأنشطة التالية:

1. العمل على إبقاء النظام التعليمي الحكومي غير فعّال، لصالح نظام تعليمي غير رسمي، أو السوق التعليمية السوداء(black educational market)، سواء في صورة الدروس الخصوصية أو انتشار المدارس الخاصة والاستثمارية والأجنبية؛ وأخيراً، ما يسمّى "مدارس التميّز"، وقد بلغ حجم الأموال المنفقة على الدروس الخصوصية وحدها - وفقا لتقرير مجلس الشورى المصري عام 1994 -حوالي 10 مليارات جنية تحملتها الأسر المصرية الفقيرة [19] بلغت عام 2004 حوالي 18 مليار جنية، خصوصاً بعد تقسيم مرحلة الثانوية العامة إلى سنتين دراسيتين، بدلا من عام دراسي واحد [20].

2. عدم فاعلية نظام الأمن الرسمي لصالح نمو وتفشى نظام الأمن غير الرسمي أو الموازِ، حيث لا تحرر أقسام الشرطة محاضر للمواطنين إلاّ بالوساطة، ولا تجرى عمليات التحرّي لكشف السرقات وضبط المتهمين، إلاّ من خلال المحسوبية والرشاوى والإكراميات، كل ذلك يتم على مرأى ومسمع من الجميع وداخل كل إدارات ومديريات الأمن .

3. يجري الأمر نفسه في دوائر التقاضي والقضاء، حيث تمثل " الإكراميات " أو الرشاوى الوسيلة الأساسية لتحريك إعلانات القضايا بالمحاكم (قلم المحضرين) وغيرها من تسلسل أعمال التقاضي، ووسط أكثر من ثلاثة ملايين قضية يجرى النظر فيها سنويا أمام المحاكم المختلفة.

4. وفي المستشفيات العامة والحكومية التي يتردد عليها حوالي 47 مليون مريض - وفقا لتقرير وزارة الصحة عام 2006 - فإن تقديم الخدمة لهؤلاء لا يتمّ إلاّ من خلال الإكراميات والوساطة، وبحسب الحالة الصحية وخطورة المرض [21].

5. موظفي الخدمات الحكومية الأخرى، خصوصاً المصالح الجمركية والضرائبية والخدمات الجماهيرية الأخرى، حيث تقدم الإدارات الحكومية حوالي 627 خدمة متنوعة للجمهور، فإن تعاطي بعضهم "للإكرامية" أو العمولات، خصوصاً في المحليات - إجراءات منح تراخيص البناء أو رخص النشاط أو تعلية الأدوار في المساكن. . . إلخ - كلها تتمّ، بسبب تدنى الأجور

والمرتبات لهؤلاء الموظفين، مما أدى إلى تركيز "جبري للخطيئة" وإجبار عشرات الآلاف منهم إلى قبول الرشوة والإكراميات، حماية لأبنائهم وأسرهم من العوز والجوع.

وإذا كان أحد أقطاب الحزب الوطني الحاكم - زكريا عزمي - وعضو مجلس الشعب، قد أعترف علناً وداخل جلسة مصوّرة لمجلس الشعب، بأن الفساد " للركب " في المحليات، فإنّ الحقيقة هى أن الفساد قد وصل إلى العنق، وليس فقط في المحليات، بل في مصر كلّها، بسبب سياسات هذا النظام، الذي ترك نظم الأجور والمرتبات بهذا المستوى اللا إنساني، وكأنه يرغب في إفساد غالبية أبناء الشعب حتى لا يتحدث أحد منهم عن فساد الحكام ورجال المال والأعمال.

رابعا: آليات الإفساد

رغم أن الفساد كان موجودا في مصر قبل ثورة 23 يوليو عام 1952 وبعدها، فأن الجديد منذ عام 1974، وفى عهد الرئيس حسنى مبارك تحديداً، هو تحوّل الفساد من مجرد انحرافات شخصية آخذة في الاتساع، إلى بنية مؤسسية متكاملة، من خلال مجموعة من الآليات هى:

الآلية الأولى:

وجود سياسات ممنهجة لإفساد المؤسسات الأساسية في المجتمع وأفرادها، مثل مجلس الشعب ومجلس الشورى، والمؤسسات الصحافية والإعلامية، وأجهزة الأمن والمؤسسة القضائية وقيادات الجيش والنقابات العمالية والمهنية. . . الخ.

الآلية الثانية:

وجود قواعد عرفية بين " جماعات الفساد " والمنخرطين فيها، تلزم أعضاءها بالتزامات متبادلة ومناطق النفوذ.

الآلية الثالثة:

وجود خطوط اتصالات دائمة وواضحة بين هذه الجماعات، وشاغلي قمة الهرم السياسي والتنفيذي، سواء بصورة مباشرة أو عبر أقربائهم وأبنائهم، وجميعها تجري تحت لافتة "تشجيع الاستثمار".

الآلية الرابعة:

استمرار سياسات الإفقار للطبقات المحدودة الدخل، خصوصاً الموظفين (5. 5 مليون إنسان) والعمال وغيرهم، بما يدفع الجميع إلى قبول " الإكراميات " وهى النظير القانوني لمفهوم "الرشوة".

الآلية الخامسة:

إفساد أجهزة الرقابة، سواء كانت رقابة شعبية (مثل الصحافة) عبر توريط قياداتها وكوادرها الوسيطة في ممارسات فساد، أو أجهزة الرقابة الرسمية (مثل الرقابة الإدارية، ومباحث الأموال العامة. . . الخ) عبر صلات القرابة ونظم اختيار قياداتها وأعضاءها العاملين، من خلال الوساطة والمحسوبية.

الآلية السادسة:

وسائل صياغة القوانين والقرارات الإدارية (ما يسمى في الفقه القانوني القوانين المشرّعة والقوانين غير المشرِّعة) بحيث تفتح ثغرة واسعة للفساد المحميّ من الدولة، خصوصاً في القوانين الاقتصادية والضريبية وغيرها.

الآلية السابعة:

آلية التحايل القانوني عبر ما يسمّى " الصناديق الخاصة " والوحدات ذات الطابع الخاص، خارج نطاق الميزانية الحكومية الرسمية، والتي زاد عددها المعروف في نهاية عام 2008 على 8900 صندوق ووحدة، تفرض رسوماً على المواطنين وتوزع مكافآت على العاملين فيها وعلى كبار المسئولين، بما شكل شبكة واسعة من الفساد والإفساد [22].

كيف حدث هذا؟

(1) لنبدأ بما جرى من محاولات إفساد المؤسسة التشريعية طوال العقود الثلاثة الأخيرة:

تبدأ عمليات الإفساد هنا في مرحلة مبكرة، ربما قبل " الانتخاب " الصوري لهؤلاء الأعضاء وهى تتم على ثلاث مراحل:

المرحلة الأولى:

تتمثل في طريقة اختيار قوائم حزب السلطة "الحزب الوطني" ومن قبله "حزب مصر العربي". . الخ، حيث تتحدّد معايير الاختيار بصورة تمتزج فيها كلّ السيئات مثل:

أن يكون المرشّح للقائمة الرسمية للحزب من المقربين إلى قيادات الحكم أو الحزب، أي غلبة الطابع الشخصي لا الكفاءة الموضوعية في الاختيار.

أو أن يكون من كبار " المتبرعين " للحزب أو بعض قياداته المؤثرة، بصرف النظر عن ماضيه غير المشرِّف أو الإجرامي أو حتّى المشبوه، مثل تجار المخدّرات والمتهربين من الخدمة العسكرية أو البلطجية. . . الخ.

أو أن يكون من قيادات أجهزة الأمن أو المخابرات العامة السابقين، أو من المتعاملين معها (أي جاسوس في مجاله وقطاعه) سواء كان في تاريخه الطلابي أو العمالي أو الصحافي. . الخ.

المرحلة الثانية:

يجري التدخّل الإداري والبوليسي المباشر في عملية التصويت والفرز، سواء عبر التلاعب في الجداول الانتخابية - وأنا شخصياً شاهد على قيام الحزب الوطني الحاكم في دائرة مدينة نصر في القاهرة، بإحضار آلاف البطاقات الانتخابية لكلّ موظفي المصالح الحكومية القائمة في هذه الدائرة، حتى لو كانوا من غير سكّانها، وحدث مثلها في كل الدوائر الموجود فيها مصالح حكومية وشركات القطاع العام - أو أثناء التصويت، بما يؤكّد مفهوما واحدا أمام الجميع، وهو أن النجاح ودخول هذه المؤسسة التشريعية مرهون برضاء الحكومة والنظام وقياداته. ومن ثمّ، فإنّ " ولاء " العضو ينبغى أن يكون لرئيس النظام، ثم إلى أمين عام الحزب، ثم إلى أمين التنظيم و"طبّاخ السم كلّه"، وليس هناك ولاء لأخر أو لقضايا عامة بل لأشخاص، ومؤخرا دخل على خط الولاء شخص نجل رئيس الجمهورية.

المرحلة الثالثة:

بعد دخول الشخص إلى نادي "عضوية مجلس الشعب" أو الشورى، تتم المرحلة الثالثة التي

تطال أحياناً بعض أعضاء الأحزاب الأخرى، سواء كانوا من المعارضة أو المستقلين، وتتمثل في " إغداق " الخدمات على العضو ورعاية طلباته الشخصية ووساطته وشمولها بعين العطف والقبول، وفي حال تمرد هذا العضو على الحكومة والرئيس - كما هو حال عدد محدود جداً من شرفاء هذه المجالس - تبدأ عمليات الإنكار والعزل وتجاهل طلباته، أي خنقه سياسيا.

وتبدأ عمليات الترغيب وشراء الولاء بوسائل شتّى، منها الحصص التموينية في السلع الأساسية (كالدقيق مثلا) أو الموافقة على طلبات التعيين في الوظائف الهامة لأبنائهم وأقربائهم، أو بعض أبناء دوائرهم في حدودٍ معينة، وتمر عبر أذونات من الحديد والأسمنت بأسعار " مريحة " يجرى بيعها بأسعار السوق فيحصل العضو على آلاف عدّة من الجنيهات عن كل أذن، أو بتصاريح الحجّ أو السفر والرحلات إلى الخارج في الوفود البرلمانية، وكذا الحصول على قطع الأراضي في المناطق الساحلية وغيرها بأسعار رمزية، أو شقق سكنية أو "فيلّات فاخرة" بأسعار زهيدة في بعض القرى السياحية أو الشواطىء . . . الخ.

وقد روى لي عضو مجلس الشعب عن دائرة الفيوم -مصطفى عوض الله - أنه فوجىء، بعد أن نجح في الحصول على موافقة وزير التموين على زيادة حصة التموين لأحد المخابز بقدر خمسة جوالات، بصاحب هذا المخبز يقدم إليه مبلغ خمسة آلاف جنية كهدية (رشوة) مؤكّداً له أن هناك عرفاً سائداً منذ سنوات طويلة بين أصحاب المخابز وأعضاء مجلس الشعب، تقضي بحصول العضو على ألف جنية مقابل حصوله على موافقة وزير التموين بزيادة الحصة (جوال) واحد من الدقيق يومياً!! ونظراً لإصرار هذا العضو على رفض هذه الرشوة المقنّعة، وإصرار صاحب المخبز بدوره على دفع المبلغ العرفي "الرشوة" طلب عضو مجلس الشعب من الرجل التوجه بها للتبرع إلى أحد المساجد في المحافظة. . !!

إفساد أعضاء مجلس الشعب بقرار جمهوري!!

تنصّ المادة (95) من الدستور المصري الراهن، على أنه (لا يجوز لعضو مجلس الشعب أثناء مدة عضويته أن يشتري أو يستأجر شيئا من أموال الدولة، أو أن يؤجرها أو يبيعها شيئا من أمواله، أو أن يقاضيها عليه، أو أن يبرم مع الدولة عقداً بوصفه ملتزماً أو مورداً أو مقاولاً).

والسؤال هل احترمت الحكومة والنظام الحاكم هذا النصّ الدستوري؟ بالقطع كلا.

فقد بدأت بتحايل الرئيس السابق - أنور السادات - على هذا النصّ وعلى نصوص كثيرة مماثلة واردة في قانون مجلس الشعب رقم (38) لسنة 1972، من خلال إصدار القرار الجمهوري بقانون رقم (109) لسنة 1976، وإدخال تعديلات عديدة على المواد (28) و(30) و(34 مكرر1و2و3) ألتفّ بها على هذا النصّ، حيث نصت المادة (28) من القرار الجمهوري المذكور بأنه (لا يجوز أن يعيّن عضو مجلس الشعب في وظائف الحكومة أو القطاع العام وما في حكمها، أو الشركات الأجنبية أثناء مدة عضويته، ويبطل أيّ تعيين على خلاف ذلك، إلاّ إذا كان التعيين نتيجة ترقيةٍ أو نقلٍ من جهة إلى أخرى أو كان بحكم قضائي أو بناء على قانون).

لقد فتح تعبير (إلا إذا) عمل الشيطان كما يقولون، وهى الصيغة التى استغلتها الحكومة - وعاطف عبيد تحديداً - من أجل إفساد العشرات من أعضاء مجلس الشعب، وذلك بتعيينهم أعضاء مجال إدارة منتدبين في شركات قطاع الأعمال العام، الذي كان يجرى تفتيته وبيعه، وبإشراكهم في مأدبة البيع والتصفية؟!

أما المادة (30) المضافة بالقرار الجمهوري، فقد نصّت على أن (يستخرج لكل عضو من أعضاء مجلس الشعب اشتراك للسفر بالدرجة الأولى الممتازة بسكك حديد جمهورية مصر العربية، أو إحدى وسائل المواصلات العامة الأخرى، أو الطائرات من الجهة التى يختارها في دائرته الانتخابية إلى القاهرة. وتبيّن لائحة المجلس التسهيلات الأخرى التى يقدمها المجلس لأعضائه لتمكينهم من مباشرة مسئولياتهم. . . الخ).

وبهذه الفقرة البسيطة والبريئة في شكلها، أدخلت "ثغرة إبليس" إلى المجلس وأعضائه، وتسابق رؤساء مجلس الشعب المتعاقبين على توسيع نطاق المزايا والتسهيلات، حتّى تحولت إلى فساد في فساد. . . !!

أما المادة (34 مكررو مكرر 1 ومكرر 2 ومكرر3 ومكرر4) فقد شملت طيفاً واسعاً من الفساد والإفساد، ورسّخت من هيمنة رئيس الجمهورية على أعضاء مجلس الشعب، فتحولوا إلى مجرد موظفين في رئاسة الجمهورية!!

أنظروا مثلاً نصّ المادة (34 مكرر) التي تقول (يجوز إنشاء وظائف وكلاء وزارات لشؤون مجلس الشعب، ويعيّن وكيل الوزارة لشؤون مجلس الشعب من بين أعضاء هذا المجلس بقرار من رئيس الجمهورية، ويتضمن قرار التعيين إلحاقه بمجلس الوزراء أو بأحد القطاعات الوزارية أو بوزارة معينة أو أكثر. . . الخ) .

أى أن رئيس الجمهورية أمتلك منذ تلك اللحظة، ميزة منح العطايا لهذا العضو أو ذاك، أو منعها عن هذا العضو أو ذاك. والمدهش في الأمر، أن أعضاء المجلس فرحوا بهذه الغنيمة، من دون أن يفكروا للحظة واحدة في مضامينها السياسية وهيمنة السلطة التنفيذية ورئيس الجمهورية تحديداً على أعمالهم ونشاطهم الرقابي!!

والأخطر من ذلك، ما نصّت عليه الفقرة الثالثة من هذه المادة، حيث جاء فيها (كما لا يجوز لوكيل الوزارة لشؤون مجلس الشعب أثناء توليه منصبه، أن يزاول مهنة حرّة أو عملا تجارياً، أو مالياً، أو صناعياً، أو أن يشغل أية وظيفة أخرى، أو أن يشتري أو يستأجر شيئاً من أموال الدولة، أو أن يؤجرها أو يبيعها شيئاً من أمواله أو أن يقايضها عليه).

وهكذا - وطبقا للقاعدة القانونية الشهيرة بأنّ الخاصّ يقيّد العام - فقد حصر المشرِّع عملية حظر مزاولة مهنة حرة، أو أن يشتري، أو يستأجر شيئاً من أموال الدولة. . . إلخ في وكيل الوزارة لشؤون مجلس الشعب، وتركها طليقة من كل قيد لبقية الأعضاء؟!

قد يردّ البعض بأن هذا لا يسري في حال اختلاف المراتب القانونية للنصّ (نصّ دستوري مقابل قرارا جمهوري بقانون) بيد أن الواقع الفعلي وممارسة النظام والحكم وغالبية أعضاء المجلس المهلّلين لمثل هذه الثغرة الشيطانية، وجدوا غطاءاً قانونياً للممارسة المخالفة، ولخرق الحظر الدستوري المطلق الوارد في المادة (95) السابق الإشارة إليها، وهو النموذج الذي تأسّست عليه كل عمليات تحويل الفساد من مجرد انحرافات شخصية، إلى مفهوم "المأسسة" (institutionalism) أي إيجاد غطاء من نصٍ "قانوني" سواء في لائحة أو قرار جمهوري وقّع بليلٍ ليغطّي كلّ الجرائم اللاحقة.

وتحت هذا التحوّل، انتقل عشراتٌ من أعضاء مجلس الشعب من نجّارين وعمّال وفلاحين

وموظفين ومهنيين، إلى ديناصورات وذئاب في عالم المال والأعمال. كما قضت السياسات الحكومية بإغداق المزايا والإمتيازات على الكثيرين منهم - وليس أقلها الائتمان المصرفي وقروض البنوك - إلى " كسر عينهم " بالمعنى الحرفي لا المجازي للكلمة.

وهكذا تخلّقت شبكة مصالح فاسدة بين قمة النظام والحكم (رئيس الجمهورية، رئيس الوزراء، الوزراء، المحافظون . . . الخ) من جهة، وأعضاء هذا المجلس أو مجلس الشورى من جهة أخرى، وعماد هذه الشبكة المصالح المتبادلة والصمت على أخطاء وخطايا هذا النظام، سواءٌ في مجال السياسة الخارجية أو الداخلية، ومن لم يساير هذا التيّار الجارف من الفساد والإفساد - وهم قلّةٌ قليلة على أية حال - وجد نفسه معزولاً بين أعضاء المجلس، ومتهماً من جماهير دائرته، بأنه (شريف) فلم يحقق لأبناء الدائرة مصالحهم في التعيينات بالوظائف أو إقامة مستشفى أو محطة مياه أو حتى رصف طريق. . . الخ.

إفساد أعضاء المجلس وفقا للائحة المجلس!!

وزاد الأمر إلى الدرجة التى تجرأ فيها المجلس وقياداته من الحزب ذو الأغلبية داخله، على تعديل اللائحة الخاصة به عام1979، فأضاف إلى نصّ المادة (95) من الدستور، فقرة أضافية نسفت بها هذه المادة الدستورية نسفاً، وبني على أساسها كل الفساد اللاحق، الذي قام به وشارك فيه أعضاء مجلس الشعب، المناطة به الرقابة على السلطة التنفيذية من جهة، والمنحصرة فيه سلطة التشريع وأصدار القوانين، حيث كان نصّ المادة الدستورية (95) كالتالي:(لا يجوز للعضو فور إعلان إنتخابه، أن يشتري أو يستأجر من أموال الدولة، أو يؤجرها أو يبيعها شيئا من أمواله، أو يقايضها عليه، أو يبرم مع الدولة عقداً بوصفه ملتزماً أو مورّداً أو مقاولاً)، فأضاف التعديل "السفّاح" الفقرة التالية: (ولا يسري هذا الحظر على التعاقد الذي يتم طبقا لقواعد عامة تسري على الكافة، وفي جميع الأحوال يحظّر على العضو بصفة عامّة، أن يسمح باستغلال صفته في الحصول على مزايا خصوصاً بغير وجه حق)!!

هكذا أنتهكت لائحة المجلس النصّ الدستوري الذي لا تجوز مخالفته إلاّ بنصٍ دستوري آخر

ينسخه أو يعدّله فجرت كل الجرائم والإفساد لأعضاء المجلس من هذه الثغرة الخبيثة.

نحن فعلاً إزاء جريمة عصر. . . أضرّت ضررا بليغا بمصر.

آليات إفساد أعضاء المؤسسة القضائية

ظلّت الهيئة القضائية المصرية عصيّة على الكسر أو الاحتواء لسنوات طويلة، سواء قبل ثورة 23 يوليو عام 1952 أو بعدها.

وفي ظل الحديث حول " الشرعية الدستورية " بديلاً عن " الشرعية الثورية "، ارتدى السادات وشاح القضاء في حركة مسرحية لا تخلو من العبث واللا معقول. وقد حاول الرئيس السادات الحفاظ على علاقة ودّية مع السلطة القضائية المصرية في سنوات حكمه الأولى، حتى وقعت أحداث انتفاضة 18 و19 يناير عام 1977، وأكتشف الرجل بحاسته السياسية، أن الهيئة القضائية المصرية لا تساير النظام والحكم في توجهاته نحو توقيع أقصى العقوبات على المتهمين في هذه القضية، وجاءت أحكام محكمة أمن الدولة العليا في القضية رقم 100 لسنة 1977 بمثابة لطمة قاسية وجهت إلى النظام، حيث جاءت حيثيات الحكم مؤكدة على مسؤولية الحكومة وقراراتها الاقتصادية في اندلاع أحداث الانتفاضة.

بعدها، اتّبعت رئاسة الجمهورية والحكومة مجموعة من السياسات الجديدة، بهدف اختراق المؤسسة القضائية واحتوائها، وإذا أمكن الذهاب إلى حدّ الإفساد الجدّي للهيئة القضائية، وتمثلت هذه السياسات الحكومية في أربعة أساليب متكاملة هي:

الأسلوب الأول:

بدءاً من عام 1979 جرى السماح - لأول مرة في تاريخ القضاء - بالتحاق ضباط الشرطة بمختلف درجاتهم ورتبهم - من دون رتبة المقدم - بسلك النيابة العامة، وهي كما هو معروف، أولى مراحل السلك القضائي. وقد أدت هذه السياسة المستمرة طوال ربع قرن، إلى انضمام نحو ثلاثة آلاف ضابط شرطة ومباحث إلى سلك القضاء، فبات عددهم يعادل ربع عدد العاملين في

هذه المؤسّسة العريقة، التى تميّزت بالعقل القانوني المدني، فإذا بها الآن تطعّم أو تُخترق، بعقل قانوني ذو طابع عسكري وشرطي، وقد مارس كثيرون منهم، إن لم يكن جميعهم، وسائل الضرب وامتهان كرامة المواطنين، فكيف يعتدل ميزانُ العدلِ بين أيدي هؤلاء؟

الأسلوب الثانى:

مع تزايد أعداد خريجي كليات الحقوق سنوياً، ورغبة الكثيرين منهم في الالتحاق بسلك القضاء (النيابة العامة)، أو حتى الهيئات القضائية الأخرى - مثل مجلس الدولة أو النيابة الإدارية - فإنّ إغراق المؤسسة القضائية وتوريط بعض أعضائها في ممارسات غير قانونية وغير أخلاقية، من نوع الوساطة والمحسوبية في تعيين أبنائهم وأقربائهم في سلك النيابة العامة، وبالمقابل، إهدار حقوق بعض المتقدمين في المسابقات الذين هم أكثر جدارة وكفاءة، بل ولجوء بعض أعضاء الهيئات القضائية إلى دفع " تبرعات " - من دون أن نقول رشى - لذوي النفوذ في الحكومة والحزب الحاكم، أو التنازل والقبول بعلاقة من نوع ما مع الحكومة وبعض قياداتها، كل هذا كان بمثابة تدمير كامل لهيبة القضاة وأخلاقية هذه المؤسسة العريقة. كما أن تورّط بعض رجال القضاء في ممارسات الوساطة والمحسوبية والتمييز بين المتقدمين في المسابقات، على أساس القرابة أو صلات الدم، هو تلويثٌ مباشرٌ لهؤلاء، بما يسمح في المستقبل بابتزازهم من قبل رئاسة الجمهورية أو أعضاء الحكومة، سواء في قضايا تمسّ تلك القيادات، أو تلبية رغبة الحكومة في توجيه بعض الأحكام القضائية بما يخدم مصالحها السياسية، ولعلّنا نتذكّر مواقف بعض القضاة من مصادرة جريدة "الأهالي" في نهاية عهد الرئيس السادات، أو في إصدار أحكامٍ بالحبس على الصحافيين في عهد الرئيس حسنى مبارك.

الأسلوب الثالث:

يتمثّل في تهرّب حكومات الرئيس مبارك من إصدار قانون يحمل تعديلات في السلطة القضائية أعدّها القضاة في مؤتمر العدالة الأول عام 1986، تحفظ للقضاء المصري استقلاله وتصون كرامته.

هذا التهرُّب الحكومي الذي أستمر زهاء ربع قرن كامل، هو موقف سياسي تمليه رغبة نظام الرئيس مبارك في الاستحواذ على أوراق التأثير المباشر، أو غير المباشر، على أعضاء الهيئة القضائية المصرية.

الأسلوب الرابع:

يتمثّل في سياسات إعارة وانتداب القضاة كمستشارين إلى الوزارات والهيئات والمصالح الحكومية، والتي جعلتهم مجرّد خبراء تحت طلب السلطة التنفيذية، خصوصاً الوزراء، مع إغداق مكافآت كبيرة شهريا على القضاة المنتدبين، مما جعل من الصعب تخليهم عن هذه الوظائف الثانوية، التي تحوّلت رويداً رويداً إلى ركيزة لضمان مستوى معيشة القاضي، وكذلك سياسات الإعارة الخارجية أو الداخلية.

وعلى الرّغم تلك الجهود والمحاولات والسياسات الحكومية التي اتُّبِعت من أجل احتواء السلطة القضائية والسيطرة على أعضائها، فإن الميراث العريق لهذه الهيئة وطبيعة التركيبة القانونية لعقلها المهني، حال دون نجاح مجمل هذه السياسات الحكومية، فظلّ التيّار الرئيسي للهيئة القضائية المصرية نظيفا ومستقلا، وهو ما ظهر جلياً في الأسابيع الحافلة والساخنة طوال شهور (مايو - سبتمبر) عام 2005 فيما سمي " انتفاضة القضاة " أو حركة 14 مارس التى قادها قضاة نادى قضاة الإسكندرية، ثم نادي قضاة مصر في القاهرة، واستجمعت حولها أكثر من أربعة آلاف قاضى من أجل المطالبة بإصدار قانون " استقلال القضاء"، وتمكين القضاة من الأشراف الحقيقي والكامل على الانتخابات الرئاسية والبرلمانية المقبلة، وغيرها من مطالب الإصلاح القانوني التي تصبّ في مجرى المطالب الشعبية الواسعة للإصلاح السياسي والديموقراطي في البلاد [23].

الهوامش:

1 - التقارير السنوية للبنك المركزي للسنوات المشار إليها خصوصاً تقرير عام 1998/97 ص 89، ص 87.

2 - عبد الفتاح الجبالي "الدين العام المحلى في مصر. . . الأسباب والحلول"، ورقة بحثية، مارس 1999.

3 - الجهاز المركزي للمحاسبات، نتائج تقييم الحساب الختامي للموازنة العامة للدولة عن العام المالى 2009/2008.

4 - مجلس الشعب، تقرير لجنة الخطة والموازنة عن الحسابات الختامية للدولة للعام المالى 1989/88 الفصل التشريعي السادس، دور الانعقاد العادي الأوّل، مضبطة الجلسة 63 تاريخ 1991/5/19 ص -50 53.

5 - تقرير التنمية البشرية لعام 1995، معهد التخطيط القومي، القاهرة ص 22 وما بعدها.

6 - المرجع السابق.

7 - التقرير السنوي للبنك المركزي المصري لعام 1998/97 ص 87-89.

8 -لمزيد من التفاصيل يمكن الرجوع إلى: جيرمي بوب وآخرون، " مواجهة الفساد. . . عناصر بناء نظام النزاهة الوطني"، كتاب المرجعية / الشفافية الدولية، مؤسسة الأرشيف العربي، الأردن، عمّان، من دون تاريخ.

9 -المرجع السابق، ص 19 - 20. وكذلك:

- منظمة الشفافية الدولية " نظام النزاهة العربي في مواجهة الفساد . . كتاب المرجعية "، بيروت، المركز اللبناني للدراسات، 2006. وقد حاولت المنظمة في هذا الكتاب وضع إطار

مرجعي وتبيان أسس دعم نظام للنزاهة، وكذلك مؤشرات تقويم لمدركات الفساد، وهو يعدّ على المستوى النظري من أفضل ما قدمته منظمة الشفافية الدولية في مجال أدبيات محاربة الفساد حتى الآن.

10 - راجع في هذا: د. حسين إبراهيم عبيد، " دروس في الجرائم المعتمدة في المصلحة العامة"، القاهرة، دار النهضة العربية، 1989، ص 76 وما بعدها. وكذلك:

- د. صلاح منسي "الانفتاح الاقتصادي والجريمة في مصر"، القاهرة، دار النهضة العربية، 1989.

- وزارة الداخلية، مكافحة جرائم الأموال العامة، الإدارة العامة لمباحث الأموال العامة، عام 1994، واردة في جريدة الأهرام بتاريخ 1984/2/23.

- وزارة الداخلية، مصلحة الأمن العام، تقرير سنوي عام 1995.

11 - لمزيد من التفاصيل حول تعريف الفساد أنظر: عيسى عبد الباقى " الصحافة وفساد النخبة. . . دراسة الأسباب والحلول "، القاهرة، العربى للنشر والتوزيع، 2005، ص 11 و19.

12 - د. محمود عبد الفضيل وجيهان دياب " أبعاد ومكونات الاقتصاد الخفي وحركة الأموال السوداء في الاقتصاد المصري 1974-1984 "، القاهرة، مجلة مصر المعاصرة، العدد (400) أبريل-نيسان 1985.

13 - THE ECONOMIST . AUGUST 28. -SEP. 1999

14 - لمزيد من التفاصيل حول هذه الظاهرة يمكن الرجوع إلى مؤلفاتنا التالية:

عبد الخالق فاروق " اقتصاديات الوقت الضائع. . . وأزمة الإدارة الحكومية في مصر "، القاهرة، مركز الدراسات السياسية والاستراتيجية - الأهرام، 2002.

عبد الخالق فاروق " اقتصاديات الإدارة الحكومية "، القاهرة، مكتبة دار الكلمة، 2002.

عبد الخالق فاروق "جذور الفساد الإداري في مصر، بيئة العمل وسياسات الأجور والمرتبات في القطاع الحكومي 1962-2002، القاهرة، دار الشروق، 2009 .

15 - البنك الأهلي المصري، النشرة الاقتصادية، " الدول النامية وظاهرة هروب رؤوس الأموال إلى الخارج " المجلّد (41) العدد الرابع، 1988، ص 281 ص 297. وقد جرى خلال فترة الرئيس مبارك أكثر من سبعة تعديلات قانونية، أو قوانين جديدة في مجال العمل المصرفي والتعامل بالنقد الأجنبي، على قانون البنك المركزي والجهاز المصرفي رقم (120) لسنة 1975، وكلها تؤكّد الإتجاه المتزايد لتلبية مطالب الطبقة الرأسمالية الجديدة في مصر، ومن أبرزها القانون رقم (101) لسنة 1993، والقانون رقم (38) لسنة 1994، وقانون رقم (155) لسنة 1998 بشأن تنظيم مساهمة القطاع الخاص في رؤوس أموال بنوك القطاع العام وغيرها. وأنظر كذلك:

Myrvin L. Anthony & Andres J. Hughes Hollet, "How successfully do we Measure Capital flight ?" The empirical from five Developing countries. "The Journal of Development studies vol. 28-no. 3, April 1992. pp. 538 - 556.

16 - The economist, aug. 28.1999

17 - يختلف تصنيفنا هذا عن تصنيف منظمة الشفافية الدولية التى اعتبرت أن فساد الصغار هو الحصول على مواقع متقدمة للأبناء والأصهار والأقارب في الجهاز الوظيفى، بينما أعتبرت فساد الكبار مرتبط بالصفقات الكبرى وتجارة السلاح والحصول على التوكيلات التجارية للشركات الدولية، وعلى النقيض، فقد قام تصنيفنا على أساس اجتماعي وطبقي يتحدد بحجم أموال الفساد المتدفقة في سراديب ونطاق كل نوع من هذه الأنواع. أنظر في كتاب منظمة الشفافية الدولية " نظام النزاهة العربى "، مرجع سابق، ص 213 وكذلك :

جيرمى بوب وآخرون، " مواجهة الفساد . . عناصر بناء نظام النزاهة الوطني "، كتاب المرجعية / الشفافية الدولية، مرجع سابق

18 - المرجع السابق.

19 - مجلس الشورى المصري، " تقرير عن الإصلاح الاقتصادي والاجتماعي في مصر.
. . محاولة لتقييم المرحلتين الأولى والثانية وتحديد أهداف وسمات المرحلة الثالثة "، لجنة
الشؤون المالية والاقتصادية، دور الانعقاد العادي الثامن عشر، 1997، القاهرة، ص 53.

20 - لمزيد من التفاصيل حول النظام التعليمي المصري وما جرى فيه، أنظر كتابنا "
كم ينفق المصريون على التعليم "، القاهرة، دار العين، 2008. خصوصاً الفصلين الرابع
والخامس.

21 - عن أعداد المرضى المترددين على المستشفيات العامة والوحدات الصحّية التابعة
لوزارة الصحة الحكومية، أنظر: الجهاز المركزي للتعبئة العامة والإحصاء " نشرة إحصاء
الخدمات الصحية لعام 2006 "، القاهرة، يونيو 2008. وكذلك:

عبد الخالق فاروق " الصحّة وأحوال الفقراء في مصر. . . كم أنفق المصريون على الرعاية
الصحّية "، تحت الطبع.

22 - أشرف بدر الدين - عضو مجلس الشعب – نصّ الاستجواب المقدّم من النائب تجاه
هذا الموضوع، إبريل 2010.

23 - أنظر على سبيل المثال: نادي القضاة " تقرير لجنة تفعيل قرارات الجمعية العامة
لقضاة مصر المعقودة بتاريخ 2005/5/13. وكذلك:

- نادي القضاة، مجلة القضاة، عدد خاصّ، 2 سبتمبر 2005.

الفصل الثاني:

الأساس السياسي للثورة

عبدالعال الباقوري

تبدو الثورات، أحياناً، كأنها نبتٌ شيطاني، ولد فجأة من دون مقدمات، لا يكاد أحدٌ يعرف كنهها، لحظة الانفجار، ولا يلقى اهتماماً لحصر الوقائع، ومعرفة الثائرين، وقياداتهم. ففي هذه اللحظة، يحدث الانفجار الثوريّ وكأن أحداً لم يتوقعه، يقعُ بشكل فجائي، أو بقدر كبير من المفاجأة، وعدم التوقع. ولكن هذا كله لا يلبث أن يتراجع، وتظهر الحقائق، وتتحدّد، بل تتحدّث الأحداث، وتبرز الشخصيات والقيادات، فإذا الثورة حدثٌ واضحٌ، مثل الصباح الوضّاح. هذه حال الثورات عموماً. ولكن ثورة 25 يناير الشعبية المصرية لم تكن كذلك. كان الناس معها على موعد، سواء في ذلك المواطنون، أو الحاكمون، الناس في داخل مصر، أو في خارجها، كان الميعاد محدداً، ومعروفاً، ومعلناً، عبر شبكات التواصل الحديثة: "انتظرونا في 25 يناير"! وبالمثل كان المكان محدداً: قلب القاهرة، ميدان التحرير، وميادين أخرى في عواصم إقليمية. وغداً، سيقف المؤرخون كثيراً وطويلاً، ليجيبوا على سؤال: لماذا هذا اليوم بالذات، ولماذا هذه الأمكنة بالذات؟ وإلى إن يحدث هذا، وفي هذه العجالة، فإن التنبؤ بهذه الثورة كان سابقاً على حدوثها، وبسنوات. كثيرون قالوا إنها آتية لا ريب فيها، وفي حين قال آخرون إنها لن تأتي! ولكن الإنسان المصري البسيط، الذي يسمونه الإنسان العادي، كان ينتظر ساعة خلاصة من نظام استمرّ ثلاثة عقود كاملة. ولم يقعد ساكناً، بل أسهم بدرجة أو أخرى في مجيء يوم الخلاص. فبين عامي 2004 و2008 وقع في مصر مالا يقل عن 1900 عمل احتجاجي، شارك فيها حوالي مليوني عامل. وفي العام 2008، أيضاً، نشر الصحافي البريطاني " جون برادلي " كتابًا بعنوان " في

غياهب مصر: بلاد الفراعنة على شفا الثورة ". وأكّد بالوقائع، أن مصرنا ناضجة لوقوع الثورة، وبنى حكمه على لقاءات وحوارات مع مصريين كثيرين، وعلى مراقبة الأحداث، لفترة طويلة، اهتمّ خلالها برصد مصادر الاشتعال الداخلي: الفساد، البطالة، الخصخصة، الأجور المنخفضة والفقر.

في العام نفسه (2008) وفي باريس، أصدرت "صوفي بومييه"، وهي دبلوماسية فرنسية مستعربة، ومستشارة في شؤون الشرق الأوسط، كتاباً بعنوان " مصر الوجه الآخر " (الكتاب مترجم إلى العربية، وصدر في 2009، في بيروت، عن دار الفارابي)، كرّرت فيه "نبوءة" زميلها البريطاني، وقالت إن هناك تخوفاً كبيراً من وقوع انتفاضة شعبية، وحركات عنفٍ يدفع إليها البؤس (ص 50 - 51). وخلصت (ص 297) إلى أن مستقبل النظام السياسي ليس مضموناً، إنه عرضة لأزمات خطيرة، ويمكن لأي إجراء اجتماعي شديد الوطأة أن يضرم النار في البارود.

وبالمثل، قال الدكتور هشام العوضي، إنه لم يعد خافيًا أن النظام المصري، الذي يتمثل في شخص الرئيس، يمر بمرحلة شيخوخة، تُنذر بنهاية وشيكة (صراع على الشرعية: الإخوان المسلمون ومبارك 1982 - 2007. مركز دراسات الوحدة العربية، بيروت، يناير/كانون الثاني 2009. ص 290).

كان هذا التوقُّع قبل أكثر من عامين على وقوع الثورة. ومع ذلك، فإنها حين وقعت، قال باحث عربي وعالم اجتماع معروف، هو الطاهر لبيب، إن ما حدث في مصر وتونس لم يتوقعه أحد "لمّا قامت الثورة، ركض وراءها الجميع، وكانت النخب تسير خلف الثورة، محاولة اللحاق بها، هذا يجري خلفها، وذاك يزايد عليها . . . ولكن نعرف بأننا، ومن حسن حظ هذه الثورة، لم نتنبأ بها" (ورد هذا ضمن حلقة نقاشية، في العدد 385 من مجلة "المستقبل العربي" البيروتية، العدد 12، 13 - 2011، ص 102). ولكن كاتبًا آخر، هو حسين أبوالنمل، قال، في الحلقة نفسها (ص 121): إذا كنّا نحن المثقفين لم نفاجأ، فلسبب بسيط هو أن العيب فينا، نحن مستعجلون. ومن كان يتابع أحداث مصر، كان يمكن أن يتوقع هذا الأمر".

ولعلّ مما تجدر الإشارة إليه أنه في العام 2008، أيضاً، تحدّث الدكتور جلال أمين، في إطار

تحليل عميق – سنعود إليه – عن أن " مصر في محنة، والجميع يشعر بوطأتها ". ولكنه خلص في النهاية إلى أن قضية " النهوض " من جديد في مصر، هي في الأساس، " قضية مدى طويل ". هذه الكلمات من الصفحة الأخيرة، من الطبعة الجديدة من كتابه "مصر والمصريون في عهد مبارك "، وهي طبعة صدرت بعد قيام ثورة 25 يناير مباشرة، وتضمنت فصلاً جديداً بعنوان " مقدمة ما بعد 25 يناير 2011 مصر تفاجىء نفسها "، وكانت الطبعة الأولى من هذا الكتاب قد صدرت في عام 2008. وهو كتاب يستحق وقفة خصوصاً عند البحث عن خلفيات وجذور ثورة 25 يناير.

(1)

لو أراد المرء أن يحيط بكتاب الدكتور جلال أمين عن " مصر والمصريون في عهد مبارك "، فإنه يمكن أن يصل إلى هذا من خلال فكرتين محوريتين في هذا الكتاب، هما: الدولة الرخوة من ناحية، والتبعية لأميركا والانصياع "لإسرائيل" من ناحية أخرى. ومن خلف هاتين الفكرتين، هناك الإطار الدولي، الذي تدور الأحداث الداخلية المصرية خلاله، وهي أحداث متكاملة مترابطة، يسير أمين في تحليلها على خطى أستاذه "جنار ميردال"، الاقتصادي وعالم الاجتماع السويدي العظيم، من حيث المزج بين ما هو اقتصادي، وسياسي، واجتماعي. وميردال هو صاحب نظرية "الدولة الرخوة"، التى تكاد تكون سر البلاء الأعظم، وسببًا أساسيًا من أسباب استمرار الفقر والتخلف، وهذه الدولة تعني: دولة تُصدِّر القوانين، ولا تطبقها، حيث لا أحد يحترم القانون: الكبار لا يبالون به، لأن لديهم من المال والسلطة ما يحميهم منه، والصغار يتلقون الرشاوى، بغضّ النظر عن القانون. ورخاوة هذه الدولة تشجّع على الفساد، وانتشار الفساد يزيدها رخاوة. والفساد ينتشر من السلطة التنفيذية والسياسية إلى التشريعية، حتى يصل إلى القضاء والجامعات. صحيح أن الفساد والرشوة موجودان في جميع البلاد، ولكنهما في الدولة الرخوة يصبحان" نمط الحياة "(ص 24). وهذا ما كان في عهد مبارك في الحكم، منذ بدايته؛ حيث كان كل يوم يأتينا بدليل جديد على رخاوة الدولة المصرية (ص 26)، وحين نقرن ذلك بسياسة " الانفتاح "، منذ بدايتها في عصر الرئيس السادات، وبهبوب رياح العولمة،

فإن النتيجة هي تفكيك الدولة. وقد زاد من تأثير ذلك: هزيمة الدولة المصرية، عام 1967، وشخصية الرئيس السادات، وهو بطبعه مفتون بكل ما هو غربي، ومن ثم لديه استعداد طبيعي لقبول فتح الأبواب أمام الأجانب، وإزالة أية عقبة قائمة في وجوههم، ولو على حساب القواعد المستقرة (ص 33). وكان دخول الولايات المتحدة طرفا في اتفاقيات تحرير سيناء من الاحتلال الإسرائيلي، تم في مقابل خضوع مصر لنفوذها. وفي مقابل حل مشكلة سيناء، طلب الرئيس الأميركي ريتشارد نيكسون، عند زيارته لمصر، في عام 1974، إعادة تسليح الجيش المصري بسلاح أميركي، وفتح أبواب الاقتصاد المصري أمام رؤوس الأموال والسلع أميركية، والغربية بوجه عام، وابتعاد مصر، تدريجياً، عن المنطقة العربية، فضلاً، بالطبع، عن تغير طبيعة العلاقة بين مصر و"إسرائيل". ومنذ ذلك الوقت، أي منذ منتصف السبعينيات، ظهرت رخاوة الدولة المصرية، إزاء الإرادة الأميركية، وإزاء الإرادة الإسرائيلية، وإزاء إرادة رأس المال الأجنبي، كما أدى، أيضًا، إلى رخاوة الدولة المصرية إزاء الدول العربية الأخرى. والرخاوة تجاه الخارج انعكست رخاوة في الداخل، وتمثّل هذا، في اختيار وتعيين الشخصيات التي تنفّذ هذه السياسات المطلوبة منها.

أما الفكرة الأساسية الثانية في هذا التحليل، فهي أن السنوات الثلاثين التي تلت سنوات الانفتاح في مصر (1974 – 2004) كانت فترة الإعداد لاستقبال المشروع الإسرائيلي لإعادة ترتيب منطقة الشرق الأوسط لصالحه:

- كان لابد، أولاً، من عقد معاهدة الصلح المنفرد بين مصر و"إسرائيل" (التي لم تتم إلاّ في 1979).

- وكان لابد لإسرائيل أن توجه ضربات قاضية للفلسطينيين، وتشتتهم في كل مكان (وهو ما استغرق الثمانينيات كلها).

- كما كان لابد من تمهيد الأرض في العراق والخليج (وهو ما تم في ضرب العراق، في 1991 ثم بمحاصرته، اقتصادياً، وإفراغه من قوته، حيث تم احتلاله، في 2003).

وطوال هذه الفترة كان يجب أن تُترك مصر ضعيفة، اقتصاديًا وعسكريًا، تتسوّل المعونات الاقتصادية والعسكرية، حتى تسكت عن كلّ ما يحدث في المنطقة العربية، بل تشارك فيه، بقدر ما يُطلب منها.

في ديسمبر/كانون الأول 2004، تحديدًا، بدا أن مصر قد تعلّمت الدرس كلّه، خارت قواها، إلى حد أنها أصبحت مستعدة لاتخاذ هذه الخطوة الأخيرة الخطيرة، وهي التوقيع على "اتفاقية الكويز" مع "إسرائيل" والولايات المتحدة الأميركية، التي تمنح بعض الصناعات المصرية (التي توصف بـ " المؤهَّلة ") أذونا بدخول السوق الأميركي، من دون ضريبة جمركية، بشرط أن تحتوي منتجاتها على جزء من إنتاج "إسرائيل". وهكذا، وُضعت الصناعات المصرية تحت رحمة "إسرائيل"، التي يمكن لها، الآن، تقرير أي الصناعات سوف تنمو وتزدهر، وأيها سوف يتقلّص ويندثر.

وفي العام التالي، تم توقيع اتفاق تصدير الغاز المصري إلى إسرائيل، وفي هذا العام قفزت الاستثمارات الأجنبية، في مصر، إلى ضعف ما كانت عليه. لذا، فإن توقُّف التحليل عند العامين 2004 - 2005، يمكّن من القول إن الرئيس مبارك تسلّم الحكم في 1981 ومصر دولة رخوة، فجعلها دولة أكثر رخاوة، وتسلّمها وهي دولة تابعة لأميركا، فجعلها أكثر تبعية، وتسلمها وهي دولة منصاعة لإسرائيل، فجعلها أكثر انصياعاً.

وفي حين واصل بسياساته هذه الاتجاهات، فإن الأحداث كان لها أن تأخذ مسلكاً آخر، على جبهة الشعب وقواه، وردود أفعاله.

(2)

كيف حكم حسني مبارك مصر كل هذه السنوات؟ وأين كانت القوى المعارضة والمقاومة؟ هذا جانب يحتاج إلى دراسة خاصة. ولكن مالا يُدرك كله لا يُترك جُلُّه. معروفة هي الظروف التي تولى فيها حسنى مبارك الرئاسة، في إعقاب اغتيال سلفه، الرئيس السادات، وفي أعقاب مذبحة، في أسيوط، في حين كان أغلب القيادات السياسية، والدينية، والفكرية وراء

القضبان. وبدأ مبارك عهده بالإفراج عن هذه القيادات. ثمّ تركّز جهده على مقاومة الإرهاب المتستّ ر بالدين. وخاض في ذلك معركة لقي فيها مساندة القوى الشعبية والسياسية. ويمكن القول إن هذه المرحلة استمرت إلى أواخر تسعينيات القرن الماضي. ومع مطلع القرن الجديد، كانت الأزمة الاقتصادية خانقة، وقادت إلى عقد اتفاقات ما يسمى "التكيُّف الهيكلي" مع صندوق النقد والبنك الدولي، ومعهما ومن ورائهما الولايات المتحدة. وخلال ذلك، شهدت مصر محاولات متعدّدة لتجميع قوى المعارضة. ولكن هذه المحاولات لم تُحقّق نجاحاً ملموساً. خصوصاً أن النظام نجح، بشكل أو آخر، في استقطاب بعض قوى اليسار، واستطاع أن يتلاعب بقوى أخرى.

ومثلما كان النظام على موعد مع العام 2004 - 2005، كانت القوى الشعبية كذلك، فقد أدت أوضاع الحركة السياسية إلى نشوء حركة احتجاجية، هي "كفاية"، ومعها بدأت الدعوة إلى إعلان العصيان المدني: " أدعوكم إلى العصيان المدني"، كتيّب أو منشور، كتبه المستشار طارق البشري، وصدر في فبراير/شباط 2005، من دون ذكر دار النشر. وحول "كفاية". . . أنظر روايتين مختلفتين في: أحمد شرف: مصر في حبّات العيون. ودون تاريخ، ومن دون دار نشر. ود. منار الشوربجي: كفاية - إعادة تعريف السياسة في مصر، وفي د. دنيا شحاتة (تحرير)، عودة السياسة: الحركات الاحتجاجية الجديدة في مصر، مركز الدراسات السياسية والاستراتيجية الأهرام، القاهرة، 2010. وقد نجحت "كفاية"، ولو فترة، في تحريك المياه الراكدة، وفي تسييس جيل جديد من الشباب، قد لا تكون قيادات في ثورة 25 يناير بعيدة عنه، ففيما بين 2005 - 2006، عرفت جماعات متعددة تدعو للتغيير، وهي مشتقة من الاسم الأصلي للحركة، وهو "الحركة المصرية من أجل التغيير". وتصاعدت، عندئذ، أعمال الاحتجاج والاعتصام، التي قام بها عمال وموظفون - بدت مصر وكأنها تصحو بعد غفوة وإذا كانت " كفاية " قد رفعت شعاراً سياسياً، وهو: " لا للتمديد. . . لا للتوريث "، فإن هذا كان من الأسباب الأساسية لالتفات الحكم وأهله إلى ضرورة الحديث عن الإصلاح السياسي، بعد تجاهل طويل، مما قاد إلى إجراء تعديلات في الدستور، وكانت عبارة عن ترقيع، في عام 2005، قاد إلى ترقيع المرقّع، في عام

2007! ولكن إعادة ترشيح وانتخاب الرئيس حسني مبارك ولّد قدراً من الإحباط في صفوف الحركة السياسية المعارضة، ما لبثت أن تخلّصت منه, وبشكل خاص في 2008, حين ظهرت "حركة 6 أبريل" الشبابية, التي لعبت دوراً كبيراً في إضراب عمال المحلّة، في ذلك العام، والذي صدّه الحكم، بكل عنف. وامتدت أعمال الاحتجاج إلى قوى لم يكن معهوداً عنها القيام بنشاط سياسي مباشر، مثل القضاة. ولكن كثيراً من الشباب الذين استشعروا قدراً من الإحباط، بعد عام 2005, ما لبثوا أن استعادوا نشاطهم، وكان هذا من خلال أدوات التواصل الاجتماعي الإلكترونية، ومواقع " التدوين "، التي ما لبثت أن صارت من أهم أدوات التعبير، والاحتجاج، والتواصل بين الشباب. وستلعب هذه الأدوات دوراً كبيراً ومؤثراً، إلى حد بعيد، في الحشد، والتنظيم، والتعبئة لثورة 25 يناير. فقد استفاد شباب الثورة من تقدمه في هذا الميدان، ومن تأخُر الجهات الحكومية. ومنذ عام 2007, أسهم موقع " الفيس بوك "، بشكل تراكمي في دعم عملية التعبئة السياسية، ابتداء من الصفحات التي دعت إلي رفض الترقيعات الدستورية، إلى تلك التي اهتمت بمراقبة الانتخابات التشريعية، في2010. أضف إلى ذلك الصفحات الخاصة، وعلى رأسها صفحة " خالد سعيد"، الذي توفّي تحت التعذيب في الإسكندرية. وقد عرفت هذه المجموعة بنشاطها الكبير في التعريف بما يدور في كواليس السلطة، فنشرت مقاطع "فيديو" لعمليات التعذيب، وتظاهرات ترفع مطالب الشباب. وتمكّنت هذه المجموعة من جمع حوالي نصف مليون مهتم. لقد أصبح الشباب هو الذي " يُنتِج "الرسالة الإعلامية وهو الذي " ينشرها " وهو الذي يوزِّعها، ويتم هذا كله بسرعة البرق، في التوزيع، والانتشار في كل أنحاء مصر، بل والعالم كله.

تلك من الصعب الإحاطة بالتطورات في مصر، فيما بين2005و2011 في مثل هذه الصفحات. كانت السنوات مرحلة من أصعب المراحل في تاريخ مصر الحديث، ومن أنشط السنوات، أيضًا، وأنضجها. إن جيلاً جديداً يتقدّم لتسلُّم راية العمل الوطني، في بلد عاش فترة من الكساد السياسي، استمرت ثلاثة عقود، بدعوى الحفاظ على " الاستقرار "، الذي تحوّل إلى استقرار مبني على الركود، في بلد أصبح أكثر من 70 في المائة من سكانه تحت سن الثلاثين.

(3)

في الحديث عن الأسباب المباشرة ـ إن صحّ التعبير ـ لثورة 25 يناير، لا يمكن الفصل بين ما هو سياسي، واقتصادي، واجتماعي، ولا بين ما هو داخلي، وإقليمي، ودولي. إن العوامل المفجِّرة للثورة عوامل متداخلة، كل منها يقود إلى الآخر، ويتغذى منه، ولكن يبقى من المهم البحث عن الحلقة المركزية في هذه العوامل، ويبدو أنها " الفساد "، الذي كاد يكون نمط حياه للطبقة الحاكمة، وأسلوب ممارسة في شئون الحياة كافّة, بما يعني أساساً: حصول أي صاحب نفوذ على ما ليس حقاً له, وحرمان أي صاحب حق من حقه. ولكن ذلك أخذ أبعاداً خطيرة. كان الناس يشمّونها أكثر مما كانوا يلمسونها، لدرجة أن زميلاً متخصصاً في " بحوث الفساد "، وله أربعة كتب في هذا الميدان، قال بعد الثورة، إنه لم يكن يتصوّر أن الأمور وصلت إلى هذا المدى الخطير. ولمّا كانت هناك دراسة خصوصاً بهذا الموضوع في هذا الكتاب، فمن الأفضل تخطّي ذلك، والاكتفاء بأن الفساد أصبح نمط حكم في عهد مبارك.

لكن الفساد طمَّ، وفاض، وعمَّ، بحيث امتد أخطبوطه إلى المجالات كافّة, ولم يعد مجرد ظاهرة اقتصادية. إنه التفسير الحقيقي لظاهرة مثل " إعلام النفاق السياسي "، الذي يقوم به، ويمارسه، بجد واجتهاد، من يحصلون على مداخيل لا يمكن أن تكون حقاً لهم، بأي مقياس من المقاييس. وحين يصل دخل واحد ممن يمارسون هذا إلى مليون جنيه، شهرياً، يكون من الطبيعي أن ينشر أفرع وأطراف فساده في جهاتٍ متعدّدة. فضلاً عمّا حدث داخل مؤسسات الإعلام المنافقة من أوجه غريبة عجيبة للكسب، والتربُّح، والحصول على مداخيل غير مشروعة، وبالملايين.

ولعلّ ما تكشّف بعد الثورة في مجال التلفزيون، دليل على ذلك. أمّا ملف صحف النفاق القومي، فلم يُفتح حتى كتابة هذه السطور. ولكنني أستطيع أن أُقرِّر، عن معرفة، أن فتح هذا الملف عن آخره سيكشف عن عورات، وخطايا، وتصرفات، لم تكن تخطر على بال أحد. وأغلب الظن أن هذا لن يكون، أي لن تُفتح الملفات كاملة.

ومع أهمية عامل الفساد، ودور انتشاره في تنبيه الوعي الشعبي على تدهور أوضاع النظام

وعلاقاته، سواء في الداخل أو في الخارج، إلاّ أن " حديث التوريث " هو الذي استفزّ الوعي الشعبي، وشحذ قوى المعارضة، وقُواها، وأجّج قدرتها على المعارضة، وعلى أن تقول: لا، وبصوت عال. كان شعار" كفاية " رفضًا للتجديد لمبارك، ورفضاً للتوريث لابنه، هو الطلقة الأولى في هذا المجال. وكلما صعد نجم الابن، واقترب خطوة في درب الصعود والاقتراب من الوراثة، تصاعدت المعارضة، أكثر فاكثر, على الرغم من أنه كان يحاول أن يوحي بأنه زعيم نخبة جديدة اقتصادية وسياسية، ذات اتجاهات إصلاحية، وفكر جديد. إن "انتفاضة" مصر ضدّ "التوريث"، كانت رداً قوياً على محاولة تدمير الدولة المدنية في مصر، التي تجد أسسها منذ عصر محمد علي. ولعلّ قوّة حركة الاحتجاج، هي التي جعلت كلاً من مبارك وابنه ينفي أن هناك نية للتوريث, في حين كان العمل من أجل ذلك يجري على قدم وساق، وكان، أحياناً، يتسبب في خلافات داخل الأسرة الحاكمة نفسها، بينما كان جمال مبارك نفسه، لا يتردّد في " استعراض " نفسه كرئيس منتظر من ناحية، ويقوم، في الوقت نفسه، بدور ملموس في الحكم، من خلال اختيار الوزراء والقيادات في أماكن العمل المهمة، مثل الجامعات، المؤسّسات الصحفية القومية وقنوات التلفزيون، وذلك من خلال، وبواسطة "لجنة السياسات"، التي أصبحت تضمّ نخبة النخبة في الحزب الوطني الديموقراطي.

ولكن ضجيج الحديث عن الفكر الجديد، والنخبة الجديدة، لم يستطع أن يغطي على استفحال الأخطار الاجتماعية، وعلى رأسها البطالة، والفقر, والجريمة، وضعف التعليم، وتراجع الخدمات الصحية، وافتقار الناس لسكن ملائم، وانتشار التلوث. وأدى انتشار هذا كلّه، إلى تزايد عدد الفقراء، الذين بلغوا حوالي 40 في المئة من السكان. ولم تجد القوى التي لا تملك إلاّ قوة سواعدها، مفراً من اللجوء إلى أسلحتها المجرّبة والمشروعة، وهي الإضرابات والاعتصامات. وهنا لعبت الحركات الاجتماعية التي انتشرت وزادت فاعليتها، وكثير من منظمات المجتمع المدني، دوراً مؤثراً، بشكل أو آخر. فمثلاً، قامت منظمات الدفاع عن الحقوق بدور كبير في تبنّي قضايا المعتصمين والمضربين عن العمل, وسجلت مراكز معروفة إسهاماً ملموساً في هذا الميدان، بحيث لم يعد المضربون والمعتصمون يشعرون أنهم يقفون من دون سند. وهنا، طُرِحَ حديث النقابات المستقلة عن الاتحاد العام للعمال، الذي أصبح أشبه باتحاد حكومي بالكامل.

وفي مواجهة حركة الاعتصام والإضراب، وتزايدها، لم يجد أهل الحكم من وسيلة سوى تشديد القبضة البوليسية، على الرغم من أن المشاركين في هذه الاحتجاجات أكدوا، في حالات كثيرة، وفي مواقع متعددة، أنه لم يعد لديهم ما يخسرونه. وبدا هذا واضحاً، من نقل أعمال الاحتجاج إلى شارع مجلس الشعب نفسه, وكان التحدّي هنا واضحاً، ولم يجد الحاكمون ما يفعلونه سوى الاستمرار في فرض حالة الطوارئ. ولذلك توالت إدانة المنظمات الدولية لأوضاع حقوق الإنسان في مصر، التي أصبحت عرضة لانتهاكات منهجية: الحبس التعسفي، الحبس لمدة طويلة من دون محاكمة, أعمال التعذيب وسوء المعاملة. ووصل الأمر إلى أن الولايات المتحدة الأمريكية كانت تقوم سراً، بنقل المحبوسين المشتبه في ارتكابهم أعمالاً إرهابية إلى مصر، ليجري استجوابهم في ظروف تتضمن استخدام التعذيب بشكل منهجي (صوفي بوميه، ص124)، وقد لقي عدد من المعتقلين حتفهم تحت التعذيب. وقد تعرض "الإخوان المسلمون" لحملات اعتقال منظمة, وعرضت بعض قضاياهم أمام المحاكم العسكرية، وليس أمام القضاء العادي. وكانت حملات الاعتقال تنتهز أي عمل إرهابي لتقوم بحملات واسعة، شملت، مثلاً، 3000 شخص في العريش, بعد الانفجار الذي وقع في طابا، في 7 أكتوبر/تشرين الأول 2004. ولم تكن هذه الأعمال تمر من دون أصداء, فقد كانت تترك أثاراً عميقة في نفوس قطاع أو آخر من الناس.

وهنا، كانت حرية الكلام والكتابة تعمل في فراغ, وكان يقتصر دورها على تنفيس الاحتقان، وإن كانت، على المدى البعيد، وبفعل التراكم، خلقت تأثيرات أخرى، كان لها دورها في لحظات الانفجار.

أضف إلى هذا، إفساد الممارسة الديموقراطية، بتقليص الحريات إلى أدنى درجة ممكنة، عن طريق تزوير الانتخابات, بشكل استفزّ رجال القضاء، الذين طالبوا بالشفافية. ولعلّ من أقرب الحوادث الانتخابية من ثورة يناير 2011، انتخاب "الشورى"، في2010/6/1، وانتخاب مجلس الشعب، في 2010/11/28.

كانت كل جولة منها أكثر سفوراً وفجوراً في التزوير عن الأخرى. ويكفي هنا ـ من أجل الاختصار ـ أن يُشار إلى الكتاب الذي حرّره الدكتور عمرو هاشم ربيع، الذي صدر عن مركز

الدراسات السياسية والإستراتيجية في جريدة الأهرام, خصوصاً الصفحات 22و23و24، والذي حمل عنوان "انتخابات مجلس الشورى 2010".

ونعود إلى الخلف قليلاً، لتذكّر أن حكومة الدكتور أحمد نظيف، شهدت منذ بداية تكوينها، تعبيراً فجاً عن تحالف السلطة ورأس المال، وهو التحالف الذي نشر فساداً، ما تزال وسائل الإعلام تفيض في النشر عنه، منذ وقوع الثورة، وتنحّي مبارك، وتوجيه أصابع الاتهام إلى الكثير من رجاله، بمن فيهم كبارهم!

وزاد الطين بلّة، كما يقولون، إنه بعد تعديل الدستور في2005و2007، وإحساس مبارك بأن الشعب وقوة الجيش لن يقبلا عملية التوريث، راح هو نفسه يستعدّ لخوض انتخابات الرئاسة، في 2011، على الرغم من تقدّمه في السن، وضعفه، ومرضه، من ناحية، فيما رائحة فساد الطبقة الحاكمة كانت تملأ أجواء مصر كلها.

كلّ هذه العوامل مجتمعة كانت بؤرةً خصبةً للانفجار، واشتعال فتيل الثورة، ولكن هناك عاملاً آخر يستحق أن يشار إليه ولو في عجالة، أعني ما سبقت الإشارة إليه من سياسة التبعية والولاء لأمريكا و"إسرائيل". وفي هذا الشأن، ظهر، منذ عام 2009، ما يمكن تسميته " عامل أوباما "، وتمثّل ذلك في أن الرئيس الأمريكي " الجديد " قدّم وعودًا لم يف بها، ووعد بأمورٍ لم يلتزم بها، بل تراجع عنها، لا أعني هذا وعودًا بمساندة الديمقراطية في مصر، فقط، بل وعوده بشأن حقوق الشعب الفلسطيني، التي تراجع عنها أوباما، بشكلٍ مهين، جعل الجماهير المصرية تفقد ثقتها في " الصديق الأمريكي "، كما لم تفقدها من قبل, وفقدت، في الوقت نفسه، ثقتها في حاكمها، حليف هذا الصديق. فقد أصبحت موالاة الأمريكيين أشبه بسُبّة، وكان المسّ بكرامة الوطن والمواطنين، كما يقول الدكتور زياد حافظ (المستقبل العربي, عدد سبق ذكره, ص17) الخطيئة الكبرى، والخطأ الفادح للنظام، ولمن كان يحميه. " فالشباب الذين قادوا، في الأيام الأولى، التظاهرات الاحتجاجية، لم يكونوا من الطبقات الفقيرة والجائعة، بل كانوا من الطبقات الوسطى، التي استفزّتهم سياسات النظام في السياسة، والاقتصاد، والثقافة، وفي انتهاك الكرامة الوطنية ". وفي الندوة نفسها، أكد عصام نعمان (ص111) " أن أحد ابرز الدوافع

إلى الثورات والانتفاضات التي تجري في بلداننا العربية هذه الأيام، هي رغبه الشعب العربي في إسقاط ما أسميه, مرجعيه أمريكا في المنطقة. ورأى في "الهجوم العربي بثورة 25 كانون الثاني/ يناير، هجوماً عربياً مضاداً لفك الحصار، وتحرير بلاد العرب من النظم السياسية الوكيلة لدول الغرب الأطلسي، ولا سيما الولايات المتحدة ".

وماذا بعد؟

لقد نجحت ثورة 25 يناير، نجاحا ً منقطع النظير، حتى لحظة كتابه هذه الكلمات، لأنها هي نفسها من طراز ثوري جديد، ومنقطع النظير. وفي ظنّي أن حدث 25 يناير الثوري، وصولاً إلى 11 فبراير، شيء، وما تلاه وسيتلوه شيءٌ آخر، لا يملكُ المرء معه - خشيةً وتوقعًا - إلاّ أن يتمنى أن تكون رؤية " عصام نعمان " رؤية صادقة. وليس عندي ما أضيف، تفصيلاً، سوى أنّي أتوجّس خيفة من أصابع أمريكية، والأدهى أصابع صهيونية، في بعض ما قد يجري من أحداث أو مقادير.

الفصل الثالث:

بديل الفرقة الثورية

رضوى عبد القادر

تعدّدت الثورات في تاريخ العالم، وكلها هدفت إلى تغييرٍ جذري. كما أن جميعها اشترط الشروط الثلاثة نفسها، المؤدية إلى قيام ثورة , وهي: أوّلاً: وصول الشعب إلى ذروة السخط من تردي الأحوال الاقتصادية، والاجتماعية، والسياسية، والثقافية، والنقابية.

ثانيًا: عجز الحكم عن الوفاء، حتى بالحد الأدنى من مطالب وحقوق الشعب المشروعة، بالطرق التقليدية.

ثالثا: فرقةٌ ثوريةٌ قادرةٌ على الربط بين الأمرين السابقين، وتوظيفهما في اتجاه خدمة الوطن والشعب. وأول خطوةٍ في هذا التوظيف هي الاحتجاج المنظّم على الوضع الراهن، الذي، أحيانًا، ما يتقدّم ليتحوّل إلي ثورة، تطيح النظام، كما حدث في ثورة 25يناير/كانون الثاني 2011.

قبل قيام هذه الثورة، كان في مصر حوالى أربعة وعشرين حزبًا سياسيًا "قانونيا" - منها أربعة أحزاب، مجمّد نشاطها - إلاّ أنّ العديد من هذه الأحزاب لا يتعدّى مقراً وجريدة، كما أنها بلا صوت مسموع، حتى تلك الأحزاب ذات الحضور النظري، افتقدت الفعل العملي.

ظهرت الأحزاب في مصر، نتيجة التفاعلات بين المجتمع والإقتصاد، والثقافة، فضلاً عن الظروف التاريخية والوطنية والسياسية. فعندما قامت ثورة 23 يوليو/تموز 1952، حُلّت جميع الأحزاب السياسية، وجرّبت نظام الحزب الواحد، ثم المغاير، وأعادت أخيرًا تجربة التعددية الحزبية، شريطة إلاّ تتعارض مبادئ أي حزب، عند تأسيسه، مع مبادئ الشريعة الإسلامية،

ومبادئ ثورة 1952، وحماية الجبهة الداخلية، والسلام الاجتماعي، والحفاظ على النظام الديموقراطي. وألاّ يقوم الحزب على أساس طبقي، أوديني، أوطائفي، أو جغرافي. وأن تكون أهدافه، ومبادئه، ومصادر تمويله، علنية [1].

رأى البعض- خصوصاً قبل الثورة- أن أقوى الأحزاب المعارضة على الساحة السياسية في مصر، هي الليبرالية: "الغد"، تأسّس عام 2004، ورئيسه الحالي أيمن نور؛ "الوفد"، تأسّس عام 1978، ورئيسه الحالي السيد البدوي شحاته. فيما رأى آخرون، أن الأقوى هي الأحزاب الاشتراكية، مثل: "التجمع الوطني التقدمي الوحدوي"، تأسّس عام 1976، ورئيسه الحالي رفعت السعيد؛ "الناصري"، تأسَّس عام 1992، بحكم محكمة، من أهم مبادئه، الحرية، الاشتراكية والوحدة؛ "الكرامة" (حزب ناصري يديره صحافيون وعضو برلمان، وليس له رخصة كاملة)[2]. فضلاً عن التأثير القوي لحركة "الإخوان المسلمين"، المحظور نشاطها، إلاّ أن "الحزب الوطني الديموقراطي"، كان هو الحزب الحاكم بأمره- حتى قيام الثورة- إلى أن سقط رئيسه، ورئيس النظام ككل، محمد حسني مبارك، وحُلّ الوطني، في 2011/4/16.

هكذا تعدّدت الأحزاب السياسية في مصر، ولكن من دون جدوى، فكلٍ منها يفكر ويعمل ويتجه في ناحية تختلف عن الآخرين. إلى أن جاءت الانتفاضة الفلسطينية الثانية، "إنتفاضة الأقصى والاستقلال" (28 أيلول/سبتمبر 2000)، فظهرت على الساحة المصرية تجمعاتٍ للجان شعبية، من شتى أطياف المجال السياسي، آزرت الشعب الفلسطيني في انتفاضته، وندّدت بالعدوان الصهيوني، وجرائمه البشعة، فضلاً عن المجهودات التي بذلتها تلك اللجان في إرسال المساعدات والإغاثات إلى الشعب الفلسطيني. كما ضغطت تلك اللّجان على النظام المصري، كما في باقي الوطن العربي، خصوصاً أن الموقف الرسمي كان، إلى حد ما، متخاذلاً. وفي إطار الانتفاضة، جاء الحصار الإسرائيلي، للرئيس الفلسطيني الراحل، ياسر عرفات، في أواخر آذار/ مارس 2002، ثم الغزو الأمريكي للعراق (20آذار/ مارس 2003)، كلّ هذا أدى إلى توحيد صفوف اللّجان الشعبية، ومهّد لظروف حركات أسهمت في تحريك الركود السياسي.

حركة 9 مارس

تحتفل الجامعات المصرية يوم 9 آذار/مارس بعيد استقلال الجامعة، الذي يُقام في ذكرى استقالة أحمد لطفي السيد[*] من رئاسة الجامعة المصرية، في 9 آذار مارس 1932، احتجاجًا على نقل د. طه حسين، تعسفيًا، من الجامعة. وفي الاحتفال الأوّل عام 2002، صدر كُتيّب مختصرٌ عن المناسبة، أعدّه الدكتور محمد أبو الغار[**]، كما تمّ التخطيط لإصدار كتاب بحثي، يضم دراسات حول استقلال الجامعات. ودعا أعضاء هيئات التدريس، والطلاب المهتمين بمستقبل الجامعة، إلى ندوة تقام في جامعة القاهرة، يوم 3/9، بعنوان: "استقلال الجامعات المصرية"[(3)].

كان على رأس مطالب "مجموعة العمل من أجل استقلال الجامعات" (حركة 9 مارس):

أولاً: تطهير الجامعة من ذيول النظام السابق، بدايةً من وكلاء وعمداء الكليات، إلى رأس الجامعة المتمثل في رئيسها".

ثانيًا: تعديل اللائحة الطلابية، بحيث تسمح بممارسة النشاط الطلابي بحرية، ومن دون تتبع، أو مراقبة، ومشاركة.

ثالثًا: العمل على دعم استقلال الجامعات، تمامًا. والسعي لتمكينها من أداء دورها في البحث العلمي، بحيث تصل جامعة القاهرة إلى مصاف الجامعات العالمية [(4)].

نظّمت الحركة يوم 2005/4/19 تظاهرة صامتة داخل الحرم الجامعي، ورفع المشاركون فيها لافتات، كُتب عليها: "لا للتدخلات الأمنية في الجامعة"؛ "نعم لجامعة حرّة مستقلة". وقال د. أبو الغار، في هذه التظاهرة: "نشجب تدخلات الأمن، ونطالب باستقلال الجامعة".

* مفكّر مصري (1872م - 1963م)، وفيلسوف سياسي وصحافي، وُصف بأنه من رواد حركة النهضة والتنوير في مصر. وصفه عباس العقاد «بأنه، بحقّ، أفلاطون الأدب العربي». ولُقّب بـ «أستاذ الجيل»، و«أبو الليبرالية المصرية». عمل وزيرًا للمعارف، ثم للخارجية، ورئيسًا لدار الكتب المصرية، ومديرًا للجامعة المصرية، كما أسّس عددًا من المجامع اللغوية، والجمعيات العلمية.

** الأب الروحي لحركة 9 مارس لاستقلال الجامعة، وهو أستاذٌ معروف في أمراض النساء، بطبّ القصر العيني، وناشط سياسي ليبرالي، وكاتب صحافي يُعبّر عن آرائه السياسية والثقافية بجرأة وصراحة. وهو في الوقت نفسه، خبير في شؤون التعليم الجامعي. تحرّكه بوصلة استقلال الجامعة وديموقراطية الحياة الجامعية.

وأكد د. مدحت خفاجة، الأستاذ في معهد الأورام: "إن تحركنا نابعٌ من شعورنا بأن نظام الحكم فشل في إدارة البلاد، وهو يُهدر نصف موازنة الدولة على نفسه، ومن أن الفساد أصبح في كل مكان، وينبغي مواجهته". وأكدت أستاذة العلوم السياسية، دينا الخواجة: "لا يمكن فصل تحرُّك أساتذة الجامعات عن تصاعد حركة المطالبة بالديموقراطية في المجتمع المصري". كما أشارت أستاذة الصحافة، بكلية الإعلام، في جامعة القاهرة، د. عواطف عبد الرحمن، إلى "أن الأساتذة المحتشدين في هذه التظاهرة وقّعوا بيانًا، يعلنون فيه تضامنهم مع قضاة مصر في مواقفهم الجادة"، حيث كان قرابة 2000 قاضٍ، أعلنوا يوم 2005/4/15، في الإسكندرية، بأنهم سيمتنعون عن الإشراف على الانتخابات الرئاسية والتشريعية المقبلة، ما لم يتمّ تعديلُ قانونيْ السلطة القضائية الحالية، ومباشرة الحقوق السياسية، واللذان لا يكفلان إشرافًا قضائيًا حقيقيًا، ولا يضمنان نزاهة العملية الانتخابية[5].

رفضت مجالس الأقسام المختلفة في الجامعة، عام 2006، الرؤية المقدمة من وزارة التعليم العالي لتطوير التعليمي الجامعي، بسبب أوجُه القصور فيها، حيث تعاملت الوزارة مع التعليم بمنطق السلع الخدمية، وتجاهلت دوره الأساسي في بناء عقول، وتشكيل وعي أجيال قادمة، منوط بها النهوض بالبلاد من العثرة التي ألّمت بها في العقود الأخيرة. كما جاء المشروع غامضًا، بشأن مجانية التعليم، وكيفية تشكيل مجالس الأمناء، ومدى سلطتها على مجالس الأقسام في الجامعات. وأرسلت "مجموعة العمل من أجل استقلال الجامعات" (حركة 9 مارس) خطابًا إلى وزير التعليم العالي، آنذاك، طالبته فيه بوقف تدخل أجهزة الأمن، في تعيين المعيدين في الجامعات، وذلك إثر مقال نشره مجدي مهنّا، في صحيفة "المصري اليوم"، بتاريخ 2006/3/24، حول واقعة رفض تعيين معيد من قِبل الأمن في جامعة حلوان. وقد أضافت المجموعة، في خطابها، واقعتين مماثلتين، في جامعة الإسكندرية. وطالبت الوزير بتحمل مسؤوليته في منع مثل هذه التدخلات، وذلك بإلغاء قرار المجلس الأعلى للجامعات، الصادر عام 2000، بضرورة استطلاع رأي الأمن في تعيين المعيدين. كما أرسلت المجموعة خطابًا لرئيس جامعة حلوان بهذا الشأن[6].

نُشر، في 2009/3/16، اتهام "حركة 9 مارس" لوزارة التعليم العالي بالسعي لتحويل

أستاذ الجامعة إلى متسوِّل. وطالبت الحركة هيئات التدريس بالمشاركة في الإضراب العام لعموم مصر، المقرّر يوم 6 أبريل/ نيسان، والذي تشارك فيه القوى الوطنية والسياسية كافّة، لاسترداد الحقوق المغتصبة من قِبل نظام فاسد، قضى على الأخضر واليابس، على حد قول الحركة[7].

حركة "كفاية"

بعد التغيير الوزاري المصري، في تموز/ يوليو 2004، صاغ ثلاثمئة من المثقفين والشخصيات العامة المصرية، التي تمثل شتّى ألوان الطيف السياسي المصري، "وثيقة تأسيسية"، طالبت بتغييرٍ سياسي حقيقي في مصر، وبإنهاء الظلم الاقتصادي، والفساد في السياسة الخارجية. هكذا ظهرت "الحركة المصرية من أجل التغيير"، التي عُرفت باسم حركة "كفاية"، على الساحة السياسية المصرية، صيف عام 2004، في شكل تجمُّع للمثقفين وأساتذة الجامعات والمحاميين، الذين عارضوا بشدّة أي محاولات لتوريث الحكم لنجل مبارك، جمال، فرفعت الحركة شعاري: "لا للتمديد"، "لا للتوريث"! واعتمدت على إصدار بيانات في الصحف المستقلّة، دعت فيها مبارك إلى عدم الترشُّح لفترة رئاسية جديدة. وقد حصلت الحركة على اسمها استعارة من تصريح للرئيس الماليزي السابق، مهاتير محمد، في لقاء فكري معه، في مكتبة الاسكندرية، الصيف الذي سبق قيام الحركة، بأنه "كفاية" عليه (محمد) في الحكم 24 عامًا، وعدّد إنجازاته في هذه الفترة، من خفض نسبة الفقر من 70% إلى 3%، وزيادة الدخل القومي إلى 12%، وغيره[8].

أما أهداف الحركة، التي أعلنت عنها في موقعها على شبكة "الإنترنت"، فهي:

1. الإلغاء الفوري - من دون تسويف - لحالة الطوارئ، التي تشلّ القوّة الفاعلة في الوطن، والتخلُّص من مجموعة القوانين التي تنتهك الحريات.

2. إطلاق حق كل القوى المدنية السلمية في التنظيم، وفي تشكيل الأحزاب السياسية، والنقابات، والهيئات، والجمعيات، من غير قيود.

3. الاعتراف بحق التظاهر، والإضراب، والاعتصام السلمي.

4. إطلاق حريات التعبير، وإصدار الصحف، وتحرير أجهزة الإعلام، المرئي والمسموع، من القيود.

5. تشكيل جمعية تأسيسية وطنية، تشرفُ على إعداد دستورٍ جديدٍ للبلاد، يحتفي بالحرية ويضع الضمانات الفعلية لتأكيدها.

6. تأسيس جمهورية برلمانية، تضمن حقوق الوطن والمواطن، وتفصلُ بحسمٍ بين السلطات، وتحدّ من انفراد الحاكم بالسلطات الدستورية المطلقة، وتضع حدًا لمُدد حكمه وصلاحياته.

7. فترة انتقالية مناسبة، قبل إجراء أيّة انتخابات، يتم فيها إيجاد مناخٍ مواتٍ لإجرائها بنزاهة وعدالة، حتى لا تصبح الانتخابات وسيلة لخداع الناس [9].

إذاً، يتّضح أن الحركة تركّز على الطرق السلمية، لتحقيق التطور السياسي الذي تنشده.

وقد أكّد الموقّعون على البيان التأسيسي لـ "كفاية"، بأنهم اجتمعوا، على اختلاف اتجاهاتهم الفكرية والسياسية، لمواجهة أمرين أساسيين، مترابطين فيما بينهما، على مبدأ السبب، والنتيجة.

الأمرُ الأوّل: المخاطر والتحديات الهائلة التي تحيط بالأمة العربية، والمتمثّلة في الغزو، والاحتلال الأمريكي للعراق؛ والاغتصاب والعدوان الصهيوني المستمرين على الشعب الفلسطيني؛ ومشاريع إعادة رسم خريطة وطننا العربي، وآخرها مشروع "الشرق الأوسط الكبير"، الأمر الذي يهدّد القومية والهوية العربية، مما يستتبع حشد كلّ الجهود لمواجهة شاملة، على المستويات السياسية، والثقافية، والحضارية كافة، حفاظًا على الوجود العربي، لمواجهة المشروع الأمريكي الصهيوني.

الأمرُ الثاني: الاستبداد الشامل، الذي أصاب المجتمع المصري، ما يستلزم إجراء إصلاح شامل، سياسي ودستوري، يضعه أبناء هنا الوطن، وليس مفروضًا عليهم، تحت أي مسمى، مع الإشارة على ضرورة أن تتضمن عملية الإصلاح:

أولاً: إنهاء احتكار السلطة، وكذا الجهد السياسي في المؤسسات كافّة؛

ثانيًا: إعلان سيادة القانون، والمشروعية، واستقلال القضاء، وتحقيق المساواة، وتكافؤ الفرص.

ثالثًا: إنهاء احتكار الثروة.

رابعًا: العمل على استعادة مكانة مصر، التي فقدتها منذ التوقيع على اتفاقية "كامب ديفيد"، مع إسرائيل، والوسيط الأمريكي[10].

حصلت حركة "كفاية" على شهرة واسعة، داخل مصر وخارجها، رغم حداثة عهدها بالعمل السياسي. وأثارت جدلاً، وحرّكت المياه الراكدة في الحياة السياسية المصرية، متجاوزة بذلك الأحزاب التقليدية المعارضة. وبدأت الحركة تكتسب أرضية جديدة، في الحياة السياسية، كل يوم، مع انضمام العديد من رموز[*] النخبة والفكر المصري إليها. وبدأت الحركة في توسيع نطاق أعمالها، من خلال تأسيس موقع على "الإنترنت"، دعت فيه كل المصريين إلى تسجيل أسمائهم فيه، كأعضاء. واعتُبِر ذاك الموقع من أقوى المنتديات السياسية والثقافية المصرية. ثم بدأت "كفاية" في الدعوة إلى النضال السلميّ الصامت، في أماكن تجمّع خاصة في المحافظات، تعبيرًا عن تحفظها على عدد من النقاط التي تثار، بين وقت وآخر [11].

تعدّدت تظاهرات "كفاية"[**]: 2004/12/12 أمام دار القضاء العالي في القاهرة؛ 2005/2/4 في معرض القاهرة للكتاب؛ 2005/3/21 في ميدان التحرير في القاهرة؛ 2005/3/3 في ثلاث محافظات؛ 2005/4/27 في خمس عشرة محافظة؛ 2005/5/25 يوم الاستفتاء على الدستور؛ 2005/6/1، في نقابة الصحافيين، 2005/6/8، أمام ضريح سعد زغلول، حيث احتشد ما يقارب ثلاثة آلاف شخص، من الثامنة صباحًا حتى العاشرة مساءً (أسبوعين متتاليين)، حاملين الشموع، احتجاجًا على اعتداء أتباع "الحزب الوطني الديموقراطي" على متظاهرين، تحت بصر وسمع قوّات الأمن المصرية [12]. ورغم تقدّم "حركة 9 مارس" في الظهور عن "حركة كفاية"، زمنيًا، فإن الثانية كانت الأكثر انتشارًا وشيوعًا بين فئات مختلفة من الشعب، حيث انحصرت الأولى في هيئات تدريس الجامعات.

---

* من أبرز أعضاء الحركة: جورج إسحاق أوّل منسّق عام لكفاية، والصحافي عبد الحليم قنديل، وهو المتحدّث الإعلامي، والمنسّق العام الرابع للحركة: الفنان عبد العزيز مخيون. ومن أهمّ قيادات «كفاية»: د. عبد الوهاب المسيري (رحمه الله)، أمين اسكندر، أبو العلا ماضي، أحمد بهاء الدين شعبان، عبد الغفار شكر، د. عبد الجليل مصطفى (منسّق عام الحركة)، د. كريمة الحفناوي، والمستشار طارق البشري.

** في مؤازرة أساتذة الجامعة، في «حركة 9 مارس» (2005/4/19)، وقف مجموعة من الطلاب الناشطين في «كفاية»، رافعة لافتات كُتب عليها: «كفاية نهب! كفاية فساد! كفاية طوارئ! كفاية ظلم للعباد! نعم لحرية الشعب! ... موقع قناة العربية الإخبارية.

اعتمدت "كفاية" أسلوب التظاهر في أغلب محطاتها المعارضة للنظام المصري. وقد ردّ النظام على تنامي الحركة (وصلت إلى 22 محافظة من أصل 26 محافظة في مصر) بحملات اعتقال، وسحل، وتعذيب وحشي. إلاّ أن "كفاية" حازت على دعم إعلامي مكثف، من الصحف المعارضة والمستقلة. وقد أُسست "كفاية" على النظام الشبكي المرن، وراعت في تنظيمها المبادرة الفردية، والعمل في مجموعات عمل صغيرة. وأدّى انتشار "كفاية" إلى ظهور حركات نوعية، وفئوية خاصة، مثل "شباب من أجل التغيير"؛ "عمّالٌ من أجل التغيير"؛ "صحافيون من أجل التغيير"؛ "طلابٌ من أجل التغيير". كما انتشرت المطالب المهنية والحرياتية في ربوع مصر؛ فخرج من عباءة الحركة العديد من الكوادر والأفكار، التي استخدمتها الأحزاب و"الأخوان المسلمون"، في نشاطات موازية[13].

وقد وجهت عدة انتقادات لحركة كفاية، أهمها: أن العديد من المراقبين رأى أن الشهرة التي حصلت عليها "كفاية" أكبر من حجمها الحقيقي في الشارع المصري. وأن أي تظاهرة تدعو لها لا يتجاوز عدد المنضمين لها مئة أو أقل، وليست، مثلاً، بحجم أي تظاهرة تدعو لها حركة الإخوان المسلمين المحظورة النشاط في مصر، والتي تستطيع تدشين عدة آلاف من مؤيديها، وأنصارها، في أكثر من مكان، في وقت واحد، كما رأى البعض أن "كفاية" حركة للمثقفين فحسب، غير منتشرة في أوساط المصريين، بحكم حداثة عهدها، وليس لها برنامج سياسي واضح، خلاف رفض النظام القائم؛ وتركزت أهم الانتقادات الموجهة للحركة، في أنها لا تطرح بديلاً عن النظام الموجود، آنذاك، والأشخاص متقلدي السلطة، وتكتفي الحركة بالمطالبة بإزاحتهم. مما دعا وسائل الإعلام الحكومي، والمحسوبين على النظام باعتبار الحركة قوى هدم، وفوضوية [14].

وتغافل هؤلاء الناقدين عن أن رفض نظام مبارك يجمع أوسع دائرة ممكنة من الشعب المصري، فيما سيدب الخلاف بين ألوان الطيف الفكري والسياسي، وداخل كل منها، على حدة، عند البدء بتحديد ملامح بديل نظام مبارك، لذا فإن تجاهل "كفاية" للبديل نمّ عن ذكاء سياسي، يحسب لها، وليس عليها.

لقد عمدت الحركة، منذ بدايتها، إلى التوضيح أنها ليست حزبًا سياسيًا، ولا تمتلك برنامجًا

للإصلاح وإدارة الدولة، أو تأسيس نظام جديد. وإنها ترى دورها منحصرًا في هز الركود السياسي، وانتزاع الحرّيات المدنية، التي طال قمعها؛ وإيصال صوت الأغلبية الصامتة، التي ترفض الأوضاع التي آلت إليها الحياة السياسية والاجتماعية في مصر؛ وفضح رموز الفساد؛ والمجاهرة بأن بين أبناء مصر من يصلح لتولي المناصب العامة[15].

"حركة 6 إبريل"

نظّمت مجموعة من الشباب على موقع "الفيس بوك"، "حركة شباب 6 إبريل"، دعت فيها إلى إضراب عام في مصر (6 إبريل 2008)، للاحتجاج على: الارتفاع الفاحش للأسعار، صعوبة المعيشة، وتفشّي الفساد، التعذيب في أقسام البوليس، والظلم في القضاء، سوء التعليم والرشوة . . . وغيرها.

استطاعت الحركة أن تجذب أكثر من 75 ألف مشترك إلى موقعها الإلكتروني، خلال أشهر قليلة. وكان هؤلاء من أوائل الذين استجابوا لدعوة عمال غزل المحلة للمشاركة في إضرابهم. وتوالت إضرابات الحركة، ففي 2008/8/9، تقدّم "مركز هشام مبارك للقانون" ببلاغ إلى النائب العام ضدّ وزارة الداخلية وثلاثة من الضباط، طالب فيه بالتحقيق في الانتهاكات التي تعرّض لها عدد من المهتمين في قضية شباب "6 إبريل"، أثناء القبض عليهم أمام أحد شواطئ الاسكندرية، في ذكرى الاحتفال بثورة 23 تموز/ يوليو 1952. وأشار البلاغ إلى تعرُّض المتهمين لاعتداءات من قوات الشرطة، أثناء ترحيلهم، بعد قرار النيابة باستمرار حبسهم. كما أدان المركز، الاعتداءات التي تعرّض لها نشطاء "الإنترنت" باعتبارها انتهاكًا لحقوقهم الدستورية. وفي الوقت نفسه، أصدر "مركز الهلالي" بيانًا هو الآخر، انتقد فيه إحالة المتهمين إلى المحاكمة، وطالب بإخلاء سبيلهم. في حين أصدرت هيئة الدفاع عن معتقلي المحلّة، بيانًا انتقدت فيه إحالة المتهمين في تظاهرة الجوع والغلاء، إلى المحاكمة، والتنكيل بهم، في الوقت الذي تمّ الحكم ببراءة صاحب "عبّارة السلام"، ممدوح اسماعيل، المسؤول عن قتل ألف مصري غرقًا، نتيجة الإهمال[16].

كلنا خالد سعيد

خالد سعيد، شاب اسكندري، وُلِد في 1982/1/27، وتمّ تعذيبه يوم 2010/6/7، على أيدي اثنين من الشرطة السرّية، اللذان أرادا تفتيشه بذريعة أنه يحمل مخدرات؛ وقاما بضربه حتى الموت، أمام العديد من شهود العيان؛ عقابًا له على نشر شريط "فيديو" على شبكة "الإنترنت"، أظهرَ تورُّط رجال الشرطة في تداول المخدرات وتعاطيها، وليس لأنه هاربٌ من تنفيذ أحكام، ويتاجر بالمخدرات، كما روت وزارة الداخلية. ولم يصدق أحدٌ، في وقتها، هذه الرواية الفاشلة(*). فأثار موت خالد سعيد، إدانة محلية وعالمية.

تحوّلت وفاة سعيد إلى الحدث الأهمّ في مصر، طوال الأشهر السبعة التي سبقت اندلاع "ثورة 25 يناير"، فأثيرت احتجاجات علنية في الاسكندرية والقاهرة، قام بها نشطاء حقوق الإنسان في مصر. وتطوّرت تبعات مقتله: من مجرّد وقفات احتجاجية محدودة، ارتدى فيها المشاركون الملابس السوداء، وهم وقوفاً على "الكورنيش"، ينظرون إلى النيل، أو البحر في الاسكندرية، والدموع تفيض من أعينهم؛ إلى تظاهرات حاشدة، تطورت إلى ثورة مجيدة، أطاحت بالطاغية، مبارك، وحاشيته[17].

تطوّرت حركة "كلنا خالد سعيد"، من "الفيس بوك"، إلى ورشة عمل "إلكترونية"، لبيان كيفية التحرّك، ترأسها المدير السابق للوكالة الدولية للطاقة الذرية، محمد البرادعي. كما دعمت "حملة الشعب للحصول على حق خالد"، فيما بدأ "مركز نصّار للقانون" تشكيل لجنة لتقصّي الحقائق في جريمة الداخلية، بمقتل سعيد، لتقديم المتهمين إلى المحاكمة. وكانت عبارة "دمي في رقبتكم يا مصريين" هي العبارة الرئيسية في حملة حركة "كلنا خالد سعيد"، كما تمّ تأسيس صفحة أخرى حملت عنوان ألف عضو [18].

"كلنا خالد سعيد"، مجموعة من الشباب المصري، رفعت قضية الشاب خالد سعيد شعارًا لها، للاحتجاج على الفساد، ونظام الحكم، وقبضته الأمنية. ولم تعلن هذه المجموعة نفسها

* ادّعت الشرطة أن سعيد ابتلع كمية من «البانجو»، عندما اقترب منه رجلاً من الأمن، مما تسبّب في وفاته.

تيارًا سياسيًا، أو حركة منظمة، بقدر ما تقدّم نفسها كتجمّع استفاد من وسائل الاتصال الحديثة على "الإنترنت"، ليشكّل واحدًا من التيارات المطالبة باحترام حقوق الإنسان. ووفقًا لموقع "كلنا خالد سعيد"، الذي يستبدل دلالته بكلمة "خالد شهيد"، على "الفيس بوك"، تم الإعلان عن أن الصفحة مفتوحة للجميع، بغض النظر عن الجنس، أو الدين، أو العمر، أو المؤهل التعليمي، أو الانتماء السياسي. ومن الأهداف الرئيسية للصفحة: تحسين الأوضاع في مصر؛ وإذكاء روح المواطنة؛ التصدي للاستبداد؛ التعريف بقضايا وهموم الشعب المصري؛ وتحديدًا تلك المتصلة بحقوق الإنسان، التي كفلها الدستور[19].

أبرزت وكالة "الأسوشيتد برس" الأمريكية للأنباء، أن الحادث بتفاصيله الوحشية، قدّم مثالاً واضحًا على الانتهاكات الواسعة التي تحدث في ظلّ "قانون الطوارئ"، والجاري العمل به، منذ ثلاثة عقود، كأداة قمع من قِبل النظام. كما طالب البرادعي، على صفحته (على الإنترنت)، بمحاسبة المسؤولين عن مقتل الشاب الاسكندري. وأوفدت "المنظمة المصرية لحقوق الإنسان" بعثة تقصّي حقائق، للوقوف على حقيقة ما حدث، في قضية تعذيب خالد. وشدّدت على تعديل مادة "التعذيب"، التي صادقت عليها مصر، والتي تُعرِّف التعذيب بأنه كل ألم، أو عذاب جسدي، أو عقلي [20].

نظر المصريون إلى سعيد باعتباره "بوعزيزي الثورة المصرية"(*). كما نظروا إلى التعذيب بوصفه الجريمة التي أسقطت مبارك. وقد انطلقت الدعوة إلى تظاهرات 25 يناير/ كانون الثاني، من صفحة "كلّنا خالد سعيد"، على الموقع الاجتماعي "فيس بوك"، والذي يضمّ ما يزيد على سبعة ملايين ونصف مليون مصري. وجاء اختيار اليوم الموافق لاحتفال الشرطة المصرية بعيدها السنوي، ولأوّل مرّة منذ ثلاثين عامًا حيث لم يحتفل مبارك، وقياداته الأمنية بهذا العيد، في مقر المجلس الأعلى للشرطة، بصفته الرئيس الأعلى للمجلس. وفي أثناء الثورة، قال عضو حركة "كلنا خالد سعيد"، محمود سليمان: "تحوّل سعيد إلى رمز، بصفته أشهر ضحية للتعذيب، الذي تمارسه وزارة الداخلية في مصر ضدّ المواطنين بمنهجية، منذ قيام ثورة تموز/ يوليو 1952.

* بائعٌ متجوّلٌ تونسي، أشعل النار في جسده، احتجاجاً على مصادرة عربته، التي كان يبيع عليها الخضار، وصفعه من قِبل شرطية، فانفجرت الثورة في تونس (2010/12/17). واعتبر انتحار بوعزيزي، القشّة التي قصمت ظهر نظام زين العابدين بن علي في توسن.

مضيفاً: "لولا تدخل الولايات المتحدة الأميركية، ودول الاتحاد الأوروبي، لأقفلت القضية، ولكن تم التحقيق فيها من قِبل النائب العام، بسبب تلك الضغوط". وتابع:"لم نكن نتوقّع أن تلقى دعوتنا كل هذه الاستجابات من المواطنين، خصوصاً الشباب، لكن يبدو أن الجميع يعاني من الظلم والقهر من نظام بوليسي، استخدم أجهزته الأمنية، طوال ثلاثين عامًا، لحماية نفسه وحاشيته وأذنابه من الشعب". ووفقًا لناشط في الحركة نفسها، هو "نادر شريف": "فإن الطريقة الوحشية التي قُتل بها سعيد، والأسلوب القمعيّ الذي ووجهت به الاحتجاجات المندِّدة بمقتله، وكذلك الدفاع المستميت، من قبل النظام الحاكم، بكلّ مؤسساته عن الجناة، تسبّبت كلّها في سخط الشعب المصري، وخصوصاً الشباب. وتولّدت حالة من الغضب الشديد ضدّ جهاز الشرطة، ونظام مبارك ككل". أضاف شريف: "إن حالة الغضب زادت، بعد سقوط ضحية جديدة للعذيب في الاسكندرية، بعد أحداث كنيسة القديسين، هو الشهيد السيد بلال". واستطرد: "كلّ ذلك تزامن مع انتشار الفساد، والبطالة، وتزوير الانتخابات النيابية، وأدى إلى تفاعل الجميع مع الدعوة"[21].

لم تكتّف مجموعة "كلنا خالد سعيد" بكونها احد المكونات الرئيسية لثورة 25 يناير/كانون الثاني، فاستكمالاً لبناء مصر ديموقراطية جديدة، قرّر القائمون على صفحة هذه المجموعة، البدء باعداد حركة للتعبئة السياسية، ودعم حركة الديموقراطية، وحماية مكتسبات الثورة. وتتضمّن الاقتراحات ضرورة نشر ثقافة تقبُّل الآخر، إلى جانب توعية كل مصري بحقوقه وواجباته، ومحاربة وفضح أي فساد في مؤسسات الدولة كافة، وتوحيد جهود الشباب لتحقيق أهداف قومية، مثل: إصلاح العملية التعليمية ؛ القضاء على أية محاولات لخلق فتنة طائفية تهدّد أمن مصر؛ شرح مكتسبات الثورة ؛ فضلاً عن ضرورة القيام بتوعية اقتصادية؛ من خلال توضيح كيفية مساهمة كل فرد في بناء اقتصاد الدولة[22].

لماذا الثورة؟

لماذا تراكم كل هذا الغضب، حتى انفجرت الثورة المصرية، مطلع العام 2011؟! سؤالٌ طرحهُ مركز"الجزيرة" للدراسات، قبل نحو ستة أشهر من اندلاع تلك الثورة. وقرّر المركز

إعداد ملف بحثٍ تحت عنوان: "ثلاثون عامًا من حكم مبارك لمصر/ تبديد أرصدة القوى"، حرّره محمد عبد العاطي، وضمّ حوالى عشرين دراسة، قرأت الواقع المصري بعمق، حيث كان من المتوقّع أن "حدثًا جللاً ما ينتظر مصر، وأن البلاد مقبلةٌ على تغييرٍ". وقبل شهرين من اندلاع الثورة، وفي معرض تقديم الخلاصة، التي توصّلت إليها دراسات الملف، كتب، آنذاك، بأن الأمور في مصر وصلت إلى درجة باتت معها الحاجة ماسّة إلى "تغيير جذري وشاملٍ في بنية نظام الحكم"، وأنه لم يعد مجدياً حلّ المشكلات الخطيرة، التي تعصف بمصر، الدولة والمجتمع، بمنهج "الترقيع"، وأن نظام حكم الرئيس مبارك، سواء بقي هو في السلطة، أو خلفه أحد من داخل النظام، سوف يشهد "عدم استقرار"، نظراً لعدم قدرة المجتمع على تحمُّل تداعيات العلاقة الشوهاء بين الثالوث، الذي ميّز نظام الرئيس حسني مبارك، والمتمثِّل في "الأمن، السلطة والثورة"، مع الاستمرار في إقصاء كل القوى والتيارات السياسية الأخرى. وقد جاءت التظاهرات المليونية التي شهدتها مصر، وطالبت بإسقاط النظام، مؤيِّدة لهذه النتيجة[23].

بحثت إحدى دراسات ذاك الملفّ، العوامل التي أدّت إلى ضعف أحزاب المعارضة المصرية، وهشاشتها، وقلّة فاعليتها وتأثيرها، وعلاقة ذلك كلّه بالقيود السياسية والأمنية التي فرضها عليها النظام الحاكم، ونقّبت الدراسة في أسبابٍ ما وصفته "الاختلالات الجوهرية في بناء هذه الأحزاب، وطريقة تسييرها"، ووضعت تصوُّرًا لمآلات هذه الأحزاب، ما لم تغيِّر من منهجها وسلوكها. ولعلّ من أهمّ دراسات ذاك الملف: أزمة النظام السياسي ؛ السلطة والثروة؛ مبارك و"الإخوان"؛ النظام والأقباط؛ الاقتصاد ومعضلة الفقر والتهميش؛ أسس مرتكزات السياسة الخارجية المصرية ؛ العلاقات المصرية - العربية ؛ العلاقات المصرية - الأمريكية؛. . . ثم خاتمة عن مستقبل نظام الحكم[24].

أمّا دراسة عمرو الشوبكي، الخبير في مركز الأهرام للدراسات السياسية والاستراتيجية، فجاءت تحت عنوان: "قوى الحراك السياسي الجديد في مصر: وليدٌ في طور النموّ"، وتتبّعت هذه الدراسة نشأة قوى الحراك السياسي الجديدة في مصر، مثل: حركة "كفاية"، "الجمعية

الوطنية للتغيير"[*] و"شباب 6أبريل"، محاولة تقييم أدائها. ومعرفة الأسباب التي جعلتها غير مؤثّرة في المشهد السياسي، بالقدر المنشود، إلى ما قبل اندلاع ثورة 25 يناير بشهرين. وتُرجع الدراسة بعض أسباب ذلك التعثُّر، إلى القيود السياسية والأمنية المفروضة عليها، تحت وطأة حالة الطواريء التي تعيشها مصر، منذ بدايات حكم الرئيس مبارك، والتي ألجأت تلك الحركات إلى الاعتماد كثيرًا على الفضاء الإلكتروني، عوضًا عن التواجد الجماهيري. كما تُرجعها إلى بعض الخلافات بين قيادات هذه الحركات، وإلى ما أسمته، حالة التصحُّر السياسي والثقافي، التي أصابت المجتمع المصري. وحاولت الدراسة تتبُّع نشأة وتطوُّر قوى الحراك، ومعرفة أفكارها، وأساليب عملها، كما استشرفت آفاق نموّها، وقدرتها على الحشد، بغية الإصلاح والتغيير[25].

إن "حرّية الإنسان تصبح عديمة الفائدة، إذا لم تصاحبها حرّية التعبير"، هذا الشعار، لصاحبه أحمد لطفي السيد، احتفلت به "حركة 9مارس"، ولكن عام 2011، بعد زوال النظام الفاسد، وسط حضور المئات من الطلاّب.

عزّز بعض رجال الدين، الإسلامي والمسيحي أداء كلّ الحركات الاحتجاجية. كما أسهموا، إسهامًا مجديًا في أيام الثورة نفسها، توعيةً وتعبئةً.

في مقدمة رجال الدين أولئك: الدكتور الشيخ جمال قطب، رئيس لجنة الفتوى السابق في الأزهر الشريف ؛ الشيخ حافظ سلامة، قائد المقاومة الشعبية في السويس، أثناء حرب أكتوبر 1973؛ الدكتور الشيخ صفوت حجازي، الداعية الإسلامي المعروف؛ الشيخ أحمد المحلاّوي، الداعية الإسلامي الشهير في الاسكندرية؛ الشيخ مظهر شاهين، إمام مسجد عمر مكرم في القاهرة؛ الشيخ محمد جبريل، إمام مليونية الجمعة (2011/2/10)؛ والقسّ سامح موريس؛ والقسّ جميل فلوباتير.

* هي تجمُّع فضفاض لمصريين، بمختلف انتماءاتهم السياسية، والفكرية ؛ فضلاً عن ممثلين عن المجتمع المدني، والشباب. وتهدف الجمعية إلى التغيير في مصر. وقد طُلب إلى البرادعي أن يتصدّرها. وهي التي أصدرت بيانها الأول، في 2010/3/2.

وبعد، فإن ضعف الأحزاب، وهشاشة قوى الحراك السياسي، شجّع نظام مبارك على التوغُّل في اتجاه تفشّي فساد الدولة، ومؤسساتها. في حين كان تجمُّع القوى السياسية على نقطة واحدة، وهدف واحد، هو السبيل الوحيد للخلاص، وتغيير شكل الحياة، ليس السياسية فحسب، بل الاجتماعية والاقتصادية والثقافية والتعليمية، بما يخدم أفراد الشعب، ويرتقي بمستوى الوطن، ويُعيد لمصر مكانتها ودورها العربي والعالمي، على حد سواء.

الهوامش:

1- "ويكيبيديا"، الموسوعة الحرّة.

www. larllar. wikipedia. org

2- الموقع نفسه.

3- أنظر: www. altalaba. com

4- برّ مصر   www. brmasr. com

5- "ويكيبيديا"، مصدر سبق ذكره.

6- أنظر: موقع "إيجيبتي"   www. egypty. com

7- برّ مصر (يومية)، 3/16، 2009.

8- موقع "إيجيبتي"، مصدر سبق ذكره.

9- الموقع نفسه.

10- موقع أخبار "الجزيرة نت"، 2011/2/7.

11- "إيجيبتي"، مصدر سبق ذكره.

12- "ويكيبيديا"، مصدر سبق ذكره.

13- المصدر نفسه.

14- "ايجيبتي"، مصدر سبق ذكره.

15- المصدر نفسه.

16- الدستور (القاهرة)، 2008/8/11.

17- "إيلاف"، 2010/5/21، 2011/2/3. www. elaph. com

18- "برعم".

19- موقع أخبار "الجزيرة نت" (الاقتصاد والأعمال)، الاثنين، 2011/2/7، الساعة 15. 14بتوقيت مكة.

20- "برعم".

21- "إيلاف"، موقع سبق ذكره.

22- "مصراوي"، 2011/4/27. www. masrawy. com

23- "مركز الجزيرة للدراسات"، قسم البحوث والدراسات.

24- الموقع نفسه.

25- الموقع نفسه.

الفصل الرابع:

حين أسّس المسرح للثورة

سناء محمد سلامة

منذ فجر البشرية, كان الأبّ هو أوّل مدرسة يدخلها طفله, لكن بظهور المسرح, ثمّ الكتاب والجريدة, بدأت آباء أخرى, تشاركُ في صياغة شخصية الفرد [1]. ويُجمع النقّاد, ودارسو تاريخ المسرح، على أن النزعة الاجتماعية للدراما, تأصلت, بعد "إبسن", على يد "برنارد شو"[2]، باعتبارها وسيلة التعبير المؤثّرة, التي ارتبطت بقضايا المجتمعات الإنسانية, أوثق ارتباط [3]. وتبادل التأثير مع التطورات الاقتصادية والسياسية للمجتمع [4]، سواء بكشف سلبياتها, أو بالدعوة إلى إصلاح الأحوال [5]. ذلك، لأن الطبيعة الدينامية للمجتمع، تقتضي تعديلاً وتغييراً مستمرّاً في عناصره. فيما يعتبر التغيير الاجتماعي أحد مظاهر هذه الدينامية[6]. حيث اتفق العلماء على أن هناك قوتين تساعدان على إحداث التغيير في البناء الاجتماعي [7]:

ا- مجموعة العوامل الداخلية.

ب- مجموعة العوامل الخارجية, التي تتضافر مع ما يحدث في المجتمع, من اختلال في توازن اتساقه, مما يؤدي إلى حدوث التغيير [8].

غنيّ عن القول، بأن الأعمال الفنية الجادة, والراقية، من خير الوسائل [9]، للإسراع في تهيئة الظروف السياسية, والاجتماعية, لإحداث التغيير المرجو, والتمهيد له [10].

الفرق بين المنتمي للوطن واللامنتمي

إن الأوّل: أحبّ, فأخلص وأعطى.

والثاني: لم يجد ما يحبّه, ففقد القدرة على العطاء [11].

بعد فشل الحكام العرب [12]، في أن تجمعهم كلمة حول الوضع السياسي، الذي تمرّ به بلادنا، وبعد أن مزّقتهم الخلافات، نجح الفنانون العرب في الالتفاف حول الكلمة، وتوحيدها، في مواجهة أعداء الحرية، وهي مجرّد خطوة تقدمية، تُحسب للفنانين العرب، بصرف النظر عن وجهة نظرنا الخاصة، في طبيعة التركيبة الفنيّة للعمل الذي قدمه" الاتحاد العام للفنانين العرب"، وهو عمل اعتبر "انتفاضة الأقصى والاستقلال" التي اجتاحت فلسطين، في 2000/9/28، مجرد البداية، وعلينا جميعاً إن نكمل "دائرة الخلاص، فالقدس هي موعد الغضب"؛ وذلك من خلال: مسرحية "وا قدساه". تأليف: يسري الجندي، إخراج المنصف السويسي، شارك في بطولتها فنانون من عشر دول عربية: من مصر: محمود ياسين، وفاطمة التابعي. وغيرهما، من الكويت: محمد المنصوري، من فلسطين: غسان مطر وحسن صلاح، من تونس: عبد اللطيف خير الله، من العراق: عزيز خيون، من السودان: علي مهدي وعز الدين هلال، من السعودية: عبد الله السناني، وحسن أبو حسنة، من لبنان: زياد مكوك، من البحرين: إبراهيم البحر، وغيرهم. الأشعار: لمجدي منصور، وللفلسطينيّيْن: سميح القاسم ومحمود درويش.

- مسرحية "انقلاب" [13]، هي معالجة عصرية لقصّة "مجنون ليلى"، المعروفة في الأدب العربي، بإطار عصري، في محاولة لتصوير الحبّ ضحية للقهر السياسي والاقتصادي، الذي يعاني منهما إنسان العصر الحديث؛ والمسرحية آخر ما كتب صلاح جاهين، وقدمها جلال الشرقاوي، في ثلاثة أجزاء.

- مسرحية "أصحاب المعالي"، فيها طرح المؤلف [14]، قضية عصرية ومصيرية، استفحلت في الفترة الأخيرة على أرض الوطن، وهي قضية تنعكس آثارها السلبية علينا، ويعاني منها الوطن الذي ننتمي إليه، ويرتبط طرح هذه القضية بما يجب علينا أن نفعله تجاه القوى الرأسمالية الفاسدة والمفسدة، التي تملك رؤوس الأموال ولا توظفها من أجل صالح الوطن، بل تسعى، فوق هذا كلّه، لاستغلال ثروات البلاد والآخرين، بطريقة غير شرعية. ويقيم المؤلف، في نهاية المسرحية، محاكمة قد تكون وهميّة لهؤلاء الفاسدين المفسدين، إذ يحاكم الجمهور "البكوات" اللصوص، لتنتهي المسرحية نهاية شبه مفتوحة.

- في مسرحية "الديداموني"، يُشكِّل بطلها والواقع [15]، علاقتين رمزيتين, متداخلتين, متضادتين في آن: فالديداموني المتسلّط, الديكتاتور, الطاغية, والطبقة المطحونة, والواقع في صورته الأشدّترديًا, والأبّ الذي يحلم بابنه, حلمًا لا يكتمل, ويجعله المؤلف مبرِّرًا فنيّاً للكيد للديداموني, والانتقام منه, وهو ما لم يكن يتحقق, ما لم يتعلق الديداموني بابنه, بوصفه الامتداد الطبيعي له.

فالديداموني، لا يملك ما يمثّل غيابه فقدًا أو سلبًا منه, عقابًا له, غير هذا الابن, ممّا يجعل تغيّبه قضاءً على ما يشكل الامتداد الطبيعي له؛ أو بعبارة أخرى, إيقاف قوة بقوة مضادة لقوته, تهدمه معنويًا، في مواجهة فعله المادّي الواضح الأثر.

هنا تتداخل العلاقتان, الديداموني, بوصفه علامة على واقع, والواقع، بصفته منتجاً للديداموني, طارحًا له, بوصفه المنتج الدال على طبيعة مرحلة لها ظروفها, وقضاياها, وأزماتها الحادة [16].

لقد أوقفت عملية التخلّص من سعيد الديداموني, امتداده, وأوصت لنا بأهمية حدوث ذلك, مما يجعل القسوة في عملية الخلاص شيئًا مبررًا مقبولاً, على مستويات متعددة، إنسانية وفنية وتاريخية, لكنه امتداد من نوع جديد, يطرح نفسه عبر طريقين, لهما دلالتهما في السياق[17]:

أولا: امتداد مباشر, مصرَّحٌ به, يلح عليه المؤلف, مدللاً على تماهي الحدود بين المسرح والواقع, فيكشف, تصنيفه الشخصيات عبر التحديد المكاني لها على المسرح (بعد وجودها فنيًا, في المقام الأول), وشخصيات في الصالة (ذات وجود واقعي, بالأساس), يستثمرها المؤلِّف في التصريح بطرح الفعل المسرحي, مغامرًا بكشف وظيفته الفنية.

ثانياً: امتداد غير مباشر موحى به, يتمثّل في الأحداث الواقعية، أو التي مرجعيتها واقعية, التي لا يخطئ المتلقي إحالتها للواقع, بوصفها نتاجًا واقعيًا واضحًا؛ لقد استفاد المؤلف من الرابطة المتحركة من الواقع إلى "الديداموني", والعكس, ليجعل من الواقع, كما "الديداموني", تقنيةً

موظفةً لخدمات إنتاج الدلالة المسرحية, و"الديداموني", بوصفه طرحًا واقعيًا, لا يقف عند كونه مصنوعًا من قبل الواقع, ولكنه الصانع المؤثِّر في حركة الواقع, في لحظته اليومية, الأشدّ سخونة وعنفًا [18].

دائرة الواقعية

اتّسع تيار الواقعية الاجتماعية, بعد "الناس اللّي تحت", ليشمل أعمالاً, مثل " المحروسة", و"السبنسة", لسعد الدين وهبة, و"قهوة الملوك", و"القضية", للطفي الخولي. كما سار توفيق الحكيم نفسه، مع التيّار, فتخلى عن موضوعاته الذهنية, ليكتب عن قضية واقعية, في إطار حدث معاصر, هو قضية "الفلاحين الواقعين تحت الاستغلال، في إحدى القرى المصرية", وذلك في مسرحية "الصفقة". وكانت الواقعية الاجتماعية, كتيار أساسي في بدء ظهور المسرح المصري الحديث, تعبيرًا عن الصراع والتناقضات القائمة داخل الطبقات التي ينتمي إليها الإنسان العادي؛ الموظف, أو العامل, أو الفلاح, وخصوصاً الطبقة الوسطى المصرية, التي أعلن نعمان عاشور إفلاسها, في "الناس اللي تحت". كما أدانها سعد الدين وهبة, في "المحروسة", في صورة المأمور، والصراع حول مظاهر المنصب بينه وبين وكيل النيابة, في مركز المحروسة. كما أوضح لطفي الخولي تناقضاتها وتفاهتها, في "القضية", في صورة الصراع بين عائلة نبيلة وخطيبها, حول بعض التفاهات, وتشعُّب هذه القضية وسط متاهات القانون, والمحاكم, وتعقيداتها؛ في معظم هذه المسرحيات، كانت هناك رؤية نهائية تبزغ في النهاية, بصورة شخصية محورية, تُبشِّر بالأمل في التغيير, وفي حياة أفضل, بعضها قادر على إحداث التغيير, بالفعل, حين يبدأ بنفسه, فيخرج عن دائرة التناقضات وتفاهة الحياة البرجوازية, مثل لطيفة وخطيبها عزّت الرّسام, ومثل نبيلة وخطيبها, في "القضية", ومثل سعيد, الضابط الجديد في "المحروسة", الذي يدافع عن قضية الفلاحين, ضدّ تواطؤ المأمور مع العمدة, ويرفض أي حلول وسط, من تلك التي يختارها غيره, للمحافظة على نفوذهم, أو مصدر رزقهم. وبعض هذه الشخصيات, أيضاً, بشّر بيوتوبيا, أو عالم مثالي, تسوده العدالة الاجتماعية, وإن كانوا هم أنفسهم غير قادرين على إحداث التغيير, بل يقفون منه موقف المتفرّج, بينما يأتي فعل التغيير نفسه من جانب الأجيال الجديدة

مثل رجائي, في "الناس اللّي تحت" , والأستاذ مُنجد, في "القضية", وغيرهم؛ فهي شخصيات, بطبيعة سنّها, وتكوينها, وارتباطها في الماضي. بالطبقة الوسطى العليا, غير قادرة على الحركة؛ فهي, دائمًا, في حالة "محلّك سر" [19].

توازيًا مع التطبيق العملي المحقّق على خشبة المسرح, خلال مهرجان مدريد الدولي العاشر للمسرح, الذي انعقد فيما بين الخامس والسابع والعشرين من شهر مارس/ آذار **1990**, قال المخرج البريطاني الشهير, بيتر بروك, في مقابلة صحافية معه: "إن كلّ مسرح إنساني, هو مسرح سياسي, بالحكم, بينما ليس كل مسرح سياسي مسرحاً إنسانياً, بالضرورة". وبروك بهذا, لا يقدّم خلاصة رؤيته للفن والحياة فحسب, وإنما, أيضًا, يعبّر عن الوجه الحقيقي للفن عموماً, والفن المسرحي بوجه خاص, ويبلور الأرضية التي دار حولها مهرجان مدريد الدولي, الذي احتوى في عامه العاشر, على عشرة عروض مسرحية متميزة ومثيرة للجدل. والعبرة ليست بكم العروض, كما يحدث في مهرجاناتنا العربية, كما أنه لا يقيم مسابقة لعروضه, تستهدف منح هذا جائزة, أو إعطاء ذاك شهادة تميّز؛ لأهداف خارجة عن مجال الفن, مثلما نعشق نحن فعل ذلك, حتى مع مهرجاناتنا الواعدة, مثل مهرجان القاهرة الدولي للمسرح التجريبي, المتخم, في عامه الثاني, بعروض متضاربة المواعيد, حيث يضع داخل مسابقته عروضًا من اليمن, إلى جانب العروض الإيطالية والفرنسية [20].

جدير بالذكر أن تيارات مسرحية ظهرت, في أواخر الستينيات, في الغرب, وخصوصاً في أميركا, كتعبير عن الثورة على الكثير من الهموم الرهيبة, التي تجثم على صدر العصر[21].

ويلاحظُ أن الجمهور المسرحي في مصر, يُقبل على "الكوميديا", والفارْس, في عصر مليء بالمشكلات والهموم, بحيث أصبح الجمهور يفضّلها على أي نوع مسرحي آخر.

إنّ الكوميديا الحقيقية من أخطر الفنون التي عرفتها البشرية, وأكثرها التصاقًا بالمجتمع, وبحركته الدائبة للتغيير, والوصول إلى الأفضل, وعلينا أن نرعى الكوميديا الحقيقية, فهي تؤدّي في حياتنا وظيفة, لا تعادلها إلاّ حركة المجتمع ذاته, الهادفة نحو التغيير .

مسرحية ألفريد فرج "حلاّق بغداد", التي عُرضت, منذ عقود, على المسرح القومي, هي مثال جيد على التقاء نظرية "بيرجسون" في الميكانيكية, مع نظرية انتصار المجتمع الجديد على المجتمع القديم؛ فالحلاّق رجلٌ شريف, وإن كان فقيراً, وهو معتزّ بكرامته, مثاليٌ في تفكيره, ولا يعجبه "الحال المايل", ولذلك فإنّ تصادمه مع المجتمع من حوله، هو تصادمٌ حتمي؛ وهذا التصادم مضحكٌ، في أساسه, فالحلاّق يريد التغيير, ومن خلال مثاليته ومحاولته التغيير, رغم أنه أضعف الشخصيات في المسرحية, جاهًا ومالاً, يكشف لنا عن جمود المجتمع, وآليته, وسيطرته تلك السيطرة, التي يوحي المؤلف بضرورة التخلُّص منها, لنعيش كلنا في عالم مثالي جميل, مثل ذلك الذي ينشده الحلاّق الفقير.

المسرحية تقول إن خليفة المسلمين كان معزولاً عن واقع شعبه, ولم يكن يدري شيئًا عن أمر المفاسد التي تنخر في الأمّة, وأن وزير الخلافة, كان رجلاً فاسدًا, ومرتشيًا, وأن كبير القضاة كان منافقًا, وصوليًا, وظالمًا, وشيخ التجار كان استغلالياً, ولصّاً, بمساعدة الوزير والقاضي. حتّى الموظف الصغير, كاتب المحكمة, يتاجر بالعدالة, ويستغل القانون, لحساب من يدفع الثمن؛ والشعبُ هو الذي تطحنه كل هذه الأجهزة الفاسدة, وتشكل مأساته. كلمة الحق, منذ ذلك الوقت, أصبحت جريمة تؤدي إلى ضياع صاحبها؛ والسؤال: هل هذا كلّه كان طابع الخلافة العباسية, أم أنه رمزٌ يراد به ما هو أخطر؟![22]

الكوميديا في تركيبها الأساسي, تقوم على عملية رفع القناع عن زيف الشخصيات, التي تنطوي على عيوب معيّنة, أو تعوق انتصار أصحاب القيم الجديدة داخل المسرحية, ولكن هذا القناع، لا يُرفَع, إلاّ في النهاية, عند انتصار القيم الجديدة, داخل الحدث؛ وبالتالي, فإن عملية رفع القناع الأخيرة, تتضمّن إدانة للمجتمع القديم. "المحروسة", مثلاً, كما تقدّم لسعد الدين وهبة, ترفع القناع عن مجتمع المأمور, ووكيل النيابة. . . الخ, وتضع سعيد, الضابط الصغير, في مقدمة المسرح, رمزًا للقيم الجديدة.

قبل أكثر من أربعة عقود، حقّق المسرح [23] المصري, قفزة كبرى, حتى لنستطيع القول,

ونحن مطمئنون, إن لدينا أدبًا مسرحيًا راسخًا, ولذلك نستطيع الآن, أن نتحدث عن وجود "دراما" مصرية, دخلت, بحق, مرحلة النضج, بعد ظهور مسرحية "الناس اللّي تحت" لنعمان عاشور. وكانت فاتحة جديدة في المسرح المصري, لأنها تناولت خطًا دراميًا أساسيًا, هو الصراع بين مجموعة ساكني "البدروم", في منزل الست بهيجة, وبين صاحبة المنزل نفسها. وصوّرت العوامل التي تطحن هؤلاء "الناس اللّي تحت", فتجعل بعضهم يستسلم لقدره الاجتماعي, مثل "الكمساري", بينما تبشّر بجيل جديد, يتطلّع إلى بناء مصر جديدة أخرى, تذوب فيها الفوارق الطبقية, ويسودها العدل والحرية, مثل لطيفة, وخطيبها الرسّام عزّت. وكانت شخصية رجائي من أعظم الشخصيات التي أنجبها المسرح المصري, لأنها شخصية مركّبة, تصوّر هؤلاء الذين رقصوا على السلّم, فعجزوا عن مواكبة التطور, وإن كانوا يأملون فيه, من أعماق قلوبهم, لكنهم يستطيعون الوقوف في صف الطبقة البرجوازية, التي انحدروا منها, لأنهم في أعماقهم لا يتعاطفون معها. وكانت " الناس اللّي تحت" فاتحة عهد جديد في تاريخ المسرح المصري, لأنها وضعته, فجأة, في قلب التراث المسرحي الأوروبي الحديث, وخصوصاً التيار الواقعي [24].

بعد هذا العرض لعلّنا نتّفق على أن:

1 - مسرحية "المتزوجون", لحسن عبد السلام ومحمود البربري, تأليف فيصل ندا, وبطولة: سمير غانم, جورج سيدهم, شيرين, وراوية سعيد.

2 - مسرحية "على الرصيف", لجلال الشرقاوي, بطولة سهير البابلي وحسن عابدين وأحمد بدير.

3 - مسرحية "الزّعيم", لعادل إمام وأحمد راتب ويوسف داوود ورجاء الجداوي.

4 - مسرحية "الواد سيّد الشغّال", لعادل إمام, عمر الحريري, مشيرة اسماعيل ورجاء الجدّاوي.

هذه المسرحيات, تعتبر الأقرب إلى قلب ووجدان المشاهد العربي, ولسان "الحال المايل" الذي يستوجب تغييره.

الهوامش:

1- يوسف إدريس, عزف منفرد, ط 1, القاهرة, دار الشروق, 1987, ص 93.

2- المصدر نفسه, ص 96.

3- المصدر نفسه, ص 100.

4- المصدر نفسه, ص 105.

5- د. كمال الدين حسين, "المسرح والتغيير الاجتماعي في مصر", ط1, القاهرة, الهيئة العامة للكتاب, ص 14.

6- المصدر نفسه, ص 20.

7- المصدر نفسه, ص25

8- المصدر نفسه, ص 35.

9- فؤاد دوّارة, "المسرح. . هموم وقضايا", ط1, القاهرة, الهيئة العامة لقصور الثقافة, 2005, ص 292.

10- المصدر نفسه, ص 296.

11- د. أحمد سخسوخ, المسرح المصري في مفترق الطرق,ط 1, القاهرة, الدار المصرية اللبنانية, 1995, ص 5.

12- المصدر نفسه, ص 105.

13- المصدر نفسه, ص 226.

14- حسن سعد, " أصحاب المعالي", تقديم أحمد سخسوخ, ط 1, القاهرة, الهيئة العامة لقصور الثقافة, 2003, ص9.

15- قاسم سعد عليوة, "الديداموني", ط 1, القاهرة, الهيئة العامة لقصور الثقافة, 2003, ص21.

16- المصدر نفسه, ص 25.

17- المصدر نفسه, ص 28.

18- المصدر نفسه, ص 38.

-19 لمزيد من التفاصيل انظر:

- جي برويللي، "اجتماعية الأدب"، ج1، القاهرة، الهيئة العامة للكتاب، 1981، ص 80.

- أرنولد هاروز, "الفن والمجتمع عبر التاريخ", ترجمة د. فؤاد زكريا, ط 1, بيروت, المؤسسة العربية للدراسات والنشر, 1981, ص5.

20 - د. حسن عطية, "فضاءات مسرحية", ط 1, القاهرة, مكتبة الشباب, الهيئة العامة لقصور الثقافة, يناير/كانون الثاني 1996, ص12.

21 - د. سمير سرحان, المسرح المعاصر, ط 1, القاهرة, الهيئة العامة للكتاب, 1987, ص21.

22- المصدر نفسه, ص 45.

- انظر: وجيه يعقوب, "الرواية والتراث العربي", ط 1, القاهرة, الهيئة العامة لقصور الثقافة, 2006,ص17. .

23 - لمزيد من التفاصيل انظر:

- مختار السويفي, "المسرح والتغيير الاجتماعي في مصر", ط1, القاهرة, الدار المصرية اللبنانية, 1992, ص 14.

24 - لمزيد من التفاصيل انظر:

-أحمد النكلاوي: "التغيير والبناء الاجتماعي", ط1, القاهرة, مكتبة القاهرة الحديثة, 1968, ص12.

الفصل الخامس:

السينما وثورة 25 يناير

كمال رمزي

أمن الدولة. . . باطل

قدّم الفنان الكبير أحمد زكي، بخصوصية فريدة، عدّة أنماطاً متباينة، إن لم تكن متناقضة. وبموهبته، تمكّن أن يجعل منها شخصيات عميقة الحضور، فردية. وفي الوقت ذاته، تعبّر عن قطاعات فاعلة في حركة المجتمع، تضيء جوانب مسكوتٌ عنها، او ترفضها الرقابة، لأنها تعلن حقائق تزعج النظام.

في صباح الثلاثاء، 25 فبراير/شباط 1986، لأوّل مرّة في التاريخ المصري، على الأقل، يجتمع ثلاثة وزراء لتقرير مصير فيلم، وزراء: الدفاع، الداخلية والثقافة. الفيلم هو "البريء"، الذي كتبه وحيد حامد، وأخرجه عاطف الطيّب. واتجه الرأي نحو استبدال النهاية، حيث يطلق عسكري الأمن المركزي"سبع الليل" وابل الرصاص على ضابط المعتقل، بعد أن أدرك أنه مجرد مخلب وحشي، في آلة تعذيب لا تعرف الرحمة، منوط بها قمع طلّاب العدالة والحرّية، وأشرف أبناء الوطن.

المفارقه الصارخة، التي تؤكد صدق الفيلم، هي ما جرى على أرض الواقع، مساء ذلك اليوم: انفجرت انتفاضة جنود الأمن المركزي، وخرجوا من معسكرين كبيرين، يضمّان عشرات الآلاف، أحدهما على طريق القاهرة - الإسكندرية، والآخر في منطقة الأهرام. وخلال ساعات، وقعت شوارع محافظة الجيزة في أيديهم. فوجئت السلطة بالتمرد؛ ومع انتقال

الانتفاضة إلى معسكرات أخرى، أُعلنت حالة الطوارئ، وصدرت الأوامر بنزول قوات الجيش إلى مناطق تواجد عساكر الأمن المركزي، لمحاصرتهم، والتعامل معهم، بالسلاح طبعًا، والقبض عليهم. وبعيدًا حدث في تلك الأيام، يتعرض الفيلم، بخبرة ودراية، لحياة أحد عساكر الأمن المركزي، الذي توافرت فيه شروط نموذجية لضمّه إلى هذه القوّات: جاهل، لا يعرف القراءة والكتابه، بلا خبرة في الحياة، يعيش حياة ضنينة في قرية منسيّة، يتّسم بشيء من الغباء، يصدِّق كل ما يُقال له. إنه كالببغاء، قلبه في أذنه؛ ومنذ البداية، يطالعنا أحمد زكي: يستيقظُ صباحاً في بيته الريفي المتواضع، يسحب دوابه متجهاً نحو أرضه، يعمل بدأب وبلا كلل. في المساء يتعرّض لسخريات متوالية من شباب القرية، يُنقذه طالب جامعي منغمسٌ في السياسة، على درجة عاليةٌ من الوعي ويقظة الضمير، يؤدي دوره ممدوح عبد العليم. "سبع الليل"، أحمد زكي، يُستدعى للتجنيد، ينخرط في الأمن المركزي، يتعلّم الطاعة العمياء، يشكّل إلى معسكر اعتقال، يضمّ مثقفين، وكتّاباً وأساتذه جامعات، لا يفوّت الفيلم أن يقدّم مشاهد تبيّن طريقة التعامل الوحشيّ معهم، وفي الوقت ذاته، يتعرّض "سبع الليل" إلى نوع من غسيل المخ، بإقناعه أن هؤلاء المعتقلين هم ملاحدة، من أعداء البلاد وخونة، وفي منتهى الخطورة؛ وبحماس، يشارك زملاءه في "حفلات الاستقبال" للوافدين من المعتقلين، بالضرب الشديد طبعاً. لكن ما أن يفاجأ بابن قريته، ممدوح عبد العليم، ضمن المعتقلين، حتى تبدأ في داخله. رحلة الوعي. وبأداء أحمد زكي الخلاّب، المقنع، نتابع الدهشة الممتزجه بالاستنكار، حين يرى العصي تنهال على جسد صديقة، ثمّ بلا تردد، يندفع "سبع الليل" للدفاع عنه، ويحاول، بسذاجة، وبكلمات سريعة، إقناع الضابط ببراة ووطنية ابن قريته، الذي يعرفه، حق المعرفة. . . ومن دون ندم، يغدو"سبع الليل" سجيناً، داخل زنزانة، مع صديقه، يتعرضان للإهانة والتعذيب. يموت الصديق، مما يفجِّر الغضب في روح بطلنا، ويبدو في ملامح وجه أحمد زكي، الناطق بالعزيمة، أنه قرّر أمراً ينفّذه في نهاية الفيلم. وهي النهاية التي أفزعت الوزراء الثلاثة.

"البريء"، فيلم متفهّم، لم يستوعبه النظام الذي سار على المنوال ذاته: الاعتماد على قبضة البطش، متمثلة في "الأمن المركزي"، بظروف عساكره النفسية، فتمرّد أيامها. . وبعد ربع قرن

من الزمان، برغم الزيادة في عدده وعتاده، انهار أمام الشباب العزّل، في ثورة 25 يناير/كانون الثاني 2011.

إذا كان "البريء" يتعرض لحياة عسكري الأمن المركزي المقهور، فإن "زوجة رجل مهمّ"، لمحمد خان(1987)، يقدِّم هجائية لها شأنها لجهاز أمن الدولة، ممثلا في الضابط "هشام"، أحمد زكي، الواسع السلطة والنفوذ، المغرور، الذي يمارس القمع، حتى مع زوجته؛ وهو مقتنع بأنه"يدافع عن البلد، ضدّ الخونة والمخربين". ويهمّه أن يبدو أمام قياداته، بمظهر المتفاني في عمله. تداهمه أحداث الإنتفاضة الشعبية في 17-18 يناير/ كانون الثاني 1977؛ وعلى الرغم من أن الفيلم لم يسجلها، فإنه رصد، بمشاهد موجزة، أسلوب تعامل الجهاز السيء السمعة، مع المناهضين للنظام؛ فها هو احمد زكي، يحقّق مع أحد المثقّفين، وعلى نحو إيحائي يخلع ساعة يده، على نحو ينبئ بأنه سينهال حالاً بالضرب على المستجوب. . . بطل الفيلم. لا يتورّع عن ارتكاب أي فعل منحط، كي يثبّت أنه من حُماة النظام، لدرجة أنه يطلب من زوجته ان تشي بزملائها في الجامعة، ممن لهم صلة بالسياسة، بل يستِّف أوراقا مزيَّفة باعترافات لا أساس لها. "هشام"، أو أحمد زكي، يتعرّض لأزمة عنيفة، حين يصدر الحكم القضائي العادل والنزيه ببراءة المتهمين بتنظيم الانتفاضة؛ والأسوأ، بالنسبة له، أن قرارًا يصدر بإحالته للاستيداع. عندئذ، يكاد يجنّ جنونه، ويغدو وحشاً جريحًا، يمارسُ سطوته ضدّ زوجته. وعندما يتشاجر مع جاره، ويطرده من شقته، يغلق الباب بعنف، وتخرج الشتائم، من فمه بصوت أقرب إلى صوت الأطفال، مبللاً بالدموع.

"زوجة رجل مهمّ" لم ينجُ من متاعب رقابية، رغم أنه تجنّب إدانة أمن الدولة، إدانة حاسمة؛ فثمّة ضابط صغير، تحت قيادة "هشام"، لا يوافق، منذ البداية، على أسلوب رئيسة الشرس، كما أنه- الفيلم- يؤكد إمكانية تصحيح"الجهاز"، ذاتيًا، بالاستغناء عن أمثال "هشام". وهي الفكرة التي أثبتت الأيام عدم صحتها، وإلا، لماذا هجم الغاضبون على مباني أمن الدولة، وحرقوها؟ لكن يبقى للفيلم كشفه عن نفسية صاحب السلطة، التي يزداد فسادها، كلّما زاد نفوذ صاحبها، حتّى أنّه، في النهاية، يطلق رصاصته الغادرة على زوجته، فيصيب والدها، الذي يسقط صريعاً.

أمّا قبل

ولدت السينما المصرية مكبّلة بالأغلال، فالرقابة عليها، كانت تتبع، في العام **1914**، لوزارة الداخلية، وكان من حقّ ضابط الشرطة الذهاب بنفسه، إلى دار السينما، لمراقبة الفيلم، سواءً كان مصرياً أو أجنبياً. ومن سلطاته إلغاء العرض، إذا وجد فيه ما يقلقه، أو ما لا يرضى عنه. ولأشهر عدّة، عام **1938**، أصبحت الرقابة تابعه لوزارة الشئون الإجتماعية. لكن، مع اندلاع الحرب العالمية الثانية، وإعلان الأحكام العرفية، عادت الرقابة، مرّة ثانية، إلى وزارة الداخلية. وفي عام **1947**، صدر قانون الرقابة الصارم، ومن بين بنوده": يجب إظهار رجال الدولة، بصفه عامّة، بشكل لائق، وخصوصاً رجال القضاء والبوليس والجيش". . . و"نظراً إلى الظروف التي تجتازها البلاد، تُراعى الدقّة والحذر، في ذكر المواضيع الوطنية، خصوصاً الموضوعات الحديثة العهد". و"يراعى عدم إظهار تجمهر العمّال، أو إضرابهم، أو توقفهم عن العمل، وكذا اعتداءات العمّال على صاحب العمل، أو العكس".

قراءة الممنوعات والنواهي المتوفرة في هذا القانون، تبيّن نوعية الأفلام التي تُنتج في مناخها، وهذا ما يفسِّر، إلى حد ما، إهمال السينما المصرية للموضوعات التي تتعرض للواقع، بطريقة نقدية؛ وأيضا، تفسير تجنّب نقد ذوي "الياقات البيضاء"، أصحاب المهن المرموقة. لذا رأينا، على سبيل المثال، صورة ناصعة لضابط الشرطة، بل للعساكر كذلك. أنور وجدي، فتى الشاشة الأوّل، يطالعنا كضابط شرطة، شديد الجاذبية، أنيق وشهم، قويّ وطيّب، يقف مع الحق والمظلومين . . . هكذا هو في" أربع بنات وضابط"، و"ريا وسكينة"، و"النمر"، و"قلبي دليلي". أضف إلى مسألة الرقابة ملاحظة اقتصار دور الشرطة، إلى حد ما، على القيام بعملها في مكافحة الجريمة، وملاحقة الخارجين عن القانون. بعبارة ثانية، لم يكن الدور السياسي, بمعنى حماية السلطة, وتصفية خصومها, قد تبلّور وتكرّس, بعد. صحيح أن قلم "البوليس السياسي", أو "القسم المخصوص", الذي تكوّن في الأربعينيات، أُسندت له ملاحقة الناشطين السياسيين، ذوي الاتجاهات الثورية، بعدد محدود من الضباط، ظلّ أمره سرًا، لفترة، وكانت عملياته قليلة، نسبياً، قبل أن يتحوّل إلى مؤسسة قمع كبيرة، شديدة القسوة، مكوَّنة من إدارات عدّة،

عنوانها"مباحث أمن الدولة". وبالتالي، ظهر دور ضابط الشرطة، كمطارد للعصابات، على قدر كبير من الذكاء والشجاعة، يتسلّل إلى العصابة، ويصبح فردًا منها، ويقع في مآزق، تنتهي بانتصاره. هكذا الحال بالنسبة لمحسن سرحان في "سمارة"، لحسن الصيفي (1956)، وصلاح ذو الفقار في "الرجل الثاني"، لعز الدين ذو الفقار (1959).

مع الآمال المنعشة عند الناس، عقب ثورة يوليو1952، جاء "حياة أو موت", لكمال الشيخ، تعبيراً عن العلاقة المامولة بين الشرطة والإنسان العادي؛ ولعلّ الدرس الذي يخرج به المرء من بقاء هذا الفيلم حيًا، في الذاكرة، هو أن الأفلام المهمّه، المتمتعة بطول البقاء، ليست بالضرورة، هي تلك التي تقدّم نقدًا جريئًا؛ فأحيانًا، يحقق الفيلم نجاحًا مرموقًا، بصياغته لعلاقة نموذجية، بين طرفين. . . هنا، رجلٌ مريضٌ، يرسل ابنته كي تشتري له الدواء من "أجزخانة". الصيدلي يعطيها دواء خطأ، قد يعرِّض حياة المريض للخطر؛ يبلّغ الشرطة، وفورًا، تتكاتف كل أجهزة الدولة من أجل إنقاذه. حكمدار العاصمة، بأداء يوسف وهبي، يتابع عملية الإنقاذ. الشرطة، تبحث عن الطفلة التائهة. الإسعاف على إستعداد للتحرك في أي لحظة. الإذاعة تخاطب المريض المهدّد بعبارات أصبح الناس يحفظونها، ويرددونها، كما لو أنها تميمة، أو حلم جميل: نداء إلى المواطن. . . لا تأخذ الدواء, الدواء فيه سم قاتل.

كمال الشيخ نفسه، بعد ثمانية أعوام، يحقّق "اللصّ والكلاب"(1962)، الذي ينتهي بختام له معنى، لم يفت على قطاع لايستهان به من الجمهور:"سعيد مهران"، بأداء شكرى سرحان، قتيلاً، بينما الصحافي الوصولي، يوسف عبد الحميد، بأداء كمال الشناوي، يتابع الموقف، بقلب كجلمود صخر. وهاهو لواء الشرطة، نظيم شعراوي، يشعل له لفافة تبغ، لقطة توحي بمسار الأمور.

صورة ضابط الشرطة، في السينما المصرية، تسيرُ في اتجاهين، أحدهما يلتزم بالنمط التقليدي للفارس، الذي يقف إلى جانب الانسان المظلوم، ويعمل جاهدًا من أجل إظهار براءته، بالإضافه لدوره في أفلام العصابات، حيث يتجلى فيه الذكاء، مدعمًا بالشجاعة، وغالبًا، يكتب له النصر، في النهاية، وينجح في القبض على تجّار المخدرات، ومهربي الذهب. أما الإتجاه الثاني، وهو

الأهمّ، فإنّه يتعرض لضابط أمن الدولة، الجهاز المنوط به حماية الوطن من الجواسيس، وذوي الاتجاهات المدمّرة. ولكنه مع تزايد نفوذه، وتحوّل دوره من حماية الوطن إلى حماية النظام، أصبح ضابط أمن الدولة، في الواقع، وعلى شاشة بعض الأفلام، غولاً لا يرحم. طبعًا، وكنوع من المراوغة أو الحماية، سَمِّها ما شئت، تعمد أفلام هذا الاتجاه إلى أن تلوذ بالماضي الذي ينتهي، عادة، بالثورة، أو تصحيح المسار.

في "غروب وشروق" لكمال الشيخ (1970)، يعود إلى ما قبل ثورة 1952، مجسِّدًا الشرّ في شخصية "الباشا"، مدير قلم البوليس السياسي، الذي يؤدي دوره باقتدار معهود، محمود المليجي. إدانة "الباشا" هنا ليست مجرّد إدانة أخلاقية، أو فردية، لكنها إدانة لنظام وأسلوب؛ فثمّة نظام ملكي قائم على تفاوت طبقي واسع، وأسلوب باطش، يعتمد على جهاز البوليس، الذي لا يكتفي باعتقال الشرفاء، وتلفيق التهم لهم، وحسب، بل يقضي على خصومه، باغتيالهم، كما نرى، حين قرّر"الباشا" التخلّص من زوج ابنته، إبراهيم خان، عن طريق دهسه بسيارة مجهولة. الفيلم ينتهي بالقبض على مدير قلم البوليس السياسي، عقب قيام ثورة يوليو. ولا يفوّت "الباشا" أن يقول، بيقين، رغم غلالة الدموع في عينيه: "النظام الذي وضعته، سيسير عليه من سياتي بعدي".

فعلا تحقق كلام "الباشا"، فواقعيا، استمرّت مؤسسة " القلم السياسي", لتمتزج، فيما بعد، بجهاز المخابرات العامه، لتستقل لاحقًا، باسم "مباحث أمن الدولة". وإذا كانت السينما المصرية هاجمت "البوليس السياسي" في حقبة الملكية، في أفلام وجدت حمايتها في ظل الحقبة الناصرية، مثل"في بيتنا رجل" لهنري بركات (1961)، و"القاهرة 30" لصلاح أبو سيف (1966)، فإنها قدمت أفلامًا تنتقد بشدة هذا الجهاز القمعي، إبّان سنوات عبد الناصر، بحماية من حكم انور السادت، صاحب "ثورة التصحيح" (1971)، والذي تظاهر، لاحقًا، بحرق التسجيلات الشخصية، التي كانت تجريها أجهزة الأمن، بهدف ابتزاز الموطنين. وبالطبع، اهتم السادات بإبراز نفسه كرئيس ضدّ القمع والمعتقلات وممارسات التعذيب.

"الكرنك"، لعلي بدرخان(1975)، هو الفيلم الأهم بين الأفلام التي تعرّضت لهذه

القضية، ذلك انه يعتمد على رواية شهيرة، بذات العنوان، لنجيب محفوظ، فضلاً عن الضجة الكبيرة التي أثيرت حوله، عندما رفع صلاح نصر -رئيس المخابرات المصرية من عام 1957إلى العام 1967- دعوى ضدّ كل من نجيب محفوظ، والمنتج ممدوح الليثي، بأن الفيلم يقصده بالتحديد، مجسّدًا في شخصية خالد صفوان، الذي يتم التعذيب، والاغتصاب، بأوامره، وتحت سمعه وبصره، بالإضافة إلى أن مشاهد استجواب المعتقلين، شديدة الإيلام. فإذا كانت بطلة "زائر الفجر" لممدوح شكري(1975)، تموت رعبًا من احتمال اعتقالها، وبينما يغتال مهندس شريف، داخل المعتقل، في "على من نطلق الرصاص"(1975)، فإن الطالب الجامعي، اسماعيل الشيخ (نور الشريف) يُعلّق من يدية في عنبر التعذيب، وينهال الزبانية بالسياط على ظهره، وفي الوقت ذاته، تتعرض زينب دياب- بأداء خلاب من سعاد حسني- إلى الاغتصاب، جسديًا وروحيًا، فبعد أن تنتهك، بوحشية، من قبل رجال ماتت ضمائرهم، تجبر على العمل مرشده للجهاز البغيض.

أثار "الكرنك" مناقشات نقدية، سينمائية، ذات جوهر سياسي، فالبعض رأى فيه هجومًا لا يليق، على سنوات حكم عبد الناصر، خصوصاً أن مشهد الاغتصاب يتم تحت صورته. والبعض الآخر، وجد في الفيلم إدانة حاسمة للقهر والتعذيب، أيًا كانت الجهة التي تمارس هذا السلوك، وأياً كانت دوافعها، إضافة إلى ان "الكرنك" يكشف، بوضوح، عن فساد أجهزة الأمن، حين تتمدد ويتسع نفوذها، وتختلق مؤامرات وهمية ضدّ النظام؛ وبالتالي، تظلّ محتفظة بسلطاتها. أن "الكرنك"، وإن بدا ينتقد بقوة، فترة سابقة، فإنه، في بُعدٍ من أبعاده، يحذِّر من عودة ما سبق، مستقبلاً.

توالت الأفلام على هذا النحو، ولكن العديد منها، انزلق إلى نوع من إرعاب المواطن العادي، وتحذيره من مغبة الاقتراب من السياسية، أو مجرد التفكير في مناهضة أجهزة القمع، ولعل " إحنا بتوع الأتوبيس" لحسين كمال(1971)، أدقّ نموذج لهذا الاتجاه. فهنا، إثر مشاجرة في "أتوبيس"، يتمّ القبض على إثنين من الركاب - عادل إمام وعبد المنعم مدبولي- ويُرحَّلان من قسم الشرطة إلى المعتقل، وهناك نشهد معرضاً للتعذيب: الَجلْد بالسياط، إغراق الوجوه في

براميل المياه، التجويع، الوقوف تحت الشمس الحارقه، ساعات عدّة، تعرّض المعتقل للعطش الشديد، إيقافه فوق سطح صفيح ساخن. وبهدف تدميره معنوياً، يُؤمر بأن يقلّد "هوهوة" الكلاب، ورقص القرود. مشكلة "إحنا بتوع الأتوبيس" تكمن في نزعة الرعب التي يخلِّفها في نفس المتلقي؛ فهو، على العكس من أفلام تشجّع الناس وتشحنهم من أجل الوقوف في وجه أجهزة القمع، يتعمّد، سواء بإرادته كاملة أو منقوصة، أن يقول للمشاهدين: إحذر المعتقل، إشتري أمانك الشخصي، الفردي، بأي ثمن، هنا، في المعتقل المعزول عن العالم، حيث لا فرق بين اتجاه سياسي وآخر، ولا بين مناضل ومستسلم، الكل في آتون من جحيم، وبالتالي، عليك بالأمان الشخصي بأي وسيلة. إنه أسوأ ما يمكن أن تقدّمه السينما.

البصيرة

لم يكن "البريء"، وحده، هو الذي رأى حتمية تمرّد جنود الأمن المركزي، فثمة أفلام أخرى، بناء على وعيها، نفذت ببصيرتها إلى ما سيحدث، في أيام تاليه. فعقب رحيل جمال عبد الناصر، درج السادات على الحديث عن نفسه، ككبير للعائلة المصرية، قاصدًا الشعب المصرى كله، وهو بهذا يعلن، على نحو ما، أنه على رأس نظام أبوي، له الكلمة الأخيرة، والأولى أيضًا؛ وأنه أياً كانت التناقضات، يظلّ رمزًا للأمن والاستقرار، لكن "عودة الابن الضال", ليوسف شاهين، الذي عرض في أوخر العام 1976، كان له رأي آخر.

تدور أحدث الفيلم في"ميت شابورة"، تكاد تختصر مصر كلها. الابن الأكبر "عطية" - شكري سرحان- آلت إليه السلطة، أخيراً، بعد ان انتهى دور الأب "محمد المدبولي"، بأداء محمود المليجى، الشائخ، المهزوم، الذي لم يعد قادراً على الوقوف في وجه صاحب السلطة الجديد، المستحوِذ على ممتلكات الأسرة: الأرض، المخبز، الطاحونة ودار السينما. ويواجه أصوات التذمّر، التي قد ترتفع داخل الأسرة، أو من بين صفوف العمّال، بمنتهى البطش والعنف. وككل طاغية، ينجح في القبض على زمام الأمور. وكلما قويت قبضته, انطلقت شراهته, وبالتالي يزيد من كراهية الجميع له, هؤلاء الجميع, الذين خابت آمالهم, وتبددت أحلامهم, وأدركوا من التجربة القاسية, أكذوبة التآخي, وزيف فكرة العائلة الواحدة, وكبيرها

المحتكر لقراراتها. التناقضات تزداد, تصل في النهاية إلى الانفجار, حيث تندلع معركة موت, تغرق فيها "ميت شابورة" في الدم.

بعد أقلّ من أربعة أشهر على عرض الفيلم, بنهايته الفاجعة, انفجرالوطن, من أدناه إلى أقصاه, فيما عرف بانتفاضة 17-18 يناير/ كانون الثاني 1977الشهيرة, مخلِّفة قتلى وجرحى وحرائق في كلّ مكان. "عودة الابن الضال" أقرب إلى النبوءة.

لأسباب عدّة، لم يُكتب النصر لانتفاضة 1977، رغم أن السلطة كانت ملقاة على الرصيف. واستمر الحال، لكن على نحو أكثر شراهة وشراسة. وفي العام 1981، دخل كاتب سيناريو "غروب وشروق" و"على من نُطلق الرصاص"، عالم الإخراج بفيلمه النافذ البصيرة"عيون لا تنام". إنه رأفت الميهي، الذي اختار لأحداثه ورشة تقع في قلب القاهرة، عند احد الكباري الضخمة، ربما تذكرنا في عزلتها المستترة بقرية "ميت شابورة" الدامية. وسواء في هذه أو تلك، تسيّطر رغبات الملكية المجنونة، مالاً وسلطة، على "ربّ الأسرة"، المستبد، المُخاتل، فلا ينفرط عقد الأسرة وحسب, بل تتصادم جزيئاتها، محدثة زلزالاً يكاد يعصف بالجميع.

الأخ الكبير، أو ربّ الأسرة (فريد شوقي) الكهل، الذي يقترب من مشارف الشيخوخة، نكتشف، مع تدفق المشاهد، وعن طريق العديد من التفصيلات السلوكية، أنه يتميّز بقلب كجلمود صخر، ومشاعر ليست متبلِّدة وحسب، بل بالغة الغلظة، لا يحسّ بأية عاطفة نحو إخوته. وتماماً، مثل الكثير من رؤساء دول العالم الثالث -بما فيها نحن طبعا- يستسلم مستمتعاً بكونه يملك كل شيء، الأرض ومن عليها من البشر. الأخ الكبير هنا، المهيمن، يدفع إخوته إلى الرحيل، هربًا من قسوته وأنانيته. يطلبون الرزق خارج الورشة - إلاّ يقصد المخرج خارج الوطن؟!- ولكن الأخ الأصغر، أحمد زكي، يرفض المغادرة؛ وتتسع الهوّة بينهما. ومع توالي قهر الحاكم للمحكوم، تتزايد الكراهية في قلب الأخير. . وفي لحظة تصفية حساب مروِّعة، يندلع صراعٌ وحشيٌ بين الإثنين، ينتهي بأن يهبط الأصغر - المهزوم عادة- بعامود من حديد فوق رأس "ربّ الأسرة" فيسقط مضرجًا بالدماء.

المفارقة ذات المغزى العميق، تتجلى بعد يوم واحد من عرض الفيلم: مصرع أنور السادات"رب الأسرة المصرية"، حسب زعمه، في ظهيرة 6 أكتوبر/تشرين الأول 1981.

فيما بعد

ذهب رئيس, وجاء رئيس، اغتيل السادات، وحلّ حسني مبارك مكانه. وكالعادة، قال الجديد معسول الكلام، لكن الواقع ظلّ كما هو، فأجهزة القمع بقيت على حالها، سلطات واسعة لرجالها. ومع قوة النفوذ تتراخى الضمائر، فها هو ضابط "ملفّ في الآداب" لعاطف الطيّب (1986)، الذي يجسِّده صلاح السعدني، يلفّق بمهارة، قضية آداب لعدد من الأبرياء. وإذا كان النقد هنا موجهًا لشخص واحد فاسد، فإن "الهروب" لعاطف الطيّب (1991) يفضح، على نحو صادم، أسلوب سياسة الإلهاء التي ينفذها ضابط نابه، تعلّم أصولها في الولايات المتحدة الأمريكية. وعلى الرغم من أن دوره في الفيلم، الذي أداه باقتدار, محمد وفيق، يُعدّ ثانويًا، فإنه يكتسب أهميته من كون هذه الشخصية، بما تعبّر عن توجّهات، تظهرلأول مرة على الشاشة، ولم تظهر ثانية، في حدود علمي. عاطف الطيّب الواقعي بامتياز، يرصد بوعي، ملامح الفساد المستشري في المجتمع، من خلال تركيبة قد تبدو بسيطه:

"منتصر" -أحمد زكي- ابن إحدى قرى الجنوب، يأتي إلى القاهرة طلبًا للعمل، يلتحق بشركة لتشغيل المصريين في الخارج، صاحبها النصّاب، يحتال على عدد من أهالي قرية "منتصر"، الذي يحاول استرداد نقود بلدياته. صاحب الشركة يدسّ قطعة مخدرات في حجرة منتصر، ويبلِّغ عنه. يُقبض عليه، يهرب، يعود إلى قريته. وزارة الداخلية تكلّف الضابط هناك -عبد العزيز مخيون- القبض عليه، وفعلاً ينفِّذ. يبدو الفيلم المحكّم الصنع، كم لو أنه من أفلام الجريمة، لكن سرعان ما تتسع رؤيته، حين يصل، إلى قسم الشرطة، في القرية، مندوب وزارة الداخلية، برتبته الرفيعه، محمد وفيق، ويتيح الفرصة، متعمدًا، لهرب "منتصر". وفي اليوم التالي، تندفع الصحافة في تضخيم حدث هروب السفّاح الخطير، وتنهمر الأخبار والتعليقات على نحو يكشف، بجلاء، عن تعمّد تحويل اهتمام الناس بقضايا حياتهم، إلى الالتهاء بلعبة مطاردة الأمن لذلك القاتل الخطير. وينتهي الفيلم نهاية غير تقليدية، حيث يسقط "منتصر"

صريعًا، هو والضابط - عبد العزيز مخيون- برصاصات عساكر، يقودهم الضابط المسؤول عن سياسة الإلهاء.

يعود عاطف الطيّب، بشجاعته المعهودة، وخبرته الفنية، ليفتح ملفات الممارسات المشينة للجهاز، الذي زعم السادات أنه أحرق شرائطه، التي تمسّ سمعة الناس. ميزة "كشف المستور" أنه يدور في الحاضر (1994). صحيحٌ أنه يرجع عقدين من الزمن إلى الوراء، ولكن ليس هربًا من الواقع، وإنما ليؤكد أن أساليب الابتزاز غير الأخلاقية التي جُبل عليها هذا الجهاز، تزال سارية. بطلة الفيلم"سلوى شاهين" - نبيلة عبيد- سيدة محترمة، متزوجة من أستاذ جامعي مرموق، تفاجأ ذات صباح، بمكالمة من الضابط"محسن" -فاروق الفيشاوي- الذي يطلب منها استدراج ضيف سياسي عربي، إلى الفراش، بغرض تصويره لأسباب أمنية. . . ولمصلحة الوطن! ترفض، يهددها بشرائط لها، حين كانت تعمل مع الجهاز، تخطره أن هذه الشرائط، على حسب معلوماتها، تمّ حرقها. تتأكد بأنها ما تزال موجودة. تطلب الطلاق من زوجها، الذي يستجيب لها. تذعن"سلوى شاهين" لأوامر"محسن" الذي يبدو أشدّ خسَّة من ضابط "ملف في الآداب". أثناء إختلائها بالضيف، يدهم المكان رجال الأمن، وفي مشهد عاصف يرتسم على وجه نبيلة عبيد مزيجًا من الذعر، والحيرة، ومحاولة الفهم، والشرح. وبدلاً من استسلامها لجلادها، تقرر، في لحظة تمرد إنساني قوي ونبيل، أن تكشف المسكوت عنه، تبحث عن زميلات الماضي، المقهورات، اللواتي غيرتهن السنوات، ثم تبحث عن مدير الجهاز السابق"طلعت الحلوني" - يوسف شعبان- الذى اعتزل الحياة في مزرعة لتربية النحل. تلتقيه, يخطرها بأنه كان مجرد أداة, ينفّذ أوامر, وهو مخدوع مثلها, وينصحها بترك كل شيء والسفر إلى الخارج. تقرّر فضح كل القذارة. لكن رصاصات غادرة تنهي حياتها. إنه من أكثر أفلام السينما المصرية جرأة، ذلك، أنه لا يدين الماضي فحسب، بل ينزع أيضًا، القناع عن وجه الحاضر الدميم.

أخيرًا

في تاريخ السينما، هناك وهنا، لم يظهر فيلم ليصنع ثورة، ولكن السينما، في جانب من نتاجها، تحمل وعيًا ما، تساهم، مع إبداعات أخرى، في تهيئة المتلقي، نفسيًا، على الأقل، لقبول فكرة

إمكانية التغيير. وربما تجعله يدرك ما يعانيه من متاعب وإجحاف. وليس، بالضرورة، أن يتضمن الفيلم خطابًا ثوريًا مباشرًا، لكن من الممكن أن يحتوي موقفًا، أو مشهدًا، أو جملة حوار، تؤدّي إلى نوع أو درجة ما من التنوير. إن السينما المصرية، إجمالاً, أقرب إلى أكوام القشّ، فإذا دققت النظر، ستجد خيوطاً من ذهب، تضيء وسط العتمة. وما الصفحات السابقة إلاّ محاولة لتتبع هذه الخيوط، لاتقترب من نهايتها إلاّ بذكر فيلمين على درجة كبيرة من الأهمية:

"هي فوضى"! ليوسف شاهين، وخالد يوسف(2007)، وهو الفيلم الذي تعرّض لمتاعب رقابية شديدة, خصوصاً مع "أمن الدولة" الذي رفضه مرّات عدّة، ذلك أن رؤيته الفاضحة أزعجته، ونبوءته إصابته بالذعر، أو على الأقل، رفض أن يصدقها. بطل الفيلم يعمل أمين شرطه فاسد حتى النخاع، إنه رمزٌ للحكومة، بل هو الحكومة. يجمع بين تلاشي الحسّ الأخلاقي وسطوة النفوذ؛ بالغ الشراهة. وبأداء خالد صالح، يبدو الرجل وكأنه الفساد يمشي على قدمين, يتعامل مع الجميع بقسوة بالغة. الأهم، في مشهد النهاية المهول, يثور الناس، يخرجون من بيوتهم جميعًا، يحرقون قسم الشرطة، يتدفقون في الشوارع، غير آبهين بجنود الأمن المركزي, ومصفحاتهم. المشهد الذي يستمر على الشاشة طويلا، يبدو وكأنه "بروفه" لما حدث، فعلا، في ثورة 25 يناير.

أما الفيلم الثاني، فأنه "شيء من الخوف" لحسين كمال (1969)، الذي يعرفه الجمهور تماماً، ويعرف مشاكله مع الرقابة، التي رأت فيه تطابقاً بين عصابة "عتريس"- محمود مرسي - والمجموعة التي تحكم مصر، حينذاك؛ وبعيدًا عن أحداثه الساخنة المتدفقة، التي يحفظها الجميع، بما في ذلك البحث عن رمز مصر في الفيلم، هل يتمثّل في قرية "الدهاشنة"، أو في البطلة "فؤاده"(شادية) يمكن القول بأن "شيء من الخوف"، ألهم ثورة 25 يناير بشعار كان له فاعليته، فبعد مقتل ابن القرية برصاصة غادرة من أحد أوباش العصابة، يتجمّع الأهالي، حاملين جثمانه، متوجهين إلى قصر"عتريس", لتصفية الحساب، هاتفين: "جواز عتريس من فؤادة باطل"! وهو الهتاف الذي عاش في وعي وأفئدة الأجيال الجديدة، ليتبلور، بعد نصف قرن، في هتاف منسوج على منواله، يقول"حسنى مبارك . . . باطل"! و"أمن الدولة. . باطل"!

الباب الثاني

مسار الثورة الشعبية المصرية

الفصل الأول:

الانفجار

أحمد عاطف

رغم جملة التراكمات الاقتصادية والاجتماعية والسياسية، التي شهدتها مصر، خلال العقود الثلاثة من حكم الرئيس المخلوع حسني مبارك، فإن أحداً لم يتوقع أن تفضي دعوات أُطلقت على "الإنترنت"، للتظاهر يوم 25 يناير 2011، ضدّ ممارسات الشرطة، إلى ثورة شعبية كاملة، تقريبًا، بالشكل الذى حدث في مصر، بعد هذا التاريخ.

المراقبون، المشاركون والمحللون، أجمعوا على أنّ تلك الدعوات كانت الشرارة الأولى للثورة، وأنّ التحام الشعب المصري بالشباب، هو صاحب الفضل الكبير في منح هذه الثورة نفسًا طويلاً، وعافية مطلوبة، لتنجز أهدافها، التي تصاعدت بسرعة كبيرة، إلى المطالبة برحيل نظام مبارك، لاسيما أن هذه الأحداث، جاءت بعد نجاح ثورة الشباب في تونس، في الإطاحة بحكم زين العابدين بن علي، ما فتح شهية المصريين نحو التغيير، والإطاحة بمبارك، أيضًا.

الدعوات التي أطلقها النشطاء على مواقع "الانترنت"، عمومًا، ومواقع التواصل الاجتماعي "الفيس بوك"، و"تويتر"، خصوصًا، شكّلت نقطة الانطلاق الحقيقية، وكانت محركاً للطاقات. وتحولت إلى آلة ثورية تخطّط للمسيرات والتظاهرات. وتُحدّد أماكن ومواعيد تجمعات الشباب، وطرق الإبلاغ عن الشهداء، والمصابين، والمعتقلين، وإرشادات لكيفية التعامل مع قوات الأمن، وتفادي آثار القنابل المسيلة للدموع، والرصاص المطاطي. وترصد ما يدور في الشوراع، طوال أيام الثورة، على مدار الساعة. وتنقل نبضها إلى العالم كله، بالكلمة، والصوت، والصورة، وهو

ما يدفع للتأمُّل والبحث في طبيعة الحركات الاحتجاجية، المنظمة وغير المنظّمة، والمجموعات الإلكترونية، التي تبنّت هذه الدعوات، وصاغت بياناتها، وعبأت أعضاءها، وحثتهم على الخروج والتظاهر. كما أثّرت في مئات الآلاف من الشباب غير المسيّس، حتى جاءت لحظة الانفجار، في 25 يناير. وبفضل ما شهده هذا اليوم، والأيام التي تلته، من مواجهات دامية، فُتح الباب أمام ثورة شعبية جارفة، أطاحت برأس الحكم، حسني مبارك، وما يزال المصريون يخلِّصون أنفسهم من بقايا النظام البائد، وفلول حزبه "الوطني"، للدخول في عهد جديد، يسعون لأن ينعموا فيه بالحرية، والديمقراطية، والعدالة الاجتماعية.

عبر "الإنترنت" . . . انطلقت الشرارة الأولى

حركات سياسية، هي: "شباب 6 أبريل"، " كلنا خالد سعيد"، "حملة دعم حمدين صباحي مرشحًا للرئاسة"، "حملة دعم البرادعي ومطالب التغيير"، "حركة كفاية". "شباب حزب الجبهة"، إضافة إلى أكثر من مجموعة إلكترونية، على موقع "الفيس بوك"، اختلفت أسماؤها، لكنها تبنّت جميعها دعوة واحدة للتظاهر، أشهرها مجموعة " 25 يناير . . . ثورة الغضب" . . . على "الفيس بوك"، هم من أشعل الشرارة الأولى للثورة، بإطلاق بعضهم، وتبني الآخر دعوات للتظاهر ضدّ ممارسات وسياسات التعذيب والقمع، التي تمارسها الشرطة المصرية ضدّ المعارضة والحركات الاحتجاجية، خصوصاً ضدّ الحركات التي تعارض توريث الحكم لجمال مبارك، نجل الرئيس المخلوع. ومع التحام الشعب المصري المشحون بالغضب، منذ سنوات طويلة، بالشباب، وتبنّي القوى الوطنية وبعض الأحزاب الفاعلة مثل: "الكرامة"، "الغد"، "الجبهة"، شباب أحزاب "الناصري"، "التجمع"، "الوفد" وشباب "الإخوان المسلمين"، لاقت هذه الحركات تضامنًا واسعًا، مكّنها من الاستمرار.

استبقت الحركات، صاحبة الدعوة للتظاهر في 25 يناير، ذلك اليوم، بتوزيع آلاف المنشورات، في القاهرة والمحافظات، حثّت فيها المواطنين على التظاهر. وبعضها حدد على صفحته على "الفيس بوك" موعد التظاهرات، في القاهرة والمحافظات، في تمام الساعة الثانية

ظهرًا، على أن تنتهي أمام وزارة الداخلية، الساعه الخامسة عصراً، وقالت إحدى الحركات إن من المفترض أن يشارك، بجوار القوى الشبابية المصرية، وحشود المواطنين المصريين، كل من "الجمهور" الأهلاوي والزملكاوي، وطلاب من جامعات مصرية خاصّة، وعمّال مصنع الغزل والنسيج بالمحلة الكبرى، وموظفون من جهات حكومية عديدة. كذلك، سوف تنطلق تحركات أخرى، لكل من: الأطباء، المحامين، المهندسين، أساتذه الجامعات والمعلمين.

وحدّدت إحدى الحركات أماكن التجمعات في القاهرة، كالتالي: شارع جامعة الدول العربية في منطقة المهندسين، منطقة دوّار شبرا، ميدان المطرية، وجامعة القاهرة في الجيزة.

أمّا المحافظات المشاركة، فقالت بعض الحركات، إن هناك استعدادات كبيرة لتنظيم تظاهرات في مدينة المنصورة بمحافظة الدقهلية، الإسكندرية، مدينة المحلّة الكبرى بمحافظة الغربية، حي الأربعين بمحافظة السويس، مدينة بلطيم بمحافظة كفر الشيخ. وفي محافظات: الإسماعيلية، أسيوط، بورسعيد، دمياط وسوهاج.

أشارت الحركات نفسها، إلى أن من المفترض أن ينضم المتظاهرون من الشرقية والقليوبية والمنوفية، إلى المتظاهرين في القاهرة. كما ينضمّ المتظاهرون في قنا والمنيا إلى المتظاهرين في أسيوط. وأن يكون هناك تحرك واسع من أهالي سيناء، للمشاركة في فعاليات "يوم الغضب".

حدّدت الحركة مطالبها خلال التظاهرات، كالتالي: حد أدنى للأجور يبلغ 1200 جنيه، ربط الأجور بالأسعار، إلغاء حالة الطوارىء، إقالة حبيب العادلي (وزير الداخلية) ومحاكمة ضبّاط الشرطة الذين ارتكبوا جرائم ضدّ الشعب المصري. [1]

25 يناير . . . مولد الثورة

في القاهرة، بدأ المشهد خلال الساعات الأولى من صباح 25 يناير، شبه عادي، لكن حركة السير، تأثرت كثيرًا بإغلاق قوات الأمن الشوارع المؤدية إلى ميدان التحرير، والميادين الرئيسية والشوارع المؤدية لها، وكذلك، محيط وزارة الداخلية، فضلاً عن محاصرة مقرات النقابات

العمالية، في منطقة الوسط، مثل: "اتحاد عمال مصر"، ونقابات: المهندسين، الأطباء، المحامين، في الصحفيين، ودار القضاء العالي.

في الحادية عشر صباحًا، انطلقت أولى التظاهرات من منطقة دوّار شبرا، حيث تجمّع هناك ما يزيد على خمسة آلاف شاب، تقدّمهم عدد من الشخصيات السياسية، وبدأ تحرُّك المتظاهرين باتجاه منطقة رمسيس، وصولاً إلى ميدان التحرير، لكن قوات الأمن حاصرت التظاهرة، وقامت بمحاولة تفريقها، بالقوّة، وسمحت "للبلطجية"، وعناصر الشرطة السرّية بضرب المشاركين فيها. واعتقال العشرات، من بينهم أمين اسكندر، القيادي الناصري، وكمال خليل، القيادي اليساري. وعبر شارع شبرا، والترعة البولاقية، الموازية له، تسلّل المتظاهرون إلى منطقة رمسيس، وتمكّنوا من الالتحاق بتظاهرات أخرى، وصلت رمسيس من منطقتي السبتية وغمرة، وأخرى، كانت أمام جامع الفتح، بقلب ميدان رمسيس. ونجح المتظاهرون في كسر الطوق الأمني، بعد مواجهات عديدة مع قوات الأمن، والسير في شارع رمسيس، مرورًا بمنطقة الإسعاف، حيث تجمع الآلاف أمام مقر نقابتي المحامين، والصحفيين، ودار القضاء العالي. ووصل إلى هناك مئات المتظاهرين القادمين من منطقة المهندسين. وتشكّلت مسيرة كبيرة. يزيد قوامها على عشرين ألف متظاهر، شقُّوا طريقهم نحو ميدان التحرير، وسط حصار. ومواجهات شرسة ودامية مع قوات الأمن، وجولات كر وفر، في الشوارع الجانبية وسط البلد. وفي النهاية، تمكّن المتظاهرون من الوصول إلى ميدان الشهيد عبدالمنعم رياض، ليجدوا تظاهرة كبرى، تحركت من أمام مبنى "ماسبيرو"، ووصلت الميدان. (2)

يقول أحد النشطاء السياسيين، في شهادته على ماجرى يوم 25 يناير: اختار الشباب أن يقيموا وقفة احتجاجية أمام نقابة الأطباء "دار الحكمة"، في شارع قصر العيني بالعاصمة. وكان الترتيب يقتضي بأن يكون المكان سرياً، لذلك لم أعلم بمكان التجمُّع، إلاّ قبل الوقفة بحوالى ساعة، وقد أخبرت عشرات الناشطين الذين أرادوا أن ينضمّوا إلى هذه الوقفة، أن يتصلوا بي صباح الثلاثاء 25 يناير، لكي أخبرهم بمكانها. ونتج عن هذا التخطيط، أننا، حين وصلنا إلى نقابة الأطباء، لم نجد أي شرطي، بل وجدنا المكان خاليا لنا، تمامًا، مما أتاح لنا فرصة التجمّع،

وتكوين نواة تظاهرة كبيرة. وبالفعل، تكوّنت هذه النواة من مئات عدّة، ثم استمرت في التضخم، حتى بلغت ما يقارب ألفي متظاهر، غالبيتهم العظمى من الشباب، بنين وبنات، وبعد أن بدأنا بالهتاف، حضرت الشرطة، وقامت بعمل "كردون" أمني (محترم) من حولنا، بل إنهم أغلقوا حركة سير السيارات في شارع قصر العينى.(3)

تحرّكت الجموع دفعة واحدة إلى ميدان التحرير، ومن خلفها، وأمامها عشرات الصفوف من جنود الأمن المركزي، الذين عجزوا عن حصار التظاهرات، أو السيطرة عليها.

تركّز عشرات الآلاف في ميدان التحرير، وانطلق آلاف آخرون في شارع قصر العيني، للتجمّع أمام مجلس الشعب، بهدف الوصول إلى مقر وزارة الداخلية، لكن قوات الأمن، التي حاصرت المجلس بآلاف الجنود المدججين بالهراوات، والعصي المكهربة، حالت دون تقدم المتظاهرين. وفور أداء المتظاهرين صلاة العصر، أمام مجلس الشعب، قامت مدرعات وعربات مصفحة وسيارات إطفاء، بشق صفوفهم وملاحقتهم. وكانت واضحة بسالة الشباب في مواجهة قوات الأمن، والتقطت مشاهد "فيديو" شهيرة لبعضهم، وهم يتصدون لسيارات الإطفاء والعربات المصفحة، ويجبرون قائديها على التراجع، مرّة وأخرى.

بعد تفريق المتظاهرين في شارع قصر العيني، وإغلاق الشارع من الجهتين، تسلّل المتظاهرون إلى ميدان التحرير، مرّة أخرى، للالتحام بآلاف المتظاهرين، الذين تحاصرهم قوات الأمن هناك. وبعد جولات عديدة من المواجهات الدامية، سقط، على إثرها، عشرات المصابين بميدان التحرير، أُجبِرت قوات الأمن على تخفيف الحصار عن المتظاهرين، وتطويقهم عن بُعد. ومع حلول الظلام، كان من السهل دخول وخروج المتظاهرين من الميدان، عبر فتحات مؤدية إلى بعض الشوارع المحيطة بالميدان.

وبدءاً السادسة مساءً وحتى منتصف الليل، ظلّ المتظاهرون في أنحاء القاهرة يتوافدون على الميدان. وتشكّلت حلقات سَمَر لترديد أغانٍ وأشعار وطنية، وتمّ نصب إذاعات داخلية لإذاعة بيانات الحركات الاحتجاجية، وأنباء ما يدور في باقي المحافظات من مواجهات دامية بين

المتظاهرين وقوات الأمن، وألقى بعض الكتّاب والسياسيين والشباب، كلمات في المتظاهرين، وبدا المشهد كرنفاليًا إلى حد بعيد، مغلّف بالفرحة في كسر الطوق الأمني، وانتزاع حق التظاهر السلمي. وتقرّر الاعتصام في الميدان، حتى رحيل نظام مبارك.

وجوه المتظاهرين، الذين التأموا في ميدان التحرير، كانت في أغلبها شابة، بينها موظفون، عمال، رجال ونساء، على اختلاف أعمارهم، لكل منهم أسباب مختلفة، دفعته للمشاركة في التظاهرات. فضلا عن مشاركات نوعية أخرى للصحافيين، المحامين، المهندسين، الأطباء، الصيادلة، الممثلين، الكتاب، السياسيين والحقوقيين.

في تمام الواحدة صباحًا، قامت قوات الأمن باجتياح أرض الميدان، بآلاف من مجندي الأمن المركزي، تتقدمهم مدرعات وعربات مصفحة وسيارات إطفاء، لملاحقة المتظاهرين. وتم إلقاء قنابل الغاز المسيِّل للدموع، وأطلق الرصاص المطاطي في قلب الميدان. وجرى اعتقال عشرات المتظاهرين، ممن صمدوا في مواجهة هذا الاجتياح المروِّع. وبدا الميدان، في اليوم التالي، وكأن شيئًا لم يكن، وقامت قوات الأمن بتسيير الحركة في شوارعه، في محاولة للإيهام بأن ماحدث يوم 25 يناير كان مجرد زوبعة في فنجان.

يؤكد قيادي في "جماعة الإخوان المسلمين"، في شهادته على أحداث الثورة، على أن مصر شهدت في يوم 25 يناير، أحداثًا غير مسبوقة. وقال: " أدركنا، قبيل منتصف الليل، أننا أمام حدث جلل، سيغيّر التاريخ، وسيكون له ما بعده ؛ لقد نجح الشباب في كسر حاجز الخوف، من جديد، ولم ترهبهم جحافل الأمن، ولا المطاردات. وكانت بؤرة الحدث في ميدان التحرير، الذي انتقل إليه المتظاهرون، من أمام دار القضاء العالى، الذين شاركوا النواب من جميع الاتجاهات في وقفتهم. وبدأت تطورات جديدة، لم تقتصر على مجرد الوقفات الاحتجاجية، التى كانت تقوم بها "حركة كفاية"، أو الاحتجاجات العمالية، والوظيفية المطلبية ... إلخ. التطوّر الجديد كان المسيرات والتظاهرات، كحقّ أصيل ينتزعه المصريون الآن. ثمّ الاعتصام المفتوح في الشوارع والميادين، لتحقيق هدف محدّد، جاء الإلهام به من الشعب التونسي، الذي نجح قبل أيام في تحقيق هدفه العظيم، بإسقاط نظام بن علي، وطرد طاغية تونس، الذي فرّ مذعورًا، يبحث عن

ملجأ يلوذ به في الدنيا، فذهب إلى "جدّة"، وبدأت مطاردة بقايا نظامه، وعملية بناء نظام جديد في تونس". (4)

عن مغزى اختيار يوم 25 يناير للتظاهر، وعن مشاركته في أحداث الثورة، يقول كاتب وروائي مصري بارز: لقد اختار المتظاهرون الثلاثاء الخامس والعشرين من يناير، فيما يبدو، لتكون الشرطة رؤوفة بهم، فهو يوم عيدها، ولا تلوّث هذا اليوم بضربهم والاعتداء عليهم. كنت يوم الثلاثاء في مكاني المفضّل في منطقة وسط البلد، مقهى "ريش" الشهير، أو مقهى "زهرة البستان" القريب، وعندما اندلعت التظاهرات لم تتدخل فيها الشرطة، حتى الساعة الثالثة، حين أذيع بيان في التلفزيون المصري، يقول إن عناصر من "الإخوان المسلمين" اندسّوا بين المتظاهرين، وسيقومون بالتخريب. لقد اندسّ عدد من عناصر الشرطة السرّية بين المتظاهرين، وراحوا يقذفون رجال الشرطة بالحجارة، لترد بدورها على المتظاهرين جميعًا، لكن سرعان ما سيطر المتظاهرون عليهم، وفشلت الخطة. وكان الأمر مختلفًا في مدن أخرى، مثل السويس، الإسكندرية والمحلّة الكبرى، حيث قامت الشرطة باستخدام القنابل المسيلة للدموع، والرصاص. الحيّ والمطاطي، فوقع شهداء، لم يقع مثلهم في القاهرة، التي كانت تحت سمع وبصر الإعلام والصحافة العالمية. (5)

أحد شباب منطقة الشرابية العشوائية، حاصل على دبلوم صنايع، لم يتجاوز عمره 23 عامًا، ولم يكن له أي نشاط سياسي سابق على يوم 25 يناير، استجاب لدعوات التظاهر، لكنه كان بعيدًا عن التخطيط لها، بأي شكل، فقد تجمّع مع عدد من جيرانه في الحي، وساروا في شارع رمسيس، متجهين إلى ميدان التحرير، وفجأة وجدوا أفراد الأمن ـ كما يقول ـ يطلقون الغاز المسيّل للدموع، والرصاص المطاطي عليهم، لكنهم لم يتراجعوا، وواصلوا السير إلى الميدان من شوارع جانبية؛ وما شهده هذا الشاب من أحداث، خلال يوم الثلاثاء، كان دافعًا قويًا لمشاركته في تظاهرات الأيام التالية، خصوصاً "يوم جمعة الغضب" (28 يناير)، الذي أصيب فيه. (6)

محافظة الاسكندرية كانت على درجة السخونة ذاتها التي شهدتها القاهرة، فقد لاقت الدعوة، التي تبنتها حركة "كلنا خالد سعيد"، استجابة كبيرة من شباب المحافظة، خصوصاً

أن الحركة تشكّلت، بالأساس، لرفض ممارسات القمع والتعذيب، التي تمارسها الشرطة بحق المصريين، وذلك عقب مقتل الشاب السكندري، خالد سعيد، على يد رجال الأمن، متأثرا بإصابات في المخ، أثناء قيامهم بتعذيبه. حدّدت الحركة مكان التظاهر، أمام مسجد "القائد إبراهيم"، في منطقة محطة الرمل، وقد إستعدّت قوات الأمن، يوم 25 يناير، بمحاصرة المسجد، والشوارع المؤدية إليه، فضلاً عن الشوارع والميادين الرئيسية بالمحافظة، إلاّ أن المتظاهرين نجحوا في كسر الحصار الأمني حول المسجد، وتجمّع هناك أكثر من 20 ألف متظاهر، فضلاً عن مسيرات أخرى، انطلقت من منطقة العصافرة وسيدي بشر وشارع خالد بن الوليد. كما انطلقت تظاهرات أخرى من مناطق مختلفة. ومنعت قوّات الأمن المتظاهرين من الخروج إلى طريق الكورنيش. واستمرت المسيرات، حتّى مكان تجمّع المتظاهرين في منطقة سيدي جابر، التي شهدت أعمال عنف موسّعة من جانب الأمن. كما وقعت إشتباكات مع قوات الأمن عند حي المنتزة، لكن تم استكمال المسيرة، حيث شارك الأهالي المتظاهرين ثورتهم ضدّ الظلم والاضهاد، وقاموا برمي زجاجات المياه لهم من أعلى، والتصفيق لهم، ومساندتهم. كما قام المتظاهرون بتمزيق صور جمال مبارك ووالده، الموجودة في الشوارع. حتى أنهم قاموا بحرق بعضها. وفي منطقة المنشية ومحطة مصر وباكوس ومحرم بك، قام المتظاهرون في وسط الاسكندرية بالتجمع، والسير حتى ديوان عام المحافظة.

قد شهدت المسيرات، في بادئها، تعاملاً أمنيًا حذرًا، لكن مع تزايد أعداد المتظاهرين، ونجاحهم في كسر الحصار الأمني، قامت الشرطة بإطلاق القنابل المسيّلة للدموع، والاعتداء علي المتظاهرين بالضرب. وجرى تبادل إلقاء الحجارة بين المتظاهرين وعناصر الشرطة السرية، والبلطجية، فسقط عشرات المصابين، وتمّ اعتقال المئات. (7)

في محافظة السويس، كانت كلفة المواجهات التي دارت بعد ظهر 25 يناير، هي الأعلى بين كل المحافظات، وهناك سقط أوّل شهداء الثورة المصرية؛ فمن المعروف أن السويس مدينة باسلة، ولها تاريخ طويل في مقاومة أهلها للاحتلال، ومشهود لهم بشجاعتهم، وصمودهم. وفي حي الأربعين وسط المدينة، تجمّع ما يزيد على عشرة آلاف متظاهر. وشهدت السويس أعنف مواجهات

بين قوات الأمن والمتظاهرين، ولم تهدأ، كما هدأت القاهرة وباقي المحافظات، بل تواصلت فيها المواجهات، طوال الليل، واستؤنفت في الأيام التالية، حيث تسبب استشهاد شخصين في المدينة بتأجيج التظاهرات، وكذلك، زادت حدّة العنف في التعامل الأمني معها، لدرجة أن قناة "الجزيرة" عنونت تغطيتها لأحداث السويس بعبارة "السويس تغرق في بحر من الدماء". [8]

في محافظة الغربية، كانت مشاهد التظاهرات في مدينة المحلّة الكبرى، أكبر وأضخم من تلك التي شهدتها باقي المحافظات، حيث شارك الشباب وطلبة الجامعة، عمّال مصانع النسيج المنتشرة في المدينة ـ وهم بالآلاف ـ التظاهر في وسط المدينة. ودارت مواجهات دامية بين قوات الأمن والمتظاهرين، وقُدِّرت أعداد المتظاهرين في المحلّة الكبرى، بما يزيد عن ثلاثين ألف متظاهر. ومن المعروف أن حركة "6 أبريل" هي الحركة صاحبة الدعوة لإضراب شامل عن العمل، في يوم 6 أبريل عام 2008، وقد استجاب عمّال المحلّة الكبرى لهذه الدعوة، وخرجت تظاهرات تطالب بتحسين أوضاع العمال، ورفض نظام "الخصخصة" وبيع القطاع العام، وندّدت بسياسات نظام مبارك الاقتصادية. وجرت مواجهات دامية، آنذاك، بين قوات الأمن والعمّال، أصيب واعتقل على إثرها العشرات، كما سقط عدد من الشهداء.

في محافظة كفر الشيخ، تقدّم القيادي الناصري حمدين صباحي تظاهرة حاشدة، زاد عدد المشاركين فيها عن عشرين ألف متظاهر، أمام مبنى المحافظة. وجرت مواجهات عنيفة، سقط على إثرها عدد من المصابين، وتمّ اعتقال العشرات، أيضا. [9]

إلى ذلك، شهدت محافظات أخرى تظاهرات متفرقة، في مدينة الشيخ زويد، بمحافظة شمال سيناء؛ ومدينة بنها، بمحافظة القليوبية؛ ومدينة المنصورة، بمحافظة الدقهلية؛ وفي محافظتي دمياط والاسماعيلية.

بمرور الوقت، ومع هدوء المواجهات في القاهرة، بدأت أنباء ما يدور في المحافظات تصل إلى القاهرة، وخرجت وسائل الإعلام الرسمية بأول حصيلة لضحايا الأحداث، وأعلنت "وكالة أنباء الشرق الأوسط" المصرية الرسمية مقتل ثلاثة أشخاص، وجرح تسعة وأربعين، في القاهرة

والسويس. هي، بالطبع، أرقام هزيلة، قياسًا بالتقديرات التي أشارت إلى مقتل أكثر من 11 شخصًا، وإصابة واعتقال المئات.

ما بعد 25 يناير

ليل السادس والعشرين من يناير، كان ملتهبًا، كنهار اليوم السابق عليه، حيث تسمّر المصريون أمام شاشات الفضائيات، يتابعون ما جرى، خصوصاً أن المواجهات في السويس والاسكندرية كانت ما تزال دائرة، طوال ساعات الليل.

أمّا شبكة "الإنترنت" فكانت ساحة مفتوحة لتداول دعوة تجديد التظاهر، في الأيام التالية، حتى رحيل نظام مبارك؛ فضلاً عن انتشار أخبار ما جرى في يوم 25 يناير من مواجهات، واعتقالات، وأخبار الشهداء والمصابين. وقد لاقت دعوات تجديد التظاهر استجابة كبيرة، في الأيام التالية، بالفعل، لكن "تكتيك" التظاهر يومي 26 و27 يناير كان مختلفًا عن اليوم السابق عليهما، فقد اتّبع الشباب أسلوب الكر والفر، في التعامل مع قوات الأمن، واستغلوا حالة الإجهاد التي ألمّت بضباط وجنود الشرطة المرابطين في الشوارع، منذ أربعة أيام، تقريبًا. ولا ينفكّ الشباب أن يظهروا في منطقة، ويشرعوا في ترديد الهتافات المطالبة برحيل مبارك، حتى ينطلقوا للتجمّع في منطقة أخرى، وهكذا في أغلب أنحاء القاهرة. وتم تنظيم تظاهرات في شوارع ومناطق لم يسبق للمتظاهرين التجمّع فيها. من قبل، مثل شارعي فيصل، والهرم، ومناطق مدينة نصر ومصر الجديدة. أمّا شوارع وسط البلد، فكانت عبارة عن ساحات للكرّ والفرّ بين قوّات الأمن والمتظاهرين، حيث تجاهل الشباب تحذيرات وزارة الداخلية بحظر التظاهر، وخرجوا للشوارع، يهتفون برحيل مبارك.

اعترف الإعلام الرسمي المصري، في نهاية يوم 26 يناير، باعتقال وإصابة العشرات، في كل من القاهرة والسويس.

لولا صمود أهالي السويس في يوم 26 يناير، لتغيّرت أحداث كثيرة؛ ففي صباح يوم 26 يناير بدأت السويس في بعث رسائل صمودها إلى مصر كلها، وبدأ اليوم في المدينة الباسلة بتجمّع

الآلاف لتشييع ضحايا مواجهات الثلاثاء، أمام منطقة المشرحة والمقابر. وبسبب التواجد الأمني الكثيف حول المشيِّعين، دارت مواجهات عنيفة، صمد خلالها أهالي السويس، حتى الساعة الثالثة من صباح اليوم التالي. وتمّ القبض على مئات المتظاهرين، وأصيب واستشهد عدد كبير منهم. وتواصلت في اليوم التالي، المواجهات نفسها، التي انتقل صداها سريعا إلى القاهرة، وكانت سببًا في تحفيز المصريين في العاصمة، وإصرارهم على مواصلة المسيرة.

وشهدت الساعات الأولى من صباح يوم 27 يناير، تشويشا على خدمات "الإنترنت" في مصر، فزادت حدّة الغضب لدى جمهور الشباب، وكان من المتوقع أن تلجأ السلطة إلى قطع خدمات "الإنترنت" بالكامل، فتجمّع المتظاهرون يوم الخميس، في الأماكن نفسها التي اعتادوا التجمع فيها، طوال اليومين السابقين. وتزامن ذلك مع انطلاق دعوة التظاهر بعد صلاة الجمعة، في اليوم التالي، تحت شعار "جمعة الغضب"، وكذلك مع عودة الدكتور محمد البرادعي، المدير العام السابق للوكالة الدولية للطاقة الذرية، إلى القاهرة، للمشاركة في التظاهرات. كما دعت جماعة "الإخوان المسلمين" أنصارها للمشاركة في تظاهرات الجمعة، وهو ما ردّت عليه الحكومة باعتقال عدد من الأعضاء البارزين في "الجماعة".

شهد يوم الخميس، هو الآخر، مواجهات داميه بين المتظاهرين وقوات الأمن في القاهرة، وكل محافظات مصر، خصوصاً السويس، والمحلّه الكبرى.

في قلب القاهرة، شهد ميدان رمسيس، ونقابتا الصحافيين، والمحامين، وميدان التحرير، تظاهرات حاشدة، ومواجهات شرسة بين قوات الأمن والمتظاهرين، وتمّ اعتقال المئات من الشباب. وفي مدينة حلون جنوب القاهرة، تمّ تنظيم تظاهرة حاشدة أمام محطة "مترو" حلوان، بمشاركة عمال المصانع؛ فقامت قوات الأمن بعمليات إخلاء تام لميدان المحطة، باستخدام سيارات الإطفاء، والمصفحات، وجنود الآمن المركزي، كما تجمّع مئات الشباب في منطقة وكالة البلح، قرب مبني الإذاعة والتليفزيون بماسبيرو، على كورنيش النيل، ودارت هناك مواجهات مع قوات الأمن، حتى تمكن الشباب من الوصول إلى ميدان التحرير.

لم تهدأ التظاهرات المتفرقة في القاهرة، حتى الساعات الأولى من صباح اليوم التالي.

أمّا في السويس، فقد اندلعت منذ الصباح الباكر، اشتباكات عنيفة بين المتظاهرين وأهالي المقبوض عليهم، من جهة، وبين قوات الأمن من جهة أخرى، أمام ديوان عام قسم الأربعين، وذلك للمطالبة بالإفراج عن المعتقلين، خصوصاً بعد أن حاول القسم تهريب المتحفظ عليهم، بشكل سرّي، إلى مكان غير معلوم. وبعد أذان الظهر، انضمت للمتظاهرين أعداد غفيرة جداً من الأهالي، واستمرت عمليات الكرّ والفرّ، لساعات طويلة جداً. وعقب صلاة المغرب، قام الأهالي بإحراق نقطة شرطة مطافىء الأربعين، واستمر التعامل والقتال بشراسة، حتى فجر الجمعة.

استنفدت، خلال معارك السويس، قوات منطقة القناة بالكامل، وطلبت القيادات الأمنية إمدادات عسكرية من قوات الأمن المركزي، لتصل خمس تشكيلات جديدة من قطاع "بلبيس" إلى هناك.[10]

كما اندلعت تظاهرات حاشدة في محافظة الاسماعيلية المجاورة للسويس، لتخفيف الضغط الأمني عن الأخيرة. وقام المتظاهرون بإغلاق الشوارع أمام تَقدُّم قوات الأمن باتجاههم، عن طريق إشعال النار في وسط الشوارع، لكن ذلك لم يكن حائلاً دون وقوع مواجهات دامية بين الطرفين، بجوار استاد الاسماعيلية.

في الاسكندرية، انطلقت تظاهرات حاشدة في مناطق متفرقة، خصوصاً أمام نقابة المحامين، التي خرج أعضائها في تظاهرة حاشدة، بعد اعتقال إثني عشر زملائهم. وفي مدينة طنطا بمحافظة الغربية، تمّ تنظيم وقفة احتجاجية أمام مجمّع المحاكم، للمطالبة بالإفراج عن المعتقلين. كما تردّدت أنباء عن تبادل إطلاق نار بين الأمن والمتظاهرين من البدو، في محافظة شمال سيناء. وقد استعرت حدّة المواجهات في سيناء، بعد استشهاد أحد المتظاهرين.

مع نهاية اليوم، شهدت المحافظات كافّة حالة تأهب أمني كبيرة جدًا، استعدادًا ليوم "جمعة الغضب". وفي حوالي الساعة الثانية عشرة مساء ذلك اليوم، انقطعت اتصالات الإنترنت، نهائيًا، وأصبحت بعض المحافظات من دون هذه الخدمة، لكنّ الفضائيات والصحف، المستقلة منها والمعارضة، تبنّت نشر الدعوة للتظاهرة المليونية، في جميع أنحاء مصر، بعد صلاة الجمعة.

جمعة الغضب - 28 يناير

مثلما لم يتوقّع أحد ما جرى يوم 25 يناير، لم يتوقّع أحد ما جرى يوم 28 يناير (جمعة الغضب)، فرغم إقدام السلطة على قطع خدمات "الإنترنت"، وشبكات الهاتف المحمول، فإن الدعوة للتظاهر عقب صلاة الجمعة، لاقت استجابة كبيرة جدًا؛ فقد خرجت الحشود بالآلاف من المساجد إلى الشوارع، وخاض المتظاهرون حرب شوارع حقيقية مع قوات الأمن في كافة أنحاء مصر، استمرت أكثر من ستّ ساعات، فسقط من الشهداء ما يزيد على خمسمئة شهيد، وأصيب، واعتُقل الآلاف. وبعد العصر، بدأت تنتشر أخبار انسحاب الشرطة من أمام حشود المتظاهرين، في بعض مناطق القاهرة. وفي حوالي الخامسة والنصف، أُعلن عن نزول قوّات الجيش، لتأمين الشوارع، بعد انسحاب الشرطة منها، وتمّ فرض حظر التجوّل، وهي المرّة الأولى، منذ عام 1985، الذي استُخدِم فيها الجيش للسيطرة على أحداث داخلية. ورغم انتشار الجيش في بعض مناطق القاهرة، فإن المواجهات ظلّت مستمرّة، في ميدان التحرير، ومناطق أخرى، وبعض المحافظات الرئيسية، مثل الاسكندرية والسويس.

بعد منتصف الليل، اضطر الرئيس المخلوع للخروج بخطاب إلى الشعب، أعلن فيه أنه طلب من الحكومة أن تقدّم استقالتها، واعترف بالمطالب المشروعة بالإصلاحات السياسية والاقتصادية. كما عيّن عمر سليمان، مدير المخابرات العامة، نائباً له، وهي المرة الأولى التي يُشغل فيها هذا المنصب، منذ تولي مبارك الرئاسة، عام 1981.

خطاب مبارك لم يكن مقنعًا، بالطبع. ولم يكن، أيضًا، على مستوى جسامة ما شهدته الأيام الأربعة من مواجهات. ولم ينجح في ثني المتظاهرين عن مطلبهم الرئيسي، وهو رحيل النظام، فبدأوا في الاعتصام، في ميدان التحرير والميادين الرئيسية في المحافظات، في حماية القوات المسلحة، التي ضمنت للمتظاهرين حق التعبير السلمي عن مطالبهم، حتى يتحقق لهم ما أرادوه. وأعلن نائب الرئيس المخلوع، عمر سليمان، عن تخلى مبارك، عن الحكم في 11 فبراير-شباط 2011، وتكليف المجلس الأعلى للقوات المسلحة إدارة شؤون البلاد.

الهوامش:

1- "جماعة حركة 6 أبريل"، موقع "الفيس بوك".

2- يوميات الثورة، الكرامة (القاهرة)، الأحد 30 /1/ 2011.

3- عبدالرحمن يوسف، يوميات الصبّار، المصري اليوم (القاهرة)، الثلاثاء 8 /2011/3.

4- عصام العريان، الدستور (القاهرة)، السبت 2011/2/19.

5- إبراهيم عبدالمجيد، نيرون مصر يحترق، "السفير" (بيروت)، 2011/2/11.

6- موقع المحطة، شهادة شابة، 1 / 1 / 2011.

7- شبكة "apn24. INFO" أنباء الاسكندرية المصورة.

http://www. alexphotonews. com/reports/4184--252011--. html

8- "جماعة ثورة الغضب في السويس"، موقع "الفيس بوك".

9- الكرامة (القاهرة)، الأحد 2011/1/30.

10- شهادة قائد "الأمن المركزي" في القناة، حول أحداث 25 يناير الدامية، المصري اليوم (القاهرة)، 2011/3/16.

الفصل الثاني:

يوميات الثورة

ناصر حجازي

لم تكن ثورة 25 يناير نبتاً شيطانياً، بل كانت ذروة سنوات من الغضب الشعبي المتصاعد، يوما بعد يوم، بسبب تردي الأوضاع الاقتصادية والاجتماعية والسياسية خلال العقود الأخيرة. وقبل الثورة بيوم واحد، شهدت مصر محاولات انتحار عدّة، على غرار ما فعله محمد بوعزيزي، في تونس، وكان سبباً في تفجُّر الثورة التونسية. وكان يوم الرابع والعشرين من يناير/كانون الثاني، يوم غضب العمّال، والفلاحين، والطلاب، وسائقى التاكسى، ونظموا - متفرقين- خلاله اثني عشرة تظاهرة، كان أهمها في القاهرة والجيزة، للمطالبة بالتعيين والتثبيت والمكافآت ورفع الأجور، ومطالب أخرى[1]. فأمام مقر وزارة الزراعة، تظاهر ثلاثمائة من العمال المؤقتين بمركز بحوث الصحراء، للمطالبة بتثبيتهم، وقالوا إن بعضهم يعمل منذ ثمانية عشر عاماً، بعقود مؤقتة، ويتقاضون أجراً ثابتاً شهرياً، يبلغ 214 جنيهاً. ودخل نحو ثمانماية من العاملين في مراكز البحوث، مديرية الزراعة بشمال سيناء.

في بورسعيد، شهد ميدان الشهداء، المواجه لديوان عام المحافظة، أربع وقفات احتجاجية. وتجمّهر أمام محافظة الجيزة عدد من أهالي منطقة الورّاق، اعتراضاً على قرار نزع ملكية أراضيهم، التى تتجاوز 600 فدان، لصالح مشروع تطوير شمال الجيزة. وتظاهر عشرات من أصحاب "التاكسي" الأبيض، مجدداً، أمام مجلس الشعب (الغرفة الأولى من البرلمان المصري)، مطالبين بتنفيذ وزير المالية لوعوده، بضمّهم إلى المستفيدين بمزايا المرحلة الأولى من مشروع "التاكسي".

كما نظّم العشرات من أعضاء النقابة المستقلة للعاملين بالضرائب العقارية وقفة احتجاجية، أمام مصلحة الضرائب، للمطالبة بإنشاء صندوق للرعاية الصحية. وفي اليوم نفسه، تظاهر أوائل خريجى جامعة الأزهر، لليوم الثاني على التوالي؛ للمطالبة بتعيينهم معيدين في الجامعة[2].

في اليوم نفسه، حاول المواطن أسامة عبدالشهيد عبود (48 سنة)، الموظف بالوحدة الزراعية في المرج (شرق القاهرة)، الانتحار بقطع شرايين يده، أمام دار القضاء العالي (وسط القاهرة)، بسبب عدم حصوله على راتبه الشهري، البالغ 60 جنيهاً (أقل من أحد عشر دولاراً)، منذ 4 سنوات، ومنعه مواطنون من قطع رقبته بشفرة حلاقة. وفي بنى سويف (جنوب القاهرة) ألقى أحمد محمد أحمد محمود (26 سنة)، وهو عامل بناء، بنفسه في نهر النيل، لأنه يمرّ بضائقة مالية، وتمكّنت الشرطة من إنقاذه. وفي أسوان (أقصى جنوب مصر)، حاول أحمد الحدّاد الانتحار، بإشعال النار في نفسه، بسبب البطالة، وتم إنقاذه. وفي السويس (شرق القاهرة)، حاول سعيد محمد أحمد قاعود (56 سنة)، إشعال النار في نفسه، أمام مقر "الحزب الوطني" الحاكم، بسبب صعوبة ظروفه الاقتصادية[3].

أمّا على صعيد الاستعدادات لتظاهرات اليوم التالي، الخامس والعشرين من يناير/كانون الثاني - والذي تم اختياره لتوافقه مع عيد الشرطة - فإن وزارة الداخلية المصرية أعلنت عن عدم حصول أية جهة على ترخيص بالتظاهر، وأن أي خروج على الشرعية، أو إتلاف، أو تخريب للممتلكات العامة، سيواجه بحزم، في إطار القانون وحقوق الإنسان. من جانبها، نظمت "حركة شباب 6 أبريل" ورشة عمل لخمسين ناشطاً من المرشحين لقيادة التظاهرات، لتوعيتهم بكيفية التحرك، ومواجهة قوات الأمن، وحقوقهم القانونية، في حال القبض عليهم. من جانبها، قالت "جماعة الإخوان المسلمين، " على لسان القيادي عصام العريان، إنها لن تشارك في التظاهرات، ولكنها لن تمنع أعضائها من المشاركة، ودعتهم إلى تجنّب الاحتكاك بقوات الأمن[4].

الخامس والعشرين من يناير

فيما عرف بـ"يوم الغضب"، شهدت مصر أقوى تظاهرات احتجاج في تاريخها، حيث خرج

مئات الآلاف، في شوارع القاهرة والمدن الرئيسية الكبرى، مطالبين برحيل حكومة الدكتور أحمد نظيف، إلغاء الطوارىء، تحقيق عدالة اجتماعية، القضاء على الفساد، رفع الأجور، إجراء إصلاحات سياسية، تعديل الدستور وحلّ مجلس الشعب. ورفع المحتجون شعار (تغيير – حرّية – عدالة اجتماعية).

جاءت الدعوة لـ"يوم الغضب" عبر مواقع شبكة "الإنترنت" للتواصل الاجتماعي، مثل "الفيس بوك" و"التويتر"، في أعقاب نجاح ثورة تونس بالإطاحة بالرئيس زين العابدين بن علي. ولم تكن الدعوة في مصر، للثورة وتغيير النظام، في بدايتها، بل كانت دعوة ليوم غضب شعبي. ولكن، في نهاية يوم الخامس والعشرين من يناير/كانون الثاني، ونتيجة استجابة مئات الآلاف لدعوة التظاهر، تمّت الدعوة لتظاهرات أكبر، بعدها بثلاثة أيام، وتحديدًا عقب صلاة الجمعة، فيما أطلق عليه، وقتها، "جمعة الغضب"[5].

بدأ المتظاهرون احتجاجاتهم، قبل الظهر، في مناطق عدّة في القاهرة، منها: ميدان التحرير، بولاق الدكرور، ميت عقبة، وأرض اللواء، إمبابة، المطرية، شبرا، ميدان مصطفى محمود في شارع جامعة الدول العربية وكورنيش النيل في القاهرة. وشهدت محافظات الغربية، الشرقية، دمياط، الإسماعيلية، الدقهلية، والبحر الأحمر، أسيوط، بنى سويف، أسوان، القليوبية، الفيوم، شمال سيناء، السويس، كفر الشيخ والبحيرة، تظاهرات مماثلة، كانت أكبرها في القاهرة والاسكندرية، حيث نجح آلاف المتظاهرين في السيطرة على ميدان التحرير، والاعتصام فيه، لكن قوات الأمن تمكّنت من تفريقهم، بعد منتصف الليل، باستخدام الرصاص الحي، وقنابل الغاز المسيل للدموع، وخراطيم المياه، ونتج عن تلك المواجهات مصرع ثلاثة، أحدهم جنديّ من قطاع الأمن المركزي، فضلاً عن عشرات المصابين، معظمهم من المتظاهرين[6].

بدأت أحداث أول أيام الثورة، بانتشار كثيف لسيارات الأمن المركزي، والسيارات المصفحة، وعربات الإطفاء، وسيارات الإسعاف، في معظم الميادين والشوارع الرئيسية في أنحاء مصر. وتمّ إغلاق الميادين الرئيسية بالحواجز الحديدية. ونشر الآلاف من رجال الأمن، سواء بالزي المدني،

أوالعسكري، ووصل عددهم - حسب وزارة الداخلية نفسها - نحو ثلاثين ألف شرطي، في مناطق وسط القاهرة وحدها.

يوم 26 يناير

في اليوم الثاني للثورة، بدا واضحًا أن قوات الأمن لن تسمح بالسيطرة على ميدان التحرير، وسط القاهرة. وبدا للمتظاهرين، الذين لم تكن لهم قيادة أو آلية تجمعهم سوى مواقع "الإنترنت"، أنه أصبح بإمكانهم جمع مئات الآلاف منهم، الأمر الذي يُمكِّنهم من صنع ثورة، على غرار تونس. وبذلك، تحوّل احتجاج اليوم الواحد إلى دعوة لتظاهرة مليونية في ميدان التحرير، لتغيير النظام، على أن تكون هناك تظاهرات صغيرة، في بعض المناطق، خلال أيام السادس والسابع والعشرين من يناير/كانون الثاني، وهذا ما حدث بالفعل.

تجدّدت التظاهرات في القاهرة وعدد من المحافظات، رغم حصار الأمن لشوارع وميادين العاصمة. ووقعت اشتباكات بين مئات المتظاهرين وقوّات الأمن، أمام دار القضاء العالي، وحاصر الأمن العشرات داخل نقابة الصحافيين، والمئات في نقابة المحامين، لمنعهم من الذهاب إلى ميدان التحرير، الذي شهد مواجهات عنيفة بين الشرطة ومئات المتظاهرين، فضلاً عن مواجهات في مناطق عدّة بالقاهرة، أبرزها شارع الجلاء، وميادين: روكسى، العتبة. وعبدالمنعم رياض. واستخدم الأمن قنابل الغاز المسيّل للدموع، والرصاص المطاطى، لتفريق المتظاهرين. وأصيب مئات المتظاهرين، وأُلقي القبض على عدد كبير منهم. وأغلقت قوات الأمن محطات "المترو"، في وسط القاهرة، لمنع المتظاهرين من التدفق إلى ميدان التحرير.

شهدت محافظات الإسكندرية، الدقهلية، القليوبية، بنى سويف ودمياط، تظاهرات محدودة، وإن تصاعدت في دمياط، التي شهدت اشتباكات انتهت بتفريق المتظاهرين. وفي شمال سيناء، تجمّع، لليوم الثاني على التوالي، عشرات المتظاهرين في قرية المهدية، جنوب رفح، وقطعوا طريق العريش الدولية. وشهدت مدينة الشيخ زويِّد وقفة طالب خلالها المحتجون بالإفراج عن المعتقلين.

تضاربت المعلومات حول أعداد المقبوض عليهم، والمصابين، والضحايا، في الأيام الأولى للثورة. ففي حين قالت وزارة الداخلية: إنه تم اعتقال 500 محتج، في القاهرة والمحافظات، وإصابة 103 شرطيين، بينهم 18 ضابطاً، ووفاة مجنّد[7]، قال "المركز المصري للحقوق الاقتصادية والاجتماعية"، إن الاعتقالات طالت 1000 مواطن. وأنه استطاع حصر 179 منهم، وتعذّر الوصول إلى أماكن احتجاز الباقين وأسمائهم. كما ذكر المركز أن عدد المصابين في السويس، وحدها، نحو 350 [8].

في هذا اليوم، بدأت حملة شرسة من النظام المصري، لقطع الطريق على المتظاهرين، للتواصل، وذلك بحجب مواقع التواصل الاجتماعي مثل "تويتر" و"فيس بوك".

على الصعيد الاقتصادي، تعرّضت البورصة المصرية لخسائر حادة، في ختام التعاملات. وسجل المؤشر الرئيسي أدنى مستوياته، منذ شهرمايو/أيار الماضي، متأثراً بحالة من الذعر، انتابت شرائح واسعة من المستثمرين، الذين اتجهوا للبيع بشكل مكثّف. وانخفض الجنيه المصري إلى أدنى مستوياته منذ يناير/كانون الثاني 2005، مقابل الدولار الأميركي الذي سجّل 83.5 جنيه.

يوم 27 يناير

لم يكن هذا اليوم يومًا عاديًا في محافظة السويس. وشهدت المدينة تصعيداً عنيفاً في المواجهات بين المتظاهرين وأجهزة الأمن، حيث تظاهر مئات المواطنين وأهالي المعتقلين، أمام قسم شرطة الأربعين وسط المدينة، للمطالبة بالإفراج عن ذويهم. وأطلقت الشرطة عليهم الرصاص الحي والقنابل المسيلة للدموع. وسقط عدد من المتظاهرين، بين قتيل وجريح. ورد المتظاهرون بالهجوم على قسم شرطة الأربعين، وأشعلوا النار فيه وفي سيارات الأمن[9].

قالت الداخلية إن المواجهات أسفرت عن إصابة نحو 150 شخصاً، بينهم 60 جندياً، و3 من قيادات الشرطة، بينهم مساعد الوزير لمدن القناة، ونائب مدير أمن السويس. وأُلقي القبض على 54 متظاهراً.

في هذا اليوم، شهدت القاهرة وعدداً من المحافظات تظاهرات متفرِّقة، في ثالث أيام الغضب، أسفرت عن مصرع شاب، في شمال سيناء. بينما واصل عشرات المحامين في القاهرة اعتصامهم، لليوم الثالث على التوالي، في مقر النقابة العامة، وسط حصار أمني مشدّد. وأعلن المعتصمون أنهم سيتقدمون تظاهرات "جمعة الشهداء".

اقتصاديًا، واصلت البورصة المصرية نزف الخسائر، لليوم الثاني على التوالي، متأثِّرة باستمرار التظاهرات، وخسر مؤشرها الرئيسي5.10 في المئة. فيما واصل الجنيه هبوطه أمام الدولار، ووصل إلى أدنى مستوى له، منذ ستّ سنوات، تحت وطأة خروج المستثمرين الأجانب من البورصة.

يوم 28 يناير

أشرقت شمس الجمعة، الثامن والعشرين من يناير/كانون الثاني، وفي مصر كتلتان، تؤمن كلّ واحدة منهما أن شمس هذا اليوم لن تغيب، إلاّ واحداهما تسيطر على الوضع، تماماً، وتفرض على الأرض واقعاً جديداً. فالثوار يراهنون على التجمّعات الكبيرة، عقب صلاة الجمعة؛ فيما يراهن النظام على عصاه الغليظة، التي اعتاد بها قهر الشعب.

عقب صلاة الجمعة، تدفّق المتظاهرون نحو الميادين الرئيسية، في أغلب المدن المصرية. وبعد دقائق من بداية التظاهر، بدأت الاشتباكات وأحداث العنف، بين الأمن والمتظاهرين، في معظم المناطق، وكانت أسرعها خارج مسجد الاستقامة، في ميدان الجيزة، حيث كان أدى الصلاة المدير السابق للوكالة الدولية للطاقة الذرية، الدكتور محمد البرادعي، والمرشح للرئاسة. وقامت قوات الأمن باستخدام خراطيم المياه، وقنابل الغاز، لتفريق آلاف المتظاهرين، في ميدان الجيزة. لكن سرعان ما استخدمت قوات الأمن الرصاص، الحي والمطاطي، وهو نفس ما قامت به في بقية المناطق. واشتعلت كل الأحياء في القاهرة، تقريباً، وسقط الشهداء، بأعداد كبيرة، وتوجه مئات الآلاف صوب ميدان التحرير، لتقع هناك أكبر المواجهات بين المتظاهرين وقوات الأمن، التي استخدمت كل ما في جعبتها من أسلحة، ووصل بها الأمر إلى استخدام السيارات المصفحة

في دهس المتظاهرين. وتحوّلت الميادين الكبرى إلى ما يشبه حرب شوارع، وكان الرصاص هو الأعلى صوتًا في القاهرة. وارتفعت أعمدة دخان القنابل المسيلة للدموع، في كل مكان، إلى درجة أصابت السكان في مساكنهم بالاختناق. وردّ المتظاهرون بحرق سيارات الشرطة، في عدد من المناطق.

أشعل المتظاهرون النار في أقسام شرطة: السيدة زينب، الأزبكية والخليفة. وفي الجيزة احتجز الآلاف وحدة من قوات الأمن المركزي، ضمت ثلاثين عسكرياً وضابطاً، في أحد العقارات المجاورة لمبنى المحافظة، وحطموا سيارة للأمن المركزي.

في مدينة السويس، ارتفعت وتيرة التظاهرات، وقامت قوات الأمن بعزل المدينة، نهائياً، عن العالم، وقطع سبل الدخول أو الخروج منها، وسقط عشرات الشهداء فيما، في محاولة من الشرطة لإجبار المتظاهرين على التفرُّق، وهو ما لم يحدث، بل زادت وتيرة التظاهرات، ونجح الثوّار في السيطرة على المدينة، بعد تراجع الشرطة. والغريب، أنه بعد سقوط المدينة في أيدي الثوار، نجح هؤلاء في وقف حملات السلب والنهب التي شهدتها المدينة خلال وجودها تحت سيطرة أفراد الشرطة!

سقطت الإسكندرية في أيدي المتظاهرين، الذين أشعلوا النيران في مبنى المحافظة، واقتحموا قسم المنتزه، وحطموا نقطة الحرية.

لم تسلم مقرّات "الحزب الوطني" الحاكم من أيدي المتظاهرين، حيث حطموا عدداً من مقار الحزب، في القاهرة والمحافظات، وتعرّض بعضها الآخر لمحاولات اقتحام متكررة؛ ففي القاهرة أشعل المتظاهرون النار في المقر الرئيسى للحزب، بكورنيش النيل؛ وفي دمياط اقتحم الأهالي مقر الحزب، وأشعلوا النيران في محتوياته.

بعد سيطرة الثوّار على الوضع في السويس، والاسكندرية، ومناطق كثيرة من القاهرة، لم يكن أمام النظام سوى الحلّ الأخير، وهو إنزال الجيش إلى الشوارع، للسيطرة على الوضع، وهو ما حدث، بالفعل. وأصدر الرئيس حسني مبارك، بصفته الحاكم العسكري، قراراً قضى بحظر

التجول، من الساعة السادسة مساءً وحتى الساعة السابعة صباحاً، اعتباراً من يوم الجمعة، وحتى إشعار آخر. كما أصدر قراراً آخر، قضى بأن تقوم القوات المسلحة، بالتعاون مع جهاز الشرطة، بتنفيذ هذا القرار، والحفاظ على الأمن، وتأمين المرافق العامة، والممتلكات الخاصة. وفور إعلان القرار، انتشرت مدرّعات الجيش في الشوارع، ووصلت إلى مبنى الإذاعة والتليفزيون أربع عربات مدرّعة، وتسلمت قوات الجيش مدينة السويس من قوات الشرطة.

في يوم الجمعة التالي، أعلن وزير الصحة الجديد الدكتور أحمد سامح فريد، أن عدد المصابين في التظاهرات، يوم 28 يناير/كانون الثاني، بلغ نحو خمسة آلاف مواطن. ليُكذِّب بذلك ادعاءات الإعلام الرسمي، الذي زعم أن عدد المصابين كان بالعشرات[10].

يوم 29 يناير

تواصلت تظاهرات الغضب في كل المحافظات المصرية، واستطاع الآلاف من المتظاهرين الاعتصام في قلب ميدان التحرير، ورهنوا فضّ اعتصامهم بإسقاط النظام، ومحاكمة رموزه، الذين تسبّبوا في سقوط عشرات الشهداء.

تواصلت التظاهرات في كل المدن المصرية، للمطالبة بإسقاط النظام، والإصلاح، السياسي والاقتصادي. وحاصر عدد من المتظاهرين مقارّ للهيئات الحكومية، وأشعلوا النار في مقارّ "الحزب الوطني"، وأقسام الشرطة؛ فيما تواصلت أعمال السلب والنهب، التي يرتكبها "مجهولون"، الذين زادت أعدادهم، بعد انسحاب الشرطة تمامًا من مواقعها، وهروب أعداد كبيرة من السجناء من السجون العمومية. في محاولة منه لامتصاص غضب الشارع المصري، أصدر مبارك قراراً بتعيين مدير المخابرات العامة، اللواء عمر سليمان، نائباً لرئيس الجمهورية، كما كلّف وزير الطيران، الفريق أحمد شفيق، بتشكيل الحكومة الجديدة.

خلال هذا اليوم والليلة السابقة عليه، ارتكبت أكبر الجرائم، في خلال أيام الثورة، وذلك عندما أصدر مسؤول أمني رفيع المستوى أوامره لجميع قطاعات وزارة الداخلية بإخلاء مواقعها، والانسحاب من الشوارع والمقارّ ونقاط التفتيش والمرور، وترك أقسام الشرطة.

دعت القوات المسلحة الجميع إلى الإلتزام بقرار حظر التجوّل، الذي تم تمديده، ليبدأ من الرابعة عصراً حتى الثامنة من صباح اليوم التالي. ورغم ذلك، واصل آلاف المتظاهرين حشودهم في الشوارع، سواء في القاهرة، أو المحافظات، معربين عن تصميمهم على البقاء فيها، ومواصلة الاحتجاج، حتى يسقط النظام. ونظّم المتظاهرون في ميدان التحرير، جنازة حاشدة لقتيل سقط في اشتباكات بين المتظاهرين وقوات الأمن، أمام وزارة الداخلية، استخدمت فيها قوات الأمن الرصاص الحي، وكان هذا هو القتيل الأوّل خلال المواجهات مع المتحصنين من ضباط وجنود وزارة الداخلية، داخل مقرها الرئيسي. وتساقط بعدها عدد كبير من الشهداء برصاص قناصة، تمركزوا فوق سطح الوزارة.

كما أعلن الأمين العام للحزب الوطني الحاكم، صفوت الشريف، أن أحمد عزّ، أمين تنظيم الحزب الوطني، قدّم له استقالته من الحزب، وتمّ عرضها على هيئة المكتب، وقُبِلت[11].

يوم 30 يناير

في هذا اليوم، لم يعد في الشارع المصري سوى المتظاهرين والجيش، وغابت تماماً كل مظاهر الدولة، وسيطرت الفوضى على معظم مناطق وشوارع وميادين مصر. وشكّل آلاف الشباب مجموعات ولجاناً شعبية، لحماية الأهالي والممتلكات من عصابات النهب المسلّحة، التي جابت معظم المناطق، الراقية والشعبية؛ وامتدّ نشاطها إلى القرى والنجوع، في محافظات عدّة.

تواصلت التظاهرات الحاشدة في القاهرة والمحافظات، وانضمّ عدد من القضاة ورجال الأزهر للمتظاهرين في ميدان التحرير، وسط إصرار هؤلاء على الاستمرار في احتجاجاتهم، حتى تحقيق مطالبهم كاملة. وفي مساء هذا اليوم، انضمّ محمد البرادعي للمعتصمين في ميدان التحرير، لأقل من نصف ساعة، ثم غادره إلى منزله، بعد أن خطب في المعتصمين[12].

تولى الجيش إجراءات الأمن حول ميدان التحرير، من دون أن يمنع المتظاهرين من الدخول، وبدأ في تفتيش الداخلين إلى ساحة التظاهرة، والاطلاع على البطاقات الشخصية، للتأكد من عدم وجود أسلحة، أو عناصر من الشرطة بين المتظاهرين.

أعلنت قوى سياسية تشكيل "إئتلاف وطني" للتغيير، وطالبت الرئيس مبارك بترك منصبه، استجابة للمطالب الشعبية، مشدّدة على رفض التدخل الأجنبيى في الأزمة.

على مسافة مئة متر من ميدان التحرير، وفي أحد المساجد، أقام عشرة أطباء مستشفى، بالجهود الذاتية، لاستقبال المصابين والمتوفين، وارتفع عدد الأطباء والممرضين، خلال الأيام التالية، إلى ما يزيد على المائة، فضلاً عن تبرع الكثيرين بكميات كبيرة من الأدوية، التي يحتاجها المستشفى الميداني[13].

اقتصادياً، قرّرت إدارة البورصة وقف التداول، حتى إشعار آخر.

يوم 31 يناير

أدّت الحكومة الجديدة اليمين الدستورية أمام مبارك، وخلا التشكيل من رجال الأعمال، تماماً، ومن كلّ من: حبيب العادلى، فاروق حسني، حاتم الجبلي، زهير جرانة، رشيد محمد رشيد وأحمد المغربي.

على عكس ما توقعه النظام، جاء تشكيل الحكومة الجديدة ليزيد من غضب الشارع المصري، ففي ميدان التحرير، تضخّم عدد المتظاهرين، بصورة غير مسبوقة، ليصل، على أقل تقدير، إلى مئة ألف، ملأوا الميدان والشوارع المؤدية إليه، رافضين الاستجابة لمطالبة الجيش لهم بالرحيل.

في المحافظات، تواصلت تظاهرات الغضب، واستمرّت أعمال العنف والسلب والنهب، التى يرتكبها سجناء هاربون وبلطجية. وشهدت محافظات عدّة احتراق مبانٍ لأقسام للشرطة والمحاكم. ونجحت اللّجان الشعبية في القبض على عدد من الخارجين على القانون، وسلّمتهم إلى القوّات المسلحة.

حاول النظام تقليص عدد المتظاهرين في القاهرة، بوقف جميع رحلات السكك الحديدية في الوجهين القبلي والبحري، من دون ذكر السبب؛ فيما أغلقت هيئة موانئ الإسكندرية الملاحة البحرية في وجه الركاب والبضائع، بسبب تردي الأوضاع الأمنية، وخوفًا من محاولات السطو

على مخازن الميناء، وعدم وجود رحلات متّجهة من وإلى الميناء. كما قرّر النظام قطع جميع خدمات الإنترنت عن مصر[14].

يوم 1 فبراير

في هذا اليوم، خرج الرئيس حسني مبارك عن صمته، في محاولة لنزع فتيل الثورة المشتعلة ضده، ووجّه كلمة للشعب المصري، أعلن فيها عدم ترشحه لفترة رئاسية جديدة، وأنه سيعمل، خلال الفترة التي سيقضيها في منصبه حتى سبتمبر/أيلول المقبل، على إقرار مجموعة من التعديلات، الدستورية والتشريعية، بما فيها تعديل المادتين 76 و77 من الدستور، بحيث تتضمن تحديد الفترات الرئاسية، تمهيداً لإجراء انتقال سلمي للسلطة في مصر. كما أعلن مبارك، أنه سيجري تنفيذ الطعون في انتخابات مجلس الشعب الأخيرة، مضيفاً بأنه سيأمر بفتح تحقيق مع المتسببين في الانفلات الأمني.

لم يعترف مبارك بالثورة عليه، ولكنه ألقى بالمسؤولية على قوى سياسية، بـ"التمسك بأجندتها الخاصة"، ورفض الحوار مع الحكومة حول التعديلات الدستورية، التي طلب من نائبه، عمر سليمان، مناقشتها مع القوى المختلفة، منوهاً بأن دعوته للحوار ما تزال مفتوحة، لكنه يتوجه بها إلى عموم المصريين[15].

في ختام كلمته، حاول مبارك استدرار عطف المصريين، عندما قال "إن حسنى مبارك يعتزّ بالوقت الذي قضاه في خدمتكم، والوقت الذي دافع فيه عن أرض البلاد، سلاماً وحرباً". مشدداً على أن مصر "وطني"، ولدت فيه، وعشت فيه، وسأموت على أرضه".

فور انتهاء مبارك من خطابه، تعرّض المتظاهرون في ميدان التحرير لأوّل موجة من هجوم البلطجية المدججين بالأسلحة البيضاء، والعصي، وكرات اللهب؛ هجوم لم ينتهِ إلاّ بعد أكثر من أربعة وعشرين ساعة، سقط خلاله عدد كبير من الشهداء، برصاص قنّاصة اعتلوا أسطح البنايات القريبة من ميدان التحرير[16].

خلال هذا اليوم، هرب نحو 300 من معتقلي وسجناء الجماعات الإسلامية، المنتمين إلى:

الحركة السلفية، الجماعة الإسلامية، الجهاد والسلفية الجهادية، من سجون وادي النطرون، الأول والثاني، والفيوم، ودمنهور، والوادي الجديد، وأبوزعبل.

يوم 2 فبراير الأربعاء (موقعة الجمل)

استجابة لخطاب مبارك العاطفي، خرج الآلاف في بعض المحافظات، في مسيرات تأييد لمبارك، معربين عن تمسكهم به، لحين انتهاء ولايته الحالية، ورددوا الهتافات المؤيدة له، ورفعوا صوره، ولافتات تدعو للالتفاف حوله، لتنفيذ برنامجه الإصلاحي.

لكنّ هذا التعاطف وأدته مواجهات اندلعت بين المعتصمين في ميدان التحرير، وبلطجية، مدفوعين من رجال أعمال وقياديين في الحزب الحاكم: وتصاعدت المواجهات حين حاول البلطجية اقتحام ميدان التحرير. وبلغت المواجهات ذروتها، باقتحام البلطجية للميدان، وهم يمتطون خيولاً وجمالاً، ويحملون العصي. ووقع عدد منهم في أسر ثوار التحرير، وتبيّن أن بعضهم أفرادًا في جهاز الأمن[17].

امتدّت المواجهات بين الجانبين من ميدان التحرير إلى شوارع القاهرة، وتعرّض الصحافيون الأجانب إلى مضايقات، وصلت إلى حد الاعتداء عليهم بالضرب، وتحطيم معداتهم الصحافية، ووصلت ذروة الاعتداءات بمحاولة اقتحام فنادق، يقيم فيها صحافيون أجانب.

كما تعرّض مكتب فضائية "الجزيرة" القطرية لمحاولة اقتحام؛ وكذلك مكتب قناة "العربية"، لكن العاملين في المكتب نجحوا في صدّ البلطجية، الذين اتهموا هذه الفضائيات بدعم الثوّار.

زادت وتيرة الاعتداءات على المتظاهرين، وارتفعت أعداد المصابين والشهداء في ميدان التحرير، بصورة ملحوظة. وذكرت مصادر طبّية مصرية أن خمسمئة مصاب، على الأقل، نقلوا إلى المستشفى الميداني، التي وصلها عدد منهم وقد فارق الحياة، بعد إصابته برصاصة مباشرة في الرأس، أو القلب، أو الرقبة؛ وبعض الجرحى، لخطورة إصابته، تم نقله إلى المستشفيات الكبيرة، لضعف إمكانات المستشفى الميداني؛ فيما كانت أعداد أخرى من المصابين تتلقّى العلاج، وتعود مرّة أخرى إلى المواجهات.

لم تهدأ بقية المدن المصرية، وتواصلت التظاهرات في كل المدن، تقريباً. ونجح المتظاهرون في الأسكندرية في الاعتصام بميدان الشهداء، ونصبوا خيامهم هناك، ليصنعوا "ميدان تحرير" جديد في الاسكندرية.

يوم 3 فبراير

كان هذا اليوم هو الأعلى، من حيث عدد المصابين والشهداء في ميدان التحرير. واستمرت حرب الشوارع بين المتظاهرين والبلطجية، في الميدان وما حوله، وكذلك في ميدان الشهداء في الاسكندرية؛ وتبادل الجانبان القذف بالحجارة، وسُمِعت أصوات طلقات نارية، ووصل عدد الضحايا إلى ثمانية قتلى و1200جريح[18].

في هذا اليوم، تمّ التخطيط لأول جمعة مليونية، أسماها الثوّار "جمعة الرحيل". وخطّط الثوّار لتحويل اعتصام التحرير إلى مسيرة مليونية، تتحرّك شمالاً، نحو قصر العروبة (قصر الرئاسة)، لإجبار الرئيس مبارك على التنحّي عن الحكم.

رئيس الحكومة الجديد، الدكتور أحمد شفيق، أعلن اعتذاره عن أحداث الأربعاء الدامي، ووصفها بالكارثة والمهزلة، وبأنها أشبه بالمعركة الحربية، وتعهّد بمحاسبة مرتكبيها، حتى لو كان حبيب العادلي، وزير الداخلية السابق. وواكب ذلك، إصدار النائب العام، عبد المجيد محمود، قراراً بمنع كل من: وزير الداخلية السابق، حبيب العادلي، وزير السياحة السابق، محمد زهير جرانة، وزير الإسكان السابق، أحمد المغربي، أمين التنظيم السابق في الحزب الوطني، أحمد عزّ وعدد من المسؤولين في الهيئات الحكومية، من السفر إلى خارج البلاد؛ وتجميد أرصدتهم المالية في البنوك، لحين انتهاء التحقيقات التي تجريها جهات سيادية والنيابة العامة، بشأن الانفلات الأمني، وقضايا فساد أخرى[19].

في المقابل، تواصلت التظاهرات المطالبة برحيل مبارك، في عدد من المحافظات، بمشاركة الآلاف، في الاسكندرية، المنصورة، أسيوط، المنيا وشمال سيناء.

أعلنت أحزاب المعارضة الرئيسية رفضها تلبية دعوة نائب الرئيس عمر سليمان، للحوار من

أجل الخروج من الأزمة الحالية، ومنها: "الوفد"، "التجمع"، "الناصري" و"الجبهة الديمقراطية". فيما شارك 21 من الأحزاب الصغيرة في الحوار، في مقرّ مجلس الوزراء. وجدّدت جماعة "الإخوان المسلمين" رفضها التفاوض مع النظام، مشترطة رحيل مبارك، قبل أي حوار [20].

يوم 4 فبراير (جمعة الرحيل)

شهدت "جمعة الرحيل" احتشاد أكثر من مليون متظاهر في ميدان التحرير في القاهرة، في المحافظات، اتفقوا جميعهم على مطلب واحد، هو رحيل مبارك. وتوقفت تماماً، محاولات البلطجية منع المحتجّين من الوصول إلى الميدان؛ ووقعت احتكاكات محدودة في بعض المناطق. ومع الساعات الأولى من الصباح، تدفّق المواطنون على الميدان، وهم يحملون الأعلام واللافتات المطالبة بسقوط مبارك [21].

زار وزير الدفاع، المشير محمد حسين طنطاوي، ميدان التحرير، لتفقُّد الأوضاع، واستقبله الثوّار بهتاف: "يا مشير يا مشير . . . إحنا ولادك في التحرير"! بعدها تبادل المشير حديثاً قصيراً معهم، قال فيه: "يا جماعة الراجل قال لكم إنه لن يرشح نفسه، مرة ثانية"؛ في إشارة للرئيس مبارك [22].

ظهراً، أدّى المتظاهرون صلاة الجمعة في مجموعات في الميدان، وطالبهم الشيخ خالد المراكبي، في خطبته، بالثبات حتى النصر. وأدوا، أيضاً، صلاة الغائب على أرواح شهداء الانتفاضة.

فوجيء "ثوّار التحرير" بزيارة الأمين العام لجامعة الدول العربية، عمرو موسى، حيث ألقى كلمة، أكد فيها على حقهم في التظاهر، مع ضرورة التهدئة والحوار.

شهدت محافظات: السويس، بورسعيد، الدقهلية، البحيرة، المنيا، أسيوط، الأقصر، أسوان، وغيرها من المحافظات، تظاهرات حاشدة، شارك فيها مئات الآلاف، مطالبين برحيل مبارك.

في الاسكندرية، شارك نحو 250 ألفاً، من جميع الأطياف السياسية، في التظاهرات

والمسيرات الاحتجاجية، المطالبة برحيل مبارك. وتحرّكت التظاهرات من مسجد القائد إبراهيم، متوجهة إلى ميدان التحرير، في منطقة المنشية، وإلى ميدان محطة سيدي جابر. بينما خلت المدينة من أية تظاهرات مؤيدة لمبارك.

كما شهد ميدان مصطفى محمود، في حي المهندسين بالقاهرة، تظاهرة تأييد لبقاء مبارك، حتى انتهاء فترته الرئاسية الحالية، "ضماناً للاستقرار، وانتقال السلطة، سلمياً".

وأصدر النائب العام، المستشار عبدالمجيد محمود، قراراً قضى بمنع وزير الصناعة والتجارة السابق، المهندس رشيد محمد رشيد، من السفر؛ والتحفّظ على أمواله. إلاّ أن رشيد كان قد غادر القاهرة، قبل أربعة أيام، إلى الخارج[23].

وأعلنت مصادر رسمية أن إجمالي الإصابات، من بداية الثورة وحتى مساء الجمعة، الرابع من فبراير/شباط، بلغ 5500 إصابة، تمّ نقل حالات قليلة منها إلى مستشفيات وزارة الصحّة والمستشفيات الجامعية، وغيرها؛ أما معظم الحالات، فقد تم علاجها ميدانياً[24].

يوم السبت 5 فبراير

في صباح هذا اليوم أمطرت السماء في ميدان التحرير، وانخفضت درجة الحرارة، لتزيد من صعوبة الوضع على المعتصمين فيه، ومعظمهم كان يقضى اللّيل من دون غطاء، تقريباً، أو متشاركاً في غطاء واحد مع أكثر من شخص.

لكن على الرغم من الأمطار والطقس السيئ، واصل المعتصمون في الميدان تظاهراتهم في اليوم الثاني عشر، مع تنفيذ ما أسموه "أسبوع الصمود".

جدّد المعتصمون مطالبهم الأساسية للمرحلة الانتقالية، وهي: إجراء التعديلات الدستورية، تشكيل حكومة انتقالية، الإفراج عن المعتقلين السياسيين، إنهاء العمل بقانون الطوارئ، إطلاق حرّية تكوين الأحزاب السياسية، وقف محاكمة المدنيين أمام القضاء العسكري ووقف بيع ثروات البلاد، تحت زعم "الخصخصة".

كما أعلن عن تشكيل "ائتلاف شباب الثورة المصرية" الذي جدّد أن تفاوض مع النظام، إلاّ بعد رحيل مبارك، وتفويض نائبه، وتعيين حكومة وحدة وطنية. وهو الشرط الذي لم يتمسّك به الثوار، رافعين سقف مطالبهم، بعد ذلك، إلى المناداة برحيل الرئيس ونائبه، وكل أركان حكمه.

من جهة أخرى، قرّر مبارك، بصفته رئيساً للحزب الوطني، تعيين د. حسام بدراوي، أميناً عاماً للحزب، وأميناً للسياسات، على أن تضمّ هيئة المكتب كلاً من: د. محمد رجب، أميناً مساعداً وأميناً للتطوير، د. محمد عبداللاه، أميناً مساعداً وأميناً للإعلام، ماجد الشربيني، أمينًا للعضوية، د. محمد كمال، أميناً للتثقيف والتدريب ومحمد هيبة، أمينًا للشباب؛ وذلك بعد أن قدّم أعضاء هيئة مكتب الحزب استقالتهم، وهم: صفوت الشريف، زكريا عزمي، جمال مبارك، مفيد شهاب وعلي الدين هلال، بالإضافة إلى أحمد عزّ، الذي قدّم استقالته، من قبل.

كما أعلن النائب العام قائمة إضافية بأسماء وزراء، ومسؤولين سابقين، ورجال أعمال، بعد أن تلقى تقارير تفيد بتورطهم في قضايا فساد، تمهيداً لاتخاذ قرار بمنعهم من السفر، كإجراء احترازي، لحين التحقيق معهم[25].

وأعلنت "هيئة السكة الحديد" عن عودة تشغيل جميع القطارات، في الوجهين البحري والقبلي، وذلك بعد خمسة أيام من التوقف، بسبب التظاهرات. كما أعلنت "الشركة المصرية للمترو" عن تشغيل "المترو"، من السادسة صباحا حتى السابعة مساءً، التزامًا بقرار حظر التجوال.

يوم الأحد 6 فبراير

تجمّع في هذا اليوم أكثر من مليون متظاهر في ميدان التحرير، ومثلهم في ميدان الشهداء بالأسكندرية، رغم أن دعوة التظاهر، في هذا اليوم، لم تكن دعوة لمليونية. وبدا أن توافد المتظاهرين من الأقاليم أصبح فوق تصوّر النظام. وازدادت آمال الثوّار في أن يحوّلوا "أسبوع الصمود" إلى أسبوع حسم، خصوصاً أن تنازلات النظام أصبحت متوالية.

تسارعت الإجراءات السياسية للحوار، بين نائب الرئيس عمر سليمان، والقوى السياسية وممثلين عن شباب ثورة 25 يناير؛ وشاركت جماعة "الإخوان المسلمين" في الحوار، هذه المرة، مشدّدة على أنها تشارك فيه لعرض وجهة نظر الثوّار على نائب الرئيس، وأنها تتمسك بها[26].

طرحت المعارضة، خلال الحوار، مطالب عدّة، أهمها تنحّي مبارك، إلغاء الطوارئ وحلّ البرلمان. لكن سليمان تمسك بـ"الشرعية الدستورية"، ووافق على إتخاذ إجراءات دستورية مؤقتة، وتشكيل لجنة وطنية لمتابعة تنفيذ ما تم التوافق عليه، وعلى ملاحقة المسؤولين عن الانفلات الأمني، وتنفيذ الطعون في الانتخابات البرلمانية الأخيرة، لكنه رفض فكرة تنحّي مبارك.

أدى المعتصمون في ميدان التحرير صلاة الغائب على أرواح الشهداء، فيما أقام المسيحيون في الميدان قداس الأحد، وأصدر مثقفون أقباط بياناً مشتركاً، أكدوا فيه أن الثورة بثّت روحاً جديدة في نفوس المصريين. كما فوجئ المعتصمون في ميدان التحرير، بعروسين يعقدان قرانهما في الميدان.

خلال هذا اليوم، بدأت الشرطة في العودة، تدريجياً، إلى مواقعها. وشارك الأهالي في عمليات ترميم أقسام الشرطة المحترقة. وضبطت الأجهزة الأمنية 1500 من الفارين من أقسام الشرطة، وما يقارب من أربعة آلاف سجين. ورفعت 270 سيارة محترقة من الشوارع، وأعادت 260 قطعة سلاح مسروقة[27].

يوم الاثنين 7 فبراير

دعا المعتصمون في ميدان التحرير إلى مليونية في اليوم التالي، رافضين كل الحلول الوسط، التي كان يعرضها النظام. وشهد الميدان جنازة رمزية للشهيد أحمد محمود، الصحافي في مؤسسة "الأهرام"، الذي قتله أحد القنّاصة برصاصة في رأسه، أثناء تصويره الأحداث، في أوّل أيام الثورة.

وفيما لجأ عدد من الشباب إلى النوم تحت عجلات المدرعات، المتواجدة في الميدان،

بجوار المتحف المصري، بعد شائعات بأن الجيش سيخليه، بالقوة، وهو ما نفاه ضباط القوات المسلحة[28]. عاش الميدان يوماً درامياً، بعد زيارة عدد من أهالي الشهداء له، مطالبين بالقصاص من جهاز الشرطة، الذي فتح نيرانه على الشباب المتظاهر، وتوزيع ثروة الرئيس على الشعب، تعويضًا عمّا فقدوه، خلال ٣٠ عامًا، هي فترة حكمه[29]. كما فوجيء المعتصمون بحدث لم يكن على بالهم، عندما زارهم وتضامن معهم المستشار السياسى السابق للرئيس مبارك، د. أسامة الباز.

استمرت التظاهرات المطالبة بتنحي الرئيس مبارك، في العديد من المحافظات المصرية. وخرج الآلاف في الاسكندرية، المنصورة، السويس، الاسماعيلية، المنيا، وأسيوط؛ في استجابة للدعوات التى انطلقت من المتظاهرين، لجعل الأسبوع الجاري، أسبوعاً للصمود[30].

يوم الثلاثاء 8 فبراير

نظّم المتظاهرون في ميدان التحرير المسيرة المليونية الثالثة، وشارك فيها العديد من ممثلي القوى السياسية، مطالبين بإسقاط النظام، وتنحّي مبارك. وخرج أكثر من مليون ونصف المليون شخص في الاسكندرية، ومئات الآلاف في مدن مصرية أخرى، مجددين مطالبهم بتنحية مبارك، وسقوط نظامه.

وقام المتظاهرون في ميدان التحرير، بتنظيم مسيرة، شارك فيها العشرات من الأطفال، طالبوا فيها برحيل النظام، رافعين لافتات صغيرة، مكتوباً عليها: "أطفال مصر عايزينك ترحل يا مبارك".

في هذا اليوم، تطوّرت التظاهرات نوعياً، وبدأت في الضغط على النظام بقوّة، حيث وصلت إلى مقري مجلسي الشعب والشورى، واقتربت من مجلس الوزراء ووزارة الداخلية[31].

وفي مشهد مهيب أبكى الكثيرين، أقام الثوّار معرضاً لملابس الشهداء الملطخة بالدماء، أمام إحدى العيادات الطبية في ميدان التحرير، وعلّقوا عدداً كبيراً من صور الشهداء على أعمدة الكهرباء.

في حين جدّد نائب الرئيس عمر سليمان، تأكيده على أن نظام الحكم في مصر "لم ولن ينهار". وجدّد رفضه تنحّي مبارك، معتبراً أن الحديث عن رحيله ضدّ أخلاق الشعب المصري، محذراً من "الفوضى، إذا استمرت الأوضاع الراهنة".

في هذا اليوم، كذلك، خطب مبارك في الشعب المصري، وقرّر تشكيل لجنة لدراسة واقتراح تعديل بعض الأحكام الدستورية والتشريعية، وتضمّن القرار أن تدخل المادة 88، الخاصة بالإشراف القضائي على الانتخابات، ضمن قائمة المواد التى سيجري تعديلها، إضافة إلى المادة 76، الخاصة بشروط الترشح للرئاسة، والمادة 77، المتعلقة بفترات الرئاسة المفتوحة[32].

يوم الأربعاء 9 فبراير

استمرّت التظاهرات في ميدان التحرير، وفي عدد من المحافظات، وجدّد المتظاهرون إصرارهم على رحيل مبارك، إلى تنظيم مسيرة، تضمّ عشرة ملايين متظاهر، يوم الجمعة، تحت اسم "جمعة الحسم"، مطالبين الشعب المصري بتنظيم المسيرة الحاشدة بعد صلاة الجمعة، والتجمّع أمام المساجد، والتوجه إلى ميدان التحرير، ومنه إلى قصر الرئاسة، لإجبار مبارك على الرحيل.

كما أحيا عدد كبير من الأقباط، ذكرى الأربعين لضحايا حادث كنيسة القديسين في الإسكندرية، متهمين النظام المصري، وفي المقدمة منه وزير الداخلية السابق، حبيب العادلي، بالتسبب في ذلك الحادث.

وقام المتظاهرون في ميدان التحرير في القاهرة، وكذلك في ميدان الشهداء في الاسكندرية، بحملة لتنظيف أماكن الاعتصام.

وشهدت جميع الشوارع المؤدية إلى مقار: مجالس: الشعب، الشورى، الوزراء، وزارة الداخلية، أمن الدولة. ووزارتي العدل والمالية، حصاراً شديداً من مدرعات الجيش، لحمايتها، بعد تزايد أعداد المتظاهرين المتمركزين حولها[33].

يوم الخميس 10 فبراير

توجه آلاف المحامين، الكتّاب، المثقّفين وطلبة الطبّ، إلى ميدان التحرير، لمشاركة المعتصمين في الميدان يومهم السابع عشر، لتزيد أعداد المعتصمين، بشكل غير مسبوق، قبل يوم واحد مما أسموه "جمعة الحسم"؛ وذلك استعداداً للمشاركة في المسيرات المليونية، التي أعلن متظاهرو ميدان التحرير عن تنظيمها؛ ودعوا لأن تضم نحو عشرة ملايين مواطن، وأن تتحرك بعد صلاة الجمعة، إلى قصر الرئاسة(34).

وأعلن عدد من المتظاهرين رفضهم للجنة تعديل الدستور، وردّدوا هتافات تؤكد، أن تظاهرهم كان من أجل التغيير، وليس التعديل. واستمر تدفق المواطنين على ميدان التحرير، رغم سقوط الأمطار.

قفزت التظاهرات، قفزة كبيرة، عندما توجه آلاف المحامين في مسيرة حاشدة، انطلقت من أمام مقر نقابتهم العامة، إلى قصر عابدين، الذي كان يقف أمامه عدد من ضباط وجنود الأمن المركزي، الذين غادروا الميدان سريعاً، بعد أن كاد المحتجون يفتكون بهم. وفور وصول المحتجين إلى قصر عابدين، تحدث إليهم لواء من القوات المسلحة، وأخبرهم بأن رسالتهم وصلت، وينبغي عليهم التوجه إلى ميدان التحرير. وشهدت الشوارع المحيطة والمؤدية إلى قصر الرئاسة، في مصر الجديدة، ومنزل مبارك، تكثيفًا للإجراءات الأمنية من قبل القوات المسلحة(35).

خلال هذا اليوم، أصدر "المجلس الأعلى للقوات المسلحة" البيان رقم واحد، جاء فيه: "انطلاقاً من مسؤولية القوات المسلحة، والتزاماً بحماية الشعب ورعاية مصالحه وأمنه، وحرصاً على سلامة الوطن والمواطنين، ومكتسبات شعب مصر العظيم، وممتلكاته؛ وتأكيداً وتأييداً لمطالب الشعب المشروعة انعقد اليوم الخميس، الموافق العاشر من فبراير 2011، المجلس الأعلى للقوات المسلحة، لبحث تطورات الموقف حتى تاريخه". وردّ المتظاهرون في شوارع مصر على البيان الأوّل بالهتاف: "الجيش المصري جيشنا، وحسني مش رئيسنا". وتباينت ردود فعل المتظاهرين، خصوصاً وأنهم كانوا يتوقعون تنحّي مبارك، بعد تأكيدات من بعض ضباط الجيش لهم، بأن خبراً سارًا سيسمعونه اليوم.

في حين أذاعت وسائل الإعلام، على لسان رئيس الحكومة، أحمد شفيق، قوله إن الرئيس مبارك قد يتنحّى. وتوقّع أمين عام "الحزب الوطني"، حسام بدراوي "أن الرئيس سيستجيب لمطالب المتظاهرين، وأنّه قد يغادر البلاد". لكن مبارك تحدّث إلى الشعب المصري، معلناً تفويض نائبه عمر سليمان صلاحيات رئيس الجمهورية، من دون أن يتنحّى، ليتجدّد فوران بركان الغضب في كل شوارع مصر، من جديد.

يوم الجمعه 11 فبراير (الرحيل)

منذ الصباح الباكر، توجّه مئات الآلاف من المتظاهرين إلى الميادين الرئيسية في المدن المصرية، استعداداً لصلاة الجمعة، والتظاهر بعدها. وعقب الصلاة، التي شهدها أكثر من مليون متظاهر في ميدان التحرير، ومثلهم في الأسكندرية، انطلقت التظاهرات، رفضاً لخطاب مبارك، الذي أعلن فيه تفويض نائبه صلاحيات رئيس الجمهورية. كما توجه الآلاف منهم إلى قصر العروبة، في خطوة متوقعة. بينما تجمّع آلاف المتظاهرين، منذ الصباح، قبالة وحول مبنى الإذاعة والتلفزيون[36].

وتوافد آلاف المتظاهرين من محافظات البحيرة، القليوبية، الإسماعيلية، الغربية والشرقية، مؤكدين أنهم يمثلون أبناء محافظاتهم، في رفض استمرار الرئيس في السلطة، ولو بشكل شرفي؛ مؤكدين استمرارهم في التظاهر، واحتلال الميادين، حتى تتحقق مطالبهم، بإسقاط مبارك ونظامه، وإلغاء قانون الطوارئ، وتحقيق حد أدنى للأجور.

كما تظاهر مئات الآلاف من مواطني الإسكندرية، أمام مسجد القائد إبراهيم، في منطقة محطة الرمل؛ وتوجهوا إلى قصر الرئاسة في رأس التين، مطالبين بتنحي مبارك[37].

كذلك، أصدر المجلس الأعلى للقوات المسلحة بيانه الثاني، وفيه أعلن "ضمان القوات المسلحة لتنفيذ عدد من الإجراءات المتعلقة بالوضع الحالي في مصر، أهمها إنهاء حالة الطواريء، والفصل في الطعون الانتخابية، وإجراء انتخابات حرّة ونزيهة، ورعاية مطالب الشعب المشروعة".

وفي تمام الساعة السادسة مساءً، حبست مصر أنفاسها، انتظاراً لخطاب نائب رئيس الجمهورية، الذي خرج ليعلن أن حسني مبارك قرّر أن "تخلّيه" عن منصبه، كرئيس للجمهورية. وأنه قرّر تكليف المجلس الأعلى للقوات المسلحة إدارة البلاد.

استقبل المتظاهرون خبر تنحّي مبارك بالفرحة والهتاف والسجود شكرا لله، واعتبره الجميع بمثابة انتصار للثورة، التي بدأت يوم 25 يناير.

بذلك، نجح الشعب المصري في طي صفحة من تاريخه، وفتح أخرى، بعد أن قدّم 365 شهيداً، وآلاف الجرحى، حسب الإحصائيات الرسمية. وربّما تكشف الأيام المقبلة عن العدد الحقيقي للشهداء والجرحى، خصوصاً، أن النظام السابق أجبر كثيرين من أهالي الشهداء على دفنهم من دون تصاريح دفن، أو توقيع الكشف الطبي عليهم، وإثبات سبب الوفاة، في محاولة منه لطمس ملامح كثيرة من جرائمه، التي ارتكبها خلال أيام الثورة. كما ستكشف الأيام، عن مصير العشرات من المختفين، قسرياً، والذين لا تعرف مصائرهم، رغم مرور أسابيع وأشهر على انتصار الثورة.

الهوامش :

1 – "المصري اليوم" (القاهرة)، 2011/1/25.

2 – "المصدر نفسه".

3 – "الشروق" (القاهرة)، 2011/1/25.

4 – "المصري اليوم" (القاهرة)، 2011/1/25.

5 – موقع فضائية "الجزيرة" القطرية، 2011/1/25.

6 – "الشروق "(القاهرة)، 2011/1/26.

7 – "الأهرام" (القاهرة)، 2011/1/27.

8 – "المصري اليوم" (القاهرة)، 2011/1/27.

9 – "الشروق" (القاهرة)، 1/28 /2011.

10 – "الأهرام" (القاهرة)، 2011/2/6.

11 – "الأخبار" (القاهرة)، 2011/1/30.

12 – "الشروق" (القاهرة)، 2011/1/31.

13 - موقع فضائية "الجزيرة" القطرية، 1/30 /2011.

14 – "الأخبار" (القاهرة)، 2011/2/1.

15 – "الأهرام" (القاهرة)، 2/2 /2011.

16 – شهادة شخصية للباحث.

17 – شهادة شخصية للباحث.

18 – "المصري اليوم" (القاهرة)، 2011/2/4.

19 - "الأهرام" (القاهرة)، 2011/2/4.

20 - "الشروق" (القاهرة)، 2011/2/4.

21 - فضائية "الجزيرة" القطرية، 2011 /2/4.

22 - "الشروق" (القاهرة)، 2011/2/5.

23 - "الأخبار" (القاهرة)، 2011/2/5.

24 - "الجمهورية" (القاهرة)، 2011 /2/5.

25 - "الأخبا"ر (القاهرة)، 2011/2/6.

26 - موقع "إخوان أون لاين"، 2011 /2/6.

27 - "الجمهورية" (القاهرة)، 2011 /2/7.

28 - شهادة شخصية للباحث.

29 - شهادة شخصية للباحث.

30 - "المصري اليوم" (القاهرة)، 2011/2/8.

31 - المصدر السابق (القاهرة)، 2011/2/9.

32 - "الأهرام" (القاهرة)، 2011/2/9.

33 - شهادة شخصية للباحث.

34 - "المصري اليوم" (القاهرة)، 2011 /2/11.

35 - المصدر نفسه.

36 - "الشروق" (القاهرة)، 2011/2/2/.

37 - "المصري اليوم" (القاهرة)، 2011 /2/12.

الفصل الثالث:

مومياء تصارع أحياء: كيف تعامل النظام المباركي مع ثورة 25 يناير

نادر سلسيلي

على سبيل المقدمة

تعامل النظام المباركي، بمزاجية رأسه، الذي لم يرَ نفسه يومًا سوى "كبير الموظفين"، لا أكثر؛ فتعاطى مع مصر، منذ سنواته الأولى، بذكاء الموظف، حيث حكم الوعود بالظروف، ونفّس الغضب بانفراجات قصيرة المدى؛ وفتح الملعب أمام الجميع، لتدخل المعارضة كلها اللّعبة، لكن وفق قانون السلطة، وعبر صفقاتها. ومع رضوخ "المعارضة" لشروط الترويض، فقدت قوتها الحيويّة، وحوصرت في "صفقة الوجود" بخطاب "مستأنس"، يراعي الخطوط الحمراء والتوافق مع السلطة الغاشمة بسلاح البيروقراطية الناعم، ما جعل "المعارضة المستأنسة" أقرب ما تكون إلى " فجوة سوداء"، تمتص جانباً حيوياً من طاقة قوى التغيير، بما فيها جماعة "الإخوان المسلمين"، المعتمدة على نجاحها في استقطاب شرائح واسعة، من باب أن الاحتجاج باسم الدين، لا يتصادم مع سلطة تنافس على امتلاك "القناع" الديني للدولة. وبهذا النجاح، وضعت "جماعة الإخوان" نفسها بديلاً "افتراضياً" لنظام مبارك، تحت شعارات تداعب الحس الديني، وتلعب على مشاعر اليأس من حياة جديرة بأن تُعاش، والبحث عن طريق الجنّة. وقد توافقت الجماعة في نوباتها المتراجعة مع مزاج السلطة، وأرخت قلاعها، وأربكت سفينة المعارضة، الجريحة، أصلاً، برغبتها في القيادة حسب اتجاهات رياحها، ولم يبق أمامها إلاّ تقديم نصائح للنظام، لكي يتجنب الثورة الشعبية، (كما حدث فعلا، قبل اندلاع الحريق بيومين فقط)، كأن "الجماعة" تضخ الدماء في جسد يضربها بعنف.

هكذا وصلت رائحة الياسمين التونسي، إلى القاهرة و"المعارضة" التقليدية، جثثاً طافية فوق ماء يغلي. الطفو يبدو من بعيد، وأمام آلات تصوير الفضائيات، هو الحضور الحي لقوى التغيير. ومن هذه المسافة، بين حكمة الجثث الطافية للمعارضة التقليدية، والجنون الغاضب لشباب يضرب موعداً للثورة، على شبكات التواصل الاجتماعي الإلكترونية، تولّد وعي جديد، وصلته الهدية التونسية العظيمة: الإلهام.

وكم بدا هذا " الإلهام" هديّة مناسبة للغاية، لبلد كل ما فيه يبدو راكدًا، كما الأسماك الميتة، طافية على سطح بركة آسنة. كانت نتائج الحكم الفردي المطلق، الذي استمر ثلاثة عقود كاملة، ظاهرة للعيان: انهيار في البنية التحتية (التي طالما فاخر النظام المهترىء بأنها "مشروعه القومي")؛ وتدنٍ في الخدمات، التعليمية والصحية. وارتفاعات قياسية غير منطقية، في أسعار السلع الأساسية والخدمات؛ وانتخابات مزوّرة، بلغت ذروة احتقار إرادة الناخبين ببرلمان مزوّر، من الألف إلى الياء، بغرفتيه (الشعب، والشورى)، ليضاف المجلسان إلى النقابات العمالية المدجّنة، التي يقودها نقابيون "صفر"؛ ونقابات مهنية خارج الخدمة، بعدما عطّل النظام المباركي إجراء انتخاباتها، لعقدين كاملين، ظلّت خلالهما معظم النقابات المهنية تحت الحراسة القضائية. كلّ هذا كان يتم بإرادة منفلتة لجهاز أمني متضخّم، إلى حدّ ديناصوري، لا يردعه قانون، عن الولوغ في دم معارضيه، الذين يعيشون على هامش حياة سياسية مشوّهة، تتصدرها أحزاب مدجّنة سرقت لعقود مسوح "المعارضة"، فيما هي تقضي ليلها كلّه في فراش النظام، تعُبّ من خمرته الرديئة، ومدّعي تديُّن لم يتورعوا عن استخدام الدين مطية للوثوب إلى السلطة؛ وأرباب فتنة طائفية، شكّل دعاتها، دومًا، عونًا للسلطة الفاسدة العجوز الكسيحة، والمتردية الكفاءة، التي يجلس على رأسها رجل طاعن في السن، يقضي ثلثي العام في منتجعه المفضّل، بعيدًا عن العاصمة، يبدو عازفًا عن التدخل في مجريات الأمور، التي تتعقّد على نحو مطرد؛ تاركًا البلد ومواطنيه، رهينة بيدي شاب أرعن، يظنّ نفسه مبعوث العناية الأميركية، التي توهّم أن مشيئتها لا تُرد.

ولأنه فريد في بلادته، لم يبدو على النظام المباركي أنه من الممكن أن يتّعظ مما جرى في

تونس، وراهن على " صبر المصريين" الشهير، ناسيًا أن المستقبل يبقى مفتوحاً على الاحتمالات، بنسبة المصادفات العشوائية الموجودة دائماً، في كل مصير إنساني. وهكذا كانت ردود الفعل الرسميةعلى وقائع الانتحار المعلنة، في الأسابيع السابقة على الثورة، تؤكد تفرّد النظام المصري ببلادة لا ينافسه فيها سواه؛ إذ بقي يتصرّفُ بكل اطمئنان، معتبرًا أن الرد على المنتحرين لا يتطلب أكثر من شيطنتهم، ليعرف القاصي والدانى أنهم ليسوا منتحري كرامة أو خبز.

بقي النظام يملك ناصية الكلام، زاعمًا أنه يعرف أكثر من أي أحد آخر أن المنتحرين "مختلون عقلياً ونفسياً"، باستثناء واحد، قالت الأخبار إنه" انتحر احتجاجاً على تأخُر الأمن في البحث عن ابنته التي هربت مع عشيق"![1] ولو كانت الواقعة صحيحة، لكان الرجل على حق: لماذا يتأخر الأمن في البحث عن فتاة مختفية، أياً كان السبب؟! فلم يتنبّه الأمن إلى إمكانية طرح هذا السؤال، لأن المطلوب كان فحسب، إدانة الضحية بالفشل في تربية ابنته، بينما فشل الآخرين في الحفاظ على توازنهم النفسي، هو خطأهم. ثم إن "الفتوى الدينية" جاهزة، لدعم ظهر النظام، فالمنتحر "كافر"، على أي حال. وعليه، لم يقل أحد بأن المختلّين نفسيًا، الذين يحرقون أنفسهم أمام المجلس المزوّر، ما كانوا ليختلّوا، على حد زعم البيانات الرسمية، لو أنهم حصلوا على حياة كريمة حُرموا منها، بسبب احتكار الثروة.

كان النظام، الذي يُشرف على الغرق، بحاجة لمن " يشرعن " له آراءه السياسية. ولم يكن هناك أفضل من مرجعية "الأزهر" (الذي كان شيخه أحمد الطيّب، عضواً في أمانة السياسات في الحزب الوطني الحاكم، حتّى 11 /2010/4)، وتجلّت فصول سياسة "الشرعنة" تلك، في عدد من الفتاوى والمواقف، حرص الأزهر على إطلاقها منذ أن بدأت رياح التغيير الآتية من تونس، تهبّ على الشعب المصري. فبعد انتشار حالات الانتحار على "الطريقة التونسية" في مصر ؛ أعاد "الأزهر" التذكير بأن الإسلام يحرّم الانتحار، حتى لو كان تعبيراً عن ضيق، أو احتجاج، أو غضب؛ حيث أعلن أن "القاعدة الشرعيّة العامة تؤكد أن الإسلام يحرّم الانتحار تحريماً قطعياً لأي سبب كان". وأضاف:"ربما كان هؤلاء في حال من الاضطراب العقلي أو الضيق النفسي اضطرهم إلى فعل ذلك، وهم في غير قواهم العقليّة"،[2] وكذلك في تماهٍ كامل مع التفسير الرسمي

لحوادث الانتحار المتكررة. ما شكل، بدوره، معولا جديدًا يضرب مصداقية "الأزهر"، ويسهم في تصدّع هيبته، في نظر الشعب المصري، الذي بات على يقين بأنه أداة من أدوات السلطة؛ وشيخه، ليس أكثر من موظّف، همّه إسباغ الشرعية الدينية على مسلكها السياسي.

كانت هذه هي ملامح الصورة الشائعة التي بدت عليها مصر، صبيحة 25 يناير 2011. ما شكّل دوافع الثورة، التي قامت في وجه الفقر، وفي وجه الظلم والاستبداد، وفي وجه الإذلال اليومي. ثورة قادها الغضب المستعر المخزون في الصدور، المخنوقة بقبضة أمنية باطشة، وشباب متعلمون وواعون، متماسون مع العالم من حولهم، من خلال وسائط الاتصال الحديثة. كل هذا، جعل من الثورة المصرية، أمرًا يبدو حتميًا، إلى حد لم يكن ينقصها لتتماهى مع وصيفتها التونسية، سوى رائحة الياسمين، تعبق على ضفاف النيل.

فإذا كان الشعب المصري قادرًا على إقناع العالم بمناقبه الفريدة، المتوارثة عبر التاريخ، فإن قدرته على المباهاة بالعمل الشعبي الإيجابي، الجمعي والمنظّم، والانتفاض ضدّ عسف السلطة، والثبات على مطالبه المشروعة، رغم المكاره، ظلّت محلّ شكّ كبير، حتى بزغ فجر 25 يناير، ومعه بزغ فجر ميلاد مصر الجديدة، تُخرج من أحشائها أنبل وأنقى ما ومن فيها. فللمرّة الأولى، منذ عقود(بالتحديد منذ اندلاع انتفاضة الخبز، في كانون الثاني / يناير 1977) نزل المصريون إلى شوارع بلادهم، بعشرات الآلاف، كانت دليلاً على أن مصر لم تعد يائسة، ولا واهمة، ولا حالمة، وثمة ما يبلورهُ شبابها، شيوخها وأطفالها. وثمّة ما خرج من القمقم . دلّت على ذلك أصوات المصريين الهادرة، سخطًا واحتجاجًا على أوضاعهم البائسة، بعدما استقر في يقينهم أن ما من شيء أسفر عنه صبرهم، سوى مزيد من خداعهم. لقد كانت حياتهم ثقيلة كحجر في الرئة، ووجهها الآخر أكثر ثقلاً. الناس لا تهذي، ولم يعد الخوف يضغط على قلوبها. أصواتهم الصارخة، طلبا للحرية والعدالة الاجتماعية والكرامة الإنسانية، مثّلت الرد البليغ، على فرية سدنة النظام وكهنته، الذين لم يخجل أحدهم (السفير محمد الضرغامي مساعد وزير الخارجية) إذ إدعى " عدم وجود طلب على الديموقراطية في مصر"![3]

مصر ليست تونس

ظلت الأغنية التي تترنم بها شفاه سدنة النظام وكهنته، لا تخرج عن جملة شديدة الركاكة والسخف، في آن:"مصر مسألة مختلفة، والتجربة غير قابلة للاستنساخ". وقد لخّص أحد كهنة النظام، أمام مسؤولين غربيين، ما حدث في تونس، وما يمكن حدوثه في مصر، فيما يلي:

أولاً: ثمّة لحظة ضعف مرّ بها النظام التونسي، تم استغلالها، ما أدى إلى سقوطه.

ثانياً: أظهر خطاب بن علي الضعف والتراجع، وشجّع التظاهرات.

ثالثاً: بن علي ضعيف، وقليل الخبرة.

رابعاً: مصر غير تونس.

خامساً: الغاضبون مجموعة مدوّنين ونشطاء، لا علاقة لهم بالشارع.

سادساً: الشعب في مصر لا يطلب أكثر من الخبز والمرتّب، وعندما نلبّي هذه المطالب، يمكن السيطرة عليه.

سابعاً: لا علاقة للشعب بالديموقراطية، ولا بالحريات.[4]

كانت هذه " رؤية" أحد النافذين في النظام المباركي: يرى الحكم ترويضاً، والسلطة حديداً وناراً، والخروج عنها شغب، لا بد من مواجهته. وإلقاء كسرات خبز للجوعى، وتلويح بأوراق مالية، تعيد الوحوش الغاضبة إلى أقفاصها الأليفة.

على الرغم من هذا التوصيف، الذي يبدو مريحًا، لمن كان بعيدًا عن الأعماق الفوّارة، مكتفيًا بالتجول الهانىء على السطح الهادىء، كان القلق في أوساط النظام المصري يستسقي القلق، وظلّ كل " مسؤول" مصري يبدع في اختيار كلمات، ينفي بها امكانية تكرار التجربة التونسية في مصر، اقتداء بوزير الخارجية، أحمد أبو الغيط، الذي كان له قصب السبق، إذ سارع إلى نفي التشابه، مخترعًا الجملة التي صارت "علامة مسجلة" لكل " العُمي"، الذين لم يهدِ الله ضلالتهم: " مصر ليست تونس"! من دون أن يفكر أحدهم في دراسة التجربة

التونسية، بشيء من الروية، بعدما بدا واضحًا أن الهاجس الملح على هؤلاء، كان نفي التشابه بين الأوضاع الاقتصادية والسياسية والاجتماعية المتأزمة في مصر، وبين تونس، ولا شيء سواه. وهذا ما يمكننا أن نقرأه فيما نُقل عن رئيس لجنة العلاقات الخارجية في مجلس الشورى المصري. د. مصطفى الفقي، الذي بدا مدفوعًا بقوة ضاغطة، لنفي ما هو ثابت، في لقائه وفد أعضاء مجلس العلاقات الخارجية بمجلس الشيوخ الأميركي، مساء 24 /2011/1، عشية بدء التظاهرات، إذ تساءل الوفد الأميركي. حول إمكانية تكرار الثورة التونسية ضدّ نظام بن علي، في مصر، فكان جواب الفقي النفي الفوري، لافتًا إلى أن " مصر وتونس مختلفتان. . . ولا يمكن القول إن بن علي مثل مبارك. ولا يمكن أن نقارن بين الحريات السياسية أو الدينية في مصر وتونس". فيما لفت القيادي البارز في "الحزب الوطني الحاكم" د. محمد كمال، أنظار الوفد الأميركي إلى أن " الوضع مختلف، لأن لدينا نظامًا يمكن معه التنبؤ بما سيحدث في المستقبل، والحكومة تستجيب لمن يحذّرون من البطالة. والإصلاح السياسي يسير خطوة بخطوة، بالتزامن مع الإصلاح الاقتصادي". في اللحظة التالية، دخل على خط النفي، الوزير السابق د. عمرو عزت سلامة (المدهش أنه استُدعي، فيما بعد، ليتولى وزارة البحث العلمي في حكومة د. عصام شرف؟!) الذي أكد هو الآخر، أن ثمّة فارق جوهري بين البلدين، إذ أن " لدينا برلمان يحاسب الحكومة، ولدينا أيضا مجلس لحقوق الإنسان، يهتم بالحريات". وحين بدا الوفد الأمريكي قلقا من مغبّة التظاهرات التي دعت إليها القوى السياسية، في اليوم التالي(2011/1/25)، حاول رئيس اللجنة الاقتصادية في مجلس الشورى، والقيادي في الحزب الحاكم، د. محمد عبد اللاه، تبديد هذا القلق، بإشارة أرادها ذكية، فيما هي تفتقر إلى أي ذكاء. إذ قال إن أحزاب المعارضة (المستأنسة حكوميا) لم تدعُ إلى تلك التظاهرات، بل من خلال نشطاء "الفيس بوك". لافتًا إلى أن ثمة تظاهرات مضادة، دعا إليها بعض شباب "الحزب الوطني الحاكم". ما خلص منه عبد اللاه إلى أن " التظاهرات لا تقلقنا، لأن لدينا في الحزب الوطني من يتظاهرون "[5].

فيما بدت الأجهزة الأمنية أسيرة خبراتها السابقة، حيث نقلت "وكالة الأنباء الألمانية" عن مدير أمن القاهرة، اللواء إسماعيل الشاعر، في اليوم السابق على اندلاع الثورة (1/24)، قوله

إن وزير الداخلية، "أصدر توجيهاته باعتقال من يخرجون على الشرعية"! وأنه: "تمّ إرسال إنذار للقوى السياسية بضرورة الحصول على تصاريح للتظاهر، وحال عدم وجود تلك التصاريح، سيتم التعامل بطريقة قانونية"[(6)].

وخلافا لما توقعته بعض القوى السياسية الكسيحة، التي عاشت عمرها كله، تحلم بصفقة مع النظام، بما يُيسر لها التهام ما يتبقى من فتات مائدة السلطة! نجحت القوى الشبابية الداعية إلى التظاهر، في مناسبة " عيد الشرطة"، (وكم بدا اختيار هذا اليوم شارة نصر، لا تعامي عنها)، نجحت في تحريك عشرات الآلاف، على امتداد القطر المصري، بما حوّل" عيد الشرطة" من مناسبة خطابية زاعقة، يتدله فيها بعض كتبة النظام، في كتابة قصائد غزل غير عفيف، في جهاز الشرطة، وقياداته المتكلِّسة، إلى " يوم غضب"، بدا ساطعًا، كما الشمس التي أشرقت، على غير عادتها، في تلك الأيام من السنة. وعلى خلاف المتوقع، أيضاً، لم تخرج مصر التي أنهكها العوز، وأضناها الحرمان، في ثورة جياع، لا تُبقي ولا تذر، بل خرجت الطبقة الوسطى، التي عمل النظام المباركي طويلاً على سحقها، بلا هوادة. خرج شباب الطبقة الوسطى المتعلّم، من دون تربية سياسية، ومن دون تنظيمات أيديولوجية، بلا عناوين كبرى، أو شعارات برّاقة. خرج القلب البريء للطبقة الوسطى، معلنا فشل النظام الكسيح في احتوائها، وتسخيرها في العمل لصالح بقائه، بعدما راهن على بقائها على حال التراخي والاستكانة، اللذين صبغا حركتها، بمرور الوقت. متوهما أن انغماسها في التقاط الفتات المتبقي على أطراف موائده، سوف يُشبعها، ويحميه من حنقها عليه.

كل شيء في الحراك المصري كان يبدو جديداً على آلة القمع الحكومية العجوز؛ فالمتظاهرون شكّلوا نوعًا عصيًا على التصنيف بالنسبة إلى النظام، وصنفاً جديداً على خبراء القمع وهذا ما جعل العنف في الشوارع يقابله خطاب ناعم من مسؤولين يقولون، والابتسامات الصفراء تُظهر أطقم أسنانهم: "نحن نعرف مطالب الغاضبين، لكن الحركات السياسية تستغلهم"! فيما الحزب الحاكم يبادر، على طريقة زين العابدين، إلى القول بأنه "فهم مطالب المتظاهرين".

بيد أن هذا المتغيّر المفصلي، لم يغير شيئًا من العقلية الأمنية التقليدية، التي أوكل إليها

النظام المصري، باعتبارها ذراعه الغليظة، مهمة معالجة الموقف. وهي بدورها ظلّت على وفائها لأكاذيبها المعتادة، من وزيرها المسؤول، حبيب العادلي، إلى مصادرها، التي عادة ما توصف بـ" مصادر أمنية رفيعة المستوى"، على ما قدمته الصحافة القاهرية لقرائها، غداة التظاهرات، والتي قال أحدها، من دون أن يطرف له رمش، إن وزارته " تعاملت مع المتظاهرين بحيادية شديدة، حرصًا منها على حريّة التعبير"[7].

على أن الأمور على الأرض كانت تمشي بعكس ذلك تمامًا، فلم تكد تمضي ساعات قليلة على نشر عبد الله كمال، رئيس تحرير "روز اليوسف"، برقيّة على موقع "تويتر"، مفادها أنّ عساكر الأمن يتصدون للمتظاهرين "إنما" من دون "هراوات"، حتّى حجبت الأجهزة الأمنية الموقع بالكامل. وكان ذلك كافيًا كي يتأكّد الجميع أن ما يحدث في الشارع أقوى من مبررات الصحافي، المحسوب على الحزب الحاكم. فقد عمدت الأجهزة الأمنية المصرية إلى تنفيذ خطط، معدّة مسبقًا، لحجب موقعي التواصل الاجتماعي الشهيرين "تويتر" و"فيس بوك"، حيث أصيب أولهما بشلل تام، بدءًا من اليوم الأول للاحتجاجات، فيما دخل ثانيهما حيّز الحجب، اعتبارًا من اليوم الثاني (2011/1/26)، مع إيقاف شركة "T. E. Data" (أكبر مزوّد لخدمة الانترنت في مصر) إمكانية وصولها إلى مشتركيها. وترافقت هذه الإجراءات، مع استخدام تقنيات متقدّمة للتشويش على شبكات الهاتف المحمول في منطقة وسط القاهرة، بهدف منع المتظاهرين من التواصل فيما بينهم، إلكترونيًا أو هاتفيًا[8].

المدهش، أنه مع بدء الطوفان، أرادت التصريحات الرسمية القليلة، أن تقول للقاصي والداني إن نظام مبارك قادر على احتواء الأزمة، ولم يتنبه مسؤولو النظام إلى أهمية " المتغيّر التونسي"، فظلوا سادرين في عماهم المطلق، متعاملين بالغطرسة ذاتها، التي تعاملوا بها مع أزمات سابقة، أقلّ خطورة. ففي ذلك المساء، الذي بدا لاهبًا، كان عشرات آلاف المحتجين يتجمّعون في ميدان التحرير، استعدادًا للمبيت معتصمين، حين كان التلفزيون المصري يبث مقابلة مطولة مع وزير الداخلية، حبيب العادلي، قال فيها بيقين قاطع:" كل شعب له طبيعة خاصة، وما حدث في تونس

دمار وخراب، لأنه خارج المدى المشروع. ولم يرتعش مسؤول مصري مما حدث في تونس. فلا يمكن قياس مصر بتونس، إطلاقًا" [9].

لسنا بحاجة إلى القول بأن المسؤول المصري الأوّل الذي ارتعش، كان العادلي نفسه، الذي اعتاد زيارة تونس، في عهد بن علي، كونها المقر الدائم لاجتماعات وزراء الداخلية العرب، وعليه كان شاهد عيان على القبضة الأمنية الباطشة، التي حكم بن علي بموجبها، تونس، والتي لم تُغن عنه شيئا، حين وقعت الواقعة.

وإذا كان ذلك القصور الذهني متوقعًا، اذا استعدنا صورة العادلي، باعتباره " رجل أمن" يفكر بالتمنّي، لا بقراءة دقيقة لمعطيات الواقع، الذي يشي بالتشابه، إلى حد التماهي، فما عسانا أن نفكِّر اذ نقرأ لنقيب الصحافيين المصريين، مكرم محمد أحمد، في زاويته اليومية بجريدة "الأهرام"، بيقينه الجازم، بأن " مبارك غير زين العابدين"؟![10]

هذه الاسطوانة المشروخة، كرّر نغمتها النشاز رئيس مجلس الشعب، فتحي سرور، أحد المتكلمين الرسميّين، القليلين، في اليوم الأول للتظاهرات. حيث سارع إلى محو فكرة إسقاط التجربة التونسية على الواقع المصري من الأذهان. مؤكدًا، في ردّه على سؤال عن مدى انعكاس ثورة الكرامة في تونس على مصر، أن "مصر دولة كبيرة لا تقلّد الآخرين. هم من يقلّدون مصر، التي عرفت الإصلاح السياسي. وتشبيه مصر بتونس ظالم" [11]!

أخطأ سرور. ولا ريب. إذ أن تسارع الأحداث لم يسمح لخياله أن يرسم مشهد اليوم التالي. مشهد الآلاف من المصريين الغاضبين، يفترشون الشوارع ويصرخون مطالبين بإسقاط نظام حسني مبارك. فلم يكن المصريون بحاجة إلى تقليد تونس، هم الممتلئون بمشاعر الظلم، والقمع، والقهر، منذ أمد بعيد. كلّ الذي حدث أن التونسيين نجحوا في إلهام أشقائهم المصريين. ومنحوهم الأمل، وهي المنحة الأعظم، ولا ريب.

إلى جانب تصريحات سرور، ثمّة تصريحات " مضحكة" لأمين الإعلام في الحزب الوطني، د. علي الدين هلال، الذي قال إن عديد المتظاهرين، لا يزيد عن 30 ألفا، من بين 80 مليونًا! ما

التقطته أذنا رئيس تحرير جريدة "الجمهورية"، الذي كان العنوان الرئيس لجريدته الحكومية، صبيحة اليوم التالي(1/26): "3 الآف خرجوا ليعبّروا عن رأيهم في الشوارع والميادين"! مشيرًا، بوضوح، إلى الاستراتيجيّة التي قرّر الإعلام الحكومي المصري اتباعها هذه المرّة، وهي التركيز على "ضعف المشاركة الشعبية" في تظاهرات اليوم الأول.

إذا كانت السياسة مرونة واعتراف بالواقع، وتأقلم مع المستجدات، فلا مفرّ من وصف النظام المباركي الساقط، بأنه لم يمارس السياسة، طيلة العقود الثلاثة، التي جثم فيها على صدور المصريين. ما جعل من المنطقي، في هذا السياق، أن يكرّر النظام المصري الكسيح كل أخطاء شقيقه التونسي! من مواجهة أمنية عنيفة ودموية، ترافقت مع أداء سياسي شديد التواضع والرعونة، بالتقاعس عن اتخاذ إجراءات سياسية، واقتصادية فورية، تلبي طموحات المتظاهرين. والأدهى، أن النظام المصري استعار مفردات شقيقه التونسي، في بلاهة منقطعة النظير، فدفع أبواقه إلى تسفيه التظاهر، كفكرة لإبداء الرأي، احتجاجًا على ما آلت إليه الأمور، وتصوير المتظاهرين باعتبارهم مجموعة من أصحاب "الأجندات"، المرتبطين بقوى أجنبية، وأنهم مدفوعون، من تلك القوى، لزعزعة أمن واستقرار الوطن. فكون النظام المصري يعاني فقرًا في الخيال، اللاّزم للتعاطي مع المستجدات على نحو مرن، وانعدام في الكفاءة، وتعطُّل "ماكينته" عن العمل، أمام أوهى التحديات، بدا واضحًا في تلك الأثناء، فبين تصريحات متتابعة، تستهدف تهوين أمر ما يجري على الأرض، (زعم رئيس تحرير جريدة "الجمهورية" الحكومية، محمد علي إبراهيم، أن عدد المتظاهرين في أرجاء الجمهورية كلها " لم يكملوا ألفا"!)؛ إلى إصدار بيانات، لا تقول شيئًا غير تكريس النظرة المستقرّة للأجهزة الأمنية، باعتبارها أجهزة لإنتاج وترويج الكذب، لا أكثر؛ إلى محاولات الضغط على القيادات الكنسية، لمنع " أبنائها" من المشاركة في التظاهرات (كي يسهل إلصاق التهمة بالإخوان، فيما بعد) إلى حد قرأنا فيه خبرًا كهذا:" الكنائس المصرية الثلاث ترفض تظاهرات 25 يناير، وتطالب الأقباط بعدم المشاركة فيها". وبلغت الملهاة ذروتها، مع ما نُسب إلى القمص عبد المسيح بسيط (الذي طالما ألقى بدلاء البنزين على أتون الفتنة الطائفية المشتعل)، من دعوته الأقباط إلى " الاعتكاف" في ذلك اليوم؟![12]

بدت ردود الفعل الرسمية واثقة، إلى درجة كبيرة، من قدرتها على إخماد الغضب الشعبي. فالأجهزة الأمنية مجهّزة. والغاز المسيّل للدموع حاضر. وقوات مكافحة الشغب"، عديدها بمئات الآلاف. ولا مانع من الاعتقالات. وقد عبّرت وزارة الداخلية، جهاراً، عن لجوئها إلى هذه الأساليب، حين أعلنت إلقاء القبض على 500 متظاهر، في اليوم الثاني للتظاهرات. على أن الحكومة، رغم كل احتياطي ادعاء الثبات الذي استخدمته بغزارة، بدت مرتبكة، ومع ارتباكها، زاد مستوى عنفها، فجرت اعتقالات، رغم حسم السلطة، على لسان وزير الصناعة والتجارة، رشيد محمد رشيد، (الذي ألغى زيارته للمنتدى الاقتصادي العالمي في دافوس) إن "مصر لا تتجه نحو الاضطراب، والحكومة ستتمكن من السيطرة على الغضب". مشيراً إلى أن "القاهرة أجرت، بالفعل، إصلاحات اقتصادية وسياسية".[13] تصريح أراد رشيد من خلاله إبطال طلبات المتظاهرين، فحوّلهم، بجملة، إلى متظاهرين عفويين، نزلوا إلى الشارع للمطالبة بأمور وفّرتها الحكومة المصرية لشعبها! كلام رشيد جاء استكمالاً لما صدر عن وزارة الداخلية، خلال اليوم الأول للتظاهرات، التي دعت إلى إنهائها، متهمة جماعة "الإخوان المسلمين" بالقيام بأعمال شغب. وحاول وزير الداخلية، حبيب العادلي أن يبث الطمأنينة، في أوصال نظامة المرتجفة، بإعلانه أن "لا تأثير لنزول الشباب إلى الشارع. الأمن قادر على الردع"! وحده، العادلي، ظلّ صوته عاليًا، ولم يعد يخفي نبرة التهديد: "سنضرب بعنف. ممنوع التظاهر، ولن يُسمح لأحد بالبقاء (في الميدان) بعد الحادية عشرة" [14]. بين الحقيقة والشائعة، بدت مقولات وزير الداخلية صياغة أعصاب منفلتة، أدت إلى قرارات لا تخفي عصبيتها، عبّرت عن نفسها فيما شوهد، في شوارع رئيسية، حيث كان رجال الأمن يسحلون مارّة عاديين، ويضربونهم، ويوجهون رصاصاتهم إلى الهواء، تخويفاً لجموع تراقب، وقطعاً لخطوط التواصل والإمداد بينهم وبين الغاضبين المتجولين في المدينة.

فيما كان مبارك ونظامه يقرآن ما قالته مصادر صحيفة " معاريف" الإسرائيلية (وهي بالضرورة مصادر "الموساد" الاستخباراتية)، التي أكدت، بيقين قاطع لا يقبل الشك، أنّ "مصر ليست لبنان، وليست تونس"! لافتةً إلى أن "الوضع في مصر بعيد جداً عن العصيان المدني.

فخلافاً لحكام تونس والشاه الفارسي، اللذين أُطيحا من منصبيهما، فإن مبارك غير منقطع عن الشعب، ومؤسسات الدولة، بما فيها الجيش، تخضع لإمرته"[15].

على المستوى الإعلامي، أدار النظام معركته، على النحو المعتاد، فصدرت الأوامر الصارمة للقائمين على البرامج الحوارية المسائية، التي تشكّل المصدر الإخباري الرئيس لغالبية المصريين، وبالأخص البسطاء، بتجاهل ما حصل ويحصل في الشوارع. وهكذا بدت المحطات التلفزيونية المصرية، الرسمية والخاصة، في غيبوبة كاملة؛ إذ تجاهلت غالبيتها ما يحدث في الشارع، من تظاهرات بعشرات الألوف، وهو ما يمثل حادثًا استثنائيًا في مصر، على مدى عقود. وما يجعل من التغطية الخبرية فرض عين، لكن المسؤولين عن البرامج المسائية كانوا في وادٍ آخر، تمامًا، ففيما خصّص التلفزيون المصري فترات بث مطوّلة، لمتابعة تطورات الأحداث في لبنان، على خلفية تكليف نجيب ميقاتي، تشكيل الحكومة اللبنانية، سيطر قرار النائب العام المصري بحظر النشر في قضية تفجير كنيسة القديسين بالاسكندرية، على معظم البرامج الحوارية المسائية في المحطات الخاصة، ولم يشذّ عن هذا التعتيم، الذي لا يمكن فهمه، إلاّ في إطار التعمُّد، سوى برنامج واحد على فضائية الحياة، تحدّث خلاله رئيس تحرير جريدة الأهرام، أسامة سرايا، الذي تمالكت مقدمة البرنامج نفسها بصعوبة، عندما ادعى إنّ الخاسرين في الانتخابات البرلمانية يقفون وراء هذه التظاهرات، قائلاً، أنّ" الحزب الوطني قادر على حشد تظاهرات، ينضم إليها عشرة ملايين مصري"! واصفًا التظاهرات بأنها:" نوع من أنواع الابتزاز السياسي للحزب الوطني، والنظام في مصر"! وبأنها:" "محاولة دنيئة من الإخوان المسلمين لزعزعة أمن واستقرار البلاد"![16] واللافت هنا، أن هذه الجملة الأخيرة وجدناها، نصًا، في البيان الصادر عن الحزب الوطني، صبيحة اليوم التالي، ما يشي بمن صاغه، ليبدو على هذا النحو البائس، الذي ظهر به.

فإذا ما اعتبرنا ذلك موقفًا شخصيًا من كاتب صحافي لا يمثّل غير نفسه، فإن العنوان الرئيس "للأهرام" نفسها، صبيحة الاحتجاجات (2011/1/26)، كان كفيلاً بأن يدع الحليم حيرانًا، إذ كان نصّه الصاعق:" احتجاجات واضطرابات واسعة في لبنان"! فيما كان شارع الجلاء، الذي يقع فيه مقر الجريدة النافذة والقريبة من النظام، إلى حد الالتصاق، يعجّ بالمتظاهرين، الذين لم

تراهم أعين من صاغوا الخبر الرئيس للصحيفة العريقة، التي اشترك صحافيون هي ووصيفاتها الحكوميات الأخريات، في فريّة مفضوحة، مفادها أنه لولا الحريّة والديموقراطية التي تتمتع بهما مصر، لما خرج المتظاهرون إلى الشارع؛ ورفعوا اصواتهم التي تنتقد السلطة، وتدعو إلى التغيير. وتناسوا أن هؤلاء لم يخرجوا إلى التظاهر، إلاّ بعدما انفجروا كمدًا، ولم يحتملوا وطأة القهر والكبت السياسي، الذي خضعت له البلاد، طيلة ثلاثة عقود؛ ومعه الكذب الفضوح لساعته، الذي برع فيه النظام ودعائيوه، الذين ظلّوا يلوكون أكاذيبهم، في سياق الدفاع الفاشل عن النظام، فحاول بعض الكتبة اتهام الحكومة بأنها فشلت، وأثارت غضب الناس، لأنها لم تلتزم ببرنامج "الحزب الوطني"، وهو هراء، في ضوء ما يعرفه القاصي والداني، من أن الحكومة خاضعة، تمامًا، للرئاسة، وتعمل وفقًا للتوجيه المستمر من رئيس الجمهورية.

لنلقِ نظرة خاطفة على " الأريحية" التي تعاطت بها الداخلية المصرية مع المعتصمين بميدان التحرير، مساء 25 يناير، فما كادت عقارب الساعة تتجاوز منتصف الليل بخمس وأربعين دقيقة، حتى بدأ "الهجوم الكبير"، الذي شارك فيه ثلاثة آلاف عنصر، من قوات " مكافحة الشغب"، إضافة إلى عشرة آلاف جندي أمن مركزي، ومائتي سيارة مصفحة، وخمسين من عربات النقل العام؛ وكان المشهد كاشفًا، بحقّ، مع إطلاق السيارات المدرّعة عشرات القنابل المسيلة للدموع، على المعتصمين، قبل أن تبدأ عشرات السيارات من النوعية نفسها، في مداهمة الميدان، الغاص بالمعتصمين، بسرعة جنونية، [17] تشي بإصرار لا يحيد على تفريق المعتصمين ليلاً، قبل أن ينضمّ إليهم عشرات آلاف آخرين، في الصباح. وبدا ذلك مفهومًا للكافّة، أمّا ما لم يكن مفهوما قط، فكان دفاع رئيس الوزراء د. أحمد نظيف، عن أداء الأجهزة الأمنية، الذي بدا مفرطًا في استخدام القوة؛ فصرّح نظيف، على هامش اجتماع المجلس القومي للتخطيط في الأقصر (صعيد مصر)، بأنّ "الشرطة تدخلت في حالات محددة، هي تهديد الأمن وتخريب الممتلكات العامة"! زاعمًا بأن " الشرطة التزمت بأقصى حالات ضبط النفس"! وقد شاركه الرأي نفسه، البيان الصادر عن "الحزب الوطني" الحاكم، في اليوم نفسه (2011/1/26)، وإن كان البيان الحزبي متقدمًا بخطوة، بادعائه ان هذه الاحتجاجات " جزء من التطور الديموقراطي،

الذي يؤمن به الحزب"! الذي لم يفته تحميل "جماعة الإخوان المسلمين"، مسؤولية ما دعاه "دعوات التحريض والإثارة، لاستغلال الشباب في تنفيذ أجندة الفوضى"! (18)

كان هذا تماهيًا مع ما روّجه نفرٌ من أبواق السلطة، من أكذوبة أن العناصر "الإخوانية" هي التي تقف وراء الثورة، في مسعى غير بريء، قطعاً، لتشغيل فزاعة" الإخوان فوبيا" التقليدية، التي تستهدف إثارة قلق المسلمين، وتخويف الأقباط، في آن واحد. إذ طالما أجاد نظام حسني مبارك اللّعب على نظرية المؤامرة، التي كانت، من منظوره، دوماً، إمّا مؤامرة "الإخوان المسلمين"، أو مؤامرة أجنبية. لكن التخويف من "الإخوان"، هو هوايته المفضّلة، وقد ورثها عن حكم أنور السادات.

اذا كانت هذه هي الرؤية الرسمية الحكومية لما جرى من انتهاكات بحق المتظاهرين والمعتصمين، بلسان حزبها الحاكم، فقد كان متوقعاً، والحال هذه، أن تعمد وزارة الداخلية نفسها، إلى القفز على كل الحقائق التي يعرفها القاصي والداني، ممن شاركوا في التظاهرات، وتعرضوا للانتهاكات ؛ فزعم البيان الصادر عن الداخلية، صبيحة اليوم الثاني (2011/1/26)، أن:"إصرار المتجمهرين في "ميدان التحرير" على تصعيد التحرك، على نحو يتجاوز مظاهر الاحتجاج العادي، والتمادي في أعمال الشغب، ومحاولة إحداث شلل مروري بالعاصمة، بما يجرّد التحرك من دعاوى كونه سلميا" وهكذا، كان ادّعاء استخدام العنف من قبل المتظاهرين جاهزاً، كمبرر لاستخدام الأجهزة الأمنية آلتها القمعية. ". . . تمّ في الواحدة صباحاً، فضّ التجمهر، بالتعامل بالمياه والغاز المسّيل للدموع، إذ عاود مثيرو الشغب التعدّي على القوّات، وإحراق إحدى سيارات الشرطة، في ميدان عبد المنعم رياض، ومحاولة أشعال النار في مبنى عام على "كورنيش النيل"، وإحداث تلفيات في سيارات عدّة، عامّة وخاصة". ولم تكتف "الداخلية" بتعليق اتهاماتها المرسلة، التي لا يمكن التحقّق منها، على أيّ حال، في أعناق المتظاهرين، بل أعلنت عن وفاة أحد مجنديها، وإصابة 103 من أفراد الشرطة، بينهم 18 ضابطا، في محاولة للإيهام بأن ثمّة معركة حربية ضارية، دارت رحاها بين الشرطة والمتظاهرين، بما أدى إلى سقوط قتلى وجرحى في صفوف الشرطة. لكن النيابة العامة لم تدع "الداخلية" تهنأ بكذبتها، فأعلنت عمّا كشفته تحقيقاتها، استناداً إلى تقرير الطبّ الشرعي، الذي أكّد على أن وفاة الجندي المشار

إليه، كانت طبيعية، وليس لها علاقة بالتظاهرات؛ ووفقًا للتقرير الطبي الصادر عن مستشفى الشرطة نفسها، الذي ورد فيه أن "المجنّد لا توجد فيه أي إصابات" [19].

بدت الحملة المضادة في إعلام الدولة متهافتة، إلى درجة مذهلة، فالتلفزيون الرسمي اعتبر أن المجنَّد شهيد، بينما ضحايا رصاص الأمن مجرَّد قتلى عابرين. ورتّبت الدعاية المنظّمة من أجهزة الدولة الحكاية، كما يلي: أولاً: التظاهرة خرجت باستجابة نقية بريئة من شباب الـ"فيس بوك"، لتطالب بالتغيير. ثانياً: التظاهرة نجحت، وعرفت الدولة ما يريده الشعب. ثالثاً: لكنْ، حدث اختراق للتظاهرة ووُجِّهت بحسب أجندات خاصة، مرّة تكون داخلية مصدرها "الإخوان المسلمين"، وأخرى مؤامرة خارجية، تمثل خليطاً لا يجمعه منطق. لكن دعاية حسني مبارك تتّهم، بالفعل، أيادي أميركية، إسرائيلية، قطرية، آسيوية، فلسطينية وإيرانية، بإشاعة الفوضى عبر التظاهرات. بالتوازي مع ذلك، كان الاتجاه السائد في أوساط النظام، يرى ضرورة استخدام القوّة مع المتظاهرين، بذريعة أن إبداء قدر من المرونة مع مطالبهم، يمكن أن يفسّروه بادرة ضعف من النظام. وأنه من الممكن الاستجابة الجزئية لبعض المطالب، لاحقا، عندما تهدأ الأمور، كي لا يترسخ لدى المتظاهرين اعتقاد مفاده أن التظاهر يصلح وسيلة لنيل الحقوق(وهي بديهية معروفة في أرجاء العالم بأسره). وهذا الفهم المغلوط والمتصادم مع أبجديات السياسة، التي هي براغماتية، بالأساس، بما يُحتم إبداء قدر من المرونة تجاه مطالب جماهير بهذا الكم، وتملك مثل هذا الإصرار، الذي لا يحيد، كما بدا من ردود أفعالها؛ لا يمكن عزوه إلاّ إلى غياب الخيال اللازم للتعاطي مع مستجدات، بمثل هذه الدرجة من الخطورة، على مستقبل النظام بأسره، الذي بدا قشة في مهب ريح الناس، رغم ما أظهرته المواقف الرسمية، في اليومين الأولين للتظاهرات، حيث حاولت الدولة أن تبدو مرتاحة، وموقنة من إمكانية السيطرة على التظاهرات، مع إتقان النظام مَلَكة اللعب على الكلام، ومحاولة إشعار المواطن المصري بضمان حقوقه في حرية التعبير؛ لكنه أراد تحطيمه، قائلا له: إن نزولك إلى الشارع لن يكون له أي تأثير. فيما جاءت التصريحات متناقضة، ما يشي بارتباك وقلّة حيلة من صاغوها، فمن الإعلان عن تفهّم رغبات الشعب، إلى إعلان رفض التظاهر كلغة للحوار السياسي، جاء بيان للحزب الحاكم زاعماً أن "صدره يتّسع لمطالب الشباب ويتفهمها، ونحن نعمل على إيجاد حلول لها"!

جاء اليوم الثالث (فيما السويس مشتعلة بالنار والبارود)، وبدأت تتغير الصورة. فأُطلقت تصريحات حملت بين سطورها قلقاً من " جمعة الغضب"، حيث قرر النظام مخاطبة الرأي العام، المحلي والعالمي، مستخدماً سلاح التقليل من خطورة الأحداث؛ عبر التقليل من حجم التظاهرات، وأهميتها، فقال صفوت الشريف إن المسألة "لم تكن كما صوّرها البعض بخروج الملايين، إذ كانوا عدّة آلاف، وجرى التعامل معهم بضبط النفس"[20].

أسقط الشريف عن "شعبه" صفة الشعب، محوّلا المصريين إلى مجرد أعداد لا قيمة لها، ولا أهمية لآرائها، ومشاكلها. مقرراً تجاهل الناس، علّه بذلك يُخمد غضبهم. ما بدا متسقاً مع كون النظام المصري موجهاً عينه بعيداً جداً عن المتظاهرين، الصارخين في شوارع القاهرة وبقية مدن الجمهورية، فقد كانت عين النظام مصوّبة باتجاه العاصمة الأميركية، شاخصة، ومعوِّلة على موقف أميركي داعم، لم يتأخر كثيراً، ما كان باعثا على ارتياح نظام مبارك، ولا ريب. فنزلت تصريحات المتحدث الرسمي باسم البيت الأبيض، روبرت جيتس (عشية "جمعة الغضب")، التي أكد فيها أن " مصر حليف قوي ومهم للولايات المتحدة، وستظلّ كذلك"[21]، بردا وسلاما على قلب النظام المصري المرتعش. وللتوّ، سرّبت ما تم وصفها بـ"مصادر قريبة من الحكومة " المصرية، إلى يومية "الشروق" القاهرية(2011/1/28)، أخباراً مفادها أن الحكومة لم تصدر لها أي تعليمات عليا(تعني رئاسية، بالطبع) للخروج بقرارات، أو إجراءات لتهدئة التظاهرات. بل لقد ذهبت إلى ما هو أبعد من ذلك، بإلقاء قفاز التحدّي: " الحلّ اليوم أمني، بالدرجة الأولى، اليوم، وغدا، وبعد الغد". فإذا ما وضعنا ذلك في سياق، أن تلك التسريبات تمت عشية " جمعة الغضب"، لبدت لنا الصورة واضحة الدلالة على البؤس الذي استحوذ على العقليات الحاكمة، يومذاك. فإذا ما أضفنا إلى ذلك، أن اليوم الذي شهد نشر هذه التسريبات منشورة على صفحات "الشروق"، شهد أيضًا، انفراط عقد الأجهزة الأمنية، التي كان الحلّ المزعوم بيدها " اليوم، وغدا، وبعد الغد"، لتبيّن لنا أي خصام فاجر مع العقل والمنطق كان يحكم الموقف برمته، في تلك الأثناء، ما جعل الأجهزة الأمنية نفسها، لا تشرق عليها شمس غد. وما يزيد الأمر بؤساً، أن أعين النظام ظلّت معلقة بواشنطن، طيلة الساعات الحاسمة، أكثر منها تعلقاً بشوارع القاهرة

والمدن المصرية المشتعلة بالمواجهات، التي بدت لا تنتهي. وكان ذلك سببًا في " عدم صدور اي إجراءات حكومية لتخفيف الاحتقان، في ظل حالة الاطمئنان لردود الفعل الخارجية. خصوصاً الموقف الأميركي الذي، أكد استقرار الحكومة المصرية". ما أسهم في أن يسود " ارتياح حذر في دوائر صنع القرار في الحكومة المصرية"؛ نظرا لأن " النظام في مصر والحكومة تعوّل على الموقف الأميركي، أكثر من أي مواقف أخرى" [22].

جاءت " جمعة الغضب"، بلفحاتها اللاهبة، ومعها بدت لوحة الثورة كما لو كانت إحدى لوحات رائد العبث السريالي، سلفادور دالي، فأفضل ما في اللّعبة كان مطلوبا لذاته: الإرباك. فاذا كانت الجماهير العزلاء بلا مخالب تنهش، ولا أظافر تخمش، فحركتها غير المنتظمة بدت هي الرعب بعينه لساكن القصر، الذي وجد في ما يحدث ما اضطره إلى مغادرة منتجعه، الذي ألف الإقامة فيه، معظم أشهر السنة، (ما حوّل ذلك المنتجعٍ، بالتبعية، إلى عاصمة غير رسمية)، ويعود إلى حيث "صداع" العاصمة، وأجوائها التي بدت خانقة. لمومياء تنظر ولا تبصر، تسمع ولا تعي، تلمس ولا تحسّ، ولا أدلّ على كون ذلك صحيحا، من أن الأرض كانت تتزلزل بعنف تحت قدميه، فيما هو يمثل دور الواقف منتصباً، يمارس حيله المعتادة، وألاعيبه القديمة ذاتها. خرج مبارك على شاشة التلفزيون المصري، بعدما انتصفت ليلة "جمعة الغضب"، وبعد أكثر من ساعة على تنويه التلفزيون المصري لمشاهديه بأن ينتظروا "بيانا مهما" من رئيس مجلس الشعب، ما رفع سقف التوقعات عاليا، إذ أن إعلانا كهذا أوحى بأن مبارك قد استسلم لمصيره، وأنه إمّا سيتم إعلان تنحيته، أو أنه قد غادر البلاد، على خطى زميله التونسي.

على أن شيئا من هذا، لم يحدث، ما يشي بأن ثمّة خلافات عصفت في أروقة قمّة السلطة، في تلك الأثناء. وربما انتظر مبارك حتى يأخذ " تمام"، سيطرة الجيش على المفاصل المهمة في العاصمة. في وقت تتابعت فيه بيانات الأميركيين، ساعة بعد أخرى. فيما مبارك وأركان حكمه، متّشحين بصمت غير رزين قطعًا. قبل أن يخرج مبارك، متأنقا بإفراط، وشعره مصبوغ بعناية، كالمعتاد، متحدثًا بلغة خشبية، قارئا من ورقة، يبدو من صاغها له، كما لو كان لا يعيش ما كانت تعيشه مصر في تلك الساعات اللاهبة، وإلاّ لما اتّسم الخطاب الذي انتظرته الملايين، بكلّ هذا

البرود، والكذب المفضوح لساعته. إذ كانت مقدمة الخطاب طويلة إلى حد يثير السأم، خصوصاً أنها سعت إلى إعلان التبرؤ من كل ما حدث، طيلة الأيام الأربعة الدامية(25_2011/1/28)، مع تذكير مبارك سامعيه بأنه " الحَكَم بين السلطات"، وهي استعارة دستورية، نصّية، لم يكن لها محل من الإعراب، وفقاً لما يجري على أرض الواقع. حيث كان مفهوماً أن القتل بالرصاص الحي، جرى ويجري، بأوامر رئاسية مباشرة. كان الاستفزاز قد وصل مداه مع حديث مبارك عن عزمه المضي " بالإصلاحات السياسية والاقتصادية"، ملمحا إلى " بطولاته"، في أيام " السلم والحرب"، معيدا عرض نفسه " حاميا لمصر"، متعهدا بألاّ " يتسرب الخوف إلى نفوس مواطنينا"، بعد دقيقة واحدة من محاولاته، هو نفسه، بث الخوف (بل الفزع) في نفوس الناس، من خلال حديثه عن مخطط " لزعزعة الاستقرار والانقضاض على الشرعية"، في استعادة بائسة لما ذهبت إليه، منذ اليوم الاول للتظاهرات، جوقته الإعلامية، التي لم تر ابعد مما تقوله التقارير الأمنية الملفّقة، وبيانات حزبه المرسلة، التي لم ينظر من صاغها بهذه الركاكة من نوافذ مقراته، ليرى أن الذين يملأون الشوارع هم شعب مصر، بكل أطيافه. وبدا أن وقت السامعين قد ضاع هباء، حين اختتم مبارك خطابه المملّ، مكتفيا بالقول إنه طلب إلى الحكومة تقديم استقالتها، فحسب.

كان خطاب مبارك مغرقًا في البرود، وجاء قفزاً على الحقائق، ودون الحد الأدنى من الاستجابة للمطالب الشعبية؛ ومحاولة شديدة البؤس للتضحية ببعض الرؤوس الصغيرة، وتقديمها كباش فداء لنظامه المتهاوي، توهمًا بأن ذلك كفيل بأن يمتصّ الثورة، أو يُخفف من وقع خطاها الثابتة والمتلاحقة، في آن. فبدا طبيعيًا إلاّ يتفاعل معه الجمهور، وكان ذلك عين الخطر على النظام، فلم يكن متوقعًا إزاء تغافل مبارك عن المطلب الرئيس:" الشعب يريد إسقاط النظام"، سوى أن يكون ما عرضه عليهم في خطابه، وقودًا أضافيًا في أتون الغضب المتّقد. فكان رد الناس بليغًا، بالاحتشاد في الميدان، غير آبهين بمناشدات أيتام النظام من الممثلين، و" الشيوخ"، ولاعبي الكرة، الذين عملوا، جاهدين، في ماكينة النظام الدعائية، التي كانت ما تزال تعمل، بقصد تحريك "بكتيريا" الثورة المضادة، حركة تستدر الدموع، وتلعب على العواطف، وتتصوّر أن" التغيير" الذي تلهج بالمطالبة به ألسنة الثوّار، مجرّد استبدال طاقم العلاقات العامة على طاولة الاستقبال.

بدا لكل ذي عينين، أن مصر تغرق في أسوأ وأخطر أزمة سياسية واجتماعية تواجهها في تاريخها الحديث، بما أثاره خطاب مبارك من سخط على المستويات كافة. وتصوّر عقل مبارك المحاصَر بدولة الجنرالات، أن خروجه من أكبر الأزمات في عصره، سيكون عبر "عسكرة السلطة". فحاول ترميم بعض ما أفسده بخطابه، ليلة " جمعة الغضب"، عصر اليوم التالي(2011/1/29)، بوضع مدير جهاز استخباراته، اللواء عمر سليمان في موقع نائب الرئيس، الذي ظل شاغراً ثلاثين عاماً. وقفز مبارك بالفريق أحمد شفيق، (تلميذه القديم في القوات الجوية)، من وزارة الطيران المدني، في الحكومة المقالة، إلى موقع رئاسة الحكومة الجديدة. وزادت رسائل الرعب العسكري مع زيارة مبارك لمقر مركز قيادة عمليات القوات المسلحة، "لمتابعة السيطرة على العمليات الأمنية". وقد بدا إلى جانبه كل من سليمان وشفيق، وبقية أركان حربه، كأنه يحتمي بهم، أو يعلن ما بدا أنه رسالة مصوّرة، لمن يهمه الأمر، بأنه قابض على زمام الأمور، بقبضة لا تلين، رغم توتره الظاهر، بعد سلسلة من الإطلالات التلفزيونية الصامتة، في اليوم السابق.

شكّل تعيين سليمان نائبا للرئيس، محاولة أخيرة لاحتواء الثورة الشعبية المتصاعدة، من خلال بث رسالة للناس، مفادها أن مشروع التوريث(الذي كان سببا في سحب الكثير من مشروعية النظام، والذي كان يتم الأعداد له على قدم أمنية وساق إعلامية)، قد طُويت صفحته، إلى الأبد. وبدا نظام مبارك في حال من الانهيار، وهو ما تبدّى في إعلان التلفزيون الرسمي، في أعقاب بثه لمراسم حلف سليمان اليمين الدستورية نائباً للرئيس، أن "أمين التنظيم" في الحزب الحاكم، أحمد عزّ، الذي يعدّ الرجل الثالث في الحزب، بعد حسني مبارك ونجله جمال، استقال من منصبه، في خطوة متأخرة لتهدئة الخواطر المهتاجة. ما يعني أن النظام المذعور، قرر التضحية بعز، مهندس الانتخابات التشريعية الأخيرة، من دون أن يفطن إلى أن في تضحيته اعترافًا ضمنيا بأن الانتخابات التى أدارها كانت مزوّرة، وأفرزت مجلس شعب باطلاً. وأعلق النظام عزمه تنفيذ أحكام محكمة النقض الخاصة بالطعون الانتخابية، من دون أن يفطن إلى أن في قراره هذا، اعترافاً ضمنياً بأنه تعمّد احتقار القضاء، وإهمال تنفيذ أحكامه.

وكان لافتاً تغيّر لهجة الصحافة الحكومية، بشكل واضح، حيث بدأت تتحدث عن بداية

"التغيير". وعنونت صحيفة "الجمهورية" التي اعتادت توجيه انتقادات حادة للمعارضين المصريين بـ:"بدأ التغيير"؛ فيما كتبت صحيفة "الأخبار" الحكومية في صدر صفحتها الأولى "سقوط أحمد عزّ"، مضيفة أنه "خرّبها واستقال"، في محاولة بدت ساذجة للغاية، لتحميل عزّ، (عازف الدرامز السابق) مسؤولية الانهيار الذي حصل!

هنا، نتوقّف قليلاً عند معنى إقالة حكومة رجال الأعمال، البارز، أحمد عزّ، وطرده من منصبه الحزبي الرفيع. إذ من المفهوم أن يكابر نظام سلطوي مغرور بقوة افتراضية مزعومة، مستفيداً من فساده، ومن أدوات قمعه، في اغتصاب نتاج النشاط الاقتصادي لشعبه، لصالح ذلك النظام، إلاّ يقبل نظاما كهذا إسقاطه، بسهولة. لكن ما يبدو عسيراً على الفهم، أن يقرّ نظام كهذا بالمثالب المنسوبة إليه، واحدة تلو أخرى. ثم لا يعترف بأنه سقط بالفعل، كما فعل النظام المباركي، المتهاوي؛ فمن تبديل للحكومة، وإخراج رجال الأعمال منها، إلى تعيين نائب رئيس بعد تردد دام ثلاثين عامًا كاملة، بدعوى عدم وجود من يصلح للمنصب الرفيع؛ إلى طرد عدد من الوجوه الحزبية الكريهة، من الحزب الحاكم. كانت كل خطوة مما سبق، تمثّل تراجعًا من النظام أمام الضغط الشعبي العارم، بمثل ما أكدت صوابية حكم الشعب على النظام. فمجرد إخراج رجال الأعمال من الحكومة، ومنعهم من السفر إلى الخارج، وعزل أمين تنظيم الحزب، كان أبلغ دليل على الاعتراف بفشل كل السياسات المتّبعة، لسبع سنوات خلّت، على الأقلّ؛ وتأكيداً على أن مصر تم التعاطي معها كـ" ضيعة"، أهديت إلى المعزولين والممنوعين من السفر، لأسباب لا تخفى على اللبيب. وكان الاعتراف المذكور إقراراً بالخطأ المطلق لقرارات رأس النظام، وبالطريقة التي اتخذ بها قراراته. وكان هذا الإقرار بحدّ ذاته، مسوغًا لإسقاط النظام، بلا أدنى شك.

على صعيد البرلمان، الذي كانت انتخاباته الأخيرة، المزوَّرة بالكامل، (تحت إشراف "عازف الدرامز" المُقال)، بمثابة القشّة التي قصمت ظهر النظام. كان رئيس مجلس الشعب، فتحي سرور، يحاول لملمة الأمور، بإعلانه عن سقوط المبدأ المستقر منذ عقود:" المجلس سيد قراره"، وهي الذريعة التي رفعها المجلس لسنوات طوال، في وجه أحكام محكمة النقض ببطلان عضوية

أعضائه، مؤكداً على أن " سيادة القانون تقتضي احترام أحكام القضاء، وخير للمجلس أن يصحّح عضويته، بدلاً من أن تلاحقه الشكوك"[23]. التي طالما لاحقته لعقود خلت، من دون أن تقضّ مضجع " رجل القانون"، الذي يتسنم رئاسته!

كان الصوت الشاذّ، بين جوقة المنافحين عن النظام، صوت رئيس لجنة العلاقات الخارجية بمجلس الشورى، العضو البارز في الحزب الوطني، "مصطفى الفقي"، الذي يبدو أنه شعر بخطر حقيقي يهدّد النظام الحاكم الذي ينتمي إليه، فدعا مبارك إلى التدخّل وإجراء "إصلاحات قوية وغير مسبوقة". قال: "لا يمكن للأمن أن يخمد ثورة في الدنيا كلها، الحلّ الأمني وحده ليس كافياً، والرئيس وحده ولا أحد غيره، يستطيع إيقاف ما يحدث ". في لحظة لا تنمّ إلاّ عن خوف، انضمّ الفقي إلى فئة الشعب، وطالب بإصلاحات غير مسبوقة. اعترف، بقصد أو بغير قصد، بخلل ما، يتطلب إصلاحات، مستخلصاً عبرات من تونس، ليحفظ رأسه، في المرحلة المقبلة.

على أن ما وصل إلى الفقي، الذي التقطت "قرون استشعاره" رائحة الخطر الماثل، لم يصل إلى من خاطبه. فلم تصدر أي تعليقات إضافية عن مبارك، الذي اقتصر حضوره الإعلامي، على بث الرسائل المتلفزة، التي توحي بأنه ما يزال الحاكم الفعلي، حتى وهو يقدّم التنازلات المتتالية، على خطى نظيره التونسي، زين العابدين بن علي، سواء من خلال إقالة الحكومة، وتكليف أحد أقرب مقربيه تشكيل حكومة جديدة. بل أن مبارك، على صعيد الحكومة المعينة، بدا تقليديا، بما لا يحتمله الظرف القائم، حين أُعلن أنه حدد لرئيسها المكلف، أحمد شفيق(1/30) أولوياتها، في " ضرورة استعادة الهدوء والاستقرار"، و" محاصرة البطالة، وإتاحة فرص العمل، والتصدّي بكلّ حسم للفساد، بجميع مظاهره"، داعياً إلى "، المزيد من الإصلاح السياسي" [24].

فضلاً عن أن هذا كان يبدو كلاماً خارج الزمن، وبعيداً تماماً عن المطلب الرئيس للمتظاهرين، فإن تشكيل الحكومة نفسها، أجهز على أي مصداقية، يمكن أن يكون البعض قد تورّط فيها، ففي 31كانون الثاني/ يناير أقسمت الحكومة الجديدة اليمين أمام مبارك، بـ14 وزيراً جديدا فقط. فيما احتفظ 15 وزيراً بمناصبهم، من بينهم عدد من الوجوه المرفوضة شعبياً على نطاق واسع. على رأس هؤلاء كان وزير الخارجية، أحمد ابو الغيط، ووزراء: العدل: ممدوح مرعي،

القوى العاملة: عائشة عبد الهادي، البترول: سامح فهمي، التعليم العالي: هاني هلال، الشؤون القانونية: مفيد شهاب والإعلام: أنس الفقي؛ ما نسف بدوره ورقة المقترحات التي كان قد أُعلن، في اليوم السابق، (1/30) أن نائب الرئيس، سليمان، قدّمها، غداة تعيينه نائباً، إلى مبارك، وتضمنت خمسة مقترحات لاحتواء الغضب الشعبي المستعر، صيغت على النحو التالي:

1. الإلغاء الكامل لملف التوريث، وسحب اسم نجل الرئيس، جمال مبارك من أي تشكيلات رسمية.

2. خلو الحكومة الجديدة من أي اسم من رجال الأعمال(كانت الملهاة أن تم عرض رئاسة الحكومة على رجل الأعمال، رشيد محمد رشيد، وزير الصناعة والتجارة في الحكومة المقالة).

3. الإعلان عن النيّة لإجراء حزمة تعديلات دستورية جديدة.

4. محاسبة المقصّرين(من دون التطرق إلى ماهيتهم؟!).

5. إعادة صياغة المناصب القيادية في الحزب الوطني، وتخلّي مبارك عن الرئاسة. [25].

التركيع بسلاحي الانهاك والترويع

كان حديث مبارك عن "الفوضى" و"الخوف" الذي تعهّد "بألا يتسرب إلى نفوس مواطنينا"، مدعاة لتساؤل يبدو محقاً عما إذا كان تأخير خطاب مبارك إلى منتصف ليل "جمعة الغضب"، بعد الإعلان عنه قبل ذلك بخمس ساعات، كان مقصودا منه إتاحة الوقت الكافي لجهازه الأمني، لتنفيذ مخطط معد مسبقًا لإجهاض حركة الاحتجاج الشعبي، من خلال انسحاب القوى الأمنية النظامية، تمامًا، من الشوارع، لإحداث فراغ أمني، وترك البلاد نهبا للبلطجية واللّصوص. بالإضافة إلى السماح بفرار آلاف السجناء، الذين قاموا بسلب ونهب مراكز تجارية كبرى، والعديد من المحلات وحتى المنازل، بهدف إجبارالناس على تقبّل بقاء النظام، حرصًا على حياتهم وممتلكاتهم، والموافقة على أي إجراء يقوم به الجيش، مع تبخّر قوات الأمن.

بدا واضحا أن النظام يلقي آخر أوراقه، وهي الانفلات الأمني الممنهج، فتبخّرت قوات الشرطة من الشارع، حتى تلك المختصة بتسيير المرور. والمدهش، أن هذا ترافق مع بدء سريان قرار حظر التجوال، عند السادسة، مساء الجمعة. وكانت قوات الجيش لم تكمل انتشارها، بعد، على الرّغم من أن قرار نزول الجيش كان ينصّ على " مساعدة الشرطة"، لا الحلول بديلا عنها. ما جعل صحيفة " المصري اليوم"، اليومية واسعة الانتشار، تعنّون عددها الصادر صبيحة 2011/1/30 بـ: " مؤامرة من الأمن لدعم سيناريو الفوضى"، ما أكد أن ما يوجد في مصر ليس دولة أو نظام، بل " مجموعة سلطة"، عمادها تحالف عناصر من المتمولين، يسندها القمع الأمني فحسب.

كان الهدف المباشر، إذاً، إشاعة الفوضى المصحوبة بانفلات أمني، بحيث يتم من خلال ذلك، ابتذال وتشويه الوجه الناصع للثورة، لتصبح مجرد" أحداث شغب"، وأعمال سلب ونهب، بما يؤدي في خاتمة المطاف إلى ترويع المواطنين، في تلك اللحظة التي تسيطر فيها مشاعر الخوف، وإرغامهم على الاهتمام بأمنهم الذاتي، بدل المشاركة في عملية التغيير. وإقناعهم بأن عاقبة التظاهر، هي الفوضى وليس الحرية.

الترويع حدث في ظل الفوضى، التي ضربت أطنابها، مع فتح السجون على مصاريعها، لتقذف في الشوارع بعشرات آلاف السجناء الجنائيين الخطرين، لينضمّوا إلى عشرات آلاف البلطجية، الذي عملوا، دوما، في حماية (وغالبًا بأوامر) القوى الأمنية، التي باتت تنفذ بوعي كامل سيناريو " الأرض المحروقة"، التي أراد بها النظام إيصال رسالة غير معلنة:"إما أنا أو الفوضى!".

لكنّ الثائرين، لم يستسلموا، كما قدّر النظام، لسيناريو الفوضى العارمة. إذ ردّوا بتأليف "لجان شعبية" في كل أحياء القاهرة والمدن الكبرى. تحت حظر التجوال، قامت تلك اللجان بدوريات منظّمة، لحماية المنشآت العامّة والممتلكات الخاصّة، وتسيير المرور. فيما انخرط البعض في لجان أخرى، مهمتها تنظيف الشوارع، بعدما غابت الدولة والمؤسسات الخدمية. وانطلقت عصابات البلطجية المنظّمة، وفلول الشرطة، الذين نظّموا هجمات شديدة الخسّة على

المواطنين. والمدهش أن فكرة اللجان الشعبية بدأت من عملية حماية المتحف الوطني المصري، التي قام بها شباب الثورة، في مواجهة عصابات مسلحة أرادت سرقة مقتنيات المتحف، (اكتُشف، فيما بعد، أن هذه العصابات مكوّنة من ضباط وجنود في جهاز الشرطة) . والمدهش هنا، أن لجان الإدارة المدنية، كشفت بأدائها المبهر، تحوّل جهاز الدولة إلى مؤسسات تُدار بمنطق مافيوي، يسيطر على صنّاع الجريمة، ويدير عالمها السرّي، ولا يحقّق الأمن. كما أن هذه "اللجان الشعبية" (التي تشبه إلى حدّ ما نظام "السوفياتات"، المعروفة في الثورة البلشفية، لكن من دون تنظيم سياسي موحّد)، أعادت علاقة المصريين بمدنهم وبيوتهم، وجعلتهم يكتشفون أن " البلد بلدهم". ما صبّ بالتالي في غير ما أراده أصحاب "سيناريو الفوضى".

وبالتوازي مع "سيناريو الفوضى"، الذي مُورس في الشارع، على اوسع نطاق، استخدم النظام المباركي الإعلام، كأحد أدواته المهمّة للسيطرة على العقول، وتوجيه الرأي العام في الاتجاه الذي يخدم مصلحته. فحاول المرتزقة في الإعلام، قدر جهدهم، تمرير الوقت، إعتقادا بأن ألاعيبهم قادرة على استنزاف المتظاهرين، فتتعب حناجرهم من الهتاف بـ"الشعب يريد إسقاط النظام"، وينضب وقود ثورتهم، فتخمد نيرانها ذاتياً. وكان ذلك وهمًا كبيراً، لم تفطن إليه الصحف الرسمية، التي مارست ما اعتادته، لعقود طويلة. فتمّ الخلط، عمدا، في بعض البيانات الرسمية، ومقالات كتبة السلطة، بين المتظاهرين الداعين إلى إسقاط النظام، وبين أرباب السوابق، الذين عمدوا إلى نهب المتاجر، والمحال العامة، وشيىء كهذا لا يمكن افتراض حسن النية فيه. فلا تفسير للخلط بينهما، سوى أنه يتعمد التشويه، ويستهدف الاغتيال المعنوي للظاهرة النبيلة، التي أدهشت الدنيا بأسرها.

لم يكن اتهام المتظاهرين بالتخريب هو الأكذوبة الوحيدة التي أطلقت بحقهم، بل كانت مجرد عنوانا أول، فحسب، في سجل التشويه. فلم نعدم أحد "الشيوخ" المحسوبين على النظام، يزعم على شاشة التلفزيون الحكومي(صبيحة 2011/1/29)، أن هؤلاء المتظاهرين بخروجهم إلى الشوارع، يكونون قد قطعوا الطريق، ما أدى إلى إطلاق حملة الترويع، لذلك فانهم يستحقون أن يطبق عليهم " حدّ الحرابة" [26].

على أن النصيب الأوفر في معركة إفساد العقول، كان من نصيب الفضائيات، التي تخاطب المتعلّم والأمي، المثقف وغير المثقف. ولما كان المشاهد المصري، قد يمّم وجهه شطر "الجزيرة"، منذ الساعات الأولى للثورة، وبعدما فشلت أجهزة الدولة، غير مرة، في التشويش على بثّ الفضائية، التي تحظى بنسبة مشاهدة عالية للغاية في مصر، تمّ اتخاذ القرار، الذي بدا متسقا مع " أفكار" من وقّعه(وزير الاعلام في النظام المباركي، أنس الفقي) بإغلاق ووقف نشاط مكتب شبكة "الجزيرة" في مصر، وسحب تراخيص مراسليها المعتمدين (1/30).[27]

المدهش أن خبر إغلاق مكتب "الجزيرة" في القاهرة، تصدّر نشرات الأخبار في المحطات المصرية، وكأنه إنجاز كبير، يستحق الفخر؛ فيما اتسم أداء هذا الإعلام الحكومي نفسه، في غياب "الجزيرة"، بالعجز والضحالة الفكرية، والسطحية في التناول، إذ اكتفى بفتح خطوط هواتفه مع المحافظين، ليقولوا كلامًا ورديا، لا محل له في الواقع، مثل ان الامن مستتب في الربوع كافة، وأن لا تظاهرات تذكر في محافظاتهم (كما فعل محافظ أسوان، الذي تفاخر بأن محافظته لم تشهد أي تظاهرات على الإطلاق).

لمّا كانت "المهمّة" أثقل من أن يحملها الإعلام الحكومي، الرخو، بمفرده، جرى توريط فضائيات (تبدو مستقلة نظريا، لكنها بدت مدّجنة تماما)؛ وبرامج مسائية فقدت احترام الناس لها، عندما راحت تفتح هواءها (الذي بدا مسموما، في تلك الساعات الخانقة) من أجل إشاعة مناخ من الهلع والفزع، وبجرعات مكثّفة من صرخات استغاثة، متكررة، تنتقل من حي إلى حي، ومن مدينة إلى مدينة، ومن محافظة إلى محافظة، بهدف اقتياد المواطنين إلى "معسكرات التعذيب" بالرعب، ليصبح الهدف الملحّ هو " الأمن"، ولتذهب مطالب التغيير إلى الجحيم، أو تُعاد، مجددا، إلى مستودعات الأحلام المؤجلة.

وعليه، كانت الحرب على جبهة الإعلام، تتمّ عبر استخدام الأسلحة الصدئة المعتادة، ما بدا دليلاً على البؤس الذي يصمّ أداءً تافهاً وباهتاً ومتهافتاً، كالذي رأيناه على الشاشات الحكومية والخاصة، من كتيبة خرقاء لمذيعين حاليين، ومتقاعدين، وضيوف ممن ينتمون إلى النظام، بشكل أو بآخر، دخل جميعهم في منافسة حادة في مضغ الأكاذيب، وبصقها في وجوه الجميع. وقد برّهم

في ذلك كله، الإعلامي المتقاعد عماد الدين أديب، الذي استعرض عضلاته المعلوماتية، التي أوحت له بأن "ثمة جهات خارجية مسلّحة تتواجد في الميدان، لدعم التظاهرات "! وأن " هذا الكلام من مصادر جازمة، لا شك فيها"! [28].

لقد كنّا أمام أمام فرقة من المهووسين" الجوبليزيين"، لتأليب المواطنين على الثوّار، تحت شعار عائم وفضفاض وبلا معنى تقريبا، " نعم للاستقرار، لا للتخريب". وتمكنت غريزة العهر الإعلامي من بعضهم، فتفننوا في تلبيس الهوى بحديث عام، يغري المواطنين بأن الاستقرار المزعوم مرتبط بشخص مبارك، أمّا غير ذلك فهو تخريب، وغياب لمعنى الحياة الأسمى: "الأمن". مع تغييب مقصود لأسئلة المنطق عن التعمد والرغبة الرسمية العارمة في إشاعة الفوضى.

قفزت "جوقة" النظام المستهلكة، من صحافيين، وفنانين، ولاعبي كرة، ومغنيين، وشيوخاً معممين، على هذه التساؤلات، التي يفرضها المنطق، محاولة بمنتهى الهمّة، إلباس الباطل المفضوح، ثوب الحق الصريح. وهؤلاء إتّبعوا الطريقة العقيمة نفسها، إذ اعتادوا بدء "وصلاتهم" من خلال نفاق " الشباب"، الذين هم " زينة مصر"، قبل، أن يؤكدوا لهؤلاء أن "رسالتهم وصلت"، لمن بيده الأمر. وهذا المقطع، بالذات، كان لازمة متكررة على شفاه الجميع، وهم يؤكدون على أن " مطالب الشباب مشروعة، وثورتهم حققت لنا أشياء لم نكن حتى نحلم به" مثل إقالة الحكومة، وتعيين نائيب للرئيس، قبل أن يصلوا إلى بيت القصيد، بكلمة " ولكن"، التي تكشف إعورار منطقهم، وكونهم من المرجفين، المؤلفة قلوبهم، إذ بعدها ينقلب القائل، شيخا أو مغنيا أو لاعب كرة، أو ممثلا، أو راقصة، على عقبيه، مطالبا الشباب، (الذين كان ينافقهم، قبل قليل)، بأن يتوقفوا عن ثورتهم، ويعودوا إلى منازلهم، وأن يثقوا بحكومتهم، والذريعة الملفّقة جاهزة: " لأن حال البلد واقف، والاقتصاد مهدد"! حتى يخال المرء أنهم يتحدثون عن اقتصاد متعاف، يناطح الاقتصاد الياباني، أو أن " حال البلد"، كان منطلقا، عشية الثورة، بسرعة طائرة "الكونكورد"! والمدهش، أن هؤلاء، الهواة غير المدربين على الكلام السياسي، الذي يتطلب ثقافة ما، ولو في حدها الأدنى، سرعان ما كانوا يعودون إلى استخدام " ألفاظ"، تعودوها وتعودت، هي الأخرى، عليهم، فينهمر سيل الخطابات العاطفية

عن الرئيس " الأب "، الذي ينّفذ طلبات أولاده المشاغبين من نوعية:" ياأخي عيب، الرئيس مثل والدك. هل ترضى بإهانة والدك؟!". وكأننا نتحدث عن قبيلة، يعاتب بعض أفرادها "شبابها"، على " تطاولهم" على " شيخها"؛ لا عن دولة ورئيس جمهورية، هو في مفتتح القول وفي خواتيمة، مجرد موظف عام، يتقاضى راتبا من الموازنة العامة للدولة؟! ولا ينهي أفراد الجوقة إيّاها معزوفتهم الرديئة، قبل التحذير من "تعرّض مصر لمؤامرة"، تضم خليطًا متنافراً يجمع أميركا، إسرائيل، قطر، إيران، "حزب الله" و"حماس"، ولنحمد الله أنهم لم يدّعوا أن القائم الأساسي بالتآمر جماعة "الخمير الحمر" الكمبودية!

من المحطات الأرضية إلى تلك الفضائية، ومن الخاصة إلى العامة، كانت النغمة التي تمّ بثها، بلا كلل، على الأقنية كافة:" رسالتكم وصلت". بل انتقلت إلى الحوائط، أيضًا. فاستبق بعضهم المليونية الأولى، المقررة في أول شباط/فبراير، بنشر لافتات شديدة الضخامة في المناطق المحيطة بميدان التحرير، وعلى عدد من جسور العاصمة. (في 1/31)، تضمنت عبارات متكررة:":" رسالتكم وصلت، قريبًا ستتحقق مطالبكم"! وكانت أكبر هذه اللافتات، على الإطلاق، تقع أعلى جسر 6 اكتوبر، من ناحية مبنى التلفزيون في "ماسبيرو". وكانت عدسات التلفزيون المصري تقوم برصدها، بين الفينة والأخرى، إذ كان مكتوبا عليها:" اسلمي يا مصر، رسالتكم وصلت، وسنستجيب لمطالبكم، وستتحقق قريبا"! وما من شك أنها كانت إحدى حيل النظام، للالتفاف على مطالبة الناس برحيله، ما لم يفت على المتظاهرين، الذين قام البعض منهم بإسقاط اللافتة الضخمة، التي لم تزد في نظرهم عن كونها " مناورة من إحدى الجهات الأمنية" [29].

لكن ذلك لم يفُت في عضد النظام، الذي بدت أفعاله، وردود أفعاله، شديدة الغرابة، بتصادمها مع كل منطق. فبدت الذراع الإعلامية، وسيلة النظام التي أولاها جُل اهتمامه، من أجل تركيع الشعب، بعدما فشلت الذراع الأمنية، في ذلك. وكانت وسيلته (التي رآها ناجعة) إثارة حال الفزع والهلع بين صفوف المواطنين، عبر تكرار اتصالات الاستغاثة، وإعادة صور السلب والنهب، بشكل يلح في تكوين انطباع بالخوف العميق في قلوب الناس. ولم يخل اليوم السابق على المليونية الأولى (1/31) من بثّ متواصل، على مدار الساعة، لمداخلات هاتفية،

للعديد من الشخصيات العامة، المعروفة بتعاطفها (أن لم نقل عمالتها الواضحة للنظام). كان التركيز المتكرر فيها هو الدعوة لعدم الذهاب إلى "ميدان التحرير"، وألا يكونوا سببًا في المزيد من الفوضى. وبلغت الأمور ذروتها، مع بثّ التلفزيون الحكومي، خبراً عن وزارة الصحة، يقول:" هناك أشخاص يوزعون عصائر على المتظاهرين، فيها مواد سامة"! فيما أعلن مسؤول في الوزارة نفسها، عن " وجود أشخاص يمرّون على البيوت لتطعيم الأطفال, وهي طعوم تصيب من يتناولها بالشلل"[30].

كان مشهدًا دراميًا سخيفًا وتافهًا، بتوقيع مخرج رديء، و"سيناريست" ركيك، خصوصاً أن "سيناريو" التركيع:" الإنهاك" من خلال السماح بتداعي الخدمات، حكومية وخاصة، وبالذات فيما يتعلق بنقل السلع الغذائية، وإنتاج الخبز، وتقييد ساعات العمل، والكمّيات المقدمة من محطات التزود بالوقود، إذ قام وزير البترول، بإصدار أوامره إلى الشركات التابعة لوزارته، بالامتناع عن تزويد محطات البنزين بما يلزمها من محروقات، لتعطيل حركة نقل السلع من المصانع والمزارع إلى الأسواق، بما يؤدي إلى حدوث أزمة طاحنة لدى المستهلكين. فيما أدى قرار وزير التضامن الاجتماعي، بإلزام المخابز غلق أبوابها، خلال ساعات حظر التجوّل (الممتدة من الثالثة عصرًا إلى الثامنة صباحًا)، أدى عمليًا إلى نقص فادح في كميات الخبز المتوفرة أمام المواطنين، ما أدى بدوره، إلى حدوث أزمة عنيفة، عبَرت عن نفسها في تكالب المواطنين على شراء الخبز بكميات كبيرة، ما أسقط أربعة قتلى، على الأقل!

بدوره أرغم وزير الاتصالات، شركات الهاتف المحمول، على عدم طرح "بطاقات شحن" في مجال الاتصالات، كي يصبح التواصل أكثر صعوبة بين المتظاهرين وذويهم، وبين بعضهم البعض. وكانت خاتمة المطاف "الإنهاك"، بقرار محافظ المصرف المركزي المصري إغلاق كل المصارف، قبل أن تتمكن معظم الهيئات والشركات من سحب رواتب موظفيها. واصطناع أزمات طاحنة في المواصلات، بعدما تم إيقاف حركة القطارات، تماماً (صبيحة 2011/1/31)، وهو ما لم يحدث طيلة عمرهيئة السكك الحديدية المصرية، الذي يربو على مائة وستين عامًا. ويمكن عزوه إلى محاولة الحكومة إخماد الثورة، من خلال قطع أي اتصالات بين المحافظات

المشتعلة (مثل السويس، الاسكندرية، القاهرة، والمنصورة)، وتلك التي لم تسر فيها روح الثورة، بوتيرة أعلى. إضافة إلى الحيلولة دون انضمام عدد أكبر من المتظاهرين القادمين من أنحاء الجمهورية، إلى القاهرة.

مثّل سيناريو الإنهاك، الذي نفذته أذرع النظام المتشعبة على أكثر من مستوى، بزيادة معاناة المواطنين، وتشديد الوطأة عليهم، وإشغال الناس بالحياة، التي أصيبت بالشلل، عمدًا، وبالبحث عن الخبز الناقص، وحليب الأطفال، ووقود السيارات، وبطاقات الشحن، ورواتبهم التي لم يتسلموها، مثّل جزءًا من الضغوط العنيفة، التي أُريد لها أن تدفعهم إلى حد الاستياء والسخط على المتظاهرين، الذين من السهل على النظام، في هذه الحال، تحميلهم مسؤولية ما جرى، فيفقدون تعاطف الناس مع قضيتهم العادلة.

بالتوازي مع إنهاك الناس بعيدًا عن "ميدان التحرير"، بمتطلبات حياتهم اليومية، جرت معركة أخرى لإنهاك ثوار الميدان، من خلال استجلاب وجوه عكرة، لتمثيل دور "ثائرين" أرهقهم الصمود، والسهر على الثغور في "ميدان التحرير". وآخرين تم استجلابهم من أقبية أمن الدولة، للحديث عن " الغضب مدفوع الأجر"، بمبالغ مادية، ووجبات ساخنة؟! وكان اتهام الثوّار بالعناد، قمّة اللغو والكذب المفضوح. وغير بعيد من ذلك، الإلحاح على وصف الثورة النبيلة بأنها ليست سوى "انتفاضة شباب"، بما يضع الشباب في مواجهة مع باقي شرائح المجتمع. كما أن وصفًا كهذا، الذي جرى التأكيد عليه، مرارًا وتكرارًا، إنما ينزع عن الثورة صفتها الأصيلة، كونها "ثورة شعب"، يتقدمه شبابه الواعي، الأكثر قدرة على الاحتجاج، لاعتبارات تتعلق بانسداد آفاق المستقبل أمامه.

خطاب يمهد لمجزرة

باشر مبارك في خطابه (2/1) بمواصلة ما بدأه في خطابه الأوّل، في "شيطنة" المتظاهرين، والتظاهرات، التي "تحوّلت إلى العنف، والمواجهة، والقفز على الشرعية الدستورية، عبر قوى سياسية إنتهكت أمن الوطن، بتحريض، وسلب، ونهب، وإحراق، واعتداء على مرافق الدولة".

ومن هنا، وضع مبارك معادلة جديدة-قديمة: "أنا أمام خيارين: إما الفوضى أو الاستقرار، الذي يفرض علينا واقعاً جديداً". وأمام دعوة الحوار، الذي رفضت المعارضة مباشرته قبل رحيل مبارك، توجّه هذا الأخير إلى الشعب مباشرة، بكلّ فئاته، قائلاً: "لم أكن يوماً طالب سلطة، ولا جاه، وليس من طبعي خيانة الأمانة، ولا التهرّب من المسؤولية". مضيفاً أن "هدفي تأمين انتقال سلمي للسلطة، لتأمين تسلّم من يختاره الشعب"، خلفاً له في الانتخابات الرئاسية، التي كانت مقرّرة في سبتمبر / أيلول. وفي هذا السياق، قال مبارك إنه لم يكن أصلاً راغباً في الترشح مجدداً، متعهداً بالعمل "حتى الانتخابات، على اتخاذ الخطوات الكفيلة بانتقال سلمي للسلطة ". وعرض مبارك رؤيته لحل الأزمة، بدعوته مجلسي النواب والشورى إلى تعديل سريع للمادتين 76 و77 من الدستور، بما يغيّر شروط الترشّح. وتحديد فترة الرئاسة. ووجه تعليماته إلى القضاء للإسراع في بتّ الطعون الانتخابية، المقدّمة ضدّ النواب الذين نجحوا بالتزوير، ولملاحقة الفاسدين والمسؤولين عن السرقة، والنهب، والترويع. وفي ما يشبه نعي النفس، والجزم بأنه لن يهرب من البلاد، ختم مبارك كلمته بالتأكيد أنه يعتزّ بتاريخه. وتابع:"على أرض مصر سأموت، وسيحكم التاريخ بما لي وما عليّ"[(31)].

بتحليل سريع للخطاب نجد أنه حمل أربع رسائل:

الأولى: إن من يتحمل مسؤولية قتل أكثر من 300 شخص، وأعمال الحرق والسرقة والنهب والاعتداءات، التي نفذتها عصابات بلطجة يقودها ضباط حكوميون، ليس قوات الأمن بل المتظاهرون، أو من سمّاهم "قوى سياسية اندسّت بين المتظاهرين".

الثانية: تهديد هذه القوى بالاعتقال والمحاكمة.

الثالثة: هي إعادة الثقة بجهاز الشرطة، الذي حصد كمّاً من الكراهية في صفوف المواطنين لم يعرفها من قبل، بسبب الجرائم التي نفّذها منذ اندلاع الثورة، على الأقل.

أما الرسالة الرابعة والأهم: فهي أنه لن يتنحّى، إلاّ عندما تنتهي ولايته، وأنه لن يقبل أن يحصل ذلك، إلاّ بما "يليق بمن حمل الأمانة".

كان مبارك يقرّر في خطابه أشياء تبدو، في جوهرها، انقلابًا كاملاً، على السياسات التي اتبعها في السابق. وغلبت على خطابه لغة التهديد والوعيد. فبدت الاستجابة لمطالب الشعب وكأنها تحدٍ لمطالبه، أو أمر عمليات من قائد كتيبه لعساكره. فبدا لسامعيه، مصرّاً على عدم الإنصات إلى صوت الزمن. وإرادة التغيير، التي انطلقت من الشارع ؛ فهو بالنسبة إلى خياله السياسي المحدود: منقذ البلاد، والعابر بها إلى شاطئ الأمان، محاولاً بذلك، الإبقاء على أسس نظامه وأركانه، كما هي، متوكئاً على حزمة من الحيل والألاعيب، أبرزها المماطلة والتسويف، لكسب الوقت، واستكمال فترة رئاسته، وترتيب مسألة "خلافته"(وفق تعبيره الأثير، الذي يستثمر حمولته الإسلامية، في دغدغة مشاعر الجماهير الدينية، ومغازلتها، على نحو ما عمدت بعض الديكتاتوريات السلفية، التي تعوّض عدم اضطلاعها بأي تنمية تذكر، بالنفاق الديني). واللافت أنه، في خطابه هذا، روى ما حدث طيلة الأيام الثمانية الأولى للثورة، من وجهة نظر سلطوية، استحدثت نعومة جديدة، حينما أعلنت احترامها لطلبات "الشباب"، وعادت إلى توصيفاتها القديمة، حينما تحدّث الرئيس عن "عناصر مندسّة من قوى سياسية تريد فرض أجندتها الخاصّة". وهو، بسلطويته وبروايته لأحداث الثورة، انتقل إلى حال أخرى، عندما قدّم تنازلاته وأكبرها: "لم أكن أنتوي الترشّح لولاية جديدة". صوته المشروخ أعطى لصورة " الأب" المهزوم شحنة عاطفية، أحدثت تأثيراً هائلاً في جمهور مشاهدي المحطات، الأرضية والفضائية. المحطات ملك للحكومة، أو لرجال أعمال هم صنيعة شبه كاملة لمنح النظام وعطاياه. وحان وقت "رد الجميل" بالمشاركة في صنع حرب إعلامية ونفسية، تحرَض الشعب ضدّ المتظاهرين.

اللّعبة العاطفية السخيفة عن" الأب"، الذي تنازل "من أجل استقرار البلد"، تحوّلت إلى غطاء معنوي لهجوم ميليشيات مبارك، عندما انتقل الخطاب الإعلامي إلى الحديث عن "مؤامرة أجنبية" تُحرك التظاهرات ضدّ مصر، قد تكون "مؤامرة أميركية- إسرائيلية - قطرية- ايرانية"، كما وصفت في أحاديث إعلاميي النظام، ووضعت لها تشكيلة بهارات من مخازن أجهزة "البروباجندا" القديمة. فعلى جبهة الحرب الإعلامية تم تداول حكايات عن شباب تدربوا في الولايات المتحدة و"إسرائيل" على التهييج. وظهرت على الشاشة،

فتاة قيل إنها زعيمة التظاهرات، اعترفت بحصولها على ألف دولار أميركي، كي تشحن تظاهرات، وهي تعتذر لمصر عن "خطيئتها" (تبيّن، فيما بعد، أنها صحافية مبتدئة، جرى استخدامها برغبتها، في هذه المسرحية الركيكة، التي لم تستقطب اهتمام أحد، خارج قائمة من تبنوها). كان أسلوبا مستهلكًا، ولا ريب. لكنه كان فاعلاً في ظل غياب خطاب هيمنة من النظام على جمهوره، فلم تبق سوى ألعاب العواطف والخطابات المذعورة من مؤامرة خارجية.

الجيش الإعلامي قدّم "الأرضية" العاطفية اللازمة للانقضاض على الثائرين. ولم ينقص حركة الميليشيات إلاّ إشارة من خلال بيان مبارك، الذي لعب على القواعد نفسها، فانتشرت، بعد لحظات قليلة من انتهاء البيان، تظاهرات البلطجية بالأسلحة البيضاء، تهتف باسم مبارك، وتبشَر بأنه "موش حا يمشي"(في رد مباشر على دعوة الثوّار لرحيل مبارك). فيما ظل سيناريو تحريك التظاهرات المضادة هاجساً مخيفاً، لأنه سيحوّل التظاهرات من ثورة "شعب يريد إسقاط النظام" إلى حرب بين مؤيدي مبارك ومعارضيه. السيناريو لم يكتمل، إلاّ بعد تراكم الوزن الإعلامي، الذي أثار الخوف عند شرائح اجتماعية من الاستمرار في شلل الحياة، منذ إعلان حظر التجوال، وأثار أيضاً "التعاطف" مع النظام، بمنطق أن "إعلان عدم الترشيح" هو مكسب من نظام لا يتراجع، و"ليس في الإمكان أبدع مما كان".

مهّد تحييد الجمهور الواسع، (الذي أطلق بعض أفراده لدموعه العنان، تأثرًا بالشحنة العاطفية الكبيرة التي حملها الخطاب) مع إثارة جدل اللاإجماع على استمرار التظاهرات، مهّد لهجوم ميليشيات مبارك. الذي لم يكتفِ بدماء الأسبوع الأوّل، التي سالت بغزارة. فقرّر نظامه الهشّ، الذي لم يبق منه سوى أنياب(بعدما تآكلت شرعيته)، أن يجرّب الطريقة الميليشياوية. وقد ظهرت ميليشيات مبارك الحقيقية في أعقاب خطابه العاطفي، الذي كان بمثابة ساعة الصفر وكلمة السر، التي تحرّكت بعدها الميليشيات تحت لافتة "أنصار مبارك": الميليشيات تتكوّن من: بلطجية شوارع. مسجلين كأشخاص خطرين، يسيطر عليهم ضباط المباحث. وعمال شركات رجال الأعمال (التابعين لمبارك)، وشركات البترول (التي يحكمها سامح فهمي، وزير البترول). ومرتزقة مأجورين من ضواحي فقيرة في القاهرة والمحافظات، وعناصر من الشرطة السرية. إضافة إلى فلول جهاز أمن الدولة، بعد هزيمته في "جمعة الغضب".

أدارت الميليشيات حرباً، يعود زمنها إلى القرون الوسطى، عندما هبطت طلائعها في ميدان التحرير(ظهيرة الأربعاء 2 شباط/فبراير) على الجياد والجمال، ويحمل ركابها سيوفاً وأسلحة بيضاء. فيما الفرق الأخرى أحدث، سلاحها قنابل مولوتوف يدوية وقنابل خانقة، لم تكن تملكها إلاّ أجهزة الأمن الرسمي(قيل إنها مدد عاجل، وصل تواً من تل أبيب. وفيما تناقلت محطات تلفزيونية صوراً، واستغاثات، وأخبارًا مؤكدةً عن " جيش البلطجية" الذاهب إلى التحرير، ظل التلفزيون الحكومي يبث خبرًا متكررًا عن توجه "أشخاص" لم يسمهم، إلى الميدان لفض الاعتصام بالقوّة. فعاش ثوّار التحرير ساعات قاسية. تلوح في الذاكرة صورة مختلطة لمذبحة ميدان " السلام السماوي" في الصين، والوحوش الجائعة التي كان يطلقها أباطرة الرومان على شعوبهم.

مهما يكن من أمر، فبعد يوم ساخن من حرب شوارع كاملة الأوصاف، مع ميليشيات مبارك، بدا أن النظام وصل إلى الحافة الخطرة في الدفاع عن منصب مبارك. واستُخدمت بسرعة مدهشة، أذرع قديمة وجديدة في الدفاع الأخير عن النظام، الذي بدا أشبه ما يكون بتنيّنٍ يرفض النهاية، ويدمّر ما حوله دفاعاً عن بقائه. وكان أكثر ما تضرّر من الهجوم البربري هو الحراك السياسي المحيط بالثورة، المشتعلة منذ 25 كانون الثاني/ يناير، الذي أصيب بالشلل. ولم يعد أحد قادراً على تجنب شلالات الدماء، فغابت المعارضة تحت شعار: "لا حوار إلاّ بعد الرحيل"، فيما كان ردّ النظام: "لا مفاوضات إلاّ بعد فض التظاهر". وفي حال الشلل العام، لم يتحرك إلاّ جيش الدفاع السري عن النظام في الإعلام، وإدارة البلطجية، حيث بدت ردود فعل النظام، في مواجهة التحولات التراجيدية، قريبة إلى الهستيريا، خصوصاً بعد ارتفاع الضغوط الدولية، وتحديداً الأميركية، في اتجاه انتقال السلطة "الآن".

ما جرى في على جبهة الاعلام في موازاة " موقعة الجمل" كان بالغ الدلالة. ففيما ظلت مجازر البلطجية متواصلة، على قدم أمنية وساق بلطجية، لليوم الثاني على التوالي، طلبا لإخلاء الميدان، تمامًا، من المعتصمين. كانت ماكينة دعاية النظام تُبدي إصرارًا لا يحيد، على تحويل الرئيس إلى "بقرة مقدسة" لا يجوز مسّها. وتروّج أجهزة "البروباجندا" الحكومية لأفكارها في حقن متداولة:

1) هل يمكن أن تطرد أباك، بعد كل ما فعله من أجلك من البيت. حتى لو أخطأ؟!

2) كلّها خمسة أشهر، ويتغير كل شيء، وتكون مغادرته طبيعية.

3) الرئيس قدّم كل ما طلبه الشباب. ماذا يفعل أكثر من هذا؟

4) المؤامرة الأجنبية ستفجّر مصر، وتخرّب أرضها، وتنشر الفوضى (لماذا؟ ولمصلحة من؟ لا أحد يسأل لأن الوقوع في أسر الخطاب الخرافي لا يستدعي العقلانية، أو غيرها).

5) ألقينا القبض على " مندسين"، وهم خليط من الأجانب: (حماس، وإسرائيليين، وأفغان، وإيرانيين، و"حزب الله")، هذه لازمة يختار منها راوي الحكاية، من دون أن يحدّد موقعه: هل هو ضابط أمن؟ أم مجرد شريك في حماية أحد الحواجز؟

كانت الخديعة مكتملة الأركان، حاول النظام، من خلالها، أن يوسّع بها الأرض من حول الثورة، بعودة "كمّاشة الأمن"، وبلجان الحكماء، ووفود المتفاوضين. و" سلاح الفتاوى" الذي عاد للعمل مجددًا، فخرج الأزهر بفتوى (أيدها مفتي الديار المصرية، علي جمعة) بجواز "ترك المسلم صلاة الجمعة، إذا تأكد من وجود خطر على نفسه، أو ماله، أو بيته". هذه الفتوى بدت محاولة واضحة لثني المواطنين عن المشاركة في الدعوة المليونية إلى صلاة الجمعة. وهو اليوم الذي أعلنه المتظاهرون "جمعة الرحيل". كما تم تداول ما أعلنه الأزهر من أن يوم "جمعة الرحيل"يصادف أول شهر ربيع الأول، وهو الشهر الذي حرّم فيه الرسول مظاهر العنف! وهكذا تم استدعاء المؤسسة الدينية الرسمية، مجددا، لتهدئة خواطر المتظاهرين، بسلطانها الديني، الذي افترض النظام أن سلطاته الروحية يمكن أن تؤمن له وقتًا، يلتقط فيه أنفاسه اللاهثة. فبعد فتوى " تكفير المنتحر"، عشيّة الثورة، توالت فتاوى "الأزهر" ومواقفه، لتزداد تحيّزاً للسلطة، حيث طالب شيخ الأزهر" أبناء الشعب المصري، لا سيما الشباب، أن يحرصوا على أمن مصر وسلامتها، وألا يتركوا مجالاً للتخريب والإفساد"؛ مناشداً الجماهير" الإلتزام بالهدوء، في هذه المرحلة الدقيقة"، بما يتيح المجال أمام من أسماهم "المخلّصين من المسؤولين"! وأبناء الوطن، لمعالجة "حكيمة، وصادقة، وجادة"، للأوضاع الراهنة. أتبعها بخطوة أخرى، حيث أعلن "الأزهر" في بيان له، أنه "يعبّر عن ضمير جماهير الأمّة، ويستشعر آلامها".

وانطلاقاً من حرصه على "الأمن القومي لمصر، والمصالح العليا للأمة"، وإدراكاً منه أن للجماهير مطالب عادلة، في الحرية والعدالة ومحاربة الفقر والبطالة، والكساد، يؤكّد أن "المطالب، مهما كانت عادلة، لا يمكن أن تكون مبرّراً للفوضى والاعتداء على الممتلكات والأرواح"، مهيباً بأبناء الشعب المصري الحرص على "أمن مصر وسلامتها". وختم الطيب بالقول "أناشد المحتجّين كوالدهم. . . فلا يوجد من في قلبه مثقال ذرَة من دين من يغمس يده في ما يحدث". وكما نقلت الصحف أن شيخ الأزهر أجرى اتصالاً بمبارك، أكد فيه دعمه له، وثقته في قدرته على تجاوز هذه الأزمة، و"انحيازه لمطالب الشعب"، وإعادة الاستقرار إلى مصر [32].

في هذا النهار الصعب، بدى خيار الإطلالات المتلفزة راجحًا. وعليه، جرى تقسيم أدوار لافت، بين ثلاثي النظام، في نسخته المعدّلة: حسني مبارك، عمر سليمان وأحمد شفيق، الذين خرجوا إلى ضوء العدسات التلفزيونية المرهق، كي يقولوا ما مفاده إنّ كل شيء مباح، طالما كان الهدف غير المعلن إحباط "جمعة الرحيل"؛ التي لم يتبق على موعدها سوى أقل من 24 ساعة، فقط. ما ضغط على أعصاب النظام، بشدّة، فبدا مرتعبًا، يدافع عن استمراريته بكل ما يملك. يتراجع، ويفعل ما لم يكن في خياله أن يفعله، إلى درجة أن يُعلن بنفسه، أنه طلب الحوار مع "الإخوان المسلمين"، وأن "الجماعة" مترددة. كل هذا التراجع لكي لا يصل المتظاهرون، إلى "الجائزة الكبرى": رحيل مبارك.

على شاشة محطة "أيه بي سي نيوز" الأميركية، أطلّ مبارك، للمرّة الأولى، في مقابلة متلفزة (2/3) أجرتها معه مراسلتها في القاهرة، كريستيان امنابور، قال فيه: "أشعر بالقوة. لن أهرب أبداً. سأموت على أرض مصر"، معلقا على ما شهده الميدان، من هجوم لبلطجيته على المعتصمين، في اليوم السابق بقوله:"كنتُ حزيناً جداً. . . لا أريد أن أرى المصريين يقاتلون بعضهم البعض"، محملاً مسؤولية مجازر بلطجيته لـ "الاخوان المسلمين". وترجم مبارك ذروة أنانيته ونرجسيته، بقوله:"لا أبالي بما يقوله الناس عنّي. كل ما يهمني الآن هو بلدي. مصر هي التي تهمني". وبدا واضحاً أنه قرّر رمي القفازات بوجه واشنطن، إذ ردّ على الدعوات الأميركية له بالتنحي "الآن" وليس لاحقاً، بالقول للرئيس باراك أوباما:"أنت لا تفهم الثقافة المصرية، وما يمكن أن

يحصل إذا تنحّيت الآن". كلمة" الرحيل" تستفزّ مبارك ورجاله. رجاله يقولون: لا نريد نهاية غير كريمة للرجل، فهو "أبٌ وقائدٌ". هذا ما قاله عمر سليمان، كثيرا. وهذا، أيضاً، ما قاله مبارك، عندما سار على النغمة نفسها، متحدثا بمنطق" الأب المهزوم "، الذي ما يزال خائفاً على اولاده، قائلا: "فاض بي الكيل، بعد 62 سنة خدمة للوطن، أريد الرحيل، لكنني أخشى الفوضى". ولا ينسى استخدام " فزاعته "المستهلكة: "...اذا تركت الحكم... سيحكم الإخوان"[33].

كان الحوار في مجملة ذروة درامية في مجال اللعب بالعواطف وعليها. مبرمجًا في سياق حرب نفسية تحاصر "الثورة العزلاء في التحرير". الثورة الي تعرضت، في تلك اللحظة بعينها، لخطة عزل محترفة:

1) الحكومة في قمّة تهذيبها، للمرة الأولى: رئيسها الجديد(الفريق شفيق) يعتذر عن هجوم ميليشيات بلطجية فلول النظام في الحزب وجهاز أمن الدولة ورجال الأعمال وحاشية مبارك، الخائفين من المحاكمات والمدافعين حتى النفس الأخير، عن نظام منحهم السلطة، والثروة، ويحملون من أجله الآن السلاح.، كان شفيق يحاول تأدية دور الودود القريب من الشعب، مجدداً اعتذاره وحكومته عمّا جرى في يومي الجمل. ومتعهداً بعدم تكرار ما حصل. كأنّه لا يعلم شيئاً، فقد تساءل كيف وصل بلطجية مبارك إلى ميدان التحرير، ولماذا وبمساعدة مَن؟ وحمّل مسؤولية العنف لبضعة "مشاغبين صبيانيين"[34].

2) سيارات شرطة تمرّ في الشوارع تستحثّ "لجان" حماية، من نوع يختلف عن لجان الحماية الشعبية (كما كانت في أعقاب الانفلات الأمني المصاحب لانسحاب الشرطة). "اللجان" الجديدة تقول إنها" تحمي الوطن" من الثورة، وتمنع مرور المتظاهرين إلى ميدان التحرير. كما تمنع إمدادات الغذاء والدواء. يساند هذه اللجان فرق بلطجية، يتسلمون حملة الإمدادات باعتبارهم "عملاء أجانب"، للقول أن مراكز الدعم الأجنبي اخترقت الثورة، التي وصفها نائب الرئيس، سليمان، بأنها "نقية ونبيلة اندسّ بينها أصحاب أجندات أجنبية وسياسية"[35].

3) الحملة الإعلامية اتخذت بعدًا جديدًا في شراستها، وصف المعتصمين في التحرير بأنهم

"عملاء إيرانيون وإسرائيليون وأميركيون" أو "عناصر إخوان وجماعات إسلامية". خليط غريب من أوصاف تُفزِع الشخص العادي. وتجعله مستعدًا، في بعض الأحيان، للدفاع عن "وطنه" ضدّ الهجوم الخارجي، وعن قُوته ضدّ "الذين يُغلقون ميدان التحرير، ويعطّلون الدنيا والرزق".

4) عمليات واسعة لإفراغ مصر من الأجانب (مراسلون، صحافيون، موظفو هيئات ومنظات دولية ومندوبو منظمات حقوقية مثل "منظمة العفو الدولية"). وبموازاة إخلاء الرعايا، أصبح الأجانب الوحيدون هم "الأيادي الأجنبية"، التي تنفّذ المؤامرة، وتبحث عنهم ميليشيات البلطجية في الكمائن الليلية والنهارية.

5) هجمات اعتقال غريبة وغامضة، استهدفت مراكز حقوقية (مثل" هشام مبارك"، و"المصري للحقوق الاجتماعية والاقتصادية")، بغطاء من البلطجية، الذين كانوا يهتفون:" إسرائيليين. . . إسرائيليين"! قبل أن تظهر الشرطة العسكرية، لتلقي القبض على عدد من النشطاء.

في اليوم نفسه(2/3)، كان نائب الرئيس، سليمان يسجّل أكبر ظهور إعلامي له، منذ تعيينه، (على التلفزيون الحكومي، طبعاً)، في مقابلة أدارها رئيس قطاع الأخبار في التلفزيون الرسمي، عبد اللطيف المناوي، الذي بدا أشبه ما يكون بشخص مكلّف تذكير سليمان برؤوس أقلام ما يجب أن يقوله. الرجل القليل الكلام، عادة، قال الكثير هذه المرة، بنبرة لا تترك مجالاً لعدم ملاحظة مدى الأثر الذي تركته تجربته الاستخبارية الطويلة على شخصيته، فملخص ما قاله سليمان، عبر الحوار المطوّل، كان يصبّ في هذا الاتجاه، وإلاّ فبم نفسر ما قال:

"جميع أطراف المعارضة يريدون الحوار مع النظام". وأن في "ميدان التحرير" قد "اندست بينهم عناصر تقوم بتنفيذ أجندات خاصّة، داخلية وخارجية ". و" لا رحيل للرئيس قبل انتهاء ولايته الدستورية، في سبتمبر". وكلمة الرحيل التي ينادي بها المتظاهرون، اعتبرها سليمان بمثابة " نداء للفوضى"، وهي " غريبة على الشعب المصري"، ولذا خلص إلى أن " من يثير مثل هذه الأمور، لا ينتمي إلى هذا الشعب"، و"نرفض تدخُّل دول أجنبية في شؤوننا على

شاكلة نصائح وأوامر". مواقف زيّنها سليمان، بهجوم على فضائية "الجزيرة" القطرية، من دون أن يسمّيها، مكتفياً بدعوة الشعب المصري إلى عدم مشاهدة "بعض الفضائيات المعادية، التي تحرّض على تدمير مصر". حاول سليمان أن يوحي بأن ثمة طريق ممهدة إلى التوافق، من خلال قوله إن أحزاب المعارضة كافّة "شاركت في جلسة الحوار، إلاّ حزبي الوفد والتجمّع، اللذان طلبا التأجيل". كما أوضح أنه التقى ممثلين عن معتصمي "ميدان التحرير". وعن عدم مشاركة "جماعة الإخوان المسلمين"، أجاب: "إنهم مترددون، وهذه الفرصة ثمينة لهم". وكان لـ "المؤامرة الأجنبية" حيّز واسع من إجابات سليمان، الذي رأى أن" الأشخاص الموجودين حالياً في ميدان التحرير هم من يتبع وينفّذ أجندات خاصة، لا وطنية".(36)

في مقابلة أخرى، أجرتها مع سليمان مراسلة شبكة " ايه بي سي" الأميركية، كريستيان أمنابور، وتمّ بثها في يوم "جمعة الرحيل"، (2011/2/4) ظلّ الرجل يعزف النغمة البائسة ذاتها، وإن بكلمات أخرى تناسب المتلقي الغربي، هذه المرة. فعلّق على مطلب الرحيل بالقول:" هناك عدد قليل من الأشخاص يطالبون بذلك، وهذا أمر ضدّ ثقافتنا. نحن نحترم رئيسنا، ونحترم أبانا"، واصفًا خطاب مبارك، الذي سبق " موقعة الجمل"، بأنه:" محاولة للرد بشكل إيجابي على مطالبهم. وهذا هو الشيء الوحيد الذي يمكن أن نقدمه". مكرراً دعواه بأن:" هؤلاء الأشخاص(المتظاهرون) مدعومون من أجانب". مطالبًا اياهم " بالعودة إلى منازلهم". مختتما بالقول:" شعبنا يرغب في التعبير للأشخاص الموجودين في ميدان التحرير، بأننا الآن بلا عمل. آمل بأن يعترفوا أنهم لم يعملوا لصالح البلد" (37).

هكذا إستمر سليمان في الإجهاز بيده على فرصته في العبور بنظامه إلى بر الأمان، ناسفًا توقعات كثيرين أن تشكل تولية سليمان مقاليد الأمور، بتعيينه نائبًا للرئيس (وهو المعروف بأنه من أدار لسنوات ملف الشؤون الخارجية المصرية) " طوق نجاة" للنظام الموشك على الغرق. خصوصاً أن سليمان(" الرجل الغامض" بالنسبة لكثيرين) سبقته سمعته، كشخصية قيادية، قادرة على لملمة الأمور، وحسمها، على نحو واضح. بيد أن ما حدث، بالفعل، بدا مناقضًا لكلّ "الحكايات" التي تم تداولها عن سليمان. بل إن كثيرين ظلوا يستعيدون الحكمة المأثورة

القائلة:"تكلّم كي أراك"، إذ مع كل تصريح أو مقابلة إعلامية، كانت شخصية " الرجل الغامض" تزيح بعضًا، من جوانب غموضها، فيفقد الرجل كثيرا من هيبته المفترضة.

إلى ذلك، كان النظام يشن حربًا بلا هوادة، على وسائط الإعلام الأجنبية، التي فضحت ما جرى في ميدان التحرير، يوم " موقعة الجمل". ففيما كان مبارك يبعث برسائله، عبر شبكة "ايه بي سي"، الأميركية، (2/3) كانت ميلشياته تتصدى للمراسلة التي أجرت المقابلتين معه، كريستيان أمنابور، والطاقم المرافق لها، في القاهرة، وفقا لما نُقل عن أمنابور. فيما كان عدد من أنصار النظام يقتحمون مقر فضائية " العربية"، (بعدما تكفّل النظام بإسكات" الجزيرة")، احتجاجا على تغطيتها " المنحازة" برأيهم، لصالح الثوّار. كذلك، اقتحمت مجموعات أخرى فنادق قاهرية عدّة، اعتاد المراسلون الأجانب الإقامة، فيها. وطاردوا عددا من الصحافيين الأجانب. فيما تعرض عدد من بلطجية النظام لعدد آخر من الصحافيين الأجانب، في ميدان التحرير، حيث تعرّض تسعة من الصحافيين الفرنسيين من قناتي تلفزيون وصحيفتي "لوموند" و"لو فيغارو" حوادث عدّة "هددت سلامتهم"، أو للتوقيف، كما قال المتحدث باسم الخارجية الفرنسية. فيما تم اعتقال ثلاثة من مراسلي تلفزيون "فرانس 24"، وثلاثة آخرين من القناة الأولى في التلفزيون الفرنسي، ومراسل "قناة "آرتي" الألمانية الفرنسية ومراسل صحيفة" لو فيغارو". بينما أعلنت القناة الأولى في التلفزيون الفرنسي أن "مسلّحين بلباس مدني أوقفوا ثلاثة من صحافييها، واقتادوهم إلى مكان غير معروف". وأصيب صحافي من التلفزيون السويدي "إس تي في" بجروح خطرة، نتيجة طعنه بسكين، كما أعلنت المحطّة التي يعمل لصالحها. وتمّ احتجاز مراسلين سويدين من صحيفة "افتونبلادت"، أثناء تغطية الأحداث في أحد الأحياء الشعبية في القاهرة. وتعرّض الصحافي البلجيكي الذي يعمل مع صحيفة "لو سوار" للضرب والاعتقال، أثناء تغطيته لتظاهرة، هو ومراسل تلفزيون "في تي ام" البلجيكي ومصوره، اللذان اعتقلا، إضافة إلى خمسة صحافيين بولنديين، ثلاثة منهم، يعملون مع التلفزيون البولندي "تي في بي". وأوقفت الشرطة صحافي إذاعي ومصور تلفزيوني برازيليين، ثمّ طردا، كما قالت وكالة أنباء البرازيل. بينما تعرّض مراسل تركي للضرب المبرح على أيدي أنصار مبارك،

بالقرب من "ميدان التحرير". وأصيب صحافيان يونانيان، هما مراسل صحيفة "كاثيميريني"، ومصورها. وتدخّل الجيش، الأربعاء، لتخليص مصور التلفزيون الكندي العام "راديو كندا"، من بين أيدي بلطجية النظام، في "ميدان التحرير". كما أكدت كندا تعرّض عدد من صحافييها للمضايقة. ما دعا خمسة من قادة دول الاتحاد الأوربي، هي: فرنسا، بريطانيا، ألمانيا، إيطاليا وأسبانيا، إلى الإعلان، في بيان مشترك، أن "الاعتداءات التي تستهدف الصحافيين غير مقبولة، على الإطلاق". بينما دعت منظمة" مراسلون بلا حدود" إلى إدانة " الهجمات المروَعة" على الصحافيين. واعتبرها الأمين العام للمنظمة، جان فرانسوا جوليار:" تبدو وكأنها أعمال انتقامية ضدّ الصحافة العالمية، التي وقفت إلى جانب المتظاهرين، المطالبين بإسقاط مبارك"[38].

وجاءت "جمعة الرحيل" (2/4). وفيما كان مئات آلاف المتظاهرين يتجمعون في "ميدان التحرير"، هاتفين برحيل النظام ورأسه معًا , سُجّل تحليق لمقاتلات حربية من طراز "أف16-"، ما أثار تساؤلات حول الرسالة التي تريد القيادة العسكرية توجيهها من هذا الاستعراض الجوي، ليتبيّن لاحقاً أن هذه الطائرات كانت تواكب زيارة قام بها وزير الدفاع, المشير حسين طنطاوي إلى مبنى التلفزيون, تحت دوي الطائرتين الحربيتين اللتين حلقتا, للمرة الأولى, في سماء القاهرة، ليتفقّد جنوده، أمام مبنى التلفزيون، وينفي الشائعات التي ترددت حول موقف المؤسسة العسكرية. استعراض قوة، يشبه تنيناً يَحتضِر، عبّرت عنه المقاتلات الحربية, التي حلّقت فوق رؤوس المعتصمين في "التحرير"، على ارتفاعات منخفضة، محدثة أصواتاً مرعبة تشبه الرعد، أخرجت سكان قلب القاهرة, الذين التزموا بموعد حظر التجوّل، هلعين إلى شرفات منازلهم, مع ظهور المشير, لأول مرّة, في شوارع القاهرة، يصافح الجنود والمواطنين. ولأول مرة, أيضاً, يصبح لظهور طنطاوي معنى سياسياً، وهو الصامت المعروف بابتعاده عن الحركة خارج مساحة المؤسسة العسكرية، مقارنةً بأسماء أكثر صخباً في تاريخ علاقة الجيش بالسلطة (المشير عبد الحكيم عامر والمشير عبد الحليم أبو غزالة).

بخلاف دوي المقاتلات الحربية، التي تحوم فوق رؤوس المتظاهرين، كان هؤلاء مضغوطين من إتجاهات مختلفة:

1) غارات البلطجية, التي كانت ذروتها يوم "موقعة الجمل", واستمرّت يومياً, في إطار "استنزاف" طاقة المعتصمين، وإرهاق جهازهم العصبي، ووضعهم دائماً في حالة الخطر.

2) حصار اجتماعي من صغار التجار والموظفين, بعد رسائل إعلامية سرت بين قطاعات متعددة, مفادها أن المعتصمين في ميدان التحرير شياطين، تحرّكهم الأجندات, الغربية والعربية.

3) خديعة استعادت بها العناصر الأمنية الرسمية التحكم في محاور الطريق إلى "ميدان التحرير", بملابس مدنية، على هيئة لجان حماية شعبية.

4) فوضى قيادة: فعلى عادة الثورات الشعبية، من هذا النوع, حيث لا قائد واحد متفق عليه، ولا سقف للقيادة وللمطالب.

5) عناد شخص, وعدم رغبة نظام في الاعتراف بالهزيمة، أو بحتمية التغيير.

قبل كل ذلك وبعده، طفا على سطح الأحداث تشكيل لجان عدّة, ممن أسموا أنفسهم بـ"الحكماء". ما بدا غير بعيد عن رعاية النظام, وتشجيعه (وبالأخص تشجيع اللواء سليمان نفسه). وسرعان ما تأكدت تلك العلاقة مع اجتماعات لأولئك "الحكماء" المزيفون، مع كبار مسؤولي النظام. وبالتوازي، كانت ترتيبات الأجهزة غير المرئية تجهّز لفض اعتصام الثوّار في "التحرير", عن طريق رفع الحواجز والمتاريس, وسحب الدبابات: فيما أذرعها الأخرى تمتدّ لاعتقال عدد من النشطاء، ما أعطى انطباعًا بأن ما قيل عن إفساح المجال لتفاوض "الحكماء" المزعومون، لم يكن سوى وسيلة لتخدير المشاعر، وكسبًا للوقت، ريثما يتمّ الانقضاض, وتصفية الثورة. وكان طريفًا للغاية، اتهام المعتصمين بأنهم ينفذون مخططات أميركية، فيما كان من أطلقوا هذه الفرية، ممن ينامون, منذ عقود, في الفراش الأميركي.

حوار طرشان

مهما يكن من أمر, فقد تم التمهيد لجلب" المعارضين" إلى مكتب نائب الرئيس، بُغية إجراء

"حوار وطني" دعا إليه المعارضة" و" شباب التحرير". وكان لافتًا أن سليمان استبق "الحوار" بإجراء تغييرات في القيادة العليا للحزب الوطني، أطاحت أمينه العام, صفوت الشريف, وأمين لجنة السياسات, جمال مبارك, لمصلحة مجموعات مقرّبة من الأمن، في مقدمها حسام بدراوي، الذي تولّى الأمانة العامة, وأمانة لجنة السياسات, معًا. ما رأته أوساط سياسية "خديعة " من جانب المجموعة الأمنية، ظاهرها التضحية بالفاسدين من الحزب، وباطنها تعزيز قوة المعسكر الأمني، الذي يمثّله سليمان ورئيس الحكومة أحمد شفيق. [39]

لم يكن اليوم الثالث عشر للثورة(2/6), الذي دارت فيه عجلة " الحوار"، "نذير شؤم" (كما تقول الخرافات المصرية(، لكنه مثّل بداية مرحلة من الصراع بين الثورة والشرعية الدستورية، (التي أراد بعض أهل النظام جعلها متاهة للثورة، رغم أنّ الثورة لا تقف عند إشارات مرور، بل تعيد هندسة الشوارع، وفقًا لمتطلباتها). مرحلة بدأ فيها الصراع على تعيين المُفوّض للكلام باسم الثورة، وعلى قدرة التفاوض على فضّ تجمّع "ميدان التحرير", الذي أصبح, رغم الدعاية السوداء في تلفزيونات الحكومة، مزاراً شعبياً، يضيف إليه كل يوم جمهوراً جديداً، يجري تثويره عبر شحنات ومزاج ثوري. فيما النظام, على النقيض، يريد تحويل الثورة إلى تظاهرة، ينتج عنها إصلاح على طريقة "ماكياج الصباح الخفيف"، بما يكفل، في حال تمريره، استمرار الجمهورية التسلطية. هذا كان جوهر المفاوضات التي أُجريت في مكتب نائب الرئيس, عمر سليمان, الذي طلب إلى الحضور الوقوف حداداً على دماء الشهداء، في لفتة أرادها سليمان، آسرة، وبالأخصّ لقلوب الشبان الخمسة، الذين حضروا الاجتماع ممثلين لشباب الثورة. وقد تلقوا وعدًا من سليمان بإيقاف الحملات الإعلامية ضدهم، ما يعني ضمنا، أنها تمت بأوامر عليا. [40]

لم يكن حضور الشبان الخمسة هو التغيير الوحيد, فالتفاوض ضمّ, للمرّة الأولى, ممثلين عن جماعة" الإخوان المسلمين"، التي حضر اثنان من قيادييها البارزين. وبالرغم من هذين التغييرين, اللذين بديا كبيرين, كانت الرسالة التي حاول سليمان جاهدًا، إيصالها إلى الجميع، ما تزال جامدة، بعدما أعاد التأكيد على أنّ المطالبة بتنحي مبارك، وتفويض سليمان، قريبة من المستحيل، بدعوى أن هذا سيتسبب في دخول مصر إلى متاهة، اسمها الشرعية الدستورية, التي

لا يمكن عبرها إجراء الإصلاح من دون الرئيس. فبدا أن كل ما أراده سليمان، هو تجريب ما تعلّمه خلال اطلاعه العميق, لسنوات طوال، على ما يجري في أروقة مفاوضات التسوية الفلسطينية - الإسرائيلية، سيئة السمعة. فظلّ مطلوبًا الانسياق وراء جدل دستوري، استهدف احتواء الثورة وإجهاضها, من خلال إدخالها في زواريب نصوص ومتاهات فقهية دستورية عقيمة، أصبحت عبئًا على حركة التطور, بدليل اندلاع ثورة شعبية كبرى ضدّ النظام, الذي يؤطره هذا الدستور. ومن ثم، خرج البيان الصادر عن الاجتماع، باهتًا، لم يتعرض لمسألة إزاحة مبارك، وأعطى وعوداً بلا جداول زمنية لطلبات: إلغاء قانون الطوارئ، تحرير الإعلام والاتصالات، تعديلات في الجهاز الأمني وغيرها من طلبات لم يحدّد جدول لها، إلاّ في ما يتعلّق بتعديل الدستور.

كان المشهد غارقا في العبثية، منذ البداية. عند إطلاق الدعوة إلى "الحوار", بعقلية الحوارات التقليدية, التي اعتاد النظام دعوة " المعارضة" إليها، في لحظات انسداد سياسية قديمة داعيًا لها إلى غرفة فسيحة مغلقة، لـ" يتكلموا" قليلا، قبل أن يخرج المجتمعون بعريضة فيها من الإنشاء، أكثر بكثير مما فيها من السياسة. وكان ذلك يبدو قدرًا محتومًا، في إطار ما كانت تفرضه الأوضاع, حينذاك، من خلل في موازين القوّة بين السلطة الباطشة، والمجتمع الذي بدى مستسلمًا لأقداره. على أن كل ذلك كان قد تغيّر, بنزول الجماهير إلى الشارع, ظهيرة 25 كانون الثاني / يناير. لكن النظام أثبت أنه أسير لماضيه، على نحو كامل، لدرجة أن الأمين العام للحزب الوطني، الذي سقط, وجودًا ودورًا, في 25 كانون الثاني/ يناير، جلس عن يمين نائب الرئيس, في جلسة " الحوار الوطني" المزعوم. كما أن " الحوار"، نفسه، جاء نتيجة دعوة مبارك إلى إجراء حوار مع مختلف القوى السياسية، متحدثا عن تكليفات عدّة لمؤسسات الدولة. استجاب للدعوة نائب الرئيس، فجمع بين " نفر من المعارضين" المستأنسين، الذين تربوا في أكناف جهاز أمن الدولة, وبين جماعة " الاخوان المسلمين", التي كانت تفرك يديها، حبورًا، لدى تلقيها الدعوة، التي لم تراود خيال قادتها في أكثر أحلامهم سعادة.

لقد بدى الأمر, برمته, فجًا مع قراءة البيان الصادر عن " الحوار" العتيد, الذي ظهر صورة مستلهمة لكل ما جاء في خطاب مبارك، بحيث يمكننا استخدام الصيغة التي كثيرًا ما استخدمتها

الصحافة الحكومية المتملّقة في وصف خطابات مبارك: "خطّة عامل للحاضر والمستقبل", فقد جاء البيان تعبيرًا عن رغبات مبارك, التي اضطر إلى إعلانها, بعد الذي جرى. ولم يكن فيه شيىء له صلة بالمطلب الرئيس للثورة، وإن غطّى ذلك ببعض الكلمات التي نافقت " الشباب", وببعض الوعود التي تستجيب لرغبات الناس، لكنها جميعا تالية في الترتيب للمطلب الأول, المتمثّل في رحيل النظام. ما شكّل خديعة كاملة لمن بدوا "حسني النية" من المدعوين, وعلى رأسهم " الاخوان", الذين فرحوا بـ" الاعتراف الرسمي" بهم، عبر دعوتهم للقاء نائب الرئيس، فحضروا من دون ضمانات, أو اتفاق على "أجندة الحوار" (بالنظر إلى أنهم يحاورون صاحب اتهامات " الأجندات الأجنبية"), قبل الجلوس إلى طاولته. وحين أدركوا أنهم خاسرون, لا محالة, حاولوا تدارك الموقف وتغطيته, بإعلانهم اللاحق أنهم " ما يزالون يتمسكون بمطالب ثورة الشباب" , متوهمين أنهم بحضورهم كسبوا نقطة لدى النظام المتداعي، الذي دعاهم؛ وبإعلانهم اللاحق, فإنهم ظلوا محتفظين بموطىء قدم في الميدان.

لذلك، لم تصمد المفاوضات بين سليمان و"المعارضة"، طويلا. ففي اليوم التالي لها، عاد شعار "لا تفاوض إلاّ بعد رحيل مبارك", ليطغى على ما سواه، لا سيّما بعد الكشف عن شبكة حبيب العادلي, التي دبّرت تفجير كنيسة القديسين. فمع اتساع دائرة الثورة، فكّر الثوّار بتكوين جسم واحد, يستطيع إدارة المعركة مع نظام محترف في امتصاص الصدمات، وهكذا ولد "ائتلاف شباب الثورة المصرية", الذي أُعلن (2/7) بين حركات: "6 أبريل "، "العدالة والحرية"، " الجبهة الحرّة للتغيير السلمي"، "حشد" و"حملة دعم البرادعي". وقد أعاد الائتلاف, منذ لحظة ميلاده، رفع شعار"لا تفاوض إلاّ بعد رحيل مبارك"، ليُنهي متاهة المفاوضات مع نائب الرئيس, عمر سليمان.

كان ميلاد الائتلاف إيذانًا بقطع الطريق على محاولة النظام احتواء الثورة, وتحويلها إلى تظاهرة. وأفسد خطّة إخلاء ميدان التحرير، التي وصلت إلى ذروتها بالمفاوضات, التي جرت برعاية نائب الرئيس؛ والتي أحدثت بلبلة، خصوصاً مع ارتباطها بخطاب عاطفي عن بداية عصر جديد, يقوده الرئيس "الأب والقائد", لإعادة بناء مصر. وترافق ذلك مع انتشار عناصر

من الشرطة السرية, و"الحزب السري" في "الحزب الوطني الحاكم"، لترويج أفكار على شاكلة "كفاية كده". النظام حقق كلّ ما طلب منه، ولنبدأ معاً في بناء العصر الجديد, بناءً على وعود الرئيس". الحزب السري انتشر في حلقات داخل "ميدان التحرير"، وكان الرد من ائتلاف الثورة بتجديد المطالب: رحيل نظام مبارك، محاسبة المسؤولين عن قتل الشهداء، إبعاد الجيش عن السياسة، إنهاء العمل بحالة الطوارئ، حلّ مجلسي النواب والشورى، حرّية تكوين الأحزاب وإلغاء جميع القيود المفروضة على حرّية الرأي والتعبير.

أربك بيان "الائتلاف" حسابات الجميع، خصوصاً مع ما بدا أنه "انسحاب تدريجي" للاخوان من الميدان، باعتباره تغييراً في التكتيك, بعد "الفشل في توجيه ضربة قاضية، والاتجاه إلى تجريب الفوز بالنقاط". التغيير، كان نتيجة ما سمعه "الإخوان" في حوارنائب الرئيس، من اتهامات ترى أن"الإخوان يقودون جناح التشدّد في ميدان التحرير، وأنهم وراء رفض الحوار, والإصرارعلى تنحية مبارك" [41].

بموازاة هذا التحول النوعي، في موقف الإخوان، بدأ النظام بتحولات تسير باتجاه البيروقراطية، واستخدام سلاحها المجرَّب منذ عقود، بهدف امتصاص رغبات التغيير, أو تحويلها إلى نقطة تذوب في بحر لجان ومناقشات يديرها طهاة النظام المحترفين. فقد أعلن نائب الرئيس (2/8)، قراراً جمهورياً قضى بتأليف ثلاث لجان، إحداها دستورية, تشرف على تعديلات الدستور، والأخرى لجنة الحوار مع المعارضة، والثالثة لجنة تقصّي حقائق. "اللجنة الدستورية"، كانت مهمتها "وضع التعديلات المطلوبة"، التي ستمهّد خصوصاً للانتخابات الرئاسية الجديدة, مع قرب انتهاء ولاية مبارك, في شهر أيلول/سبتمبر، هي " بيت القصيد". عنها فقال سليمان، في تصريح في ختام اجتماع مع مبارك، إن هذا الأخير "وقّع قراراً جمهورياً بتأليف اللّجنة الدستورية, التي ستضع التعديلات المطلوبة للدستور، وما تقتضيه من تعديلات تشريعية". واصفًا إياها بأنها لجنة ستقود خريطة طريق لـ"انتقال السلطة", مثلما يتخيّلها النظام. والمصطلح الذي استعاره سليمان, من خبراته العريضة في المفاوضات الفلسطينية مع الاحتلال " الإسرائيلي"، لم يكن يعني بالنسبة إلى الثوّار سوى

"خارطة تضييع الطريق", لتمتص البيروقراطية العتيدة في نظام مبارك، الثورة، وتضعها في مسارات لا تؤدّي إلاّ إلى استمرار النظام.

وكان مما يتجاوز حدود الاحتمال, أن ترى المتسببين بالحريق يقدّمون أنفسهم باعتبارهم "إطفائيين". وعليه، كان الردّ الفوري على " خارطة الطريق" التي أعلنها سليمان، ومحاولة النظام تصوير الأمر كما لو أن مصر قد عادت تنزلق, مجددًا, إلى سباتها, بعودة الازدحام إلى الشوارع, وعودة محطات البنزين للعمل بكامل طاقاتها, وفتح المصارف والمحال لأبوابها، وظهور وزراء حكومة شفيق في التلفزيون الحكومي, مدّعين بأن مبارك أعطاهم تعليمات بالعمل على إخراج مصر من حال الفوضى, التي عمّتها! فكان الرد الفوري على هذه الترهات أن شهد "ميدان التحرير" أكبر مليونياته, يوم الثلاثاء(2/7), ودوى الهتاف الناطق بإرادة الحياة: "الشعب يريد إسقاط النظام".

لم يكن الشعب الثائر ليراهن على اللّجنة التي شكلها قرار مبارك, موليًا رئاستها إلى رئيس محكمة النقض، القاضي سري صيّام, الذي عمل مساعدًا لوزير العدل لشؤون التشريع, لمدة زادت عن 20 عامًا. قبل أن يترك منصبه ويعود لمحكمة النقض، رئيسًا لها, بعد أن أصبح أقدم قاض فيها. وكان من المعروف على نطاق واسع، أن صيّام أشرف على صياغة عشرات القوانين، الموصومة بـ" سيئة السمعة", في ظل العلاقة القوية التي تربطه برئيس مجلس الشعب المنحلّ، فتحي سرور.

وفيما تحدثت مصادر دبلوماسية أوروبية عن سيناريو صحي، يغيب فيه مبارك عن الساحة, بعد توقيعه قرار تأليف اللّجنة الدستورية، ويسافر في رحلة علاج إلى ألمانيا (بحسب مجلة "دير شبيغل", المستندة إلى تصريحات للمستشارة الألمانية, أنجيلا ميركل)، قام سليمان بنفي الفكرة, تمامًا، في لقاء مع رؤساء تحرير الصحف المصرية(2/8). وحاول سليمان أن يبدو حازمًا, بأقصى ما يستطيع, وهو يؤكد للصحافيين أن النظام " لم ولن ينهار". كلام أضاف إليه سليمان نغمته المفضّلة عن المؤامرة الأجنبية, باختصاره عناصر الأزمة في "التدخّلات الخارجية، ومنها ما هو سياسي, ومنها ما هو خاصّ ببعض العناصر التي تحاول التدخّل, وتوفير سلاح, أو تهديد

الأمن القومي في شمال سيناء". ناقلاً رسالة التخويف, بأبلغ معانيها, قبل أن يطمئن الحضور بادّعاء أن مبارك "يؤيد التداول الحقيقي للسلطة, وليست لديه مشكلة في تحقيق ذلك، لكن لا بد من التفكير في مواصفات الرئيس المقبل, وتوجهاته". حتّى إن سليمان استفاض في الحديث عن أهمية وجود مبارك، لا كنوع من الاحترام لتاريخه العسكري القديم فحسب، بل " لإدارة خارطة الطريق، والإصلاحات المقبلة". وبلغت لغة رجل الاستخبارات أوجها, مع تأكيده أن "الدولة توقعت, منذ عام تقريبًا، حدوث ثورة من الشباب على موقع "فيس بوك". وقدّرت عدد من سيشاركون فيها بمئة ألف". وإذا بدا ذلك حديثا مرسلاً، فقد انتقل منه سليمان إلى حديث يستعير لغة التخويف، مشيرًا إلى مغادرة أكثر من مليون سائح مصر, في تسعة أيام فقط. من دون أن يسأله أحد الحضور عن كيفية نقل هذا العدد الهائل من مصر إلى بلادهم, خلال تلك الأيام التسعة، اذ أن عملا كهذا يدخل في باب الإعجاز, ولا ريب[42].

واصل سليمان، في الليلة نفسها، تهديداته, فتوعّد، في تصريح لوكالة "أسوشييتد برس" بأنه "لن تكون هناك نهاية لهذا النظام, ولا مغادرة فورية لمبارك"، وأنه "لا يمكن لمصر تحمّل استمرار التظاهر في ميدان التحرير". متجنبًا [في حوار متلفز مع شبكة " أيه بي سي" (2/8)] الخوض في جوانب الإصلاح السياسي الأخرى, ومناحيه، وترك الكلام غائماً, حمّال أوجه، مذكراً إيانا بتصريحات صفوت الشريف القديمة-الجديدة, بأن مطالب بعض التيارات الحزبية بتعديل الدستور، هي ضرب للاستقرار ووحدة الوطن, على الرغم من أن القاصي والداني يعلمان بجلاء، أن نقطة البدء في أي إصلاح سياسي هي تغيير الدستور, تغييراً جذرياً، وليس مجرد تعديل بعض مواده.

كان الرجل يستعير كثيرًا من " قاموس صفوت الشريف", وإلاّ فبم نفسّر قوله إنه يأمل أن يعترف من أسماهم , باستعلاء منكر" الأشخاص المتواجدون في ميدان التحرير، بأنهم لم يعملوا لمصلحة البلد". كما كان ردّه على تساؤلات بشأن استبعاد "البرادعي" عن الحوار (والمعروف أنه هو الذي رفض الدعوة)، مقتبسًا من قاموس الشريف, قائلاً بأن البرادعي "ليس من المعارضة", وإن له "جماعته الخاصة التي لها صلات مع الاخوان المسلمين". ولا ينسى رجل الاستخبارات

المدرب، أن يحاول دق إسفين بين الطرفين:" الاخوان طلبوا الحوار معهم، من دون البرادعي" ولم يتزحزح الرجل قيد أنملة عن ذلك التصور المغرق في الاستخفاف بالعقول, حين زعم أن موجة الثورات المندلعة في المنطقة "يقوم بها التيار الإسلامي، الذي دفع الشباب إلى الاحتجاج", زاعمًا أن حركة الاحتجاجات " ليست فكرة الشباب، بل جاءت من الخارج", فهل هناك تيارات إسلامية في الخارج؟! ثم إن الفريّة نفسها تشي بعدم نجاح أجهزته الاستخبارية في تأمين البلاد من مخططات الأجانب، وأجنداتهم! ثم كانت ذروة المأساة، جواب نائب الرئيس عما إذا كان يؤمن بالديموقراطية التي يطالب بها المحتجون:" الجميع يؤمن بها لكن السؤال: متى ستفعل ذلك؟ متى سيكون لدى المصريين ثقافة الديموقراطية؟"[(43)]. ولم يجد الرجل غضاضة في إعلان اتهامه لـ" شعبه"، بعدم صلاحيته للديموقراطية, ولم يسأل الرجل نفسه: لماذا يضيع جهده في تبني مشاريع إصلاح سياسي، من أجل شعب " غير مؤهل للديموقراطية"؟!. وهكذا كان سليمان يتحول، شيئًا فشيئًا، ومع كلّ تصريح له أو مقابلة إعلامية، من " طوق نجاة" لنظام مبارك، إلى " حبل مشنقة" يلتفّ, رويدًا رويدًا, حول عنق النظام نفسه. كان ذلك واضحًا تمامًا، في تلك اللحظة التي خرج فيها عمر سليمان, بكامل تجهّمه وعبوسه, ليعلن تخلّي مبارك عن السلطة، مساء 11شباط/ فبراير2011 .

الهوامش:

1- " القدس العربي" لندن 2011/1/21

2- "الأهرام" القاهرة 19 /2011/1

3- عبد العظيم حماد، العرض والطلب في الديموقراطية, الشروق (القاهرة), 2009/3/8

4- وائل عبد الفتاح، رجولة الحكم. "الأخبار" بيروت 2011/1/26

5- "الشروق" القاهرة 2011/1/26

6- "المصري اليوم" القاهرة 1/25 /2011 ,الشروق (القاهرة) 2011/1/26

7- "المصري اليوم" القاهرة، 2011/1/27

8- "المصري اليوم" القاهرة 2011/1/27

9- المصدر نفسه

10- مكرم محمد أحمد، "الأهرام" القاهرة 2011/1/26

11- "القدس العربي" لندن 2011/1/27

12- كريمة كمال، العودة إلى القمقم، "المصري اليوم" القاهرة 2011/1/27

13- ربى أبو عمو، هكذا اعتصم حكام مصر بالصمت بعدما أثقلتهم الثقة بالنفس، "الأخبار" بيروت 2011/1/29

14- وائل عبد الفتاح، مارد ثورة يصارع قمقم مبارك، "الأخبار" بيروت 2011/1/27.

15- المصدر نفسه.

16- برنامج الحياة اليوم، على فضائية الحياة المصرية، ليلة 2011/1/25

17- "المصري اليوم" القاهرة 2011/1/27

18- المصدر نفسه

19- "الشروق" القاهرة 2011/1/28

20- أبو عمو، مصدر سبق ذكره

21- "الأهرام" القاهرة 2011/1/27

22- "الشروق" القاهرة 2011/1/28

23- "الشروق " القاهرة 2011/1/31

24- المصدر نفسه

25- "الشروق" القاهرة 2011/1/31

26- فهمي هويدي، مصر من الفرعونية إلى الديموقراطية، "الشروق" القاهرة 2/1/

27- "المصري اليوم" القاهرة 2011/1/31

28- "الشروق"القاهرة 2011/2/2

29- "الشروق" القاهرة2011/2/1

30- "الشروق" القاهرة 2011/2/2

31- "الأهرام" القاهرة 2011/2/2

32- "السفير" بيروت 2011/2/5

33- "المصري اليوم" القاهرة 2011/2/4

34- وائل عبد الفتاح، يوم حاسم مضرج بالدماء، "الأخبار" بيروت 2011/2/4

35- المصدر نفسه

36- "المصري اليوم" القاهرة 2011/2/5

37- "المصري اليوم" القاهرة 2011/2/5

38- "المصري اليوم" القاهرة 2011/2/4

39- "المصري اليوم" القاهرة (2011/2/6)

40- "المصري اليوم" القاهرة 2011/2/7

41- وائل عبد الفتاح، الثوّار ينبذون التفاوض والإخوان يغادرون الميدان، "الأخبار" بيروت 2011/2/8

42- "المصري اليوم" القاهرة 2011/2/9

43- "الشروق"القاهرة 2011/2/9

الفصل الرابع:

قراءة في خطاب الثورة

محمد قاياتي

تُشكّل اللحظة التي تندلع فيها الثورة، لحظة استثناءً في الزمن، لأن الثورة هي حلم يتشكّل، عبر سنوات طوال، تتلاحم فيها خبرات النضال مع أوجاع الناس، والتوق إلى التحرُّر، مع الرغبة في العدالة والعيش الكريم ؛ هي لحظة تتوحّد فيها إرادة الفعل الثوري مع حلم التغيير، فيتوقّف إيقاع الزمن العادي، ويخرج قطار الأحداث المألوفة عن قضبانه، ليصنع الناس أحداثهم، وزمنهم الخاص.

إن الثورة المصرية، التي بزغ فجرها يوم 25 يناير 2011، لم تكن ككل الثورات لقد جاءت على غير مثال، ليس فحسب بسبب طول المعاناة، التي عاشها الشعب المصري طوال ثلاثين عامًا من حكم الرئيس حسني مبارك، وليس لأنها جاءت في الوقت الذي كان أكثر المتفائلين يحلم بإجهاض مشروع التوريث، حتى لو كان عن طريق استمرار مبارك الأب، بل لأن هذه الثورة جاءت مبدعة وخلاّقة، منذ لحظتها الأولى. ولعل التاريخ سيكتب أنها أوّل ثورة في العالم يُحدّد تاريخها مسبقًا، وتنتشر الدعوة إليها عبر صفحات "الفيس بوك". و"تويتر"، وغيرها من الصفحات الإلكترونية. ثورة استخدمت وسائل التكنولوجيا، في بلد بلغت نسبة الأمية فيه 40 في المئة. ثورة أبدع فيها الشعب المصري، بكلّ فئاته وطوائفه، وخيّب فيها ظنون الجميع، بداية من النظام الحاكم، مرورًا بأحزاب معارضته العرجاء، ووصولاً إلى الداعين للثورة أنفسهم. كان أول هذه الإبداعات ذلك النزول المفاجئ للجماهير، يوم 25 يناير. فلم يكن أكثر الحالمين يتوقع أن يصل العدد، في ذلك إلى اليوم، إلى عشرة آلاف متظاهر. لكن الشعب المصري فاجأ الجميع،

وخرجت الجماهير بكثافة غير مسبوقة، كان هذا الخروج إبداعًا إنسانيًا فريدًا، وضربة قاصمة لنظريات الخنوع والاستسلام، التي روّج لها النظام السابق وأبواقه، في الإعلام والثقافة.

لكنّ الشعب المصري لم يتوقّف عند الخروج الهادر، بل أصرّ على أن يسقي ثورته من ينابيع حضارة وثقافة وروح مصر. هذه الروح التي تجدها في كل ركن من أركان البلاد، تجدها في حكمة البسطاء ووعيهم الإنساني، الذي يستطيع أن يفرز الجيد عن الرديء، وأن يخرج من مخزونه الحضاري قدرات مذهلة على مقاومة الطغيان. لقد روّج السياسيون والمثقفون - المعارضون منهم والموالون - نظريات تشيع أن الشعب المصري مستسلم، على الدوام. وأنه قانع، راضٍ، يتأقلم مع الوضع، مهما ساء. وأنه لا يسير إلاّ في ركاب السلطة، يأتمر بأمرها، ويمتنع عن نواهيها. غير أنني كنت أرى أن الذين يقاومون في هذا البلد، عن حق، هم الناس العاديون، جموع المصريين الفقراء هم الذين قاوموا هذه السلطة الغاشمة، وممارساتها، على مدى أكثر من ثلاثين عامًا. لقد خاض الشعب المصري معركة ضدّ الفناء. قاوم أبناء الشعب المصري الفقر والمرض والتهميش السياسي، والقهر الأمني. واستطاعوا أن يصمدوا أمام نظام وصل إلى درجة التوحُّش. لقد انزلقت شعوب أخرى، مرّت بظروف معيشية أقل ضراوة من تلك التي مرت على الشعب المصري، إلى هاوية الفوضى، وإلى الانخراط في عصابات منظّمة، للاتجار بالمخدرات والسلاح. غير أن الشعب المصري قاوم، بكبرياء وصمت، وأبدع أشكالاً من التضامن الاجتماعي، أعانته على التماسك والصمود. ولعل أشكال التضامن هذه، تحتاج إلى دراسة منفصلة، لنتبيّن كيف استطاع هذا الشعب مقاومة الحرب الاقتصادية، التي شنها عليه نظام مبارك. والمستفيدون منه.

إنّ أشكال الإبداع التي أنتجها الشعب المصري، خلال ثورته على نظام مبارك، والتي نلقي عليها الضوء من خلال هذا الفصل، هي التي أعطت هذه الثورة تميُّزها، وفرادتها الإنسانية. وهي التي أبهرت العالم، وجعلته يقف على أطراف أصابعه، متابعاً بدهشة وإعجاب ما يصنعه المصريون، حتى أصبح "ميدان التحرير" مركز الدنيا، وضابط إيقاع العالم.

إنّ أي محلل سياسي، مهما بلغت درجة تفاؤله، لم يكن يظن أن الشعب المصري قادر على تحقيق هذه الثورة، المعجزة المبدعة. فأي حسابات واقعية، كانت تصبّ في مصلحة النظام، بقواه

البوليسية، وآلة قمعه الأمنية. نظام حشد كل طاقاته، عبر سنواته الطوال العجاف، انتظارًا لهذه اللحظة؛ وأعدّ لها العدّة جيدًا، حتى صار مثالاً في القدرة على الاستمرار، وتفادي الغضب الشعبي، والقدرة على احتواء المعارضين، أو قمعهم. لكن الخيال والإبداع، وحدهما، كانا قادرين على كسر التوقُّعات، فالشعب المصري لم يُسقط النظام فحسب، وإنما أسقط، أيضًا، الكثير من النظريات السياسية والاجتماعية والثقافية. وأظنّ أن على الكثير من الباحثين في علوم السياسة والثقافة والاجتماع، أن يعيدوا حساباتهم، من جديد، على ضوء ما أنجزه الشعب المصري، في ثمانية عشر يومًا، هزّت العالم وغيّرت حركة التاريخ.

إنّ هذه السطور ليست محاولة تنظيرية، لرصد إبداع الثورة المصرية، وإنما هي باقة ورد لشعب قاوم وثار وانتصر. وهي، في البدء، وقبل كل شئ، تحيّة إجلال لأوراح الشهداء، الذين سالت دماؤهم الطاهرة، دفاعًا عن كرامة الوطن وحريته. هذه الأرواح التي أهدت بموتها حياة جديدة لنا جميعًا.

أولاً: الشعارات

إذا كانت الثورة هي فعل جماعي بامتياز، فإن أوّل ما ينظّم هذا العمل الجماعي، ويضعه في بوتقة واحدة، هو الشعار الذي تلتف حوله الجماهير، فيتحوّل من مجرد هتاف، إلى مطلب وبرنامج عمل. ولقد كانت شعارات الثورة المصرية، منذ بدايتها، وحتى لحظة تنحّي الرئيس المخلوع حسني مبارك، حالة إبداعية، شديدة الخصوصية وبالغة الكمال. فإذا كان الشعار الرئيسي، الذي تبنّته الجماهير، على مدى ثورتها: "الشعب يريد إسقاط النظام "، قد استلهمته من الثورة التونسية؛ فإن تطوير هذا الشعار، وإبداع المئات من الشعارات الأخرى، كان بمثابة عملية ديناميكية، تتم وفقًا لمراحل الثورة والمواقف التي تمر بها، سواء كانت هذه المواقف نابعة من النظام الذي كان يدافع عن بقائه، أو من تطوّرات الأحداث على أرض الواقع.

في بداية الثورة، وقت مواجهة آلة القمع البوليسية، لم يكن هناك مجال لشعارات ساخرة، أو ليِّنة، فقد أدرك الناس، ودونما اتفاق معلن، أو مسبّق، أن هذه الآلة القمعية التي تنتهج القوة سبيلاً لقمع ثورتهم، لابد من مواجهتها بقوة، تُظهِر لها أن الجماهير لا تهابها، وأنها مستعدّة

للمواجهة، حتى النهاية، ومهما كان الثمن. فكانت الشعارات، في أيام الثورة الأولى، شعارات حادة وقاطعة وقوية في رسالتها ودلالتها. وكان هذا إبداعًا جمعيًا، يستشرف ضرورات اللحظة، ويعي متطلبات المرحلة. ومن هذه الأيام الأولى، خرجت شعارات:"الشعب يريد إسقاط النظام"، و"يسقط يسقط حسني مبارك"، و" مش حنسلّم، مش حنطاطي، احنا كرهنا الصوت الواطي"، و" علّي وعلّي وعلّي الصوت، اللي حيهتف مش حيموت". كما كانت بعض الشعارات، في الأيام الأولى، تستحثّ الناس للانضمام إلى الثوّار. فقد كانوا يدركون أن قوّة الناس هي القوّة التي لن تستطيع أي قوة أخرى مواجهتها، فخرجت شعارات، مثل: "يا أهالينا يا أهالينا ضمّوا علينا يا أهالينا". ويلاحظ في هذا الشعار استخدام كلمة "ضمّوا"، بما لها من بعد عاطفي وإنساني، على حساب كلمة أخرى، مثل "انضمّوا"، فالأم هي التي تضم أولادها لحمايتهم، أو لإشعارهم بالأمان. كما خرج شعار " سيبوا الناس متمشّوهاش، يللى بعتوا بلدنا بلاش"! في مواجهة محاولات قوّات الأمن لتحجيم الأعداد التي تنضمّ للمتظاهرين. لم تكن عبقرية الشعار، في تلك المرحلة، قاصرة على قوّة المواجهة فحسب، وإنما كان الوعي، أيضًا، بأن معاناة الناس وأوجاعهم ستكون دافعًا لهم لتأييد الثورة، والإنضمام لها، موحيًا بشعارات أخرى، تضع الهمّ الاجتماعي والاقتصادي على رأس مطالب الثورة؛ فخرجت شعارات تُندِّد بالظلم الاجتماعي، والتهميش الاقتصادي، فكانت شعارات مثل: " هما بياكلوا حمام وفراخ، واحنا الفول دوّخنا وداخ"، و"قول يا مبارك يا مفلِّسنا، قول بتعمل إيه بفلوسنا"، و"عايزين حكومة حرّة، العيشة بقت مرّة".. "عايزين حكومة جديدة، بقينا ع الحديدة"، وغيرها من شعارات مندّدة بالظلم الاجتماعي، ومطالبة بتوزيع عادل للثروة. لكن الشعارات، أيضًا، اتجهت للتخصيص، في كثير من الأحيان، لتحديد رموز الفساد، والاستبداد، فتردّدت أسماء، مثل: حبيب العادلي، زكريا عزمي، جمال مبارك، صفوت الشريف، سوزان مبارك وفتحي سرور، باعتبارهم رموز النظام الذي يسعى الثوّار لإسقاطه. غير أن الحديث عن جمال مبارك كان ينطوي على إبداع، ربما لم يكن مقصودًا، غير أنه عبّر عن وعي داخلي. فجمال الذي كان يعرف الجميع، في مصر وخارجها، أنه يتمّ تجهيزه لاعتلاء حكم مصر، خلفًا لأبيه، لم تطاله الهتافات على اعتبار أنه شخص مقصود بذاته، فلم يناد الثوّار مثلاً: "يسقط جمال مبارك"، بل استخدموا اسم جمال

مبارك باعتباره ابن الرئيس وليس أكثر، ليعلنوا، ضمنيًا، أن موضوع التوريث ليس محل نقاش، من الأساس. فكان جمال في شعارات الثوّار موصلاً لرغبتهم، وليس هدفًا لهم، فاستخدم الثوار، في مخاطبة جمال، كلمة "قول"، بمعنى "أبلغ"، فخرج شعار " يا جمال قول لأبوك، شعب مصر بيكرهوك"، و"يا جمال قول لبابا، هي حكومة ولا عصابة". وكذلك فعلو مع اسم سوزان مبارك، ربما ترفعًا منهم عن مواجهة امرأة، عندما هتفوا " ياسوزان قولي للبيه، بعتوا مصر بكام جنيه"، و"يا سوزان قولي الحق، هو حرامي ولا لأ". هذه الشعارات التي تطوّرت، فيما بعد، إلى حد وضع سوزان مبارك في حجمها الطبيعي، كمجرد زوجة، يجب أن تخاف على مصير زوجها، عندما هتف الثوّار: " يا سوزان خافي عليه، حنجبهولك من رجليه". أو عندما استخدم الثوّار اسم سوزان، للرد على التنازلات التي حاول النظام تقديمها لإرضاء الثوّار، واحتواء الثورة، عندما هتفوا، موجِّهين حديثهم لمبارك: "حتى لو طلّقت سوزان، مش حنسيب الميدان". لقد أسقط الشعب هنا صورة المرأة المتجبّرة، المتحكّمة في كثير من أمور البلاد، ومقدّراتها، إلى إمرأة يجب أن تخاف على زوجها، وأنه لا يرضيهم حتى طلاقها، مقابل تنازلهم عن أهدافهم.

عندما استطاع الشعب اسقاط آلة القمع البوليسية الرهيبة، في "جمعة الغضب" (28 يناير)، حدث تحوُّل نوعي في هتافات الثوّار، فقد انتصروا على هذه الآلة القمعية، ونزل الجيش إلى الشوارع، وكان نزوله الذي ناداه الثوار، في الأيام السابقة "واحد اتنين ... الجيش المصري فين"!؟ لحظة فرح مشوبة بالحذر؛ فمن ناحية، يحمل الشعب المصري للجيش صورة ذهنية تحيط بها هالة من الإكبار والإعزاز والاحترام، فهو الجيش الذي أعاد للوطن كرامته، في حرب أكتوبر عام 1973. وهو الذي رفض، على امتداد تاريخه، توجيه بنادقه إلى صدور الشعب، في كل مناسبة استلزم فيها الوضع الداخلي نزول الجيش إلى الشارع. غير أن هذه الصورة البرّاقة، ظلّت، على امتداد حكم مبارك، خصوصاً في السنوات العشر الأخيرة، محل تساؤل عن موقف الجيش: "الآن"، إذا ما اندلعت ثورة تطالب بعزل الرئيس، فضلاً عن التساؤل عن موقفه من محاولات توريث حكم البلاد. وكانت بعض التخوّفات تتردّد عن مدى سيطرة قبضة مبارك على الجيش، وتحويله إلى جيش موال للنظام. وكانت هذه التخوّفات تستمد وجهاتها من طول فترة بقاء مبارك في الحكم، وما تستتبعه من ضرورة ضمان ولاء قيادات الجيش.

قابل الشعب المصري الجيش بفرح مشوب ببعض الحذر المكتوم، وبرغبة في إيصال رسالة واضحة للجيش؛ فخرج الهتاف، الذي ظلّ يتردد على مدار أيام الثورة، وحتى بعد تنحّي مبارك عن الحكم، فجاء شعار: "الشعب والجيش إيد واحدة"، ويجب التوقّف عند هذا الشعار، لما له من أهمية قصوى في تحديد مواقف الجيش والشعب من النظام. استخدم الثوّار كلمة "إيد" أي "يد"، وليس " جسد واحد"، أو "كيان واحد"، فالجسد قد يكون واحدًا، لكن فيه بعض الأجزاء المعتلّة؛ والكيان قد يكون واحدًا، لكن فيه بعض الاختلافات، أو التناقضات، لكن اليد الواحدة التي هي وحدة متشابكة، تعمل لهدف واحد، وهي اليد المرحّبة، واليد العاملة الناجزة، أيضًا، التي تسعى لهدف محدّد، هي اليد التي تقبض، واليد التي تزيح. وتمثّل أول اختبار لتوحُّد الجيش والشعب معًا، في ذلك الشعار، الذي كتبه الثوّار على دبابات وآليات الجيش: "يسقط مبارك"، فلم يقم جنود الجيش وضباطه بمسحه من فوق آلياتهم وعرباتهم ودبابتهم، في دلالة على أنهم لا يمثلون مبارك أو نظامه، وإنما هم جيش الشعب. كما تغيّر نطق الشعار، لتسبق كلمة الشعب الجيش، أحيانًا، وتسبق كلمة الجيش كلمة الشعب، أحيانًا أخرى؛ وهي رسالة أخرى، فلا فرق في الحالتين، فالشعب والجيش، والجيش والشعب هما، في النهاية، "إيد واحدة"، ولا غضاضة في أن يتقدم أصبع في اليد على آخر.

استلم الشعب الميدان، أو احتله، بدءاً من يوم السبت 29 يناير 2011. وبدءاً من ذلك اليوم خرجت آلاف الهتافات، التي تنوّعت ما بين هتافات سياسية قاطعة واضحة، وبين هتافات ساخرة، استلهم فيها الشعب المصري رصيده التاريخي في القدرة على السخرية من حكامه، وأحواله، وحتى من نفسه. خرجت شعارات تكاد تكون منحوتة من ثقافة الشعب المصري، وروحه، وعمقه الحضاري والتاريخي، فخرج شعار "إرحل"! قاطعًا حادًا مدويًا، يعبّر عن وحدة الهدف، وعن حزم المطلب، كلمة واحدة دالة تختصر كل شيء، وتُعبّر عن المطلب الأساسي للجماهير. وبينما كان الجميع يفكّر في الخطوة التالية، جاء الشعار، ليحددها بدقّة، فخرج شعار: "إعتصام، إعتصام، حتى يسقط النظام"، ليبدأ الثوّار، منذ ذلك اليوم، اعتصامًا، بدأ محدودًا، ثم أخذ في الاتساع، حتى سقط النظام بالفعل. كما عاد الشعب لاستلهام أحداث ثورة تونس،

عندما هتف "يا مبارك يا مبارك السعودية في انتظارك". وعندما عاند النظام، قرّر الشعب أن يُعرِّيه، ويتركه مفضوحًا، ليصبح سخرية للعالمين، فخرجت شعارات تسخر من غباء النظام: " إرحل يعني إمشي، أنت مبتفهمشي"، أو شعار " إمشي بقي يا عم خلّي عندك دم"، أو " يا مبارك صح النوم، النهاردة آخر يوم"، أو " مش حنمشي، هو يمشي". وعندما حاول النظام إخراج كل ما في جعبته، لبثّ الرعب في نفوس الثوار، وحلقت طائرات الـ أف 16 في الميدان، وكادت تكسر حاجز الصوت، لم يجد الثوّار في الميدان ردًا أبلغ من شعار "حسني اتجنن"، ليرددوه في نَفَس واحد، من دون ترتيب أو اتفاق. كما استخدم الثوّار التراث الشعبي المصري في هتافاتهم، فلجأوا إلى العبارة الشهيرة التي يستخدمها المصريون للترحيب بقدوم شهر رمضان: " حَلُّو يا حَلُّو"، ليضيفوا إليها مقطعًا آخر، هو " مبارك شعبو حلُّوا". أما في الأيام الأخيرة، التي سعى فيها الثوّار للحسم، فظهر، يومي الخميس 10 فبراير، والجمعة 11 فبراير، شعارا "هنصلي العصر عند القصر"، " وطوبة ورا طوبة، حنروح قصر العروبة".

ثانيًا: اللافتات

لم يقل دور اللافتات أهمية وتأثيرًا عن دور الشعارات والهتافات، بل تفوّقت عليه، أحيانًا، فبلاغة الكلمة وحدّتها وسخريتها، كانت كالسكاكين التي تُمزِّق جسد النظام. وبعكس الهتافات التي كانت تحتاج إلى إيقاع موسيقي، جاءت اللافتات مُعبِّرة، في كلمات موجزة، عن المطالب، وعن الأحداث. وتنوّعت هذه اللافتات ما بين لافتات ضخمة، مُعلّقة على أروقة الميدان، أو على جدران البنايات، إلى لافتات صغيرة لا يتعدى حجم كل منها حجم ورقة الكتابة العادية. وحملت اللافتات عبارات كانت أكثر حِدّة وقوة. كما أنها لا تتطلّب تجمعًا يسمع ويردِّد، فكان يكفي أن تُعلّق اللافتة ليقرأها الجميع، أو يحملها الثوّار في أيديهم، ويتنقلوا بها في الميدان، لتحوز على أكبر عدد من القرّاء. كانت لافتة "إرحل"، ولافتة "الشعب يريد إسقاط النظام"، هما أكبر لافتتين معلقتين في الميدان، وتتجاور معهما لافتات أخرى، مكتوب عليها مطالب الثوّار، التي تبدأ برحيل الرئيس، كمطلب أول، مرورًا بحل مجلسي الشعب والشورى، وصولاً إلى باقي المطالب. غير أن اللافتات الصغيرة، التي أمسك بها الثوّار في أيديهم، وكتبوها بأنفسهم، أو عن

طريق بعض المتواجدين في الميدان، كانت، في معظم الأحيان، تحمل هذا الإبداع الساخر نفسه، الذي ضرب النظام، ضربات قاتلة، فانتشرت انتشار النار في الهشيم، لافتة مكتوب عليها: "إرحل بأه إيدي وجعتني"، أو " إرحل عاوز استحمى"، أو " إرحل مراتي حامل والواد مش عاوز يشوف وشك"، أو " إرحل" مكتوبة بحروف عبرية، وتحتها عبارة "إرحل بالعبري يمكن تفهم". كما كتبت عبارة "إرحل" بالصينية واليابانية، وغيرها من اللغات، في إشارة إلى غباء النظام، أو تغابيه، وكذلك إلى إصرار الثوّار على مطالبهم.

ولم ينسي المصريون الإعلانات والسينما من لافتاتهم، فحوّلوا شعار قناة "ميلودي" ميلودي تتحدّى الملل، إلى لافتة "مبارك يتحدّى الملل". كما استخدموا اسم أحد الأفلام الكوميدية ليتوجهوا به إلى الرئيس، قائلين "مبارك طير انت".

وفي دلالة على استخدام المواقع الإلكترونية في الدعوة للثورة على النظام، ظهرت لافتة " فيسبوك على كل ظالم". وكذلك ظهرت لافتات تسخر من النظام، ومن الحركات السياسية التي امتلأت بها مصر، قبل اندلاع الثورة، فظهرت لافتة " حركة زهقنا من أمك"، أو تلك اللافتة التي شبّهت مبارك بالعفريت: " لو كان عفريتاً كان انصرف"، أو اللافتة التي اعتبرت أن كل رموز النظام ما هم إلاّ مُخلّفات، يجب أن تُلقى في صندوق القمامة، فظهرت لافتة مرسوم عليها سلة للقمامة، مكتوب عليها اسم الرئيس وأركان حكمه. أو تلك اللافتة العبقرية، التي سخرت مما يبثه التلفزيون المصري عن الثورة من أكاذيب، فكتب أحد الثوّار عليها: " الكذب حصري على التلفزيون المصري". أو تلك اللافتة التي حملتها فتاة، تحت عنوان "وظائف خالية"، أمّا الوظيفة الخالية، فهي منصب رئيس الجمهورية، أمّا شروط تولّي المنصب فحددتها اللافتة كما يلي:"-1 يكون عنده دم؛ -2 أقل من 83 سنة؛ -3 لا ينتهي اسمه بمبارك". أما اللافتة الأكثر عبقرية، في ظنّي، فهي تلك التي كتبها أحد الثوّار، في اليوم التالي لتنحّي مبارك، وكانت تقول " إلى سعد بيه زغلول ... فيه فايدة"! وذلك في إشارة إلى العبارة التي قيل إن الزعيم الراحل سعد زغلول قالها لزوجته، وهو على فراش المرض: " مفيش فايدة يا صفية "! عاد ذاك الثائر الذي كتب العبارة، إلى الثلث الأول من القرن العشرين، ليرُد على تلك العبارة، مؤكدًا كلمات أبو

القاسم الشابي "إذا الشعب يومًا أراد الحياة، فلابد أن يستجيب القدر"، ولكن هذه المرة صاغها الثوّار بلهجة ونكهة مصرية، نعم، بالتأكيد، "فيه فايدة"، فالشعب أراد وثار وانتصر.

ثالثاً: الصور والكاريكاتير

كان إبداع الصورة، حاضرًا، بقدر كبير، في الميدان، وتنوّعت الصور، بالحجم نفسه الذي كان فيه الميدان متنوعًا، وثريًا، وخلاّقاً. فقد تراوحت الصور المعلّقة في أروقة الميدان، بين صور تمثل أركان النظام، وعلى رأسها صور الرئيس المخلوع. وكانت معبِّرة عن استهجان الثوّار لهذه الوجوه ورفضهم لاستمرارها؛ وبين صور الشهداء، التي كانت تزيِّن الميدان، وتمنحه قدرًا من الجلال، والمهابة، وبين صور "الكاريكاتير" الساخرة، التي كانت بمثابة تهكُّم فنّي على رأس النظام وأركانه، وكل ما يُمثِّله من فساد وأخطاء وخطايا.

علّق الثوّار لافتة، ضمّت مجموعة متجاورة من صور أركان النظام، معلّقين على كل صورة بكلمة، كُتبت باللغتين العربية والإنجليزية، تصف صاحبها. فتحت صورة وزير الداخلية، حبيب العادلي، كُتبت كلمة "القهر"، وتحت صورة رئيس مجلس الشورى، صفوت الشريف، كُتبت كلمة "الفساد"، وتحت صورة وزير الإعلام، أنس الفقي، كُتبت كلمة "التضليل". وهكذا، كان جميع أركان النظام مجتمعين في بوتقة واحدة، تحت عنوان دال وموجز، هو "هذا ما أخذناه من حكم مبارك". أما الصورة التي تثير الدهشة، وكانت معلّقة إلى جانب هذه الصور، فكانت لوزير سابق، لم تنس ذاكرة المصريين الوطنية ما فعله ببلادهم من تخريب، رغم مرور سنوات طويلة على غيابه عن المشهد السياسي، كانت تلك الصورة لوزير الزراعة الأسبق، يوسف والي، وقد كتب تحتها: "السرطان". وهكذا يبرهن المصريون أن وعيهم السياسي، وذاكراتهم الوطنية، غير قابلة للمحو، فهم لم ينسوا ليوسف والي تعاونه مع "إسرائيل"، واستقدام خبراء الزراعة الإسرائيليين، ليدمروا التربة المصرية. لم ينسوا له استيراد البذور الفاسدة، والمبيدات المسرطنة، من العدو التاريخي للمصريين، والأمة العربية كلها، فوضعوا صورته في مكانها اللائق، على قائمة المفسدين الكبار، ربما ليبرهنوا لأديب مصر الكبير، نجيب محفوظ، أن الحارة المصرية تخلّصت من آفتها القديمة،

التي رصدها في روايته الشهيرة "أولاد حارتنا"، عندما قال: " آفة حارتنا النسيان"! فها هي الحارة- الوطن، تثبت أن ذاكرتها ما تزال حيّة.

تعدّدت صور الرئيس المخلوع في الميدان، وبما أن جريدة "الأهرام" كانت أول من افتتح العصر التعبيري في التعامل مع صور مبارك، عندما قامت بتزوير صورة تجمعه مع الرئيس الأمريكي، باراك أوباما، ورئيس الوزراء الإسرائيلي، بنيامين نتنياهو، والرئيس الفلسطيني، محمود عباس، جاعلة مبارك يتقدمهم جميعًا. بينما كان أوباما في الصورة الأصلية يتقدّم الجميع، إذن فلا غضاضة من أن يستخدم الثوّار المنهج "التعبيري" نفسه، لإيصال رسائل سياسية للرئيس، وأركان حكمه. فكانت الصورة الأشهر، التي علّقها الثوّار في الميدان، وقد أدخلت عليها بعض اللمسات "التعبيرية"، لتحيل صورة مبارك إلى صورة طبق الأصل عن الزعيم النازي أدولف هتلر، بشاربه الشهير، وشكل شعره المميّز. كما وضعت صورة أخرى لمبارك، تتاقطر من يديه الدماء، في دلالة على مسؤولية عن سفك دماء المصريين، أثناء أحداث الثورة. صورة تعبيرية أخرى وضعها الثوّار لمبارك، كانت الأكثر جمالاً، وذكاءً، وخفة ظل، أيضا، فبعد أن مارس النظام بلادته المعهودة في تجاهل المطالب الأساسية للثوار، وضعوا هذه الصورة، التي بدا فيها مبارك كهلاً، يجلس فوق كرسي الحكم، وقد خرجت من أصابع يديه وقدميه خيوط العنكبوت، الذي عشّش لسنوات، ناسجًا خيوطه، كالسياج الذي يُطوّق أحلام المصريين في التحرُّر. أما التعليق فكان أكثر جمالاً من الصورة ذاتها، إذ كتب الثوّار تحتها: "خليك قاعد، احنا حنجيلك"، في دلالة بالغة الدقّة على تصميمهم على إزاحته من سدّة الحكم.

في موازاة صور مبارك، وأركان حكمه، كانت صور شهداء الثورة تُزيّن الميدان، في جلال ومهابة، تليق بشباب دفعوا أرواحهم فداء للوطن، وماتوا لتحيا مصر مرفوعة الهامة، موفورة الكرامة . كانت صور الثوّار الشهداء تشّع ضُياءً، وكانت وجوههم تكاد تنطق، وجوه بريئة، غضّة لم يلوِّثها غرض، ولم تسع لمكسب أو غنيمة. خرجوا جميعًا كاسرين حاجز الخوف، والصمت، ساعين إلى تحرُّر بلادهم، وباحثين عن مستقبل أفضل لهم ولبني وطنهم، فقابلهم رصاص الغدر، ليفتحوا بدمائهم طريقًا لمستقبل الوطن. كانت تلك الصور بمثابة الوقود الثوري،

الذي يَعين الشهداء على الاستمرار والصمود، فلا مقايضة على الدم، ولا تنازل عن الوصول إلى الهدف، الذي ضحّى هؤلاء الأطهار بأرواحهم من أجله، فلا يمكن أن نصالح على الدم حتى بدم، فالرووس ليست كلها سواء، هكذا تعلّمنا من قصيدة شاعر مصر العظيم، أمل دنقل: "لا تصالح"! نعم لن نصالح، ولا نملك، أصلاً، أن نصالح، فإذا كانوا يريدون البقاء، فعليهم أن يردّوا لنا هولاء الشهداء أحياءً، مرة أخرى.

صور "الكاريكاتير" كان لها حضورها، أيضًا، فقد شكّل فنانو الميدان ما أطلقوا عليه "رابطة فناني الثورة"، مستخدمين الأدوات البسيطة في التعبير عن الثورة، وما تمر به من أحداث. وعلّقوا هذه الأعمال على زجاج مطعم "كنتاكي" المغلق، الذي كانت أبواق النظام الإعلامية تتّهم الثوّار بتلقي الوجبات منه. تنوّعت رسوم "الكاريكاتير" بين صور تُعبّر عن مصر المنتفِضة، وأخري تُندِّد بممارسات النظام، وتسخر من رموزه؛ ومن بين تلك الصور صورة كاريكاتورية لمبارك وهو ينظر إلى الجموع الغاضبة، قائلاً لهم بغيظ " يا ولاد الفسفس"، في إشارة إلى استخدام الثوّار "للفيس بوك" في الدعوة للثورة. صورة كاريكاتورية أخرى لمبارك، كتب فوقها كلمة "الداخلية"، يبدو فيها الرئيس المخلوع مرتديًا ملابسه الداخلية، وقد عرّته الثورة، بعدما نزعت عنه الحماية التي كانت توفّرها لنظامه وزارة الداخلية، بينما كانت أسنانه على شكل أنياب يتقاطر منها دم الثوّار. بينما خرجت رسومات أخرى تُعبّر عن مصر المنتصرة، الثائرة، بأشكال عدّة، كان أغلبها يتمثل صورة العلم المرفرف وفي قلبه تاريخ الثورة 25 يناير.

رابعًا: الإبداع الجمعي

كلُ قدم وطأت أرض الميدان، كان لها إبداعها الخاص وبصمتها المميّزة؛ فقد كان الجميع يُشكّلون لوحة تبدو من الخارج متناقضة، غير أنها كانت تُعبِّر عن كل ما في روح مصر من إبداع، وتعايُش، وتضامُن يُجسِّد الحضارة المصرية في بساطتها، وعمقها، وتلقائيتها. كان الميدان يبدو وكأنه صورة حيّة لكلّ ما في مصر من نبل، وإنسانية، فكلّ شيء موجود ومتجاور، الغناء إلى جوار الدعاء، والصلاة إلى جوار الهتاف، المسيحي إلى جوار المسلم، والشباب إلى جوار الشيوخ. أما فتيات الميدان، فقد كنّ مثله، وأكثر بهاء، وإشراق، وفاعلية، أكتافهنّ تتساوى مع

أكتاف الشباب، لا فرق بين منقّبة وسافرة، لا فرق بين مسلمة ومسيحية، لا أحد يعرف، أصلاً، من هو المسلم ومن هو المسيحي. انخرط الشباب السلفيون الملتحون في ترديد أغنيات الشيخ إمام مع شباب وفتيات اليسار. وردّد العلمانيون واليساريون الأدعية الدينية خلف الشيوخ الملتحين: ووقف المسيحيون يحيطون بالمسلمين أثناء تأديتهم للصلاة، حتّى لا يُعكّر أحد صلاتهم. ووقف المسلمون في خشوع يتابعون القدّاس المسيحي، متمتمين بدعاء الثورة، الذي اختلطت فيه تعاليم المسيح، وآيات الانجيل بالأدعية الإسلامية، وآيات القرآن الكريم.

الجميع يساعد الجميع، الكلّ يعطي للكلّ، لا توجد مشكلة إذا كنت لم تحضر معك طعامًا، أو شرابًا، فطعام الجميع يكفي الجميع، والكل يتدثّر بما توفّر من أغطية. ذابت كل الخلافات والتناقضات في بوتقة الهدف الواحد، وفي سبيل نصرة الوطن. وربما سأتذكر ما حييت، ذلك الشيخ المسنّ الذي قابلته يحمل كيسين كبيرين من الطعام، يوزّعه على من في الميدان، اقترب الرجل منّي مادًا يده ببعض ما يحمل، وعندما قلت له أنني قد أكلت، وأن عليه أن يعطي طعامه للمعتصمين، قال الرجل في حكمة نافذة: ليس مهما أن تكون جوعانًا، المهم أن نتشارك جميعًا في "العيش والملح". قالها ووضع بعضًا من طعامه إلى جواري، وتركني أفكر في تلك الروح التي اندلعت فجأة، لتمنح مصر حياة جديدة.

عند مدخل الميدان الرئيسي، من ناحية "كوبري" قصر النيل، وبينما تتخطى حواجز التفتيش، داخلاً إلى الميدان، يقابلك هؤلاء الشباب، الذين كوّنوا ما يشبه فرقة الترحيب بالداخلين، مغنين لهم في إيقاع واحد "أهلاً أهلاً بالثوّار أهلاً أهلاً بالأحرار"، و" أهلاً أهلاً في الميدان، الميدان عايز كمان"، باثين روح البهجة والشعور بالفخر الوطني في نفوس الداخلين: بينما وقفت مجموعة أخرى تُودّع الخارجين بأهازيج تحثُّهم على العودة ثانية، مصطحبين معهم أقاربهم وأصدقائهم: وبين هؤلاء وأولئك يقابلك آخرون، يستحلفونك أن تنقل ما رأيته داخل الميدان، لكلّ من تعرف، ليعرف المصريون حقيقة ما يجري في مواجهة حملة التشويه التي قادتها أبواق النظام الإعلامية. استوقفني تلك المشاهد، فسألت أحد الشباب المشاركين في الترحيب، عمّا إذا كان أحدًا قد طلب منهم أن يفعلوا ذلك، فنفى تمامًا، وقال إنهم شعروا

من تلقاء أنفسهم أن "الميدان" يحتاج إلى الدعم النفسي، تمامًا كما يحتاج للهتاف السياسي.

لقد حوّل الثوّار كل ركن في الميدان إلى نبض حيّ من الإبداع والتأُلق، ولم تكن فكرة الإذاعات المنتشرة في الميدان سوى جزء من هذا الإبداع الحي النابض. كانت تلك الإذاعات هي صوت الثورة، فمن خلالها تتردّد الهتافات، ويخطب الخطباء من الشخصيات العامة التي تتوافد على الميدان، وتذاع فيها أهم الاخبار: ومنها تنطلق الأغاني الوطنية التي تلهب حماس الجماهير. كما تُستخدم في النداء على طفل مفقود، أو شخص تاه من أسرته، أو أصدقائه، في بحر البشر المتلاطم. كما نُصِبت شاشات العرض الكبيرة التي تبثّ القنوات الإخبارية التي قام النظام بالتشويش عليها، ليعرف المتواجدون في الميدان آخر الأخبار.

حتى القمامة، كان لها إبداعها الخاص في ميدان التحرير، ففضلاً عن حرص الثوّار على جمعها في أكياس، ليبقى الميدان نظيفًا، ومعبرًا عن ثورة حضارية؛ تفتّق ذهن الثوّار عن وضع لوحات على أماكن تجميع أكياس القمامة، مكتوب عليها "هنا مقر الحزب الوطني في إشارة إلى مصير ذلك الحزب، الذي جثم على أنفاس الوطن، وأجهض أماله وأحلامه.

كان الميدان معبِّرًا عن حالة من الإبداع الوطني الجمعي، والمبادرات التلقائية ؛ الكلّ يفعل ما يستطيع، المعتصمون في خيامهم كانوا رمزًا للإصرار، والشباب، الذين لم يمتلكوا موهبة الهتاف، وقفوا إلى جوار بعضهم في لجان الأمن والتفتيش، ليتحقّقوا من هوية الداخلين إلى الميدان، حتى لا يتسلّل أحد المخربين. أما الأطباء، فقد كتبوا على نقاط الإسعاف داخل الميدان عبارة "مستشفى الثورة"، رافضين أن يخلعوا ثيابهم البيضاء المميّزة، التي تلوّنت بدماء المصابين والشهداء، قبل أن يتنحى مبارك. أما من لم يستطع فعل أي من هذه الأشياء، فقد استخدم حجارة الميدان في كتابة شعارات مندّدة بالسلطة، في إبداع فني.

خامسًا: التسميات

كان إطلاق الأسماء على الأيام والأحداث أحد أشكال الإبداع التي صاغها الثوّار، لمواجهة النظام وإظهار تصميمهم على إزاحته؛ وأحيانًا سخرية منه. كان أول الأسماء إطلاق اسم

"جمعة الغضب" على يوم الجمعة (28 يناير)، الذي كان يومًا غاضبًا وحاسمًا، بالفعل، في مسيرة الثورة. أما الجمعة التالية، فقد أطلق عليها الثوّار اسم "جمعة الرحيل"، بما يحمل الاسم من إصرار، وبثّ للرعب في قلوب أعداء الثورة. وعندما لم يرحل النظام، في تلك الجمعة، قرّر الثوّار تسمية الأسبوع كله "أسبوع الصمود"، للتدليل على مواصلتهم الكفاح، مهما تطلّب من وقت. أمّا الجمعة الأخيرة، فقد سماها الثوّار "جمعة الزحف"، وهي التي قرّروا قبلها نقل ثورتهم، نقلة نوعية، بالتحرك تجاه المؤسّسات السيادية، خارج "ميدان التحرير"، كمجلسي الشعب والوزراء وقصور الرئاسة؛ وصولاً لمحل إقامة الرئيس في قصر العروبة. وهو ما كان عاملاً حاسمًا في التعجيل برحيل النظام، عندما أدرك الجميع أن الدولة، بمؤسساتها، أصبحت في حالة شلل تام: فقد نجح الثوّار في إفشال مخطط النظام، الذي سعى إلى تحويل "ميدان التحرير" إلى "هايد بارك"، للصراخ، بينما تسير الحياة خارجه في مجراها الطبيعي.

لم تقتصر تسميات الثوّار على الأيام، فحسب، بل امتدّت إلى الأحداث، أيضًا. فقد أطلق الثوّار على محاولة بلطجية النظام اقتحام "ميدان التحرير"، في يوم الأربعاء الدامي(2 فبراير)، ممتطين الخيول والبغال والجمال، اسم "موقعة الجمل"، في تسمية إبداعية، لا تحمل حسًا ساخرًا، من نظام فقد عقله، وبدا خارجًا من كهوف التاريخ فحسب، ولكن في إشارة تاريخية - ربما من دون قصد- إلى موقعة الجمل الشهيرة، التي قاتل فيها علي بن أبي طالب (كرّم الله وجهه) وأنصاره، بما يُمثِّله من فكر تقدمي وثوري، جيش معاوية بن أبي سفيان، الراغب في الحكم والسلطة. كانت هذه التسمية، ذات الدلالة التاريخية، تعطي بعدًا آخر للمواجهة مع النظام، بجبروته، وسلطته الغاشمة الجاهلة، في مواجهة ثورة تسعى للتقدم، والحرية.

سادسًا: الملابس

حوّل الثوّار كل شيء في الميدان إلى تعبير عن الثورة، وإصرار على رفض النظام. حتى ملابسهم، لم تكن بعيدة عن هذا الاستخدام الثوري. فبينما حرصت الفتيات على أن تشكل ألوان ملابسهن ألوان العلم المصري نفسه (الأحمر، الأبيض والأسود)، كان الرجال والشباب

يستخدمون ملابسهم، لتعليق اللافتات على صدورهم وظهورهم. كما ارتدت مجموعة من الثوّار أقمشة فوق ملابسهم، على شكل أكفان، في إشارة إلى استعدادهم للشهادة، دفاعًا عن الوطن. ولم تخلُ الملابس، أيضًا، من "فولكلور"، فقد ارتدى أحد الثوّار ملابس حَكَم كرة قدم، حاملاً صافرة، وشاهرًا بطاقة حمراء في وجه مبارك ونظامه، في إشارة إلى الطرد. كما حرصت فئات أخرى على الظهور بملابسها الرسمية، تعبيرًا عن تضامن هذه الفئات مع الثورة، خصوصاً رجال الدين المسلمين والمسيحيين، الذين ارتدوا ملابسهم المميّزة، لمساندة الثوّار، في رسالة على أن المؤسسات الدينية تدعم الثورة.

سابعًا: الأغاني والأشعار

الفنّ هو صوت الثورة، ولا توجد ثورة في التاريخ لم يُعبِّر عنها الفن. وكانت لها أغانيها الخاصة، التي تبثّ في الثوّار روح الصمود، والتحدي. ولأن هذه الثورة جاءت عفوية، ومفاجأة، على غير توقُّع أو انتظار، فقد خرجت فنونها ارتجالية، تستلهم اللحظة. وربما لم تستطع الأغنيات إنتاج ما يليق بهذه الثورة، بعد، فقد لجأ الثوّار إلى تراث الأغاني الوطنية القديمة، التي كانت جزءاً من وجدان الشعب المصري، فخرجت اغاني أم كلثوم، عبد الحليم حافظ، الشيخ إمام، محمد منير، شادية وعبد الوهاب، ليتردَّد صداها في أرجاء الميدان. غير أنها كانت، في هذا التوقيت، ذات طعم ومذاق ودلالة مختلفة، فبدت أغنية "صورة" لعبد الحليم حافظ، وكأنها كُتِبت، خصيصًا، للثورة، خصوصاً المقطع الذي يقول: " واللي يبعد م الميدان، عمره ما حيبان في الصورة". كما منحت هذه الأغاني زخمًا ووقودًا فنيًا للثورة، منحتها الثورة بعثًا جديدًا، بعد أن كانت تكاد تفقد معناها، واستخدمها النظام السابق في التعبير عن الفرحة، في مباريات كرة القدم، فلم يكن لديه ما يحتفل به، أو يُقدِّمه كفخار وطني، إلاّ الفوز في مباريات الكرة. عادت أغاني الستينيات والسبعينيات، لتهز القلوب، في الألفية الثالثة، لأنها أصبحت ذات معانٍ، ودلالات، أكثر عمقًا، وقربًا من معانيها الحقيقية.

غير أن جيل الثورة أنتج، أيضًا، أغانيه الخاصة، فقد خرجت أغنية " يا مصر هانت وبانت"،

التي كتبها تميم البرغوثي، وغنّاها ولحنّها المطرب مصطفى حسني. كما خرجت أغاني ارتجالية لا مؤلّف لها، ولا ملحّن، تردِّدها مجموعات من الشباب، لبثّ الحماسة، ورفع الروح المعنوية للثوار. كما خرجت الأشعار، خصوصاً العامية، فضلا عن قصيدة "الميدان"، التي كتبها الشاعر الكبير عبد الرحمن الأبنودي؛ وقصيدة الطوفان للشاعر الكبير سيّد حجاب. خرجت مئات القصائد، التي كتبها شعراء شباب، جاؤوا من كل أنحاء مصر، ليعبروا عن الثورة. وتحتاج هذه الأعمال إلى جمعها، فقد كانت تلقى في الميدان، شفاهة، وللأسف حالت الظروف السياسية دون تدوينها وجمعها.

ثامنًا: النكات(*)

بالتأكيد لم يكن المصريون ليفوِّتوا ذلك الحدث الاستثنائي، في تاريخهم المعاصر، من دون أن يُطلقوا عشرات النكات، التي تسخر من النظام، وتكشف فساده واستبداده، وتعريته من أي قناع يستر به عوراته الكثيرة. ولم تكن تلك الرسالة التي وصلتني على جهاز "الموبايل"، بعد يوم من فرض حظر التجوّل، إلاّ بداية لسيل من النكات التي أطلقها المصريون ضدّ النظام. وحتى بعد سقوطه، كانت الرسالة تشير إلى أن الرئيس مبارك هو الوحيد الملتزم بحظر التجول! غير أن تلك السخرية اللاذعة لم تكن لمجرد التسلية، بل كانت سلاحًا بتارًا من أسلحة الثورة:

يحكى أن مجموعة من اللصوص، نجحوا في التسلل إلى "فيللا" مبارك، التي يقضي فيها أيامه الأخيرة، بعد التنحي، في شرم الشيخ؛ وأوقفوا واحدًا منهم يراقب الطريق على باب غرفة نومه، وحين رآه المراقب، صاح في رفاقه: مبارك جي! مبارك جي! يللا نمشي! فترك أصحابه كل ما بأيديهم، وهتفوا، في صوت واحد: "مش حنمشي. . . هو يمشي، مش حنمشي. . . هو يمشي!".

- بعد الثورة، أصبح يقال في المدح: "انت جامد تحرير"، وفي الافتقاد: "انت واحشني مظاهرات". وفي العاطفة: "أنا بحبّك آخر 25 حاجة"، وفي الانتقاد: "إنت عيِّل فاكِس كنتاكي"،

(*) مصدر النكات: موقع «مصراوي». وصفحات أخرى على موقع «فيس بوك».

وفي المعاكسة البريئة: "إنتي مُزّة دبابة"، و"إنتي بيضة مسيلة للدموع". وفي المزاح مع الأصدقاء: "إنت واد أجندة"، وفي التدخين: "معاك ولاعة مولوتوف".

- بلطجي اتصلوا بيه من التليفزيون المصري، فقعد يصرخ، قائلاً: "العيال المتظاهرين بتوع التحرير بيرموا علينا قنابل بلوتوث".

- "عاجل من التلفزيون المصري: تم كشف فرقة سرية من سلاحف النينجا، في ميدان التحرير، مع فرقة أخرى من البوكيمون. . . والسلطات تقبض على ثلاثة شبان يحاولون تهريب أجندات إلى ميدان التحرير".

- "أعلنت مصادر فيسبوكية، أن كنتاكي هو، في الأصل، يتبع "حلواني إخوان"، ولديه أجندة خاصة، يسجل فيها طلبات الزبائن، وسرّ الخلطة في الأجندة".

- عن الشاشة الثابتة في التلفزيون المصري، لأيام طويلة على نهر النيل، ظهرت تعليقات: "واضح إنهم فاكرين إن السمك هيطلع يقول نعم لمبارك".

- وعلى الأجندات: "آه ياني. . . ياني. . . ياني. . . مش حكتب في أجندة تاني". وأيضًا: "أنا مندسّ. . . أنا مندسّ. . . هاتلي أجندة ووجبة وبس".

- ومن أمثال الثورة: "ساعة الحظر ماتتعوضش".

- أسماء الأفلام، والمسلسلات تغيّرت بعد الثورة، فأصبحت: "أبي فوق الدبابة. . . عودة النت. . . المندسّ والأجندة. . . علي بابا والأربعين أجندة. . . الرصاصة المطاطية لاتزال في جيبي. . . في بيتنا بلطجي. . . رد نتي. . . نحن لا نزرع المولوتوف. . . أفواه وأجندات. . . لن أعيش في ميدان التحرير. . . من أطلق الرصاص على المتظاهرين. . . ليالى التحرير. . . حرَّمت يا ريس. . . يوميات مندسّ. . . ثائر وست متظاهرات. . . جاءنا الرئيس التالي. . . مهمة في تل حرير. . . الريس عمر سليمان. . . حرامية في لندن. . . البحث عن الدستور. . . ليلة القبض على عزّ. . . استيتوس هزّ شعب مصر. . . عصابة حمادة وأجندة. . . me myself and AGENDA. . . الأجندة 8 جيجا. . . سنة أولى أجندة. . . arteficial ajenda. . . تيمور وأجندة. . . الأجندة فوق هضبة الهرم. . . إحنا بتوع الأجندة. . . جعلوني أجندة. . . أجندة واحدة لا تكفي".

- "حزب (. . .) يعلن عن وظائف خالية: مطلوب بلطجية، يشترط الحصول على دورة في ركوب الجمال والبغال. المبتدئون يمتنعون".

- وعلى أغنية الأطفال "طلع الفجر"، كتب أحدهم: "ذهب الليل وطلع الفجر والشعب اتحرَر. . . شاف مبارك قاله اتنحى، والنظام فرفر. . . الشعب قاله سيب السلطة، وخلينا في حالنا. . . شدّ نفسه، وبعت حرسه، وراح جر شكلنا. . . راحت الناس قعداله، وحلفت ماتروح بيتها. . . وآدي جزاه إلى يتلامض مع شعب بلادنا".

- "ارجع يا حسني، احنا كنا بنهزر معاك، انت قفشت علينا ولا إيه؟ توقيع: الكاميرا الخفية".

- "مبارك يأمر كل القنوات الفضائية أن تذيع أغنية هشام عباس: هتقولي امشي، مش هامشي. . . هتجيبلي حد يقولي امشي، مبمشيــش".

- الرئيس التونسي السابق يتصل بروتانا، ويهدي أغنية: "أنا بستناك" لحسني مبارك. وفي مداخلة عاجلة للرئيس المصري للقناة نفسها، صرّح بأننا لسنا مثل تونس، وأهدى الشعب المصري أغنية "أخاصمك آه أسيبك لا".

- نداء من تلميذ في "كي جي وان" إلى الثوّار في ميدان التحرير والحكومة: لا تنسوا أن تلك الأحداث ستدخل في مادة التاريخ، واحنا اللي هنتعب في مذاكرتها، اختصروها من فضلكم. . . حددوا مطالبكم مع بعض وخلصونا. . . كده المادة هتبقى صعبة أوي.

- "مادة 534 من الدستور: إذا مات الرئيس، يتم تشكيل لجنة لتحضير روحه، لإدارة المرحلة الانتقالية".

- "مادة 535 من الدستور:إذا فشل تحضير روح الرئيس، تلغى الدولة، ويلغى الدستور، ويوزع الشعب على الدول المجاورة".

- "أوّل مهام الحكومة الجديدة، قبل تعديل الدستور، هو عمل كرسي تيفال، عشان الريس ما يلزقش. . . وهناك اقتراح بعمل كرسي قلّاب، يقلب لوحده، كل 6 سنين".

- "حسني قابل عبدالناصر والسادات، قاموا سألوه: ها. . . سم ولا منصة؟ قالهم: لأ. . . فيس بوك".

- "زين العابدين، لما عرف بالتنحي، بعت رسالة لمبارك، يقول له فيها: متنساش تجيب دراع البلاي ستيشن معاك. رد مبارك قائلاً: لا تعايرني ولا أعايرك الشعب خالعني وخالعك".

"واحد لقى الفانوس السحري، ودعكه ... طلعله العفريت، وقاله: شبيك لبيك، تطلب إيه؟ قاله الراجل: أنا عايز كوبري بين القاهرة وأسوان. العفريت قاله: دي صعبة قوي ... نقِّي حاجة تانية. الراجل قاله: خلاص خلّي حسني مبارك يسيب الحكم. العفريت قاله: انت عايز الكوبري رايح جاي؟ ولا رايح بس؟"

"شهود عيان في أروقة وزارة التربية والتعليم، تفيد بأنه تم تأجيل امتحانات الدور التاني، إلى أجل غير مسمى، معلّلة هذا بأن النظام سقط، وعاوز وقت عشان يلحق يذاكر".

- "عقد الرّيس جلسة مع وزير الداخلية السابق، حبيب العادلي، قاله محتدًا: منعت الحشيش يا فالح؟ أهو الشعب صحصح".

-"أبليس شاف 3 ملايين بيصلّوا في ميدان التحرير، راح مصوّت، وقال: الله يخرب بيتك يا مبارك بقالي 30 سنة أضلّل فيهم، وأنت بعمايلك السودا دي تخلّيهم يتجمّعوا ويصلوا؟ وهتف إبليس مع المتظاهرين "يسقط يسقط حسني مبارك".

-"مبارك، قبل خلعه، اتصل بعمر سليمان، وقال له: ابعت الفلوس على شرم الشيخ، وابعت المسلمين على السعودية، والمسيحيين على أمريكا، واقفل وهات المفتاح، وتعالى.

الباب الثالث

الأصداء الخارجية للثورة المصرية

الفصل الأوّل:

الأصداء العربية للثورة

رشا حسني

تباين الاهتمام العربي بأحداث ثورة 25 يناير، التي اندلعت في مصر، بصورة فاجأت الشعوب والحكام العرب، على السواء وقد تأثرت معالجة تلك الأحداث بمدى الحرّية المتاحة في كل مجتمع عربي.

كانت المملكة العربية السعودية أكثر الدول اهتمامًا، على المستوى الرسمي، بمتابعة الشأن المصري, خلال الثورة وبعدها، من منطلق دعم المملكة للنظام المصري القائم، آنذاك.

إتّجهت الصحافة السعودية الخاصة، خلال الأيام الأولى من ثورة 25 يناير، لرصد المشهد بقدر من الموضوعية ؛ حيث نشرت صحف سعودية تقارير إخبارية رصدت التظاهرات، التي اندلعت في مختلف أنحاء المحافظات المصرية؛ وإن بدا تحفّظ تلك الصحف في تناولها للشعارات التي رفعت في نهاية أول أيام الثورة، والذي تبلّور مساء, برفع المتظاهرين شعار " اسقاط النظام ". واكتفت الصحف بالإشارة إلى الشعارات الأخرى، التي حيّت الثورة التونسية، وطالبت بإسقاط الحكومة، وبالإصلاح الاقتصادي، والإحتجاج على الفقر والبطالة. كما تجاهلت الصحف السعودية الإشارة إلى طريقة تفريق المتظاهرين، وإخلاء ميدان التحرير، التي اتّسمت بالعنف، حيث تمّ استخدام القنابل المسيِّلة للدموع بكثافة، بالإضافة إلى مطاردة سيارات الشرطة المصفّحة للمتظاهرين، مع إلقاء القبض على مئات منهم. وجاهلت الصحف,أيضًا, سقوط أربعة شهداء في مدينة السويس، في أول أيام الثورة [1].

لكن الصحف السعودية الخاصة تداركت ذلك التجاهل، لبعض وقائع الثورة، وأشارت إليها في اليوم التالي. وعلى الرغم من انتقال أخبار الثورة إلى الصفحات الداخلية، فإن التقارير التي تناولت أحداث ثاني أيامها, أشارت، صراحة، إلى مطالب الثوّار بإسقاط النظام، وإلى ملاحقة الشرطة للمتظاهرين، وقتل بعضهم [2].

فيما جاءت معالجة صحف سعودية رسمية لأحداث الثورة، بعيدة تمامًا, عن الواقعية والموضوعية ؛ فقد حدّدت جريدة " الجزيرة " عدد المتظاهرين، في اليوم الأول للثورة، بخمسة آلاف شخص، فقط (بينما تجاوزت أعدادهم عشرات الآلاف) ووصفت تلك الصحف هتافاتهم بأنها مسيئة للحكومة [3].

وسرعان ما عدّلت الصحف السعودية الرسمية، قليلا ً من طريقة معالجتها لاحداث الثورة المصرية، وإن ظلّت قاصرة على نشر تقارير محدودة المساحة، في الصفحات الداخلية، ملتزمة بالتحفظ الشديد، وبنقل وجهة النظر الرسمية، من دون أن تتجاهل الإشارة إلى سقوط ضحايا وجرحى خلال المواجهات مع الأمن [4].

وهكذا ظلّت التوقعات الرسمية السعودية بعيدة عن حقيقة المشهد في مصر، فقد توقع مراقبون سياسيون أن يفتتح مبارك، معرض القاهرة الدولي للكتاب، في موعده المحدّد،سلفًا, صباح السبت 29 يناير /كانون الثاني، وأن يوّجه من هناك خطابًا رسميًا للأمة، يعلن فيه موقفه من التظاهرات [5].

بعدها تغيرت وتيرة الاهتمام السعودي بالأحداث وزيادة حدتها، في أعقاب " جمعة الغضب " (28 /2011/1). لكنّ التعبير عن تلك الوقائع إتّسم بالارتباك والتحامل، أحيانًا. وجاء تحليلها صادمًا, في أحيان أخرى، كما بدا في التقرير الذي نشر تحت عنوان: " مصر تنكل بنفسها ": "كأنها تنكِّل بنفسها فقد غرقت مصر في فوضى أمس، بينما كان المصريون في صدمة مما يحدث، على يد مجموعات تخريب وسرقة, ونهب، روَّعت أحياء سكانية، شهدت أعمال نهب منظَّمة، بينما شكّل الأهالي مجموعاتٍ، للدفاع عن أنفسهم, في غياب تام للشرطة. في وقت استمرت أعمال حرق مبانٍ حكومية ومنشآت تجارية. . . وقد أفادت تقارير

أن عدد القتلى وصل مبدئيًا، إلى أكثر من 150. وأصيف ألفان، على الأقل، بينهم نحو مئة قتيل في القاهرة، ثلاثون في الإسكندرية، وعشرات في محافظات عدّة أخرى" (6).

تعليقًا على أحداث " جمعة الغضب "، حدّدت صحيفة " الجزيرة " السعودية عدد الضحايا الذين سقطوا في ذلك اليوم، بخمسة فقط. وقالت إن عدد الجرحى لم يصل إلى التسعمئة، في حين كانت مصادر إعلامية أخرى، أشارت إلى أن مئات الضحايا سقطوا بالرصاص الحي، في ذلك اليوم الدامي، فيما وصل عدد الجرحى إلى آلاف عدّة. واهتمّت الصحيفة السعودية, شبه الرسمية, برصد ردود الأفعال الدولية على الوضع في مصر. فيما التزم الحكّام العرب الصمت تمامًا، إلاّ في حالات محدودة، اقتصرت على دعوات لعقد قمم عربية، من أجل مناقشة حالة الغضب المسيطرة على الشعوب العربية، خصوصاً في مصر، كالدعوة التي أعلنها ملك البحرين، حمد بن عيسى، في ثاني أيام الثورة (7).

في تلك الأثناء، عكست زاوية " رأي الجزيرة " تعالياً, ومحاولة للتقليل من شأن الثورات العربية عموماً, والمصرية، على وجه الخصوص: " الاحتجاجات الشعبية، التي تشهدها العديد من الدول, تعكس تعاملاً ً بأسلوب ينبع من الأهداف التي انطلقت من أجلها تلك التظاهرات والاحتجاجات. في فرنسا، لا يكاد يمر أسبوع، من دون أن تشهد إحدى المدن الفرنسية تظاهرة، إما لأسباب اجتماعية، أواقتصادية, أو سياسية، وحتى لأسباب سلوكية وأخلاقية. فالفرنسيون كثيراً ما يحتكمون إلى الشارع, لإقناع ساستهم بوجهة نظرهم، إلاّ أنه، ومع كثرة تظاهراتهم، لم نر إلاّ ما ندر قيام المتظاهرين, أو المحتجّين, بنهب مخزن للأغذية، أو مجمّع لبيع بضائع التجزئة، ولا سرقة محتوياته، بحيث يتحوّل المتظاهرون إلى لصوص. قد تحصل مواجهات بين المتظاهرين والشرطة في البلدان الأوروبية, وحتى الآسيوية، ويتمّ إحراق عربات للشرطة، أمّا أن يتحول المتظاهرون إلى "حرامية"، فهذا لم نره إلاّ في البلدان العربية. فما حصل في مصر سلوك مشين,لا يمكن أن يقبله المصريون الشرفاء، إذ إن التخريب, والترويع, والحرق،والنهب، الذي رافق تظاهرات الاحتجاج في مصر، جعل كل المصريين خائفين على مصير بلادهم، التي يريد حفنة من اللصوص اختطافها. ومثلما ظهر عدد من المثقفين والكتّاب، والصحافيين المصريين،

على شاشات المحطات الفضائية، وهم يتساءلون عن جدوى ومعنى حرق ونهب المؤسسات العامة،التي هي ملك لمصر ... كل مصر، وليس لحزب، أو لشخص، مهما علا مركزه في الدولة، أو سلطته؛ فالذي يُحرق ويُدَمر هو مِلكٌ للمصريين جميعاً؛ أمّا ما يُنهب ويُسرق من ممتلكات المواطنين العاديين، والمتاجر والمحال، فهذا أسلوب مقيتٌ يروّع الشعب المصري، ولا يخدم قضيته، كما يدعي من يقود هذه الاحتجاجات "[8].

ظهر الاهتمام السعودي الرسمي بما يجري في مصر في أعقاب " جمعة الغضب "، حيث انتقلت تغطية أحداث الثورة المصرية إلى الصفحات الأولى من الصحف الرسمية. كما بدأ تحرك ملموس من ملك السعودية، لمساندة رأس النظام المصري،عبر أكثر من قناة، في وقت مبكّر من الثورة، وبشكل سبق كل الحكّام العرب.

أبرزت الصحافة شبه الرسمية، في صفحاتها الأولى، الاتصال الهاتفي الذي أجراه الملك عبدالله بن عبدالعزيز آل سعود، فجر السبت 29 يناير / كانون الثاني، بمبارك، وقوله:

" إن مصر العروبة والإسلام،لا يتحمّل الإنسان العربي،والمسلم، أن يعبث بأمنها واستقرارها بعض المندسين، باسم حرية التعبير، بين جماهير مصر الشقيقة، واستغلالهم لنفث أحقادهم، تخريباً، وترويعاً، وحرقاً، ونهباً، ومحاولة إشعال الفتنة الخبيثة. والمملكة العربية السعودية، شعباً وحكومة، إذ تشجب ذلك، وتدينه بقوة، فإنها في الوقت نفسه، تقف، بكل إمكاناتها، مع حكومة مصر وشعبها الشقيق. "[9].

أبرزت الصحف السعودية في اليوم التالي، مكالمة الرئيس الأمريكي باراك أوباما، إلى ملك السعودية. تناول الاتصال، حسبما أوردت الصحف: "العلاقات بين البلدين الصديقين، وتطورات الأوضاع في المنطقة، وما تشهده، حالياً، جمهورية مصر العربية الشقيقة، من أحداث مؤسفة، واكبها أعمال فوضى وسلب ونهب وترويع للآمنين، مستغلين مساحات الحرية والتعبير، محاولين إشعال نار الفوضى، لتحقيق مآربهم المشبوهة، وهو ما لا يقرُّه الطرفان السعودي، والأمريكي"[10].

لم تجد "الجزيرة " السعودية حرجًا, في نشر خبر صحافي، يؤكد دعوة إسرائيل الولايات المتحدة الأمريكية، والدول الأوروبية، إلى الحد من انتقاداتها للرئيس المصري، من أجل الحفاظ على الاستقرار في المنطقة. وأضافت : "إسرائيل تسعى إلى إقناع حلفائها بأن من مصلحة الغرب الحفاظ على استقرار النظام المصري. . . وأن رئيس الوزراء الاسرائيلي، بنيامين نتنياهو، طالب أعضاء الحكومة بتجنّب التعليق, علانيةً, على الأحداث في مصر"[11].

واصل الملك عبد الله بن عبد العزيز مشاوراته مع القوى الدولية، لبحث الأوضاع في مصر ؛ حيث نشرت الصحف خبرا أفاد بتلقى الملك اتصالاً هاتفياً من رئيس وزراء بريطانيا، ديفيد كاميرون. "وجرى خلال الاتصال استعراض العلاقات الثنائية بين البلدين الصديقين، وبحث مجمل الأوضاع في المنطقة، وخصوصاً في جمهورية مصر العربية الشقيقة" [12].

انتهجت التغطية الإعلامية العربية لأحداث الثورة،عقب ما عرف باسم "موقعة الجمل", في الثاني من فبراير /شباط، أسلوبًا أقرب إلى منهج الاعلام المصري الرسمي، في تصوير ما جري وكأنه صراع بين طرفين، لكل منهما قوته وتواجده بين صفوف الشعب، أحدهما يطالب برحيل مبارك، والآخر يطالب ببقائه. على الرغم من كثرة الدلائل التي اشارت إلى أن معظم المشاركين في تظاهرات التأييدً دفعوا, دفعًا، إلى ذلك، إما عن طريق تلقي أموال من قيادات "الحزب الوطني الحاكم", أو دعمًا لمصالح ومنافع شخصية تربطهم بالنظام، فضلًا عن ضآلة النسبة التي يمثلونها، إذا ما قورنوا بالملايين الذين انتشروا في محافظات مصر، من شمالها إلى جنوبها, مُصرّين على إسقاط النظام, ورحيل رؤوسه الفاسدة.

عكست التقارير الصحفية مبالغة في تقدير أعداد مؤيدي مبارك، إلى الحدّ الذي جعل إحدى الصحف تقدرهم بأكثر من أربعة أمثال أعدادهم الحقيقية: "بدأت الاشتباكات مع وصول مئات من المشاركين في تظاهرة حاشدة مؤيدة للرئيس مبارك، ضمت أكثر من 20 ألفا, إلى مشارف الميدان من جهة المتحف المصري، قادمة من شارع جامعة الدول العربية في الجيزة. وقام هؤلاء، الذين يؤكد شهود عدّة أنهم من رجال الأمن وبلطجية "الحزب الوطني الحاكم", بقذف المحتجين بالحجارة, وقطع الحديد الصغيرة، وذلك قبل وصول مجموعة ثانية من أنصار مبارك, تتقدمهم

خيول وجمال، وأخذوا يضربون المتظاهرين بأقفال حديدية قديمة. . . فيما شهدت اشتباكات أمس، التي وقعت بين مؤيدين ومعارضين للرئيس مبارك، في ميدان التحرير، مقتل عشر ضحايا وأكثر من تسعمائة مصاب من الجانبين" [13].

فيما وصفت صحيفة أخرى "الميدان" بأنه صار "ساحة حرب" : " تحوّل ميدان التحرير في قلب القاهرة، أمس، إلى ساحة حرب فعلية بين مؤيدي الرئيس مبارك والمتظاهرين المطالبين بتنحّيه, ما أسفر عن مقتل ثلاثة أشخاص, حسبما نقلت قناة "العربية" عن وزير الصحة المصري، أحمد سامح فريد، الذي قال إن الاشتباكات أسفرت،أيضاً، عن إصابة 639 شخصاً بسبب التراشق بالحجارة" [14].

أصرّت الصحف الخاصّة على الإمساك بالعصا من المنتصف ؛ حيث أظهرت ما يجري في مصر على أنه سجال بين قوتين شعبيتين، إحداهما معارضة للنظام والأخرى مؤيدة له: "شهدت أحداث ثورة الشباب المصري في يومها العاشر بالإسكندرية, مزيداً من التصعيد والمصادمات، ما بين آلاف المتظاهرين، المنقسمين بين فريق مؤيد، وآخر معارض لبقاء الرئيس مبارك على رأس السلطة في مصر. بينما أكد المعارضون،في معظم المحافظات، أنهم في هدنة مؤقتة، استعداداً لـ "جمعة الخلاص" [15].

لم يغب استخدام سلطة الدين لمواجهة آثار الثورة المصرية ومن قبلها التونسية، خوفًا من هبوب رياح الحرّية على الجزيرة العربية، ودول الخليج العربي .

في خطبة الجمعة، التي ألقاها مفتي السعودية الشيخ عبد العزيز آل الشيخ, في جامع الإمام تركي بن عبد الله، يوم 4 فبراير / شباط، انتقد المظاهر الاحتجاجية التي شهدتها المدن التونسية والمصرية. وهاجم كذلك, ما وصفه بـ"الإعلام الجائر"، الذي يصوّر الأحداث على غير حقيقتها. وبرّر المفتي انتقاده للمسيرات الاحتجاجية والتظاهرات، لكونها تفضي إلى سفك الدماء ونشوء حالات سلب ونهب، كما حدث في مصر. وقال: "إن من أسباب الفتن والغواية والضلالة، إثارة الفتن بين الشعوب والحكّام في هذه التظاهرات والمسيرات التي هي من الأمور التي جيء بها لضرب الأمّة في صميمها، وتشتيت شملها، وتقسيمها. إنّ لها نتائج سيئة، وعواقب وخيمة،

منها سفك الدماء، وانتهاك الأعراض، وسلب الأموال". ونبّه مفتي عام السعودية، رئيس هيئة كبار العلماء فيها، إلى ما وصفها بـ"الفوضويات" التي يتمّ إحداثها داخل الدول، من أجل الإضرار بأمنها، وضرب اقتصادياتها. وقال: "إن هذه الفوضويات إنما جاءت من أعداء الإسلام, والذين يخضعون لهم". ودعا إلى الحذر من "مكائد الأعداء"، منبها إلى أن الغاية من التظاهرات إضعاف الشعوب والسيطرة عليها وإشغالها في الترهات" [16].

المواقف العربية الرسمية من الثورة

تصاعدت ردود الفعل العربية الرسمية على ثورة 25 يناير المصرية، وإن اتّسمت بالتحفّظ، في مجملها، إذ فضّلت غالبية الدول العربية مراقبة الوضع، عن كثب. وبدأت الاتصالات الرسمية برأس النظام المصري، فقد أجرى كل من الرئيس الفلسطيني محمود عباس، والليبي معمر القذافي، اتصالا هاتفيا بمبارك, مؤكدين تضامنهما مع مصر في أعقاب "جمعة الغضب "، فيما أشارت وزارة الخارجية الإماراتية إلى أنها تراقب التطورات باهتمام بالغ [17].

اقتصر تعليق رئيس الوزراء الفلسطيني، سلام فياض،على ما جرى في مصر، بتأكيده على إنه لا يريد أن يعطي دروسا لمصر،في الوقت الذي يزداد فيه تعداد مقدمي الدروس والنصائح؛ ولأن للفلسطينيين ما يكفيهم من المشكلات. غير أنه أضاف, أن "استقرار مصر وقوتها يعني الاستقرار والقوة لنا". وبرأيه، أن المطالب التي يرفعها المتظاهرون, المنادون بالحرية والديمقراطية، هي الأسس نفسها التي يسعى الفلسطينيون لإقامة دولتهم عليها [18].

من جانبها، التزمت الحكومة الأردنية الصمت، إزاء ما جرى من أحداث متسارعة في مصر. واكتفت، أيضا ً بمراقبة الوضع عن كثب ؛ حيث قال مسؤول أردني، فضّل عدم ذكر اسمه، إن الأحداث المتسارعة على الأرض يصعب تقدير أي موقف إزاءها، مشيرًا إلى أن مصر دولة شقيقة، نتمنى لها الاستقرار والسلام [19].

في بغداد، اعتبر وكيل وزارة الخارجية العراقية، لبيد عباوي "أن أمر معالجة المشاكل والأزمات، التي تعاني منها مصر، حاليًا، يعود إلى القيادة المصرية. . . وقال: إن مجلس الوزراء

العراقي سيصدر, عند انعقاده، موقفًا رسميًا من الأحداث والتطورات الجارية في مصر حاليًا. وأشار إلى أن ما يجري في مصر هو، بالتأكيد, تعبير عن سخط جماهيري من الأوضاع الاقتصادية والاجتماعية في البلد. لكن معالجة مثل هذه الأحداث، وما قد يترتب عليها, متروك للقيادات المصرية، بمن فيها الحكومة والأحزاب المصرية, لمعالجتها". وتابع: "لدينا ثقة بأن مصر قادرة على معالجة المشاكل الداخلية، وألاّ تتحول إلى سلب ونهب وإضرار, لكي يعود السلم الأهلي إلى هذا البلد العربي الكبير". وأردف: "إن مصر بلد عربي كبير ولها دور حيوي وهام في المنطقة، وهو ما يجعل ما يجري فيها محور اهتمام الجميع" [20].

في الرباط، قال خالد الناصري، وزير الاتصال (الاعلام)، والناطق الرسمي باسم الحكومة المغربية "نحن نتابع، بطبيعة الحال، ما يجري في مصر عن كثب، لكن، حتى الآن، ليس هناك أي موقف رسمي مغربي حول الأحداث فيها". وعبَّر قيادي من حزب " الاتحاد الاشتراكي للقوات الشعبية ". المشارك في الحكومة بستة حقائب, عن مساندة حزبه، لما أسماه "انتفاضة الشعب المصري". في حين قال قيادي آخر في حزب "العدالة والتنمية" المعارض: إن ما حدث في مصر هو نتيجة طبيعية لما كان يجري،على الساحة السياسية المصرية [21].

في الجزائر، قال وزير الخارجية الجزائري، مراد مدلسي، إن بلاده "تحترم إرادة الشعوب، وتتعامل مع الحكومات المنبثقة منها"، في إشارة إلى أحداث تونس الأخيرة، وما يجري في مصر. من ناحية أخرى، أكد نائب رئيس الوزراء الجزائري،يزيد زرهوني،أن السلطات قررت منع تظاهرات "مسيرة التغيير", التي أعلنت جمعيات محسوبة على المعارضة تنظيمها، يوم 12 فبراير/ شباط، في العاصمة، للمطالبة بـرفع حالة الطوارئ، وإطلاق الحرّيات [22].

مع اشتداد وطأة الثورة المصرية وتواصلها، بدأت السلطات العربية تستشعر الخطر، على الرغم من تجاهل التعليق، مباشرًة، علي أحداثها المتلاحقة، أو إعلان موقف واضح منها. تجلّت تلك المخاوف في محاولات كثير من الحكّام العرب، تأكيد خصوصية بلادهم، وعدم إمكانية اندلاع ثورات فيها, من ناحية، أو من خلال استباق الحكّام لمواجهة غضب شعوبهم، بتقديم بعض التنازلات، أو الامتيازات, فيما يشبه "الرشاوي المادية "، مقابل مساومتهم على عدم

المطالبة بمزيد من الحرّيات، التي قد تطيح بالأنظمة الديكتاتورية، كما جرى في تونس، وكما كان يجري وقتها، في مصر. تأتي في هذا الإطار خطوات وإجراءات أُعلنت في مختلف الدول العربية:

في 31 يناير / كانون الثاني, صرح الرئيس السوري، بشار الأسد، في حوار مع صحيفة "وول ستريت جورنال" الأمريكية، بأنه لايوجد احتمال في أن تنتشر الاحتجاجات التي شهدتها وتشهدها تونس ومصر إلى بلاده، التي يحكمها "حزب البعث"، لأكثر من خمسين عامًا [23].

في2 فبراير / شباط، أعلن الرئيس اليمني، علي عبد الله صالح, أنه لن يرشّح نفسه، لفترة رئاسية جديدة، ولن يورث الحكم لنجله الأكبر. وأعلن، أيضًا، تأجيل الانتخابات التشريعية المقررة في أبريل / نيسان 2011. كما تقدّم صالح بمبادرة إلى المعارضة، من أجل إزالة التوتر في الساحة السياسية، لكنه، في الوقت نفسه، حذّر من وقوع أعمال عنف في الشارع اليمني، إذا ما سيّرت المعارضة التظاهرات التي دعت إليها. وعبّرت كلمات صالح عن احتقاره للثورة والثوار، بقدر تخوفه منهما ؛ حيث قال:"مثلما هو حادث في مصر، وما حدث في تونس، الغوغاء والفوضى، إذا هبّت, من الصعب على العقلاء السيطرة ". وحذّر صالح من نتائج أربع سنوات من التعبئة للشارع. واعترف بأن الأطراف في السلطة والمعارضة تقوم بتعبئة الشارع, وتكيل الاتهامات لبعضها البعض. واعتبر تلك التعبئة "خاطئة"! وتساءل: "إلى أين ستفضي هذه التعبئة؟" [24].

في اليوم نفسه، أعلن رئيس الوزراء الأردني، المكلف تشكيل الحكومة، معروف البخيت، أنه ينوي فتح جميع ملفات الفساد بما فيها تلك المتعلقة بفترة رئاسته للحكومة، بين 2005و2007. مضيفاً, إنه من المؤمل أن تعلن تشكيلة الحكومة الجديدة، خلال أيام، إذا ما سارت مشاورات رئيس الوزراء بشكل جيد. وكان العاهل الأردني، الملك عبد الله الثاني، قد أقال في أول فبراير/ شباط، رئيس الوزراء سمير الرفاعي؛ وكلّف البخيت تشكيل حكومة جديدة، داعياً إلى إطلاق مسيرة إصلاح سياسي حقيقي في البلاد، التي شهدت في الأسابيع الأخيرة، العديد من التظاهرات [25].

شهد الثالث من فبراير / شباط 2011، تحرّكات عربية رسمية واسعة، أكدت أنه لم يعد مجديا ً تجاهل الثورة المصرية المشتعلة، وأثرها على الشارع العربي؛ ففي الجزائر، أعلن الرئيس, عبد العزيز بوتفليقة، أنه كلف الحكومة "الشروع فورًا" في الإعداد لقانون يسمح برفع حالة الطوارئ، التي تسري في البلاد، منذ تسع عشر سنة وأمر القائمين على التلفزيون والإذاعة الحكوميين بالانفتاح على الأحزاب والجمعيات، وتغطية نشاطاتها (26).

في اليوم نفسه، كذلك ندد وزير خارجية دولة الإمارات العربية المتحدة الشيخ عبد الله بن زايد آل نهيان, بما وصفه "استغلال بعض الدول المقيت والمخزي"،لما يحدث في مصر. وأضاف خلال مؤتمر صحافي مشترك مع نظيره العراقي هوشيار زيباري، في بغداد " لا شك كلنا كدول نحتاج إلى تطوير وإصلاح، ونظام أفضل, تطورا ً أكثر تواصلا ًمع الشعب، لكن استغلال بعض الأطراف لما يحصل في مصر هو استغلال مقيت ومخز". من ناحيته, أعلن المتحدث باسم الأجهزة الأمنية للسلطة الفلسطينية "حظرًا على أي تجمعات لها علاقة بالاحداث في مصر،أو تونس ", فيما علقت منظمة "هيومن رايتس ووتش"، المساعدة الدولية لقوى الأمن الفلسطينية، ردًا على قيام الشرطة الفلسطينية،مساء الأربعاء. 2 فبراير / شباط،باستخدام القوة لتفريق تظاهرة تضامن مع الثورة الشعبية في مصر. وكانت الشرطة الفلسطينية قد قامت بتفريق تظاهرة سابقة، في 30 كانون الثاني/ يناير الماضي بالقوة, شارك فيها العشرات أمام السفارة المصرية في رام الله. على الجانب الآخر, وجهت أحزاب وهيئات سياسية تونسية رسالة تضامن إلى الشعب المصري، تعبِّر فيها عن تضامنها مع "ثورة الشعب المصري ضدّ الاستبداد" (27).

في الرابع من فبراير/ شباط، قرّرت الحكومة البحرينية زيادة الاعتمادات المخصصة في الميزانية، لدعم السلع الغذائية الأساسية, ومبالغ دعم الأسر الفقيرة، والمساعدات الاجتماعية في موازنة الدولة للعامين 2011 و2012،بحسب ما نقلته وكالة أنباء البحرين، عن وزير المالية البحريني الشيخ أحمد بن محمد آل خليفة،وبقيمة إجمالية تصل إلى مئة مليون دينار بحريني (حوالي 266. 6 مليون دولار أمريكي)، بواقع 50 مليون دينار لكل سنة (28).

في الخامس من فبراير /شباط، قرّر رئيس الوزراء العراقي، نوري المالكي، خفض راتبه

الشهري، بنسبة خمسين في المئة، وإعادة النصف الآخر إلى خزينة الدولة، في خطوة تهدف إلى تقليص الفوارق المعيشية في البلاد. وجاء بيان حكومي, إن "المالكي أصدر توجيها إلى المستشار المالي في مكتبه, بخفض خمسين بالمئة من راتبه الشهري، كرئيس لمجلس الوزراء، وإعادته لحساب خزينة الدولة اعتباراً من شهر شباط/ فبراير. وأضاف: إن هذا القرار يعد "مساهمة لتقليل التفاوت الحاصل بين رواتب موظفي الدولة، وبما يساعد في تقليص الفوارق في المستوى المعيشي لمختلف طبقات المجتمع". ولم يكشف البيان عن قيمة الراتب الشهري للمالكي، لكن بعض المصادر ذكرت بأن راتبه يصل إلى 350 ألف دولار، في السنة. ويأتي القرار بالتزامن مع موجة التظاهرات في دول عربية [29].

في السادس من فبراير شباط، قبل أمير الكويت الشيخ صباح الأحمد الصباح استقالة وزير الداخلية الشيخ جابر خالد الصباح، التي قدمها قبل شهر، في أعقاب وفاة معتقل لدى الشرطة يشتبه بأنه تعرّض للتعذيب.[30] .

في الثامن من فبراير، تعهّد الرئيس السوداني، عمر البشير، باتخاذ خطوات عملية لإجراء حوار سياسي مع القوى السياسية المختلفة، للمشاركة في حكومة ذات قاعدة عريضة، وفي كتابة دستور دولة الشمال، بعد أن أصبح الجنوب دولة مستقلة، فيما شدّد على "عدم السماح لأي كان بأخذ القانون باليد ". لكن البشير استهجن "الحديث المستمر من قبل بعض الأحزاب الوطنية عن التحول الديمقراطي, والتبادل السلمي للسلطة، وهي ترفض أن تخوض الانتخابات، وتؤكد قبل دخولها أنها مزوَّرة" [31].

موقف الشعوب العربية

على المستوى الشعبي، بدا موقف الشعوب العربية، من الثورة المصرية، أكثر حسمًا ووضوحًا، إذ إنشغل العرب، في شتى أنحاء الوطن العربي، بمتابعة مايجري على أرض مصر. وانطلقت التظاهرات, والمسيرات والوقفات المؤيدة للثورة والداعمة للشعب المصري وصموده، برغم المحاولات المستميتة في قمع شتّى أشكال المساندة والتأييد للثورة, من قبل الأنظمة العربية الحاكمة .

تابع السوريون ما يجري في الشارع المصري، باهتمام كبير، رغم عدم صدور تعليق رسمي حول الأحداث المصرية، عدا ما قاله وزير الخارجية، وليد المعلّم، في تصريحات عبّر فيها عن الأسف لسقوط ضحايا، واصفا ً ما يجري في مصر، بأنه "شأن داخلي"، مطالبا ً " بإعمال الحكمة"! ومنعت السلطات السورية، في 29 يناير /كانون الثاني, اعتصامًا سلميًا دعت اليه مجموعة من الشباب السوريين, تضامنا مع "ارواح ضحايا الشعب المصري"، أمام مبنى السفارة المصرية، في حي كفرسوسة، وسط دمشق. وطوّق نحو مئة عنصر من قوى الأمن ومكافحة الشغب، مبنى السفارة والأحياء المؤدية اليه، مانعين أي شخص من التجمع أو المرور أمام المبنى. وقام مثقفون وناشطون سوريون، بينهم الكاتب ميشيل كيلو. والمخرج السينمائي عمر اميرالاي، بإصدار بيان حمل عنوان "تحيّة من مثقفين سوريين إلى الثورة التونسية والانتفاضة المصرية"، اعتبروا فيه أن "شعوبنا اهتدت إلى طريق الحرّية" (32).

في اليوم نفسه، تظاهر العشرات أمام السفارة المصرية في بيروت. وقطع المتظاهرون "طريق الكولا" باتجاه المطار, للتعبير عن تضامنهم مع إخوانهم في مصر، ودعمًا للتحركات الشعبية، الداعية لتنحّي مبارك، ونظامه الحاكم وقد شارك في التظاهرة ممثلون مختلف الأحزاب اللبنانية(33).

في 30 يناير / كانون الثاني، تظاهر مئات الشبان السودانيين في الخرطوم، في اطار يوم احتجاج وطني ضدّ الحكومة رغم انتشار قوات الأمن، بكثافة، في مختلف أنحاء الخرطوم. وقد أعلنت المعارضة السودانية عن اعتقال أكثر من 40 شخصاً من المتظاهرين، المطالبين باستقالة الحكومة وتكوين حكومة وحدة وطنية (34).

فشلت المحاولات الرسمية لاحتواء الغضب الشعبي العربي, في أعقاب اندلاع ثورتي تونس ومصر.

في العاشر من فبراير / شباط،اجتاحت العراق موجة من التظاهرات الجماهيرية، المطالبة بتحسين الخدمات العامة في البلاد. في وقت أبدت فيه مصادر حكومية مخاوفها من أن يجري تسييس هذه الظاهرة، من قبل جهات حزبية وسياسية، بهدف تصفية حساباتها مع الحكومة،

التي لم يمض على تشكيلها أكثر من شهرين . رغم إعلان الحكومة, برئاسة نوري المالكي،عن اتخاذ مجموعة من الإجراءات الهادفة إلى امتصاص الغضب الجماهيري، الذي بدأ يتصاعد، تدريجيًا، في الآونة الأخيرة، منذ اندلاع شرارة الانتفاضات الشعبية في عدد من الدول العربية، فإن استمرار هذه التظاهرات واحتمال تصاعد وتيرتها، بما في ذلك تظاهرة كبيرة جرى التخطيط لتنظيمها في ساحة التحرير، وسط بغداد، في 25 فبراير / شباط، يؤكد، بما لا يقبل مجالاً للشك، أن الإجراءات الحكومية لم تقنع، حتى الآن، الشارع العراقي, حتى بعد أن تم منح كل مواطن عراقي 15 ألف دينار عراقي، بدل تعويض عن نقص البطاقة التموينية, فضلا عن دراسة إمكانية نقل ملف البطاقة التموينية من الحكومة الاتحادية إلى الحكومات المحلية [35].

في 11فبراير / شباط، خرج آلاف اليمنيين للمشاركة في " جمعة الغضب"، التي شهدت تظاهرات في جنوب البلاد، استكمالاً للتظاهرات التي بدأها "الحراك الجنوبي " قبلها بيوم، للمطالبة بفك ما أسموه "الحصار العسكري الجائر", الذي فرضته الحكومة اليمنية. رفعت حشود المتظاهرين، في بداية الاحتجاجات, شعارات تطالب بإطلاق سراح جميع المعتلقين. وانتهت إلى المطالبة بإسقاط النظام، ورحيل الرئيس اليمني عن الحكم ومحاكمته [36].

شهدت العاصمة الأردنية، عمّان، بعد صلاة الجمعة (11فبراير/شباط)، انطلاق مسيرتين تأييدا للثورة الشعبية في مصر, وللمطالبة بإصلاحات سياسية في المملكة. وانطلقت المسيرة الأولى من المسجد الحسيني، وسط عمّان، بمشاركة نحو ألف شخص. وهتف المشاركون داعين للإصلاح، السياسي والاقتصادي، منها" بدنا حكومة وطنية ... ضدّ نهج التبعية "! وانطلقت المسيرة الثانية من مسجد صلاح الدين، متّجهة نحو السفارة المصرية،غرب عمّان. وقدّر عدد المشاركين فيها بحوالي 500 شخص. وردّد المشاركون هتافات مندّدة بالرئيس المصري، الذي فوّض صلاحياته لنائبه، عمر سليمان. وهتفوا " لا مبارك ولاسليمان "! و"يا مبارك ارحل ارحل"! و"ثورة ثورة حتى النصر"! و"من عمّان تحية للقاهرة الأبية "! كانت العاصمة الأردنية قد شهدت, قبل أيام، تنظيم مسيرات عدّة, واعتصامات, تأييدا للثورة الشعبية في مصر. وترافقت تلك التحركات مع مطالب شعبية أردنية بالإصلاح السياسي [37].

المواقف الرسمية والشعبية بعد إسقاط نظام مبارك

ظلّت السلطات السعودية على موقفها، حتى اليوم الأخير من حكم مبارك ؛ حيث أعرب الأمير سعود الفيصل وزير الخارجية السعودي، عن استنكار بلاده البالغ والشديد, لتدخلات بعض الدول الأجنبية في الشأن المصري؛ وما وصفه بـ"ممارسة المزايدات، وتدخّل سافر في شؤونه الداخلية، على نحو يتنافى وأبسط القواعد الدبلوماسية والسياسية وميثاق الأمم المتحدة، الذي ينصّ صراحة، في مادته الأولى، على احترام سيادة واستقلال الدول؛ وعدم التدخّل في شؤونها الداخلية". وأوضح الفيصل،عقب اختتام أعمال اللجنة، ردا على سؤال حول ما تشهده مصر حاليا من أحداث، وعن موجات الاحتجاج التي تشهدها بعض البلدان العربية، أن الاحتجاجات "وليدة حراك مستورد". وقال:"نحن نميِّز بين ما هو مستورد وما هو حقيقي؛ وما يعبّر عن وضع داخلي هو شأن كل بلد، ونحن لا نتدخّل فيه، بأي شكل من الأشكال". وأعرب عن أمل بلاده في أن يترك المصريون يحلوّن مشاكلهم بأنفسهم ؛ "لأنهم قادرون على ذلك"[38]!

تغير المشهد العربي، تماماً،عشية تنحّي مبارك عن حكم مصر, في الحادي عشر من فبراير/ شباط 2011، حيث تخلّت حكومات عربية كثيرة عن تحفظها. وأعلنت ترحيبها بتلك الخطوة. فقد رحبت قَطَر بنقل السلطة إلى المجلس الأعلى للقوات المسلحة المصرية، مع تنحّي مبارك؛ مؤكدة تمسّكها بعلاقات متميزة مع القاهرة، وتطلعها "لاستعادة مصر دورها القيادي في العالم العربي" وأكد بيان الديوان الأميري, على أن قَطَر "تعبِّر عن احترامها لإرادة الشعب المصري وخياراته" ؛ و"تحيّي الدور الكبير والهام للقوات المسلحة المصرية في الدفاع عن مصر, والأمة العربية, ومصالح الشعب المصري".

وأكّدت الإمارات العربية المتحدة، في بيان رسمي، دعمها لمصر وثقتها بالمجلس الأعلى للقوات المسلحة . وقال البيان, إن الإمارات " تابعت، باهتمام بالغ، تطوّرات الأوضاع في جمهورية مصر العربية الشقيقة"؛ وهي "تؤكد ثقتها في قدرة المجلس الأعلى للقوّات المسلحة في مصر, على إدارة شؤون البلاد في هذه الظروف الدقيقة التي تمر بها الشقيقة الكبرى مصر بما يحقّق لشعبها آماله وطموحاته".

من جهتها, قالت وزارة الخارجية السودانية في بيان لها:" إن انتقال السلطة السلمي إلى المجلس الأعلى للقوات المسلحة يعبّر عن إرادة وطنية خالصة, نرجو أن تفضي إلى تحقيق التطلعات المشروعة للشعب المصري". وأعربت الوزارة عن الأمل في أن يكون هذا التغيير الشعبي, صفحة جديدة في تاريخ مصر الحديث، لتحقيق الرفاهية الاقتصادية والاستقرار السياسي والاجتماعي.

بدورها، أعربت الحكومة التونسية عن تقديرها لنضال الشعب المصري. وأبدت "ثقة الحكومة في قدرة مصر، بفضل كفاءات أبنائها ووعيهم الوطني، على تخطّي هذه المرحلة البارزة من تاريخها، بكل أمان واقتدار؛ واستعادة قوتها وعافيتها ومكانتها المتميزة، على الساحتين الإقليمية والدولية".

كما أعلنت الحكومة الأردنية "احترامها لشعب مصر, وخياراته الحرّة والمستقلة". وقالت في بيان, إن الحكومة تعبّر عن ثقتها بقدرة المجلس الأعلى للقوات المسلحة المصرية, على النهوض بالمسؤولية الكبيرة الملقاة على عاتقه، في هذه اللحظة التاريخية الدقيقة، لإدارة شؤون مصر، باقتدار، نحو المرحلة الجديدة. وبما يكفل استمرار مصر، في أداء دورها في محيطها العربي وعلى الساحة الدولية. وبما يحفظ لها الأمن والأمان والاستقرار والازدهار. واتّخذت السلطات اليمنية تدابير أمنية مشددة في شوارع صنعاء، خصوصًا في محيط ميدان التحرير، القريب من مقري الحكومة والبرلمان، والسفارة المصرية. فيما أصدرت أحزاب "اللقاء المشترك " المعارضة, بياناً، وصفت فيه ما حدث في مصر بأنه " أعظم ثورة سلمية، يشهدها العالم المعاصر" ؛ وأن تلك الثورة ستساهم في "رسم ملامح المستقبل لعالم عربي جديد".

وفي لبنان, رحبت "حركة أمل "بعودة مصر, لتأخذ موقعها الطبيعي ودورها الريادي في قضايا الأمة، لا سيما قضية فلسطين المركزية". كما هنأ "حزب الله " المصريين بالنصر التاريخي، الذي حققوه بعد خلع مبارك. وأعرب "حزب الله " عن شعوره بالفخر والاعتزاز بإنجازات ثورة مصر"، مؤكداً أن إرادة الشعب وعزمه وثباته هي مفتاح القدرة على صنع المعجزات والانتصارات لقضيته وأمته.

وفي موريتانيا، أشاد المجلس الوطني لحزب "الاتحاد من أجل الجمهورية" الموريتاني، بانتصار ثورة الشباب والشعب بجمهورية مصر العربية, بعد أسابيع من الصمود السلمي، مؤكداً أن ثورة الشباب المصري دليل على حيوية الضمير العربي، وحتمية انتصار إرادته [39].

أما على المستوى الشعبي, فقد انطلقت مسيرات الفرح والاحتفال، في شتى أنحاء الوطن العربي، من أقصاه إلى أدناه، في مشهد أعاد الحياة لمعنى القومية العربية؛ وأكد على حيويتها داخل الجسد العربي المنهك تحت وطأة فساد الأنظمة وديكتاتوريتها.

احتفل آلاف الفلسطينيين في قطاع غزّة بتنحّي مبارك، وسط أجواء الفرح،والأمل بأن يفضي سقوط نظامه إلى رفع الحصار عن قطاع غزة. بعد دقائق من إعلان تنحّي الرئيس المصري، وتكليف الجيش تولّي السلطة، خرج المواطنون في مناطق متفرقة من القطاع، بشكل عفوي، وسط إطلاق كثيف للرصاص في الهواء وإطلاق العنان لأبواق السيارات، التي اكتظّت الشوارع بها. وسارعت حركة "حماس" إلى تأييد الثورة المصرية، معتبرة أن تنحّي مبارك "هو إعلان بداية انتصار الثورة المصرية التي نؤكد وقوفنا إلى جانبها ودعمنا كل مطالبها"، وفقا لسامي أبو زهري, المتحدّث باسم الحركة [40].

في قطر, تجمّع الآلاف من الوافدين المصريين والعرب، ابتهاجًا بتنحّي مبارك، على "كورنيش" العاصمة القطرية (الدوحة). وحمل المحتفلون لافتات. عبّروا فيها عن البهجة بتنحّي مبارك. ورفعوا الأعلام المصرية. فيما حمل بعضهم،أيضا، صور الزعيم الراحل جمال عبدالناصر.

وهتفت مجموعات من الشباب: "مصر مصر حرة والحرامية برة"! و"تحيا مصر"! و"الشعب المصري أسقط النظام". كما أنشد آخرون النشيد الوطني المصري وأناشيد وطنية أخرى. وسارت مواكب من السيارات, على طول الكورنيش وهي تحمل الأعلام المصرية وتطلق الأبواق, ابتهاجًا بالتغيير الذي حدث في مصر.

كما انطلقت مسيرات في العاصمة الأردنية، عمّان، ابتهاجًا برحيل مبارك. وقام بعض المشاركين في الاحتفالات بقرع الطبول وتوزيع الحلوى والورود، وإطلاق الألعاب النارية.

وهتف المتظاهرون "مصر مصر، تحيا مصر"! و"باي باي مع السلامة يا مبارك"! و" وإذا الشعب يومًا أراد الحياة فلا بد أن يستجيب القدر" و"الشعب خلاص اسقط النظام"!

وحمل المتظاهرون أعلاما أردنية ومصرية، ولافتات كتب عليها: "الشعب أسقط النظام"! و"الله محيي الشعب المصري"! و"خلاص فهمتكم"! وهم يرددون "بلادي بلادي بلادي، لك حبي وفؤادي "! وجابت مئات السيارات،التي تحمل الأعلام المصرية وهي تطلق أبواقها، الشوارع المؤدية إلى السفارة المصرية.

وعمّت فرحة عارمة في تونس، بعد دقائق من إعلان تنحّي مبارك. وزعقت أبواق السيارات في العاصمة التونسية، بعدما أعلن نائب الرئيس، عمر سليمان, تنحّي الرئيس المصري. وتعالت صيحات الفرح في شارع الحبيب بورقيبة, الذي شكل مقصداً للتظاهرات، التي أدّت إلى الإطاحة بن علي. وسارعت مجموعات عدّة، إلى الرقص، مع إعلان خبر تنحّي مبارك.

في اليمن, تجمع آلاف اليمنيين في صنعاء, للإحتفال بتنحّي مبارك، والمطالبة بتغيير النظام في اليمن. سار المتظاهرون في مسيرات متفرقة، تجمّعت غالبيتها في ميدان التحرير، بالقرب من مقرّ الحكومة اليمنية. تقدّمهم نواب المعارضة البرلمانية (اللقاء المشترك). وردد المتظاهرون هتافات مثل "الشعب يريد إسقاط النظام"! و"أمس في تونس واليوم في مصر، وبكرا اليمن يفك الأسر". كما رفعوا الأعلام المصرية.

وحاول مئات المتظاهرين الاقتراب من مبنى السفارة المصرية, إلاّ أنهم فشلوا, نظرا للتدابير الامنية المشددة, التي فرضتها السلطات اليمنية حول المكان. وفي بيروت, انتشرت التظاهرات المبتهجة بانتصار الثورة المصرية؛ وانطلقت أبواق السيارات والألعاب النارية، تعبيراً عن بهجة الشعب اللبناني بتحرر مصر من قبضة النظام الفاسد [41].

على الصعيد غير الرسمي، بدى التأثير جذريا على المجتمع السعودي, في أعقاب نجاح ثورة 25 يناير في اسقاط النظام المصري، حيث انطلقت أول دعوة تعبّر عن توجهات نشطاء سعوديون نحو تأسيس أول حزب سياسي في المملكة، لطرح إمكانية وصول رئيس منتخب:

(دخلت السعودية في دائرة "الحراك السياسي", عندما أعلنت مجموعة من الناشطين السياسيين، والمهتمين بالشأن العام عن تأسيس أول حزب سياسي، في المملكة, باسم "حزب الأمة الإسلامي", كخطوة في إطار السعي لمواكبة الإصلاحات الجارية في البلاد, وتحقيق انفراجات سياسية لحماية المملكة من الاضطرابات والتوترات التي تعم المنطقة"[42].

بدى واضحًا تخوف السلطات الجزائرية من انفلات الوضع في حال سماحها ب" مسيرة التغيير "، التي دعا إليها، يوم السبت 12 فبراير، حزب "التجمّع من أجل الثقافة والديمقراطية"، و"الرابطة الجزائرية للدفاع عن حقوق الإنسان"، وجمعيات ونقابات غير معتمدة. وأعطت السلطات تعليمات صارمة لرجال الأمن بتفتيش كل وسائل النقل، من قطارات وسيارات أجرة وعربات, إذا اشتبهوا بوجود أشخاص داخلها، يتوجهون من مناطق الداخل إلى العاصمة، بغرض المشاركة في المسيرة التي تنظّمها "تنسيقية التغيير والديمقراطية". وأمرت السلطات مسؤولي الأمن بتفادي استعمال العنف مع المتجاوبين مع الدعوة إلى المسيرة، حتى لو تعرضوا للاستفزاز. . . جاءت هذه التظاهرات بعد عودة الهدوء إلى الجزائر, التي شهدت بين السادس والتاسع من يناير/كانون الثاني 2011, اضطرابات، احتجاجًا على غلاء المعيشة، أوقعت خمسة قتلى وأكثر من 800 جريح [43].

في يوم الإثنين (2011/2/14)، دعا ناشطون بحرينيون إلى "يوم الغضب"، الذي صادف الذكرى العاشرة لإطلاق الميثاق والدستور البحريني. ودعا الناشطون عبر موقعي "الفيسبوك" و"تويتر"، لبدء تظاهرات, في اليوم نفسه، تطالب بالإصلاح في المملكة، وبمزيد من الحريات. وتم اختيار" دوّار اللؤلؤة " الشهير في المنامة، في محاولة لجعله رمزاً لتحرك المتظاهرين، على غرار ما جرى في ميدان التحرير في مصر. كان ملك البحرين، الشيخ حمد بن عيسى آل خليفة، قد أصدر، يوم الجمعة 2011/2/11، قراراً قضى بصرف ألف دينار بحريني (2652 دولارا أميركي) لكل أسرة بحرينية, لمناسبة الذكرى العاشرة لميثاق العمل الوطني, إلى جانب منح أخرى. كما أعلن عن مشاريع خدمية في مختلف المناطق [44].

في المغرب، دعت بعض المنظمات والشخصيات المقرَّبة من السلطة، إلى تظاهرة يوم الإثنين

14 فبراير/ شباط 2011، أطلقوا عليها اسم "حب الملك"، لاستباق تظاهرة الغضب المزمع خروجها يوم 20 فبراير / شباط، لكن سرعان ما تحولت إلى تظاهرة تطالب بتغيير النظام في المغرب؛ حيث خرج في البداية عشرات الأشخاص في العاصمة المغربية, الرباط، في إطار تظاهرة, أريد لها التعبير عمّا أسموه "التفاف المغاربة حول الملك محمد السادس"، و"رفض تغيير نظام الحكم على غرار ما جرى في تونس ومصر"، وأهم من ذلك, إفشال تظاهرة "يوم الغضب", التي دعت إليها حركة تطلق على نفسها "حركة 20 فبراير من أجل التغيير". غير أن رياح التظاهرة، جرت بما لا يشتهيه منظِّموها، حينما انضم إليها مئات الشباب المغاربة الغاضبين، فسيطروا عليها، وتناوبوا على إلقاء الكلمات المنددة بالسياسة الحالية لملك المغرب وحكومته وطالبوا بتغيير نظام الحكم في المغرب؛ ورفع المتظاهرون أعلام مصر وتونس. وهتفوا بشعارات مناوئة لنظام الحكم في المغرب وبالحكومة التي يرأسها "حزب الإستقلال "، وسار المحتجون في شوارع الرباط وتوقفوا أمام مقر البرلمان، لإلقاء كلمات, تضمنت رغبة شباب المغرب بتحقيق التغيير[45].

تحت شعار "نرفض لنغيِّر"، انطلقت في وسط العاصمة الأردنية، مسيرة نظمتها قوى المعارضة، في التاسع عشر من فبراير/شباط، رفعت فيها الأعلام المصرية. وطالب المتظاهرون بحكومة منتخبة، وبإصلاحات سياسية واسعة. وقد تصدت للمتظاهرين جماعات من البلطجية الذين حاولوا منع المسيرة. واعتدوا عليهم بالعصي والحجارة, من دون تدخل الامن [46].

لم تكن الاحتفالات التي عمّت الوطن العربي، غاية ما تركت ثورة 25 يناير المصرية من أثر,على الشعوب العربية . فقد نبّهت ثورة تونس ومن ورائها ثورة مصر، الشعوب العربية إلى ضرورة أن يقوم الشعب بدوره في الوقوف ضدّ الطغيان، من دون انتظار تحرّك النخبة الثقافية أو الطليعة السياسية وألهمت الثورتان،اللتان نجحتا في إسقاط نظامين من أكثر النظم العربية طغيانًا وفسادًا، في أقلّ من شهر، بقية الشعوب العربية بإمكانية تحقيق التحرر, الذي بدى من قبل حلمًا مستحيلاً. واندلعت شرارة الثورة، بالتزامن، في أكثر من دولة. منها: اليمن، ليبيا, البحرين،وسوريا. فضلاً عن الاحتجاجات التي شهدتها الكويت، للمطالبة بحقوق "البدون".

المحرومين من حقوق المواطنة. إضافة إلى التظاهرات الأردنية المطالبة بإصلاحات سياسية واقتصادية . غير أن السلطات الحاكمة في تلك البلاد، انتهجت السياسات المتعالية نفسها، التي سبقها إليها النظامان, التونسي والمصري، وتعاطت بمزيد من العنف، والتجاهل لإرادة الشعوب. وبدا أن السيناريو نفسه يتكرر في أنحاء الوطن العربي, بما فيه من أخطاء وجرائم تورطت فيها الأنظمة العربية، كسابقاتها،   من دون أن تعي الدرس الطازج الذي قدمه الشعبان, التونسي والمصري.

الهوامش:

1- محمد حسن شعبان وآخرون، تظاهرات صاخبة في المحافظات المصرية تطالب بإسقاط الحكومة وحلّ البرلمان، "الشرق الأوسط"، (لندن) 26 /ا/2011.

2- حمد عبد الرؤوف وآخرون، مصر: تظاهرات "الغضب" تتواصل لليوم الثاني ودعوة لتصعيدها الجمعة، "الشرق الأوسط" (لندن) 27 / 1 / 2011.

3- مكتب "الجزيرة": خمسة آلاف متظاهر في يوم الشرطة في مصر, "الجزيرة" (الرياض) 26 / 1 / 2011.

4- خالد أمين وآخرون، المعارضة المصرية تدعو إلى تظاهرات جديدة... والداخلية تحذِّر, "الجزيرة" (الرياض) 27 / 1 / 2011.

5- مكتب "الجزيرة", ترقُّب لخطاب مبارك غداً السبت في افتتاح معرض الكتاب. وأنباء بتغيير وزاري واسع في مصر، "الجزيرة" (الرياض) 28 / 1 / 2011.

6- عبد الستار حتيتة ومحمد عبد الرؤوف, مصر تنكِّل بنفسها، الشرق الأوسط (لندن)، 30 /1/2011.

7- "رويترز"، مقتل خمسة في الاحتجاجات وإصابة 870 شخصاً، "الجزيرة" (الرياض) 29 / 1 / 2011.

8- رأي "الجزيرة": ليس بالحرق والنهب تحلّ مشكلات مصر، "الجزيرة" (الرياض)، 30 / 1 / 2011.

9- "واس": خادم الحرمين: المملكة تقف بكل إمكاناتها مع حكومة مصر وشعبها, "الجزيرة" (الرياض) 30 / 1 / 2011 .

10- "واس": في اتصال بين الملك وأوباما. . لا يمكن المساومة على استقرار وسلامة مصر تحت أي غطاء، "الجزيرة" (الرياض) 31 / 1 / 2011.

11- إسرائيل ناشدت دول العالم تخفيف حدة انتقاداتها لمبارك، "الجزيرة" (الرياض)، 1/ 2/ 2011.

12- "واس": خادم الحرمين يبحث مع رئيس وزراء بريطانيا الأوضاع في مصر, "الجزيرة" (الرياض) 3/ 2/ 2011.

13- مكتب "الجزيرة", مصر تستعد اليوم لـ"جمعة الرحيل" انطلاقاً من ميدان التحرير، "الجزيرة" (الرياض) 2/4/ 2011

14- رامي إبراهيم ووكالات: خطوط تماس تشعل ميدان التحرير وواشنطن تطلب انتقال السلطة "الآن" المستقبل" (بيروت) 3/ 2/ 2011.

15- أحمد صبري وآخرون: محافظات مصر تنتظر"جمعة الخلاص" اليوم، "الشرق الأوسط" (لندن) 2/4/ 2011.

16- تركي الصهيل، مفتي السعودية يحذّر من مخطط لتقسيم المنطقة إلى "دول متخلفة "، "الشرق الأوسط" (لندن) 5 / 2/ 2011.

17- مكاتب "الشرق الأوسط": "الجامعة" قلقة والإمارات والمغرب يراقبان ... ودمشق تمنع اعتصاما أمام سفارة مصر، "الشرق الأوسط" (لندن) 30 / 1/ 2011.

18- ميشال أبو نجم، فيّاض من باريس: لا نريد إلقاء الدروس على مصر ... ولدينا ما يكفينا من المشكلات، "الشرق الأوسط" (لندن) 4/ 2/ 2011

19- مكاتب "الشرق الأوسط" : "الجامعة " قلقة والإمارات والمغرب يراقبان .. ودمشق تمنع اعتصاما أمام سفارة مصر, "الشرق الأوسط" (لندن) 30 / 1/ 2011.

20- المصدر نفسه.

21- المصدر نفسه.

22- بوعلّام غمراسة، الجزائر "تحترم" إرادة الشعبين التونسي والمصري, "الشرق الأوسط" (لندن)، 2011/2/3.

23- ردود الافعال العربية والدولية الرسمية تجاة الثورة المصرية، "آفاق اشتراكية" (القاهرة) 2011/2/4.

24- عرفات مدابش، الرئيس اليمني: لن أرشح نفسي لفترة رئاسية جديدة ولن أورث الحكم لنجلي, "الشرق الأوسط" (لندن)   3/ 2/ 2011.

25- وكالات، البخيت: إصلاحات حقيقية يلامسها الأردنيون، "البعث" (دمشق) 2011/2/3.

26- بوعلّام غمراسة: بوتفليقة يعلن عن قرب رفع حالة الطوارئ في الجزائر, "الشرق الأوسط" (لندن) 4/ 2/2011.

27- ردود الأفعال العربية والدولية الرسمية تجاه الثورة المصرية، "آفاق اشتراكية" (القاهرة) 2011/2/4.

28- البحرين تقرّر زيادة دعم السلع الأساسية ومساعدات الأسر الفقيرة   "الشرق الأوسط" (لندن)   2/5/ 2011.

29- 40 عراقياً يلاحقون الحكومة البريطانية أمام القضاء, "الجزيرة" (الرياض) 2011/2/6.

30- الشيخ صباح يقبل استقالة وزير الداخلية، الشرق الأوسط (لندن)، 2/7/ 2011.

31- فايز الشيخ، البشير يدعو المعارضة للمشاركة في الحكومة ... ويشدّد على عدم السماح بأخذ القانون باليد، "الشرق الأوسط" (لندن)، 2/9/ 2011.

32- مكاتب "الشرق الأوسط": "الجامعة " قلقة والإمارات والمغرب يراقبان ... ودمشق تمنع اعتصاما أمام سفارة مصر، "الشرق الأوسط" (لندن)، 30 / 1 / 2011.

33- المصدر نفسه.

34- ردود الأفعال العربية والدولية الرسمية تجاه الثورة المصرية، "آفاق اشتراكية"، (القاهرة) 2011/2/4.

35- حمزة مصطفى، " حمى التحرير" تنتقل إلى بغداد مع تصاعد حدّة التظاهرات المطالبة بتحسين الخدمات، "الشرق الأوسط" (لندن)، 11 /2 / 2011.

36-شريف سمير ووكالات الأنباء: نشطاء سعوديون يعلنون تأسيس أول حزب سياسي في

المملكة لطرح امكانية وصول رئيس منتخب، "المصري اليوم" (القاهرة) 12 / 2 / 2011.

37- مكتب "المستقبل"، مسيرتان في الأردن تأييداً لمصر وللمطالبة بإصلاحات، "المستقبل" (بيروت) 12 / 2 / 2011.

38- مكتب "الشرق الأوسط"، الأمير سعود الفيصل: ما تفعله بعض الدول إزاء مصر تدخل سافر في شأنها الداخلي، الشرق الأوسط (لندن) 2/11 /2011.

39- وكالات، مصر.. الشعب أسقط مبارك, البعث،(دمشق)، 12 /2/ 2011.

40- حماس والغزيون يحتفلون بسقوط مبارك وسط آمالهم برفع الحصار، الجزيرة (الرياض)، 2011/2/12.

41- مصر الشعب أسقط مبارك, "البعث" (دمشق) 12 /2/ 2011.

42- شريف سمير ووكالات الأنباء, نشطاء سعوديون يعلنون تأسيس أول حزب سياسي في المملكة لطرح إمكانية وصول رئيس منتخب، "المصري اليوم" (القاهرة) 12 / 2 / 2011

43- بوعلّام غمراسة، الجزائر: انتشار أمني واسع في العاصمة لمنع "مسيرة التغيير" اليوم, "الشرق الأوسط"، 2011/2/12.

44- "ويكبيديا" (الموسوعة الحرة)، الاحتجاجات البحرينية 2011.

45- صحيفة "الدولية" الإلكترونية (باريس)، في المغرب تظاهرةُ حُبّ الملك انقلبت إلى تظاهرة للتغيير 15 /2/ 2011.

46- البلطجية يشتبكون مع متظاهرين معارضين في الأردن،موقع "CNN" الإلكتروني 19 /2/ 2011.

الفصل الثاني:

الأصداء في «إسرائيل»

خالد سعيد

يعتبر الكثيرون أن ثورة الخامس والعشرين من يناير/كانون الثاني 2011، انتفاضة شعبية، وهبّة وطنية، وحركة مجتمعية مصرية لن تتكرر. وسيكون لها تأثيرات إيجابية عدّة، لأجيال قادمة، لأنها ثورة شباب احتضنها الشعب، وحماها الجيش المصري، أدهشت العالم، وبهرته، وجعلت من ميدان التحرير في قلب القاهرة، أشهر ميادين العالم؛ وهو ما ترك الأثر السلبي لدى الصهاينة، بالطبع.

اتّفقت الآلة الإعلامية الصهيونية على أن ثورة يناير /كانون الثاني هي بمثابة كارثة لإسرائيل، بعد ارتفاع موجة التخوّف مما يسمونه " الإرهاب الديني"، أو "الأصولية الإسلامية" والمبالغ فيها؛ رغم كمّ المساعدة التي قدمها نظام مبارك للحكومات الصهيونية المتعاقبة، ومدى الاستفادة الصهيونية من هذا النظام، اقتصاديًا واستراتيجيًا وعسكريًا. وهو ما ذكرته تلك الوسائل، بشكل صريح ومباشر. ما يدفعنا إلى مناقشة رؤيتها للثورة، عبر المواقع الإلكترونية والصحف المستقلة، من خلال مجموعة من المحاور المستقاة من مقالات وتقارير صحفية صهيونية، ترتبط كلها برباط واحد، هو ثورة الخامس والعشرين من يناير/كانون الثاني 2011.

ففي البداية، وقبيل اندلاع الثورة، استندت النظرية الأمنية الصهيونية إلى مواجهة ما تصفه "إسرائيل" بـ "الإرهاب الديني"، أو "الأصولية الإسلامية"، لتبلّور بدورها، استراتيجية جديدة في العمل المشترك مع الولايات المتحدة الأمريكية، والاتحاد الأوروبي، بهدف التصدّي للجماعات الإسلامية الأصولية؛ الأمر الذي يمكّن في "إسرائيل" من الحصول على المزيد من الدعم السياسي

والمادي، والمساعدات العسكرية. وبما يعزّز دور "إسرائيل" الإقليمي الشرق أوسطي، ويخلّ، أكثر فأكثر، بمعادلة التوازن الاستراتيجي بينها وبين مجموع الأقطار العربية[1].

في هذا الإطار، كتب محلّل سياسي صهيوني: إن انتصار "حزب الله" - على سبيل المثال - وتحقيقه لنجاح باهر، قد يزيد من شعبية الحركات السنّية، مثل "الإخوان المسلمين" في الأردن ومصر، ما يعني تشكيل "شرق أوسط جديد"، مختلف عمّا خططت له كوندوليزا رايس، وزيرة الخارجية الأميركية السابقة"[2]. وهو ما أكده مركز بيجين - السادات للأبحاث والدراسات التابع لجامعة بار إيلان، من خشية الإسرائيليين من سيطرة الإسلاميين المتشددين على الحكم في القاهرة [3].

بيد أن هذا التخوّف قد زاد، بصورة مبالغ فيها، بعيد اندلاع ثورة يناير /كانون الثاني **2011**، غير المتوقعة. والغريب أن الصحافي نفسه، في صحيفة "هاآرتس" الصهيونية، عاد وتخوّف مرّة ثانية من سيطرة الإسلاميين على الحكم في مصر، فكتب بعد خمسة أيام من اندلاع تلك الثورة: "لو تحولت مصر إلى يد "الإخوان المسلمين" سنشهد شرق أوسط جديد، ومختلف، تمامًا، لأنه تحوّل تاريخي للمنطقة والعالم، وتغيير دراماتيكي لإسرائيل نفسها، خصوصاً وأن "الإخوان المسلمين"، أو التيّار الديني السياسي له الأفضلية والأغلبية في الشارع المصري حاليًا "[4]. وتطابقت الرؤية نفسها مع ما استشرف به مركز أكاديمي صهيوني بالقول، في اليوم نفسه: " ولذلك لا يمكن لنظام مبارك أن يستمر حتى نهاية العام الجاري، على أقصى تقدير، ومن ثمّ لا يمكن إتمام عملية توريث الحكم في مصر "[5].

بعد تخلّي مبارك عن رئاسة الجمهورية المصرية، رأى الموقع الصهيوني " والا " أنه: "بسقوط مبارك سقطت إحدى قلاع الدول العربية المعتدلة في الشرق الأوسط، بعدما سقطت تونس؛ فعلى الرغم من أن الرئيس الأمريكي السابق، جيمي كارتر، أراد تحويل منطقة الشرق الأوسط إلى منطقة ديموقراطية، فإن المنطقة سقطت في براثن التشدّد والغلو، بعدما وقعت غزّة بيد "حماس"، وبعدما نجحت القوات الأمريكية في القضاء على صدام حسين، احتسب هذا

النجاح لصالح إيران، التي أحسنت استغلاله. لكن، مؤخرًا، سقط مبارك؛ وبسقوطه سقط حائط الصدّ الذي كان يواجه، بكل قوّة وحزم، التيار الإسلامي المتشدد في الشرق الأوسط ". يستطرد الموقع، فيقول: كان الرئيس الأمريكي السابق، جورج دبليو بوش، يحارب ما اسماه ب "الإرهاب الإسلامي"، لكن على العكس، فإن الرئيس الأمريكي الحالي، باراك أوباما، يؤيّد ويساند المتظاهرين في الدول العربية المعتدلة، ليظهر وبشكل واضح، تأييده لما ستبرزه تلك التظاهرات من "إرهاب إسلامي"، حتّى أن التشدّد سيأتي من الإدارة الأمريكية الحالية لتأييدها محور الشر؛ وهو ما يسبب ضررًا بالغًا لإسرائيل. وأكبر دليل على ذلك، هو سعادة وفرحة القيادة الإيرانية بما جرى في مصر"[6].

ثورة غير متوقّعة

على الرغم من هذا التخوف المبالغ فيه، ومدى الاستعداد لمواجهته، باعتباره خطرًا يلحق الضرر بإسرائيل، فإن الكيان الصهيوني فوجئ بثورة يناير/ كانون الثاني 2011، ولم يتوقعها على الإطلاق، حيث استمرت حيرة المحللين السياسيين، والخبراء الاستراتيجيين الصهاينة في تفسير الثورة، في بدايتها؛ ومدى صمود الثوّار في وجه طغيان وبطش وعنف الشرطة المصرية. ويذكر كاتب يميني في مقال مطوّل له، مدى هشاشة المخابرات الصهيونية، وضعفها، وعدم توقعها لاندلاع ثورة شعبية في مصر؛ وهو مقال يستحق النشر بالكامل، لاحتوائه على تحليلات سياسية حول الثورة، ربما لم تتكرر في مقالات، أو تقارير صهيونية أخرى عن الثورة. وذلك كلّه، رغم تصريحات الجنرال عاموس يادلين، الرئيس السابق لجهاز المخابرات العسكرية " أمان "، التي قال فيها إن المخابرات العسكرية اخترقت مصر، وعاثت فيها فسادًا. حتى أنه وصف هذا الاختراق ب " الملعب الأكبر لنشاطاتنا " الصهيونية، بالطبع.

ومن بين ما ذكره كاتب يميني إسرائيلي: " ثمّة تطور خطير يجري في مصر، هو الأكبر والأضخم، منذ اندلاع الثورة الإيرانية وتوقيع اتفاقية السلام الإسرائيلية - المصرية، في عام 1979، على عكس ما توقعه رجال المخابرات في "إسرائيل"، أو بعكس رغباتهم، تمامًا، فلم

تتوقع المخابرات الغربية، خصوصاً الإسرائيلية، ما يجرى في مصر والمنطقة من انقلابات على الأنظمة الحاكمة. ويبدو أننا أمام ثورة مصرية حقيقية، فيجب إجراء تغييرات أخرى في وسائل الإعلام والخبراء المتخصصين والأكاديميين. وذلك، رغم أن " أمان " توقعت أن يكون عام 2011، عامًا لتغيير الحكم في مصر والسعودية، لكنها لم تتوقع حدوث ثورة شعبية مثل تلك، أبدًا. والأدهى من ذلك، ما قاله رئيس جهاز "أمان" الجديد الجنرال آفيف كوخافي: "ليس هناك تخوف من نقل السلطة في مصر"[7]!

يضيف الكاتب الصهيوني: " هناك انهيار للنظام القديم في مصر، ما يؤثر سلبًا على إسرائيل، وعلى المنطقة ككل، وعلى اتفاقية السلام الإسرائيلية ـ المصرية. وكذلك الإسرائيلية ـ الأردنية، رغم التأييد الأمريكي لما يجري، حاليًا، في مصر. لكن يلزم هذا الأمر إجراء تغييرات في الجيش الإسرائيلي وفي حالة السوق؛ فقد أضيئت الأنوار في مبني المخابرات، ليلاً، على غير عادته. والوضع، حتى الآن، بالنسبة لإسرائيل بيد المتظاهرين أنفسهم، أن مستقبل إسرائيل بأيديهم وحدهم. والسؤال المحوري يكمن في مدى احتمال سقوط حكم مبارك، وعدم ترشيح نجله جمال للحكم، أو تولّيه الحكم من بعده، أي أن على إسرائيل الإسراع في تأمين نفسها بقوة، لأن ذلك يعني أيضًا، صعود قوة راديكالية تقابل اتفاق السلام مع إسرائيل بالجمود، أو الإلغاء ". وينهي الكاتب الإسرائيلي مقاله بالقول: " السؤال الذي يفرض نفسه بشدّة، هو كيفية التعامل مع القاهرة في المستقبل، في حال صعود الإسلاميين إلى الحكم، وإسقاط حكم مبارك؟ المهم هنا هو تغيير الاستراتيجية القديمة التي كنا نتعامل بها مع مصر، بعد تقليص الدرجات الأمنية والعسكرية الإسرائيلية معها، أو بطول الحدود، وتحويل هذه التقليصات إلى أهداف اجتماعية واقتصادية، وبدلاً من توجيه الأنظار إلى "حماس" و"حزب الله" في الشمال، فحسب، الآن، سنتوجه إلى مصر في الجنوب أيضًا، فلم نتوقع دخول قوات مصرية، يومًا ما، إلى سيناء. نحن أمام شرق أوسط جديد "[8].

ويكتب معلق عسكري في "هاآرتس"، قائلاً: " والآن جاء دور "الموساد" و"أمان"، لهما أعين كبيرة، لكنهما لم يروا بها، ولهما آذان واضحة، لكنهما لم يسمعا بها أيضًا. وبالتالي، فليس

هناك ضرورة لسماع مزاعمهم، فليس من المعروف متى تبدأ اللحظة الحاسمة، ومتى تنتهي. فلم تدرك أو تعرف تلك الأجهزة متى تبدأ التظاهرات الشعبية أو الثورة، ولم تتوقّعها بعد. ولم تتوقع أعتى الأجهزة الاستخباراتية اندلاع تلك الانتفاضة أو الثورة الشعبية، أو متى يسقط الطغاة ويُدفنون في التراب "[9].

كانت النظرية الأمنية الصهيونية تستند إلى قوة الشرطة المصرية، في مواجهة أي قوى معادية لنظام مبارك. ولكن الثورة أثبتت العكس، تمامًا. تقول " هاآرتس " في هذا الإطار: "ربما الشرطة والجيش المصريين لم يؤسسا، بقوة، لمواجهة التظاهرات الكبيرة، التي لم تشهدها الشوارع المصرية، من قبل، أو تظاهرات للقيام بثورة شعبية، أو مواجهة الإسلاميين المتشددين، خصوصاً إذا زعمنا أن الشرطة المصرية مجهّزة بشكل راق وعال، لكن يبدو أنها فاسدة، أيضًا. ويفسر لنا ذلك، ويوضحّه، عدم استعداد الشرطة المصرية لمواجهة تهديد الأنفاق مع قطاع غزّة وانهيارها " [10].

ثم عاد كاتب الفقرة السابقة ليكررها، مرّة ثانية، لكن بصورة أخرى، حينما قال: " تدخّلت الشرطة المصرية بقوة، في الأيام الأولى، لمواجهة المتظاهرين من دون جدوى. ولطالما تأكدت أجهزة المخابرات الأمريكية والإسرائيلية والمتخصصين في الشؤون العربية منهم، من إحكام سيطرة الشرطة المصرية على أي مواجهات، لكن يبدو أن القاهرة والمتظاهرين اثبتوا العكس. واعتقد أن ذلك كان وهما كبيرًا ". يؤكد هذا الوهم، أن وسائل الإعلام الصهيونية عن بكرة أبيها، كانت تنقل أحداث الثورة في أيامها الأولي، كغيرها من الوسائل الإعلامية. ولم يخطر ببالها أنها الأيام الأولى لثورة شعبية. قادها الشباب، وحماها الجيش. وتساءلت عن مدى إمكانية صمود مبارك ونظامه، أمام الموجات البشرية المتدفقة إلى ميدان التحرير، للانضمام إلى الثوار. وخروج التظاهرات في كبريات العواصم المحلية. تقول صحيفة " هاآرتس " في ثالث أيام الثورة: " السؤال الأساسي، في الأيام القريبة المقبلة، هو مدى إمكانية بقاء الرئيس مبارك والقيادات العسكرية المصرية في مناصبهم! علمًا أن مبارك يعاني من سرطان البنكرياس، فهل سيحافظ مبارك على حكمه، رغم مرور ما يزيد عن ثلاثين عامًا؟ ومع سقوط ضحايا من أبناء شعبه في

التظاهرات؟ انتشر الجيش المصري في الشوارع المصرية الكبيرة، ليملأ الفراغ الذي تسببت فيه الشرطة المصرية، التي انسحبت عن بكرة أبيها وتركت مهامها للجيش. واليوم يؤّمن الجيش رئاسة وحكم مبارك، في وقت وصل فيه عشرات الآلاف من المصريين إلى "ميدان التحرير" في القاهرة، لاستكمال حلقات التظاهرات وللمناداة بإسقاط مبارك. من المحتمل سقوط حكم مبارك، خلال يومين أو ثلاثة، على الأكثر، فماذا نحن فاعلون؟! " [11]. بمعنى أن الهمّ الأوّل للتجمع الصهيوني - قبيل الثورة - كان العمل بكل ما أوتي من قوّة على استمرار بقاء مبارك ونظامه، حتى الرمق الأخير، لكن جاء الثوّار وخيبوا ظن كبار المسؤولين الصهاينة.

مبارك والصهيونية

مع كثرة ترديد مقولة " شرق أوسط جديد " دار سؤال صهيوني مهم، يتعلق بمستقبل إسرائيل، خصوصاً أن العلاقات الصهيونية - المصرية كانت على ما يرام، إبّان عهد الرئيس السابق محمد حسني مبارك. فبعد أيام عدّة من اندلاع الثورة، خرج ديفيد بن اليعيزر، وزير الصناعة والتجارة الصهيوني، بتصريح مهمّ قال فيه، أن مبارك أكد له أن السلطات المصرية تعرف ما يجري في الشارع، وقد جهزت الجيش مسبقًا. أضاف بن اليعيزر، الذي تربطه علاقات متينة مع مبارك، أن أي نظام قد يحكم مصر سيحترم معاهدة السلام، ويعتبرها تصبّ في مصلحة إسرائيل، إلاّ في حالة وصول نظام مدعوم من "حركة الإخوان المسلمين". ولذلك، قرّر مبارك تعيين سليمان نائبا له وليس غيره من مسؤوليه.

جاءت تصريحات بن اليعيزر، ضمن حوار كامل قال فيه، أيضًا: إن مصر هي الدولة الأهم بالنسبة لإسرائيل من النواحي والاعتبارات كافّة. ويجب أن نتذكر أنها الدولة التي لديها أكبر جيش، وكانت وما تزال عامل توازن وتهدئة في المنطقة. وهي مركز وأساس الاستقرار في الشرق الأوسط".

قبيل خطاب تنحّي مبارك، الذي أعلنه سليمان، في الحادي عشر من شهر فبراير/شباط 2011، قال مبارك لبن أليعيزر في مكالمة هاتفية، هي الثانية من نوعها، قبيل تنحّي مبارك، إنه

يبحث عن مخرج مشرّف، وهو ما أكده بن اليعيزر لإذاعة الجيش الإسرائيلي. وبعيد الإعلان عن تنحّي مبارك، مباشرة، قال بن اليعيزر: "إن إسرائيل فقدت أحد أكبر حلفائها. وأكبر القادة الكبار في المنطقة، الرئيس المخلوع مبارك، الذي حافظ على استقرار المنطقة لسنوّات عدّة".

بدوره، قال تسيفي مازال، السفير الصهيوني السابق لدى مصر: "إن إسرائيل الآن، وبعد انهيار نظام الرئيس المخلوع، حسني مبارك، باتت في أزمة إستراتيجية واسعة النطاق، حيث بقيت وحيدة تواجه دولة معادية"[12]. فيما جاءت تصريحات بن اليعيزر ومازال رغم قرار رئيس الوزراء الصهيوني، بنيامين نتانياهو، بضرورة الامتناع عن إصدار أي تصريحات عن التطورات في الشارع المصري؛ وذلك بعدما خاطب نتانياهو وزراء حكومته بتصريحات علنية، قال فيها: " جهودنا تستهدف مواصلة الحفاظ على الاستقرار والأمن في المنطقة... وأن السلام بين إسرائيل ومصر استمر لأكثر من ثلاثة عقود... ونسعى حاليا إلى ضمان استمرار هذه العلاقات".

بيد أن الكتّاب والصحافيين الصهاينة كثفوا من كتاباتهم عن مبارك، ومستقبل السلام مع مصر في مرحلة ما بعد نظام مبارك. يقول كاتب يميني في هذا الصدد: " من الصعب الفصل بين الأصدقاء، فالرئيس مبارك في كل محنة أو مشكلة دولية أو عربية كبيرة، كان يقف إلى جانب أصدقائه، سواء في حالات الحروب، أو الانتفاضة الفلسطينية. ومبارك يثبّت في كل مرّة قوة مصر وقوته معًا، لكن الآن، جاءت ساعة الانفصال عن الأصدقاء، ماذا ستفعل إسرائيل من دون مبارك؟! أو مع مبارك المتنحّي؟ وهل لدى فؤاد إمكانية لإنقاذه بعد؟! السنوات الماضية مرّت بحلوها، والآن جاء دور السنوات المرّة. ويمكن أن تستمر مصر في سنوات سبع عجاف؛ وربما يكون العكس، لكن يبدو أن الوضع سيكون أسوأ " [13]. " إن الكتّاب والمحلّلين السياسيين سيكتبون، من جديد، عن الشرق الأوسط الجديد " [14].

يكتب " ألوف بن " كبير محللي الشؤون السياسية عن صداقة مبارك للصهاينة، فيقول، في حسرة شديدة: " ضعضعة نظام مبارك في مصر ترك أثره الاستراتيجي الكبير والواضح على إسرائيل. فإسرائيل ستبقي من دون أصدقاء في الشرق الأوسط، بعد انفلات أمن مصر، صاحبة

الريادة في المنطقة. وتترك مصر إسرائيل في موقف حرج وخطير، لتختار تل أبيب، من جديد، أصدقاء جدداً. مبارك الذي ورث اتفاقية السلام المصرية الإسرائيلية من سلفه السادات، رفض زيارة إسرائيل، إلاّ خلال جنازة رئيس الوزراء الأسبق إسحاق رابين، لكن جيشه وأجهزة مخابراته تعاونت بقوة مع إسرائيل، من دون تغيير بنود عسكرية، لكن على أسس مشتركة". يضيف بن: " الحلف المصري - الإسرائيلي هو الحلف الاستراتيجي والأساسي لإسرائيل. وقد ساعد مبارك على توجيه الاهتمامات الإسرائيلية العسكرية نحو الشمال فحسب. وساعد على تقليص الميزانية العسكرية، التي استُغلت في أغراض مدنية مهمّة. وساند الاتفاقية المصرية - الإسرائيلية على النمو الاقتصادي الإسرائيلي؛ والآن، وبعد احتمالية سقوط حكم مبارك، يجب إعادة النظر في حلفاء إسرائيل الاستراتيجيين، والبحث عن حلفاء جدداً، فالسلطة الفلسطينية والأردن يؤمّنان الجبهة الشرقية لإسرائيل، ويعملان على كبح جماح "حماس"، لكن العلاقات معهما معقّدة. ومن الصعوبة رؤية السلطة الفلسطينية والأردن تملآن فراغ مصر، واحتلال مكانها في خريطة المصالح الإسرائيلية "[15].

في الإطار نفسه، أولت شبكة صهيونية قريبة الصلة بجهاز المخابرات الإسرائيلي " الموساد"، الاهتمام بتولي المجلس العسكري مقاليد الأمور في مصر، حيث اعتبرت تنحّي مبارك عن الحكم بمثابة كارثة لإسرائيل، وكتبت الشبكة: " نزول مبارك عن الحكم استهدف إسرائيل والجيش الإسرائيلي، ليس لأن تل أبيب أمام مواجهة محتملة مع حليف استراتيجي أساسي فحسب، وإنما أمام وضع عسكري معقّد جدًا، فليس لإسرائيل قوات عسكرية كاملة، للقتال في قلب سيناء، ولا أي معلومات مخابراتية عن قادة الجيش المصري، الذين يديرون البلاد، وما وراء الكواليس، حيال حكومة مدنية، والسياسات الداخلية والعسكرية لمصر "[16].

ثورة عسكرية ناعمة

الحديث عن قيام الجيش المصري بثورة عسكرية ضدّ مبارك، أخذ حيزًا كبيرًا ومهمًا من تحليلات الإعلام الصهيوني، فثمّة اعتقاد صهيوني بأن الجيش قام، بالفعل، بثورة ناعمة، بعد الاتفاق مع مبارك على التخلّي عن صلاحياته كافّة ، لنائبه عمر سليمان، لكنه رفض في

اللحظة الأخيرة. يقول المحلل السياسي للشؤون المصرية بصحيفة "هاآرتس": " يبدو أن ثمّة تحوّلاً خطيرًا في سدّة الحكم في القاهرة، من احتمالية تحوّل السلطة إلى الجيش، عبر القيام بثورة عسكرية ناعمة، أو هادئة، فهل جرى ذلك بالفعل؟ "[17]. ويبدو أن تعيين سليمان لم يرق للجهاز العسكري المصري، نتيجة لحالة التنافر الشديدة بين الجيش وجهاز المخابرات المصريين"[18]. أضاف المحلل السياسي نفسه، متسائلاً: " وهل يمكن القول أن ثمّة ديكتاتورية عسكرية مصرية قادمة، أم ستتحول مصر إلى بلد ديمقراطي وحر؟ ".

أمّا صحيفة " معاريف " الصهيونية فكشفت عن أنه: " جرت عمليات كثيرة وأقاويل أكثر وراء الكواليس، بين المجلس العسكري المصري والإدارة الأمريكية حول تخلّي مبارك عن الحكم، فكان هناك سيناريوهان: إما أن يترك مبارك الحكم، أو ينقل سلطاته إلى سليمان. بيد أن مبارك، قرّر في اللحظة الأخيرة، تغيير هذا كله على عكس رغبة مساعديه، وتمسّك بالسلطة. فالخطاب - آخر خطاب لمبارك قبل التنحّي ـ اغضب البيت الأبيض بشدة، خصوصاً مع تواجد الملايين من المتظاهرين في القاهرة، وانتظارهم للتنحّي، فقرّر الجيش المصري إما تنحيته بالقوة، أو التخلي عن السلطة ". يستطرد كاتب الصحيفة، غوبي فريك:" فقد ناقش ضباط ودبلوماسيون أمريكيون رفيعو المستوى، مع نظرائهم المصريين، سرًا، ترك مبارك للسلطة والخروج بحل هادئ للوضع. ووصل قادة الجيش البارزين إلى اتفاق مع مبارك، على نوع معيّن من تفويض الصلاحيات، لكن الاتصالات بين الإدارة الأمريكية والحكومة المصرية تطورت، نهاية الأسبوع، لأن مساعدي مبارك اشتكوا مرارًا، من التدخّل الأمريكي في الشؤون الداخلية لمصر. هذه المعلومات وصلت مؤخّرًا إلى أجهزة المخابرات والجيش الأمريكيين حول خطة قادة الجيش المصري، في وضعه أمام خيارين، لا ثالث لهما: إمّا ترك السلطة بهدوء، أو القيام بثورة ناعمة والتخلّي عن معظم سلطاته. ودخلت الخطّة طور التنفيذ يوم الخميس، مع وصول رسائل للمتظاهرين بأن مشاكلهم ومطالبهم ستلبى في القريب العاجل "[19].

بالتالي، لا نندهش من كمّ المساندة المعنوية من التجمّع الصهيوني سليمان. وفرحة الإسرائيليين بتوليه منصب نائب الرئيس، فور إعلان مبارك عنه، فتوالت الكتابات عن

سليمان مدير المخابرات العامّة، الذي كان يتولى حقائب عدّة؛ وكان الإسرائيليون يرشحونه لمنصب الرئيس قبيل اندلاع الثورة، لثقتهم في أنه من نظام مبارك، الذي ساند وساعد التجمّع الصهيوني. ولا نستغرب، أيضًا، حينما نسمع ونقرأ أن الكيان الصهيوني مارس كل ضغوطه الدولية في سبيل دعم النظام المصري السابق. وهذا ما أكدته صحيفة "هاآرتس" الإسرائيلية، التي نشرت أن إسرائيل بعثت "رسالة سرّية إلى الولايات المتحدة ودول أوروبية تطلب منها دعم استقرار نظام الرئيس مبارك، قبيل تنحيه بالطبع.

موقف الإدارة الأمريكية

الغريب أن كثير من وسائل الإعلام الصهيونية اندهشت من موقف الإدارة الأمريكية لتأييدها الثورة، معربة عن تخوفها من صعود التيارات الإسلامية المتشددة إلى الحكم في مصر، رغم سقوط نظرية صعود "الإخوان المسلمين"، في حال سقوط نظام مبارك، في أعقاب اندلاع الثورة الشعبية، في الخامس والعشرين من يناير/كانون الثاني 2011. يقول كاتب يميني: " ليس واضحًا، حتى الآن، مدى تأثير الثورة المصرية على الشرق الأوسط ككل، لكن تأثيرها سيكون كبيرًا وخطيرًا. ويبدو أنها سياسة ناتجة عن مواجهة الولايات المتحدة الأمريكية لمبارك؛ وخروج الملايين من المصريين إلى الشوارع، تعبيرًا عن غضبهم من نظام مبارك نفسه ومن سياساته. ويمكن القول أن ثمّة صفعة قوية تلقاها مبارك من الإدارة الأمريكية الحالية، ذلك، بعدما تيقن الرئيس، باراك أوباما، من أن ثمّة تغييرًا كبيرًا وواضحًا يجري في أروقة الشرق الأوسط، وظهور شرق أوسط جديد، فيما تبيّن أن أمريكا ليست الشيطان الأكبر للشعوب فحسب، وإنما للسلطات، أيضًا "[20].

فقد فجّرت الإدارة الأمريكية بتأييدها لثورة يناير، خلافات واضحة مع المملكة العربية السعودية، فتقول شبكة "ديبكا" الصهيونية: " ثمّة فجوة عميقة تفجّرت بين العاهل السعودي الملك عبد الله بن عبد العزيز، ونظيره الأمريكي أوباما، بعد محاولات الأخير إزاحة مبارك عن الحكم، ومساندته المتظاهرين في مصر؛ ودعمه الواضح لهم قبيل تنحّية مبارك عن السلطة لصالح الجيش. فمحور الاعتدال العربي سيتأثر جدًا بسقوط مبارك، كما أن الملك عبد الله يخشى على

نفسه من تكرار الأمر في الرياض؛ وإسقاط واشنطن له كما تفعل مع مبارك. ولذلك صب عبد الله جام غضبه على أوباما، خصوصاً أن عبد الله صديق مقرب لمبارك. ولم يكن عبد الله على استعداد لأن يرى صديق عمره وهو يسقط من السلطة، أو يعلن تنحّيه أيضًا "[21].

تستطرد الشبكة: " إنّ تهديد الملك عبد الله بتقديم مساعدات مالية لمصر، بديلة للمساعدات الأمريكية في حال توقفها، لم يكن التهديد السعودي الوحيد؛ وإنما كان التهديد الأساسي للملك عبد الله. فقد هدد عبد الله بفتح علاقات عسكرية وإستراتيجية قوية مع إيران، خصوصاً أن ثمّة علاقات بدأت تلوح في الأفق، وظهرت بوضوح مع اندلاع الثورة الشعبية في مصر، وهو ما يعد نجاحًا لثورة آية الله الإيرانية، ويفتح الباب أمام تعمّق إيران في منطقة الشرق الأوسط، ودخولها للبحرين الأحمر والمتوسط بسهولة ويسر، ما يشكل خطرًا على الأمن القومي الإسرائيلي. كما أن الملك عبد الله كانت له سابقة غضب كبيرة من الإدارة الأمريكية ممثلة في إسقاط سعد الحريري، رئيس وزراء لبنان على يد الإدارة الأمريكية ".

"الفيسبوك"

ربما تعزو وسائل الإعلام الصهيونية نجاح الثورة إلى مساندة أمريكية واضحة للثوّار ـ ولو بشكل غير مباشر ـ فإنها ترجع نجاحها، أيضًا، إلى حزمة من العوامل المساعدة الأخرى، مثل حُسن استغلال الثوّار للشبكة العنكبوتية ومواقع التواصل الاجتماعي، فتقول " هاآرتس ": " كان الانترنت والفيسبوك لهما الأفضلية في إظهار الثورة وإبرازها، وإبراز شخصيات بعينها، أيضًا، في تلك المرحلة الحرجة من تاريخ مصر والعالم "[22].

تقول في موضع آخر: " ونظرًا لأهمية ما تركته مواقع التواصل الاجتماعي، خصوصاً الفيسبوك والتويتر على الشباب في تجنيدهم وتجييشهم للانضمام إلى التظاهرات، قطعت الحكومة المصرية شبكات الانترنت وخطوط الهواتف المحمولة عن الشارع المصري؛ وهو ما زاد من ضيق المصريين، فصبوا جام غضبهم على نظام مبارك وحكومته"[23]. وتستطرد على لسان محلل سياسي آخر: " تويتر، فيسبوك، يوتيوب ومدونات شخصية مصرية، قامت في الفترة

الأخيرة بعملية التواصل مع الشباب، ومع شرائح كبيرة ومتباينة من المجتمع المصري، بهدف الاتفاق على جعل يوم الخامس والعشرين من يناير/كانون الثاني 2011، يوم الغضب ضدّ حكم مبارك والشرطة المصرية "[24].

القوات المصرية في سيناء

قضية نشر قوات عسكرية مصرية في شبه جزيرة سيناء، أخذت مجالاً واسعًا من النقاش والحيرة والخوف، في آن، من جانب سدّة الحكم في تل أبيب، خصوصاً أنها المرة الأولى، منذ توقيع اتفاقية السلام المصرية ـ الصهيونية، التي تدخل فيها قوات مصرية سيناء. بينما تلك الاتفاقية تحظّر دخول قوات عسكرية مصرية إلى مناطق كاملة من سيناء. تقول شبكة "ديبكا" في الثالث عشر من شهر فبراير/شباط 2011: " للمرّة الثانية، خلال أسبوعين، نشرت مصر قوات عسكرية، على طول الحدود الإسرائيلية، مع قطاع غزّة، تقدّر ب 900 جندي في شكل كتيبتين، رغم رفض اتفاقية السلام المصرية ـ الإسرائيلية لذلك. وهي المرة الأولى التي توافق فيها إسرائيل على مثل هذا الطلب المصري، منذ توقيع اتفاقية السلام مع مصر"[25].

بيد أن هذه الحيرة اختفت، وتبدّد معها الخوف، بُعيد إعلان المجلس العسكري المصري عن موافقته على ما تم توقيعه من مبادرات واتفاقات دولية سابقة؛ وهو ما لقي ترحيبًا إسرائيليًا كبيرًا. وتناقلت وسائل الإعلام الصهيونية خبر الموافقة، بشكلٍ عاجل، وكأنها تبثّ أهازيج الفرح للتجمّع الصهيوني. وأكدت أن " وزير الدفاع الصهيوني، إيهود باراك، هاتف نظيره المصري، المشير محمد حسين طنطاوي، وتحدثا في هذا الشأن، لكن المكالمة كانت جافة جدًا!! ". هكذا وصفت غالبية وسائل الإعلام الصهيونية تلك المكالمة الهاتفية المهمة [26].

عزا التجمع الصهيوني تواجد تلك القوات المصرية على الحدود الإسرائيلية، إلى محاولة السيطرة على الحدود، أمام بدو سيناء. والتصدّي لمحاولات التهريب إلى داخل إسرائيل، فيما كان الطلب المصري مختصاً بتواجد قوات كبيرة في مدينة شرم الشيخ، حتى لا يمكن السيطرة عليها من قبل حركات معارضة، أو من البدو أنفسهم.

أين مبارك؟

من بين المزاعم الصهيونية حول مبارك وعائلته، ما ادّعته شبكة "ديبكا"، في الثالث عشر من شهر فبراير/شباط 2011، بقولها: " إن الرئيس مبارك وعائلته ليسوا في شرم الشيخ، وإنما في فندق تابع للقوات المسلحة في مدينة الغردقة، أو في منطقة تابعة للقوات المسلحة المصرية في الغردقة. لكن لا يُعرف، حتى الآن، إذا ما كانت القوات المسلحة تدافع عن مبارك وعائلته، في هذا المكان، أم إنه قيد الاعتقال؟! "[27].

كما نشرت صحيفة يمينية: " يقول كثيرون في مصر أن مبارك في ألمانيا أو السعودية للعلاج، لكن ألمانيا عادت ونفت ذلك، أيضًا. وذكرت مصادر مصرية أخرى، أن أبناء مبارك وعائلته يستعدّون للخروج من مصر، خلال وقت قصير؛ وهو ما نُشر على موقع الكتروني إسرائيلي - عربي، زعم أن مبارك موجود في فندق في إيلات (أم الرشراش) "[28]. ما يعني أن الإسرائيليين يتابعون مبارك، أينما كان، ويحاولون التقرب منه، بأي شكل من الإشكال. بل يزعمون أنه موجود في فندق في مينائهم الجنوبي إيلات، فهل تصحّ مزاعمهم يومًا ما؟! يبدو أن الصحيفة الصهيونية ترمي إلى توجيه الأنظار إلى مدينة إيلات الصهيونية على البحر الأحمر، باعتبارها مكانًا بديلاً لمدينة شرم الشيخ المصرية السياحية، لأن مبارك كان كنزًا استراتيجياً لإسرائيل - على حدّ قول بن اليعيزر وزير التجارة والصناعة الصهيوني - وربما في احتمال ثالث، أن يكون تواجده في إيلات للاستشفاء أو العلاج، خصوصاً إذا ما علمنا أن حفيده محمد، سبق وأن عُولج في إسرائيل، أيضًا، قبيل وفاته، في 2009/5/19.

وردت هذه المزاعم، حينما حاول فريق صحافي صهيوني تابع لصحيفة "معاريف "، زيارة مبارك في قصره في مدينة شرم الشيخ، بُعيد تنحّيه مباشرة، لكن الفريق وجد صعوبة بالغة في الالتقاء به، حيث كتبت الصحيفة على لسان محررها، مردخاي حيموفيتش: " ساعات طويلة حاولنا، خلالها [طاقم معاريف] الوصول إلى القصر الرئاسي للرئيس المصري المخلوع، حسني مبارك، في مدينة شرم الشيخ. وكان المقرّ محكمٌ ومؤَّمنٌ بشكل خارق. وقال أحد الأهالي أن مبارك استولى على المدينة ".

وصل الكاتب الصهيوني في مزاعمه تلك إلى حد القول: " في منتجع شرم الشيخ يقولون إن مبارك مات، لكنه هرب من القاهرة فحسب. ومن الصحّة القول أن أي شخص يتعدى عمره ال 83، فإن لديه مشاكل صحّية جمّة. ويتردد أن المجلس العسكري المصري يجهّز لجنازة عسكرية مهيبة لمبارك، يحضرها أمراء وملوك عرب، لكن مصادر عسكرية قالت إن هذا القول عارٍ تمامًا عن الصحة "[29].

بُعيد تنحّي مبارك عن الحكم، اكتفت وسائل الإعلام الصهيونية، في حديثها عن الرئيس المصري السابق، بالإشارة إلى أرصدته المالية ومن اتصل به أو التقاه فحسب. وهما قضيتان أخذتا حيزًا ثانويًا في تلك الوسائل، وكأنها اختصرت مبارك فيهما فحسب! مؤكدة، بشكل عام: " إنه من بين المكالمات الهاتفية التي تلقاها مبارك في مقر إقامته، مكالمة من الرئيس الليبي، العقيد معمر القذافي، ومسؤولين إسرائيليين فحسب "[30]. وكأن "إسرائيل" استنزفت مبارك، أثناء حكمه؛ ونسيته بعد خلعه.

استغلالاً لتردي الأوضاع الأمنية والاقتصادية، واستمرارًا للسياسة الصهيونية باستنزاف كل ما هو عربي وإسلامي، أرادت وسائل الإعلام الصهيونية توصيل رسالة مهمة وخطيرة، في آن، تتعلق بزعم تدهور السياحة في مصر، بعد ثورة يناير/ كانون الثاني، التي جلبت مشاكل عدّة لمصر، من بينها تعرّض البلاد لقضايا داخلية وخارجية، أهمها تأثّر الدخل القومي، بعد ضرب السياحة. تذكر صحيفة " معاريف " في هذا الصدد: " 15 عامًا وسيناء تحت سيطرة اسرائيل، و30 عامًا تحت حكم مبارك، وماذا الآن؟ إن الفوضى تسود فيها. سيناء فيها عدد قليل من الشرطيين، تغطّي المدينة الأتربة، ويكسوها الحزن والكآبة، فلا يمكنك الاحتكاك بسائح في المدينة، وان وجدت أحداً فستجد أشباحًا يسكنونها "[31]. وتضيف الصحيفة لكاتب التقرير نفسه، في مقال آخر: " إذا ما اعترفنا بأن الثورة جلبت بعض التغيير، فإنّ هناك حالة من الفوضى العارمة، مع تبخُر لقوات الشرطة في البلاد "[32].

لكنّ الصحيفة الصهيونية أضافت:" أن المصريين يهتمّون، بكرة القدم فحسب ، وما تجلبه لهم من مرح وسعادة". كما يسأل الصحافي "مردخاي حيموفيتش " مواطنًا سيناويًا بقوله: "

هل ستعود كرة القدم إلى حياتها الطبيعية؟ فيجيب البدوي بعفوية شديدة: إن شاء الله. . . إن شاء الله"!

الدور الإقليمي والدولي لمصر

على الرغم من اعتبار التجمُّع الصهيوني ما يجري في مصر نوعًا من الفوضى، فإن المجلس العسكري المصري في طريقه لاستعادة الدور الإقليمي والدولي لمصر، خصوصاً بعد موافقته على مرور سفينتين حربيتين إيرانيتين من قناة السويس إلى البحر المتوسط، للمرة الأولى منذ اندلاع الثورة الإيرانية، في عام 1979، ما وصفته إسرائيل " بالاستفزاز "(33). ويبدو أن المجلس أثبت تحدّيه، خارجيًا، بالموافقة على مرور هاتين السفينتين، ذهابًا وإيابًا، كما اثبت تحديه، داخليًا، بمحاولة العمل على استتباب الأمن، وعودة الاقتصاد المصري إلى عافيته، وقبول مطالب الشعب والثوّار.

من هنا، فإن ثورة يناير/ كانون الثاني 2011، هي لحظة فارقة في تاريخ الصراع العربي ـ الصهيوني، لأنه للقضاء على إسرائيل، كان من الواجب بداية القضاء على إسرائيلنا، أو نظامنا الفاسد. فسقط نظام مبارك، وفلوله في الطريق، ونجح الثوّار. والشعب المصري من خلفهم، في توجيه الأنظار نحوهم بقوّة. وسرقوا الأضواء التي كانت مقطوعة عنهم، عمدًا، لتنكسر شوكة التجمّع الصهيوني، الذي كان يعتمد على نظام مبارك، طيلة الثلاثين عامًا الماضية. ولن يكون هناك دور مصري آخر مساند للكيان الصهيوني، وإنما أدوار مناهضة، وهو ما يقضّ مضاجع الإسرائيليين، ويثير حفيظتهم.

الهوامش:

1- خالد وليد محمود، "آفاق الأمن الإسرائيلي... الواقع والمستقبل"، ط1، مركز الزيتونة للدراسات والاستشارات، بيروت، 2007، ص 117-123.

2- آفي يسسخروف، "ماذا يحدث في رام الله"، "هاآرتس"، 2006/7/27.

3- مجموعة باحثين، "مستقبل الشرق الأوسط"، "مركز بيجين ـ السادات للدراسات الاستراتيجية"، جامعة بار إيلان، مباحثات الأمن القومي، العدد 23، يناير/ كانون الثاني 2008.

4- آفي يسسخروف، "حرب الخمسة أيام"، "هاآرتس" 2011/1/30.

5- إيفن شموئيل، "تظاهرات مصرية: أثار أولية"، "مباط"، العدد -240 2011/1/30.

6- بوعاز هعتسني، "محور الشر يمرّ من واشنطن"، "والا" 2011/2/16.

7- عاموس هرئيل، "التظاهرات في مصر: كابوس لرؤساء المخابرات"، "هاآرتس"، 2011/1/29.

8- المصدر نفسه.

9- "يوسي ساريد"، مصر على حافة الثورة، "هاآرتس" 2011/1/31.

10- يسسخروف، "حرب الخمسة أيام"، مصدر سبق ذكره.

11- هرئيل، مصدر سبق ذكره.

12- مازال: "إسرائيل الآن في أزمة استراتيجية"، إذاعة الجيش الإسرائيلي 2011/2/12.

13- ساريد، مصدر سبق ذكره.

14- أنشيل بابر، "من ثورة تونس للقاهرة، المقارنة في الفيسبوك فحسب"، "هاآرتس" 2011/1/30.

15- ألوف بن، "إسرائيل تبقى بلا أصدقاء"، "هاآرتس" 2011/1/29.

16- المشير طنطاوي لإسرائيل: الجيش الإسرائيلي لا يعمل في سيناء وأمان لا تعترف بالجيش المصري، "ديبكا" 2011/2/11.

17- آفي يسسخروف، "تنحّي مبارك: هل يمكن القول ثورة عسكرية هادئة؟"، "هاآرتس"، 2011/2/12.

18- تسيفي بارئيل، "حكم مؤقت ومستقبل غامض"، "هاآرتس"، 2011/2/11.

19- غوبي فريك، "هكذا قام البيت الأبيض بإقالة مبارك"، "معاريف" 2011/2/13.

20- هرئيل، مصدر سبق ذكره.

21- خلاف سعودي أمريكي، "ديبكا" 2011/2/10.

22- يسسخروف، "حرب الخمسة أيام"، مصدر سبق ذكره.

23- آفي يسسخروف، "عودة البرادعي إلى القاهرة للانضمام على التظاهرات، "هاآرتس" 2011/1/27.

24- جاكي خوري،"19 إرهابيًا خططوا لحادث القديسين"، "هاآرتس" 2011/1/25. (بالعبرية).

25- الجيش ينشر قواته على الحدود المصرية الإسرائيلية والغزاوية، "ديبكا" 2011/2/13.

26- انشيل بابر وجاكي خوري، للمرة الأولى منذ اتفاق السلام، قوات مصرية في سيناء، "هاآرتس" 2011/2/1.

27- الجيش ينشر قواته. . .، "ديبكا" مصدر سبق ذكره.

28- مردخاي حيموفيتش، "المكان الذي يختبئ فيه حسني مبارك"، "معاريف" 2011/2/17.

29- المصدر نفسه.

30- "مبارك عاد لوعيه، ويعاني من سرطان البنكرياس،" والا" 2011/2/16.

31- مردخاي حيموفيتش، خاص: "سيناء بعد الثورة، رحلة"، "معاريف" 2011/2/18.

32- مردخاي حيموفيتش، المكان الذي يختبئ فيه حسني مبارك، معاريف، 2011/2/17.

32- بيريز: "عبور السفن الإيرانية استفزاز رخيص"، هيئة تحرير "والا" 2011/2/23.

الفصل الثالث:

الأصـــداء الدوليـــة

مجدي السيّد

ثورة 25 يناير، التي أشعلت نارها مجموعات من شباب مصر الناهض، والتي بدأت بالاعتصام في ميدان التحرير، وأنجزت مطلبها الرئيسي في إسقاط النظام، بعد قرار تخلّي الرئيس مبارك عن سلطاته للمجلس الأعلى للقوات المسلحة، هي ثورة فريدة في التاريخ، مثلما أجمع على ذلك عشرات المحللين السياسيين من مختلف أنحاء العالم، ثورة بلا قائد، انضمت إلى صفوفها، على الفور، جماهير غفيرة بلا قيادة. [1]

هذا ما أوجد حالة استنفار قصوى، عاشتها الأجهزة، والمؤسسات الحكومية والبحثية والإعلامية، في مختلف أنحاء العالم، منذ اندلاع الثورة المصرية، حتى الآن.

ما كان للثورة المذكورة أن تندلع من دون أن تتسبب بأصداء لها، في أركان الأرض الأربعة.

هذا الاهتمام العالمي، لا يرجع فحسب إلى أهمية مصر الاستراتيجية، أو مكانتها الإقليمية والدولية، بل أيضا، إلى الخوف من أن تكون هذه الأزمة إحدى مراحل ما يعرف بـ"نظرية الدومينو"، أي إمكانية تعرّض بلدان أخرى في المنطقة العربية، لحركات ثورية مماثلة لما حدث في تونس ومصر، وفي مقدمتها، ليبيا، البحرين، الأردن، واليمن، والجزائر، وربما دول أخرى في منطقة الخليج. [2]

واشنطن تمسك بالعصا من المنتصف

تباينت ردود الأفعال، وخصوصا الأمريكية، عند تغطيتها للثورة المصرية. وأمام موقع مصر

في الاستراتيجية الأمريكية، وضمن اعتبارات أخرى، جاء الموقف الأمريكي من الثورة المصرية- وتداعيتها، في هذا الموقف الذي إتّسم بالتردد والازدواجية وعدم الوضوح. وربما انعكس ذلك على السياسات والإجراءات التي اتبعتها الولايات المتحدة الأمريكية في تعاطيها مع الثورة.

على مستوى التصريحات، كانت أول ردود الفعل الأمريكية الرسمية عن أيام الغضب المصرية، ذلك البيان الصادر في الخامس والعشرين من يناير / كانون الثاني **2011**، عن البيت الأبيض، جاء فيه " نحثّ جميع الأطراف علي الامتناع عن استخدام العنف، ونتوقع من السلطات المصرية أن تردّ على أي احتجاجات، بطرق سلمية. إننا ندعم الحقوق العالمية للشعب المصري، بما في ذلك الحقّ في حرية التعبير والتجمّع والانضمام للجمعيات. وأمام الحكومة المصرية فرصة مهمّة لتستجيب لتطلّعات الشعب المصري، وتنتهج إصلاحات سياسية واقتصادية واجتماعية، يمكن أن تحسّن معيشته وتسهم في رخاء مصر". (3)

ردود الأفعال

توالت ردود الأفعال الخارجية على " الاحتجاجات السلمية ". في السادس والعشرين من يناير / كانون الثاني **2011** طالب الاتحاد الأوربي، الرئيس مبارك بالاستماع إلي المطالب الشعبية، بالتغيير. كما أعربت وزيرة الخارجية الفرنسية، ميشال إليوت ماري، عن أسفها إزاء وقوع قتلى في الاحتجاجات، مطالبة بمزيد من الديمقراطية. بينما أكد وزير الخارجية الألماني، غيدوفسترفيله، قلق حكومته الشديد للوضع في مصر، داعياً جميع الأطراف إلى ضبط النفس ونبذ العنف. وفي "إسرائيل"، رفض المتحدث باسم الخارجية التعليق، مكتفيا بالقول " إننا نتابع الأحداث بدقّة شديدة ". ومن جانبها، قالت السفيرة الأمريكية في القاهرة، مارجريت سكوبي، إن الرئيس أوباما أكد عدم تدخّله في فرض الحريات، حفاظا على الاستقرار والأمن الداخلى(4). وفي بكين، قال الناطق باسم وزارة الخارجية الصينية، هونج لي، إن بلاده تأمل أن تتمكن مصر من حماية استقرارها الاجتماعي والنظام العام.

على موقع وزارة الخارجية الفرنسية الإلكتروني، قالت فرنسا لرعاياها في مصر إنه " من

الأفضل تحاشي أماكن التجمّع وتوخي الحيطة والحذر"، أما وزير الدفاع الفرنسي، آلان جوبيه، فقال إن في القاهرة، بالتأكيد، " نظام متسلط ".

وانتقد رئيس لجنة الشؤون الخارجية في البرلمان الألماني، روبر شت بولنتس، التقدير الخاطئ للموقف من قبل ألمانيا والاتحاد الأوربي، قائلا: " إن الغرب كان يعتقد بوجود احتمالين فقط في المنطقة، إما الحكومات المستبدة، أو فوضى الإسلاميين، ولذلك قرر دعم الخيار الأول " مضيفاً: أن الأنظمة المستبدّة لا تحمي من الإسلاميين، فهي، في الواقع، بمثابة الحضانات للأفكار المتطرفة (5).

مصر.. تونس

في هذا الإطار، قالت صحيفة " الغارديان" البريطانية، إن الثورة في مصر تشبه الثورة في تونس، فهي جاءت من الشعب، ولم يكن لأحزاب المعارضة دوراً في تحريكها، لكن فرص حدوث نتائج الثورة التونسية نفسها، في مصر، ضئيلة، لأن الأوضاع في البلدين مختلفة. وفي الإطار نفسه ذكرت صحيفة "لوفيغارو" الباريسية، بأن التظاهرات في مصر تنطوي على خطر كبير، إذا لم تستجب الحكومة لمطالب الشعب. لذا، فإن الأخذ بسياسات ليبرالية منضبطة في مصر، هي الطريق الوحيدة التي يمكن أن تجنبها تطورات لا يمكن التنبؤ بها؛ والتي قد يصبح الإسلاميون أول المستفيدين منها.

في سياق متصل، أضافت صحيفة " فرانس سوار " الباريسية، إن ثمّة اختلاف بين الشعب المصري والشعب التونسي، والنظام الحاكم في كلا البلدين، فبالرّغم من أن نقطة الالتقاء التي ساهمت في خروج التظاهرات المصرية والتونسية، كانت مواقع الشبكات الاجتماعية، فإن غالبية المتظاهرين الذين يسعون إلى إسقاط نظام مبارك، على غرار النموذج التونسي، هم شباب ينتمون، في الغالب، إلى المناطق الحضرية والطبقة المتوسطة المتعلمة، لأن الوضع في الريف وصعيد مصر، يختلف، تماما، حيث يغلب على المصريين هناك الفقر والجوع والأمية (6).

أيام الغضب

بعد مرور خمسة أيام على اندلاع الثورة في مصر، تنوّعت ردود الأفعال الدولية، تجاوباً مع أحداث الغضب. ففي مدينة اسطنبول التركية، نقل مراسل قناة "الجزيرة" أن المئات تظاهروا دعماً لمطالب المصريين المطالبين بالحرية. كما اعتبرت الولايات المتحدة أن الأحداث السياسية التي تشهدها مصر " مقلقة للغاية ".

وأعلن المتحدث باسم وزارة الخارجية البريطانية، أن الوضع في مصر "مؤسف"، وأنه لا يمكن لبريطانيا أن تقترح أي حل.

أمّا الأمين العام للأمم المتحدة، بان كي مون، فقد أعلن أثناء فاعليات مؤتمر "دافوس" في سويسرا، أنه ينبغي "احترام" حرية التعبير في مصر، بشكل كامل. كما أعلن المتحدث باسم وزارة الخارجية الفرنسية، برنارفاليرون، في مؤتمر صحافي، أن أربعة صحفيين فرنسيين تمّ اعتقالهم، أثناء التظاهرات يوم الجمعة، الموافق 28 يناير / كانون الثاني 2011. وأكد فاليرو أن وزيرة الخارجية الفرنسية طلبت الاتصال، فورا، بالسلطات المصرية، لطلب الإفراج الفوري عنهم [7].

موقعة الجمل

وصفت صحف أمريكية وبريطانية عدّة الاشتباكات التي وقعت في مصر، يوم الأربعاء 2 فبراير / شباط 2011، بين معارضي مبارك ومؤيديه، في ميدان التحرير في القاهرة، بأنها أقرب إلى حرب أهلية. وأردفت الصحف، إن النظام المصري أظهر ما سمّته "تفاهته" من جديد، وعدم قدرته علي الإتيان بخطوة لائقة تجاه الأمور. مؤكدة أن الاشتباكات الدموية بيّنت وجود خطة وحشية، لإبقاء قبضة النظام على السلطة.

كما أكد الكاتب البريطاني الشهير، روبرت فيسك، بأن الاشتباكات التي وقعت في ميدان التحرير، بين معارضي الرئيس ومؤيديه؛ والتي استمرت طوال اليوم، بأنها كانت شديدة الفظاعة، بحيث كان " يشتمّ رائحة الدم، بشكل قوي ". وأضاف:" أن الهجوم كان وحشياً ودامياً ومحكم التخطيط، وبمثابة إتهام دامغ للرئيس الأمريكي، باراك أوباما، ووزيرة الخارجية

الأمريكية، هيلاري كلينتون، وغيرهما، ممن رفضوا شجب أفعال النظام المصري"، على حد قوله. في سياق مواز، قالت صحيفة "لوس انجلوس تايمز" الأميركية، إن إراقة الدماء بين مؤيدي الرئيس مبارك والمتظاهرين المناهضين للحكومة في ميدان التحرير، لم يكن عملا عفوياً، لكنه كان منظما عن طريق البلطجية، الذين قام "الحزب الوطني الديمقراطي" الحاكم بتأجيرهم، لتخويف المطالبين بالتغيير [8].

الخوف من الفوضى

في مقابلة مع شبكة "إيه. بي. سي" التليفزيونية الأمريكية، قال مبارك "ضاق ذرعي من الرئاسة، وأرغب بمغادرة منصبي الآن، لكن لا يمكنني ذلك، خوفا من أن تغرق البلاد في الفوضي". في حين بحثت إدارة الرئيس الأمريكي، باراك أوباما، مع مسؤولين مصريين، استقالة الرئيس حسني مبارك، فوراً، ونقل السلطة إلى حكومة انتقالية، برئاسة نائبه عمر سليمان، وذلك وفقا لما ذكرته صحيفة " نيويورك تايمز" الأمريكية [9].

في هذا الصدد، صرّح مسؤول "إسرائيلي" بأن " أي قيادة مصرية جديدة، تأتي بعد الرئيس مبارك، يجب أن تدرك أن معاهدة السلام، التي وقّعت عام 1979 مع إسرائيل، مفيدة للغاية بالنسبة لمصر، وليس لإسرائيل وحدها. ويجب أن تؤخذ بعين الاعتبار، من جانب أي أحد يزعم أنه يقود مصير مصر " [10].

وقد رفضت الإدارة الأمريكية تصريحات الرئيس مبارك، التي قال فيها إن الفوضي ستعمّ مصر، في حال استقالته! وأكد الرئيس الأمريكي أوباما أن الاضطرابات ستستمر، وربما تزيد، إذا لم يتم تطبيق إصلاحات سياسية " ملموسة "، على حد قوله، مطالبا مبارك بأن يتخذ " القرار الصائب " لتتجاوز مصر المرحلة الانتقالية الحالية.

كما وصفت منسّقة السياسة الخارجية والأمن المشترك في الاتحاد الأوربي، كاترين أشتون، ما قدمه مبارك، حتى الآن، بأنه " ليس كافيا ". كما وصفت منظمة " هيومان رايتس فيرست " الأمريكية، نظام مبارك بأنه غير قادر على قيادة مصر نحو مستقبل ديموقراطي [11].

مسيرات التضامن تجتاح العالم

في مدينة ساوبولو، العاصمة الاقتصادية للبرازيل، تظاهر نحو مائي ناشط يساري وأفراد من الجالية العربية، علي صيحات " تعيش الثورة العربية "! و " فليسقط الفرعون "! إشارة إلى مبارك.

في الولايات المتحدة، انطلقت مسيرة من البيت الأبيض إلى مبنى الكونغرس، رفع المشاركون فيها أعلام مصر، مطالبين برحيل مبارك " على الفور ".

كما شهدت مدينة شيكاغو، في ولاية إلينوي، مسقط رأس الرئيس الأمريكي، باراك أوباما، مسيرة أخرى، حمل مشاركون فيها لافتات مكتوب عليها: "شيكاغو تحب مصر"! و"الحرّية لمصر "!، كما تجمّع العشرات من المصريين والعرب والأجانب في العاصمة الفنزويلية، كراكاس، أمام السفارة المصرية، لمساندة الثورة المصرية. ورفع المتظاهرون شعارات نددت بسياسة مبارك، وطالبته بالتنحي. وفي الإطار نفسه، خرج محتجون، في عواصم، منها؛ لندن، باريس، برلين وبراغ [(12)].

حلّ أزمة التنحّي

كشف صحيفة " نيويورك تايمز" الأمريكية عن مقترحات تعكف عليها الإدارة الأمريكية، وبعض أعضاء المؤسسة العسكرية، والنخب المدنية في مصر، للحد من سلطة الرئيس مبارك، من دون تنحيته الفورية، من بينها القيام برحلة علاج طويلة إلى ألمانيا، أو الإقامة في منزله بشرم الشيخ.

أردفت الصحيفة، أن من شأن هذه الاقتراحات أن تضمن لمبارك خروجاً مشرفاً من ناحية، وتعمل على إزاحته، بشكل فعّال. ومن جهة أخرى، ستعمل على تحقيق المطالب الأساسية للمتظاهرين في مصر [(13)].

في سياق مواز، قال الكاتب البريطاني السياسي المرموق، روبرت فيسك، إن الرئيس مبارك

أوشك على مغادرة منصبه، نهائيا. وأن استقالة هيئة مكتب الحزب الوطني، بمن فيهم جمال مبارك، لن ترضي المتظاهرين المطالبين بتنحية مبارك. واعتبر فيسك، في مقال في صحيفة " الإندبندنت " البريطانية، أن حديث الرئيس مبارك لشبكة "إي. بي. سي" الأمريكية، الذي أكد خلاله أنه يرغب في التنحّي الآن، لكنه يخشى الفوضي، هو أول إشارة على أن الرئيس في طريقه للرحيل، نهائياً. أضاف فيسك، إن الرئيس مبارك لم يكن يجهل المظالم التي ارتكبها نظامه، وحكمه استند إلى القمع والتهديد والانتخابات المزورة.

اختتم فيسك مقاله بقوله:"إن رحيل الرئيس مبارك، سيكشف النقاب عن حقائق رهيبة"[14].

الإخوان المسلمون والثورة

صرّح الرئيس الأمريكي باراك أوباما، في مقابلة له مع محطة " فوكس نيوز ": إن الرئيس مبارك هو الوحيد الذي يعرف متى سيتنحّى. مشدّداً على أن الشعب المصري يريد الحرية وانتخابات حرّة وحكومة تمثله وتلبي احتياجاته. ومضى أوباما، قائلاً: لقد أخبر مبارك في السر والعلن أنه يقمع شعبك. وأن هذا القمع لا يمكن أن يستمر في وجود دعوته إلى " البدء في انتقال السلطة الآن ". مضيفا، أن مبارك كان شريكا جيدا، عندما كان في عملية السلام مع "إسرائيل"، وكان شديد الدعم، فيما يتعلق بمكافحة الإرهاب.

وشدّد الرئيس الأمريكي على أن المجتمع المصري لا يقتصر على "جماعة الإخوان المسلمين"، لكنه أقرّ بوجود مخاوف حيال مواقفهم، قائلاً: إنهم أحد الفصائل في مصر، وهم لا يتمتعون بدعم غالبية المصريين، ولكنهم منظمون جيداً.

هذا، وكانت وزيرة الخارجية الأمريكية، هيلاري كلينتون، قد رحبت سابقا، بمشاركة الإخوان المسلمين في المفاوضات الجارية بين القوى السياسية المختلفة مع نائب الرئيس المصري، عمر سليمان [15].

الموقف الحقيقي للولايات المتحدة

جاءت تصريحات نائب الرئيس الأمريكي، جون بايدن، في 8 فبراير / شباط 2011، التي

دعا فيها لكبح وزارة الداخلية المصرية، ولإنهاء فوري للاعتقال والتنكيل بالصحافيين والناشطين السياسيين. وإتاحة حرّية التعبير والتجمع، وإلغاء فوري لقانون الطوارئ، ودعوة المعارضة، كشريك، لتطوير خارطة طريق مشتركة، ووضع جدول زمني   لنقل السلطة، بجانب سياسات واضحة بعدم الانتقام.

على الجانب الآخر، في مجال الإجراءات، كان تكليف فرانك ويسنر، السفير الأمريكي السابق في مصر، ليكون مبعوثاً شخصياً للرئيس اوباما إلى مبارك، محل انتقاد العديد من الجهات. ثم خرجت الإدارة الأمريكية، لتعلن أن هذه التصريحات تعبر عن رأيه الشخصي.

بين هذا وذاك، وفي إطار هذه الضبابية. وتلك العبثية الأمريكية، يمكن القول أن التصريحات الأمريكية حول الانتقال السلمي للسلطة، وليس التنحّي، فوراً، من قبل الرئيس مبارك، هي التي تعبّر عن الموقف الحقيقي للولايات المتحدة، التي لن تسمح بتغيير النظام في مصر (انتصار الثورة المصرية تجاوز هذا الموقف)، بشكل يمهّد لتحولات جذرية، من شأنها أن تخل بالمحاولة الإقليمية القائمة، منذ عام 1979، أي منذ توقيع " معاهدة السلام المصرية - الإسرائيلية "، تلك المعادلة التي تقوم على تبنّي سياسة الركائز الاستراتيجية المتعددة، في مواجهة الأزمات التي تشهدها المنطقة [16].

التنحّي

فور الإعلان التاريخي عن تنحّي مبارك (11 فبراير / شباط 2011)، أكد الرئيس الأمريكي، باراك أوباما، أن الشعب المصري قال كلمته ولن يرضي بأقل من الديموقراطية الحقيقية، مشيرا إلى أن مصر قد تغيرت إلى الأبد. كما أشاد بسلمية الثورة المصرية، التي جمعت المصريين، مسلمين ومسيحيين. واستطرد أوباما قائلا:" إن العالم شهد لحظة حقيقية من لحظات التاريخ، لقد حرّك المصريون مشاعرنا وألهمونا". وقد توالت ردود الأفعال الدولية، حيث رحبت أوربا بقرار الاستقالة. وأعلنت كاثرين أشتون، مسؤولة الشؤون الخارجية للاتحاد الأوربي، أن مبارك استمع إلى صوت شعبه، وفتح الطريق أمام الإصلاح، بالاستقالة. وفي برلين رحبت المستشارة

الألمانية، إنجيلا ميركل، بقرار الاستقالة وتسليم شؤون البلاد للمجلس الأعلى للقوات المسلّحة. ووصفت تلك الخطوة بالتغيير التاريخي، ودعت مصر إلى احترام معاهدة السلام، المبرمة في عام 1979، مع إسرائيل.

كما دعا الأمين العام للأمم المتحدة، بان كي مون، الجيش المصري إلى إجراء انتخابات حرّة ونزيهة، لتمكّن البلاد من العودة إلى الحكم المدني، بعد تنحّي مبارك. وقد حثّ الرئيس الفرنسي، نيكولا ساركوزي، مصرَ على اتخاذ الخطوات اللازمة لإجراء انتخابات حرّة.

وفي لندن، دعا رئيس الوزراء ديفيد كاميرون، إلى الانتقال للحكم المدني، كجزء من التحوّل إلى الحرّية والديموقراطية في مصر. في الإطار نفسه، قال وزير الخارجية التركي، أحمد داوود أوغلو، أنه يأمل في نظام جديد لمصر، يلبي تطلعات وآمال الشعب [17].

خاتمة

على الرغم من انحياز الإعلام الغربي، وعلى رأسه الإعلام في الولايات المتحدة الأمريكية للنظام المصري، في بدايه الاحتجاجات؛ ومطالبة الرئيس مبارك بإجراء إصلاحات ضرورية، تمكّنه من الاستمرار في سدّة الحكم، لأطول فترة ممكنة، نظراً لكونه الحليف الاستراتيجى المحافظ على المصالح الأوروبية والأميركية، والإسرائيلية. إلاّ أن هذا الإعلام تحوّل تحوّلاً كبيراً، وانحاز، في نهاية الأمر، لإرادة الثورة والثوّار.

الهوامش:

1- السيد ياسين، "الأصدصاء العالمية للثورة المصرية"، "الأهرام الرقمي" 2011/2/17

www. ahram. org. eg

2- حسين عبد الواحد، "ثورة مصر، 18 يوما هزت العالم"، القاهرة، "دار أخبار اليوم"،
قطاع الثقافة، ص171، مارس / آذار 2011.

3- عصام عبد الشافي، "الازدواجية الأمريكية وتداعيات الثورة المصرية"، " الجزيرة نت"،
المعرفة. www. aljazeera. net

4- " المصري اليوم" (القاهرة) 2011/1/27.

5- "الشروق" (القاهرة) 2011/1/28.

6- المصدر نفسه.

7- "المصري اليوم" 2011/1/29.

8- "المصري اليوم"، 2011/2/4.

9- "الشروق"، (القاهرة) 2011/2/5.

10- المصدر نفسه.

11- "المصري اليوم"، 2011/2/7.

12- "الشروق"، (القاهرة) 2011/2/6.

13- "المصري اليوم"، 2011/2/7.

14- "الشروق" (القاهرة) 2011/2/8.

15- المصدر نفسه.

16- "عبد الشافي"، مرجع سبق ذكره.

17- "المصري اليوم"، 2011/2/12.

المحصّلة

ماذا عن الثورة وفلسطين؟

المحصّلة:

ماذا عن الثورة وفلسطين؟

عبد القادر ياسين

ما كان لثورة 25 يناير المصرية أن تنطلق، ثم تحقّق أول إنجازاتها، بتخلي مبارك عن رئاسة الجمهورية المصرية، من دون أن تترك آثارًا عاجلة على القضية الفلسطينية، وأخرى آجلة.

ويؤكّد قائد فصيل فلسطيني بأن ما يجري في الشوارع العربية سينعكس، بالضرورة، على الوضع الفلسطيني، لجهة تعزيز إصلاح النظام السياسي، في السلطة ومنظمة التحرير، باتجاه دمقرطة هذا النظام، من خلال إعادة بناء المؤسسات، بالانتخاب المباشر، ووفق قانون التمثيل النسبي الكامل، فضلاً عن تعزيز دور الشارع الفلسطيني، من أجل إنهاء الانقسام واستعادة الوحدة الوطنية[1].

لقد خلّصت الثورات العربية الأخيرة أقطارها من أنظمة قمعية لشعبها، مهاودة للأعداء، ما سيدفع انتصار تلك الثورات بالقضية الفلسطينية خطوات واسعة إلى الأمام. وستخلي الكثير من العوائق- التى اعترضت طريقها- لزخم كثير، يتعزّز، أكثر فأكثر، إذا ما سادت تلك الأقطار الحريات الديموقراطية والاستقلال الوطني. وستغري تلك الثورات، الشباب الفلسطيني على الخروج عن صمته وحيرته، ما يؤهّله لوضع قضيته الوطنية على السكّة الصحيحة، بعد طول خروج عنها.

لقد سعد الوطنيون الفلسطينيون بذهاب مبارك. وقد استرجعوا سجلّه الحافل في المجال الفلسطيني، الذي دشّن تدخّله فيه، بدور المخذّل للقيادة الفلسطينية المتنفّذة، فضلا عن أنه بدأ

محاولاً القيام بدور الوسيط بين الطرفين: الإسرائيلي والفلسطيني. وليته توقف عند حدّ هذا التوسُّط، الذي يساوي بين الشقيق والعدو. بل إنّه كلما حمل، متبرعًا، مشروعًا للتسوية على المسار الفلسطيني للصراع العربي - الإسرائيلي، أجبره الإسرائيليون على الإضافة والشطب والتعديل في المشروع المعني، حتى يصبح مشروعًا إسرائيليًا بامتياز، ويفقد صفته المصرية ؛ فيتوجه مبارك بالمشروع الجديد، ضاغطًا على القيادة الفلسطينية إياها، كي تقبله، وكأنه مشروع مصري. وهكذا فقد مبارك حتى صفة الوسيط، على كل ما في هذه الصفة من إساءة لمصر ودورها العربي.

في الوقت الذي ناصب مبارك كل الفصائل الفلسطينية، التي جعلت من المقاومة خيارًا لها العداء.

أمّا ما أوصل مبارك إلى هذا الدرك، فلعلّه رغبته المحمومة في كسب رضا الإسرائيليين، ومن بعدهم الأمريكيين، بما يُمكِّن الرئيس المصري من توريث نجله، جمال. فضلاً عن رغبه مبارك في توريط أكبر عدد من الأطراف العربية في تسوية مُذِلّة، مرادفة للتصفية والتفريط، كتلك التي ورّط فيها السادات مصر ("كامب ديفيد" ومعاهدة السلام مع "إسرائيل"). وبذا يصبح نظام مبارك رائدًا في المجال المذكور!

تطوّر الأمر، حتى تماهى نظام مبارك مع العدو الإسرائيلي، في تشديد الحصار على قطاع غزّة، وتوعّد وزير خارجيته، أحمد أبو الغيط، بكسر ساق كل فلسطيني يجتاز قطاع غزّة إلى مصر! وفي حديث إذاعي، عزى الوزير نفسه، تشديد نظام مبارك الحصار على القطاع، إلى عدم إعطاء الشرعية لحكومة "حماس"[(2)]، في تحيّز مكشوف ضدها، لحساب سلطة رام الله. فيما كان مبارك قد أدلى بتصريح صحافي، قبل حديث وزير خارجيته هذا، إدّعى فيه أن نظامه يحتفظ بمسافة واحدة بينه وبين كل من " فتح" و" حماس"! وتذرّع مبارك بأن الحصار الذي ضربه نظامه على قطاع غزّة، هو التزام دولي من نظامه، فيما لم يكن هذا النظام ضمن الموقِّعين على "اتفاق المعابر"[(*)]. وبذا يكون مبارك قد اخضع أمرًا سياديًا مصريًا، لصالح العدو الإسرائيلي.

(*) في 2005/11/15 بادر محمد دحلان إلى تقديم ترضية للإسرائيليين، بعد اضطرارهم لإجلاء قواتهم عن قطاع غزّة، قبل شهرين من التاريخ المتفق عليه، فأدخل دحلان الإسرائيليين في ترتيبات معبر رفح، للمسافرين والبضائع، بين مصر وقطاع غزّة، من دون داع.

حين منع نظام مبارك وصول المعونات, الغذائية والدوائية, إلى شعب قطاع غزّة، عبر معبر رفح المصري ـ الفلسطيني، وأصرّ مبارك على مرورها من معبر كفر سالم المصري ـ الإسرائيلي، برّر مبارك ذلك، بخشيته من أن تُهرّب، ضمن المعونات، أسلحة وذخائر وصواريخ إلى القطاع. وكأن الإسرائيليين من بقيّة أهله!

إذاً تأكد بأن نظام مبارك خدّر حكومة "حماس" المُقالة في غزّة، بعد أن أكّد لها بأن إسرائيل ليست بصدد شنّ عدوان عسكري على قطاع غزّة، وذلك قبل ساعات من شنّ القوّات الإسرائيلية عدوانها الوحشي (الرصاص المصبوب). فيما زاد، بعدها، نظام مبارك، من تشديد حصاره على القطاع. وزعم بأن رصاصة فلسطينية قتلت جنديًا مصريًا؛ في سياق التحريض على الشعب الفلسطيني. بينما أكّد تقرير الطب الشرعي المصري بأن رصاصة جندي مصري، هي التي قتلت ذاك الجندي. وطنطنت أجهزة إعلام نظام مبارك بتلك الحادثة، وهي التي تركت واحدًا وستين حادثة قتل إسرائيلية لمصريين تمرّ، في صمت مريب. ولم يكن مستهجنًا أن يندّد رئيس السلطة الفلسطينية, محمود عباس، بمن أسماهم " القتلة "، وخصّص عباس معاشًا لأسرة الجندي الشهيد، في تأكيد جديد على مسؤولية الطرف الفلسطيني في قتله! وقد تكرّرت الحادثة مرتين.

في السياق نفسه، دأب نظام مبارك على الضغط في سبيل إخضاع "حماس" لشروط "اللجنة الرباعية الدولية" الجائرة، والمتضمّنة تسليم "حماس" بالاتفاقات التي سبق لقيادة منظمة التحرير الفلسطينية أن عقدتها، بما فيها " اتفاق أوسلو "، طبعًا؛ فضلاً عن الاعتراف بإسرائيل، الأمر الذي ترفضه كل الفصائل الفلسطينية، أي أن الأمر لم يكن وقفًا على " حماس "، وحدها.

لقد استمرأ نظام مبارك دعم الاتجاه المهاود للأعداء في الصف الفلسطيني، والتعسُّف في محاولة عقد مصالحة فلسطينية، تعاكس الخط الوطني، فضلاً عن إكمال الحصار الذي ضربه الإسرائيليون على قطاع غزّة من ثلاث جهات.

ومن باب التدخل والسخاء, ليس إلاّ! فذك المعبر امر سيادى, فلسطني ومصري. فلماذا نوفر للمحتل المنسحب مسمار جحا؟! يسري مفعول الاتفاق المذكور لمدّة عام كامل, يتمّ بعده اعادة تقيّيم الاتفاق, وتقرير مصيره. الأمر الذي لم يحدث! لمزيد من التفاصيل, يمكن الرجوع إلى: قيس عبد الكريم وآخرون, "مفترق طرق بعد غزة", دمشق, سلسلة"الطريق إلى الاستقلال"(16), المركز الفلسطيني للتوثيق والمعلومات(ملف), 2007, صـ58-63.

حين شنّت "اسرائيل" عدوانها " الرصاص المصبوب " على قطاع غزّة، رفض مبارك إدانة ذاك العدوان. كما اعترض على عقد قمة عربية عاجلة، للبحث في أمر " الرصاص المصبوب ". بل لم يخجل من تحميل " حماس " مسؤولية ذاك العدوان. وحال مبارك دون مرور قوافل الإغاثة، التموينية والدوائية، إلى الشعب المحاصر في قطاع غزة. وأمر بتخزين حمولات تلك القوافل في ملعب العريش الرياضي، ما جعل تلك الحمولات تتعرض للتلف والسرقة، في آن؛ فأهدر مبارك النسبة الأكبر من تلك الحمولات، مع سبق الإصرار والترصد.

حين اعتبرت وزيرة الخارجية الإسرائيلية، تسيبي ليفني، الأداء المصري على الحدود مع قطاع غزّة رديئًا، ردّ عليها وزير الدفاع الإسرائيلي، إيهود باراك، بأن مبارك يعرف ما يجب عليه أن يفعله![3] وبعد حين، صرّح بنيامين بن اليعيزر بأن مبارك هو " كنز استراتيجي لإسرائيل"![4]

مع الثورة

ما إن اندلعت ثورة 25 يناير في مصر، حتّى اتّسمت التصريحات الصحافية للمستوى السياسي الإسرائيلي بالتوتر. وتسرَّع الوزراء الإسرائيليون في منح تأييدهم لمبارك، والإعراب عن خشيتهم من غيابه. عندها، تدخّل رئيس الوزراء الإسرائيلي، بنيامين نتانياهو، ومنع وزراءه من الإدلاء بأي تصريحات صحافية في صدد الثورة، ضدّ نظام مبارك[5] ، بالطبع حتى لا يُضعفوا موقف مبارك، بدلاً من أن يدعموه! ثم لام بن اليعيزر الإدارة الأمريكية على ميلها لتنحّي مبارك[6].

بدأت اسرائيل بتحذير الإدارة الأمريكية، والاتحاد الأوروبي، من مغبّة ترك نظام مبارك يسقط. فيما عمدت إسرائيل إلى التسريع ببناء الجدار على حدودها مع مصر[7].

و يبدو أن مبارك، كان يقدّر، تقديرً صحيحاً موقعه لدي عدونا الإسرائيلي. وهذا المدير السابق للموساد، مائير داجان، يكشف أن مبارك استنجد بالجيش الإسرائيلي. ويبدو ان قيادة الجيش المصري، التقطت المحادثات الهاتفية بين مبارك والمسوؤلين الإسرائيليين، ماجعل تلك القيادة تقطع خط الهاتف عن مبارك، وتجبره وأسرته على مغادرة القصر الجمهوري في القاهرة

إلى شرم الشيخ. ولكن بعد أن خرج نائب مبارك، اللواء عمر سليمان، معلناً تخلّى مبارك عن رئاسة الجمهورية. [8]

كان طبيعيًا أن تُعرب إسرائيل عن قلقلها من النظام الذي سيخلف مبارك، إذ خشيت أن يكون نظامًا وطنيًا، يُسهم في إعادة الوحدة الوطنية الفلسطينية، ويُعزِّز مواقع الوطنيين الفلسطينيين، ويُنهي الحصار المضروب على قطاع غزة؛ فضلاً عن إعادة التضامن إلى الوطن العربي، بعد طول غياب؛ ما دفع نتانياهو إلى محاولة الإيحاء بتحريك ملف المفاوضات مع سلطة رام الله[9]. وفي الكنيست(3/4) لفت نتانياهو أنظار الإسرائيليين إلى أن التأخُّر في منح الشعب الفلسطيني دولة، قد أفقد إسرائيل كلاً من إيران، وتركيا؛ فيما لن تكون مصر الحليف الأخير الذي تخسره إسرائيل. ونصح رئيس الوزراء الإسرائيلي بمنح الفلسطينيين، سريعًا، دولة لهم، منعًا لخسران المزيد من الحلفاء الإقليميين لإسرائيل[10]". في حين هطلت الدموع من عيني إيهود باراك، في واشنطن، تأثرًا برحيل مبارك. ووصف باراك ما جرى بأنه " تسونامي "! [11]

لذا، لم يكن خارج نطاق التوقّع ما ذكرته صحيفة إسرائيلية من أن نتنياهو ينوي تنفيذ انسحاب كبير من الضفة, أو الدعوة إلى مؤتمر دولي، من أجل تسوية على المسار الفلسطيني, قطعًا للطريق على إعلان دولة فلسطينية [12]. وذلك بعد أن كانت مجموعة سفراء إسرائيل في أوروبا دعت نتينياهو إلى التعجيل بإقامة دولة فلسطينية في الضفة والقطاع[13]. وفي اليوم التالي تقدّم قادة سابقون في "الشاباك" و"الموساد" ـ عرف عن معظمهم رفضهم للتسوية ـ بمبادرة لحلّ على المسار الفلسطيني في الصراع, في شكل دولة ذات حدود مؤقتة, "خصوصاً وأن الاحتلال الإسرائيلي هو الاحتلال الأخير في العالم. ولم يعد الاحتلال, اليوم, أمرًا شرعيًا" [14]. وفي يوم 21 /4 عقدت شخصيات يسارية إسرائيلية اجتماعًا احتفاليًا, لإعلان "الاستقلال من الاحتلال", والحثّ على قيام دولة فلسطينية, في حدود عام 1967. وقد حضر الاجتماع مئات من أنصار اليسار, الذي بادر إلى تنظيمه العشرات من الأساتذة الجامعيين, والأدباء. والفنانين المرموقين, فضلاً عن سبعة عشر من الحائزين على "جائزة إسرائيل", وعقد الاجتماع في "ساحة استقلال إسرائيل". في تل أبيب, التي سبق لديفيد بن غوريون أن أعلن منها قيام دولة إسرائيل (14/ 5/ 1948) [15].

لقد بدأت الهزائمُ تحيق بجيش العدو الإسرائيلي، الذي كان لا يُهزم. وقد فقدت إسرائيل ركائز هامّةٍ في كل من إيران (1979)، وتركيا (2009)، وتونس ومصر (2011)، وما يزال الحبل على الجرّار. مما يشي بتحوّلات مرجّحة داخل إسرائيل، بعد أن تُحاط بطوق ديموقراطي عربي، بينما هي تتخلّى، تدريجيًا، عن طابعها الديموقراطي[16].

لاحقًا، رصدت صحيفة إسرائيلية سجّل مبارك في خدمة الصهيونية وكيانها، فقالت: "كان مبارك يذهب إلى أي زعيم عربي، نيابة عن إسرائيل، لعقد الاتفاق الذي تريده إسرائيل، لاسيما مع الفلسطينيين". وأردفت الصحيفة نفسها: "لطالما استخدمت إسرائيل مبارك لخدمة قضاياها، فقد كان أفضل حليف يمكن الحصول عليه". وفي مجال المحافظة على السلام لإسرائيلي، فإن مبارك "بذل المزيد من الجهد لصالحها [إسرائيل]. وقد سمح بالتعاون مع إسرائيل في كثير من القضايا التي ظلّت طي الكتمان"، لذلك " كانت إسرائيل قلقة جدًا، وهي ترى مبارك يتنحى. . [حتى أنهم] علّقوا على موقف أوباما من تنحية مبارك بأنه (خيانة للدولة اليهودية)". وفي سياق مهاودة مبارك الكاملة لواشنطن وتل أبيب، اكدت بأنه شاطر العاصمتين "وجهة النظر المعادية لإيران، وتعاون معهما في الجهود الرامية لعزل النظام الإيراني، ومعاقبته. لقد شاركهما [مبارك] رأيهما في "حماس"، و"الإخوان المسلمين"، وانضمّ إلى حصار غزّة لإضعاف "حماس". وبدأ ببناء حاجز أمني، لمنع تهريب السلاح". وختمت الصحيفة الصهيونية نفسها، برصد "الخدمات التي قدّمها مبارك لإسرائيل، واستحق عليها لقب (صهيوني)". وأعادت الصحيفة التذكير بأن مبارك بذل قصارى جهده في التوسُّط لإحلال السلام [الإسرائيلي طبعًا]؛ وإطلاق الجندي الإسرائيلي الأسير، جلعاد شاليط؛ ناهيك عن احتقاره لياسر عرفات[17]. لذا يُرجّح تبادل شاليط، عاجلاً، مع أسرى فلسطينيين، بعد أن سقط من كان يعتبر شاليط ابنه، حتى شعرت "حماس" بمدى تحيُّز مبارك لإسرائيل وأسيرها النادر، ضدّ الأسرى الفلسطينيين!

كما التقط كاتب سياسي إسرائيلي القلق المتزايد في مختلف الأوساط الإسرائيلية، بعد مرور نحو ثلاثة أشهر على اندلاع الثورة المصرية، خشية تبنّي الحكم الجديد سياسة معادية لإسرائيل. وهذا نتياهو يصرِّح لسفراء الاتحاد الأوروبي، بأنه قلق للغاية من تعالي أصوات معيّنة

في مصر، مؤخرًا، وتحديدًا من تصريحات وزير الخارجية المصري، نبيل العربي. وقد ازداد القلق الإسرائيلي، بعد قيام آلاف المصريين بالتظاهر أمام السفارة والقنصلية الإسرائيليتين في القاهرة والاسكندرية. وعرض السفير الإسرائيلي في القاهرة، يتسحاق ليفانون، مخاوف بلاده أمام المسؤولين المصريين. كما قام المسؤولون الإسرائيليون بالخطوة نفسها مع السفير المصري في تل أبيب، ناهيك عمّا أبداه المسؤولون الإسرائيليون من مخاوف امام البيت الأبيض والخارجية الأمريكية. بل أن أحد أعضاء المجلس الوزاري الإسرائيلي المصغّر، صرّح لصحيفة "هآرتس" الإسرائيلية، بأن بلاده تخشى من الانتخابات البرلمانية في مصر، في سبتمبر/أيلول المقبل. هذا في وقت استبعد وزير المالية المصري الجديد، سمير رضوان، إمكانية وجود استثمارات إسرائيلية في مصر. فضلاً عن تصريح نائب رئيس الوزراء المصري الجديد، يحيى الجمل، من أن إسرائيل تضرّ بأمن واستقرار الشرق الأوسط، وتسعى إلى تقزيم دور مصر الريادي في المنطقة. وكذلك قرار رئيس الوزراء المصري، عصام شرف، القاضي بمراجعة اتفاقية تصدير الغاز المصري إلى إسرائيل. ناهيك عن تصريح وزير الخارجية المصري بأن مصر تعتزم الاقتراب من إيران، ما شجّع سفير إيران لدى الأمم المتحدة على زيارة القاهرة وإجراء محادثات سياسية هناك. وتعدّ هذه هي الزيارة الأولى لدبلوماسي إيراني إلى مصر، منذ ثلاثين عامًا. هذا رغم أن إسرائيل ترى أن الوضع الأمني سيظل مستقرًا، وسيتواصل التنسيق بين الجانبين. وحين زار رئيس القيادة الأمنية والسياسية في وزارة الدفاع الإسرائيلية، عاموس جلعاد، مصر، شعر بالطمأنينة، بعد تأكيد الحكم المصري الجديد التصدي لتهريب الأسلحة إلى قطاع غزة. كما أعلنت وسائل الإعلام المصرية، أن قوات الأمن ضبطت قوافل أسلحة دخلت مصر عن طريق السودان[18]. وقد جاء تعيين العربي أمينًا عامًا لجامعة الدول العربية، (2011/5/15)، بمثابة خسارة فادحة للسياسة الخارجية المصرية، فيما لم تكسبه الجامعة العربية. وهل لجثة هامدة أن تكسب، أبدًا؟!

لقد كان طبيعيًا أن تنتقل عدوى الفزع الإسرائيلي إلى سلطة رام الله، من التداعيات المنتظرة لثورة 25 يناير المصرية. وأعلن نتانياهو: " لقد اتصل بي أبو مازن، طالبًا زيادة الجهود، لإحداث تطوّر حقيقي في عملية السلام، من أجل الفلسطينيين، ومن أجل مستقبلنا المشترك "[19].

جاء تخلي مبارك عن رئاسة الجمهورية(2/11)، في وقت استخدمت فيه الولايات المتحدة حق النقض (الفيتو) في مجلس الأمن الدولي، ضدّ إدانة الاستيطان الإسرائيلي في الضفة الغربية، ما جعل رئيس السلطة الفلسطينية، محمود عبّاس، يتلقى ضربتين، في آن؛ الأولى بسقوط مبارك، والأخرى بخيبة أمل عبّاس في الرئيس الأمريكي، باراك حسين أوباما، الذي لطالما وعد بإدانة الاستيطان الإسرائيلي، والعمل على ظهور دولة فلسطينية! ما جعل عبّاس يُبدي ميلاً للمصالحة مع "حماس"، التي وجدت في سقوط مبارك ما يُقوّي مركزها, في مواجهة عبّاس. ولو أراد عباس المصالحة، حقًا، لقدّم خطوة حسن نية، بالإفراج عن مئات المعتقلين الوطنيين، وأوقف ما يسميه "التنسيق الأمني" مع إسرائيل، حتى ينفتح باب المصالحة، المرادفة للمهادنة، والتي من شأنها أن تُمهِّد لتحقيق جبهة متّحدة، على برنامج الإجماع الوطني.

في اليوم التالي لتخلي مبارك عن رئاسة الجمهورية، تأسّى عضو اللجنة المركزية لفتح، عزّام الأحمد، لهذا التخلّي، واصفًا الرئيس المصري السابق، بأكثر القادة العرب التصاقًا بالقضية الفلسطينية [20]. وإن لم يوضح الأحمد في أي اتجاه كان ذاك الالتصاق، وعمّا إذا كان لصالح القضية الفلسطينية، أم على حسابها؟!

لقد تأثر الوضع الداخلي الفلسطيني، إيجابًا، بثورة 25 يناير, في تعزيز ثقة الشعب بقدرته على تغيير الأمور إلى الأفضل. لذلك هتفت التظاهرات التي دعا إليها شباب فلسطينيون، من شتى ألوان الطيف الوطني (2011/3/15): " الشعب يريد إنهاء الانقسام "! ويبقى السؤال: كيف؟! هل بتبويس اللّحى، وإعدام الماضي، أم على أسس وطنية؟!

لكن هل يستطيع عبّاس الإقدام على المصالحة، حتى لو أراد؟! فكما يظهر للعيان، يقع عبّاس تحت سيطرة أعدائنا الأمريكيين والإسرائيليين.

هكذا فقد عبّاس، في طرفة عين، سندًا؛ فيما تخلّصت "حماس" من عدو مشارك، بكل قوة، للعدو الإسرائيلي.

بحسب عباس نفسه، فإنه حذّر الإدارة الأمريكية من مغبّة ترك مبارك يسقط! وأردف:

"حذّرت الإدارة الأمريكية من عواقب سقوط مبارك. وأبلغت وزيرة الخارجية الأمريكية، هيلاري كلنتون، خلال الثورة المصرية، بأنها لا تُدرك عواقب سقوط النظام المصري. وأن الفوضى ستسود مصر، أو قد يتولّى "الإخوان المسلمون" السلطة، او الإثنان معًا. والآن لديهم الإثنان معًا"[21].

أمّا تظاهرات 3/15 في الضفة والقطاع، فقد تعامل معها عباس بدهاء وخبث، حتى أنه وزّع على المتظاهرين، في ميدان المنارة برام الله، "السندوتشات" وزجاجات الماء، قبل أن تقمعهم أجهزة أمنه، في المساء! فيما افتقدت "حماس" مثل ذاك الدهاء، فاصطدمت بالمتظاهرين. ولاحقًا منعت التظاهر في "يوم الأرض" (3/30). لقد جاءت التظاهرات الحاشدة (3/15) من خارج دائرة الفصائل، مما يعني أن حركة الجماهير قد تجاوزت تلك الفصائل، فاستجد تحدٍ جديدٍ أمامها، مما يشي بتفاقم الصراع داخل تلك الفصائل، فيُجدِّد شتى بناها، أو يُفضي بها إلى الانشقاق؛ إلاّ إذا عادت قيادات الفصائل إلى الاستقواء بالديموقراطية الداخلية، ما يضع نهاية سعيدة لذاك الصراع، ويقطع الطريق على الانشقاقات الفصائلية. فيما سيتصاعد الصراع الداخلي في "فتح" بين الوطنيين، وبين ركائز العدو ومهاوديه.

بالتداعي، جاء اندلاع تظاهرات 3/15 في الضفة والقطاع، لكن تظاهرات الضفة لن تُفضي إلى إسقاط السلطة، أولاً: لوجود الاحتلال الصريح المباشر، وثانيًا: لأن أجهزة أمن السلطة في الضفة نشأت على حماية أمن إسرائيل، والإسرائيليين. وبالتالي فليس ثمّة ما يمنعها من إفناء عشرات آلاف من أبناء الشعب الفلسطيني، إذا ما مسُّوا سلطة رام الله.

من جهة أخرى، سيفضي تحرُّك الشباب من خارج دائرة نفوذ الفصائل، إلى تجاوز تلك الفصائل، ما يشي بنشوء قوى فلسطينية جديدة.

لقد حاولت سلطة رام الله تجنُّب ضربة ثورة 25 يناير/ كانون الثاني2011، بإعلانها إجراء الانتخابات التشريعية والرئاسية والمحلية، يوم 2011/7/9، مع تعديل وزاري فوري، فضلاً عن اضطرار مسؤول ملف المفاوضات في منظمة التحرير الفلسطينية، صائب عريقات، إلى تقديم

استقالته، بسبب مسؤوليته عن تسرّب وثائق سرية عن المفاوضات مع إسرائيل، أساءت إلى سمعة سلطة رام الله، وأذاعتها فضائية "الجزيرة"، عشيّة اندلاع ثورة 25 يناير المصرية. وهي الوثائق التي سبق لسلطة رام الله وقيادات من منظّمة التحرير أن كذبوها، في جرأة عجيبة على الحقّ. وإن كان ناطق رسمي إسرائيلي، رفض ذكر اسمه، هدّد بقطع علاقة إسرائيل بعباس، إذا ما أقدم على التصالح مع "حماس" (22).

لذلك، إذا لم تستفد السلطة من دروس ثورة 25 يناير المصرية، فإن انتفاضة الشعب الفلسطيني ستكون ضدّ تلك السلطة، من دون أن يعبأ الشعب بالنتائج المنتظرة. في المقابل، أعلن الناطق بلسان "حماس" في قطاع غزّة، سامي أبو زهري، حياد الحركة تجاه الثورة المصرية، وإن تمنّى بيان لها "الأمن والسلامة لمصر وشعبها. ورأت "حماس" في اتهام إسرائيل لها بتفجير خط الغاز الموصل إليها من مصر، محاولة لإحداث وقيعة بين مصر و" حماس "، ولتوفير ذرائع لشن عدوان عسكري إسرائيلي على قطاع غزّة (23). ويوم تخلّي مبارك, سارعت "حماس" إلى توزيع الحلوى على الجمهور!

أمّا "الجبهة الشعبية لتحرير فلسطين"، فقد صرّح عضو مكتبها السياسي، جميل المجدلاوي، بأن التغيير في مصر سيعزّز الاتجاه الوطني الفلسطيني، فضلاً عن شحذه همم الشعوب العربية، لا سيما الشعب الفلسطيني، بما يزحزح ميزان القوى الوطنية على حساب "فتح", التي اعتبرها المجدلاوي ممثّلة لليمين السياسي الفلسطيني؛ وأيضًا على حساب، حماس، الممثّلة لليمين الديني، ما سيفتح الباب أمام إعادة بناء الوحدة الوطنية الفلسطينية (24).

وتمنّت "الجبهة الديمقراطية لتحرير فلسطين "لمصر كل التقدُّم والاستقرار، لتأخذ دورها الريادي في المنطقة والعالم، بعد إسقاط مبارك، مما ينعكس بشكل إيجابي على تطلّعات الشعب الفلسطيني في الحرية والاستقلال والعودة، وإنهاء الانقسام البغيض، ورفع الحصار وفتح المعابر والحدود مع قطاع غزة(25).

في 2/6 وقفت "قوات العاصفة"(*) ـ المحتجة على سياسات قيادة "فتح"- مع "إرادة وانتفاضة

(*) قوات العاصفة هي الذراع المقاتل في حركة التحرير الوطني الفلسطيني "فتح". والتي كانت دومًا العمود الفقري للحركة. نشأت مع انطلاقة الحركة. وقبل أن تعلن الحركة في بيانها الرسمي الأول عن قيامها. ضمّت خيرة أبناء الحركة من الكوادر الفدائية.

وقرار جماهير شعبنا العربي، المُنتفض في تونس ومصر العروبة". وفي 2/12 أصدرت "العاصفة" بيانًا، تحت عنوان "فتح تهنىء الشعب المصري البطل، وتدعو عباس وأدواته للرحيل"؛ واعتبرا بيان "العاصفة" "سقوط مبارك هو سقوط جدار برلين العروبة".

من جانبها، هنّأت "حركة الجهاد الإسلامي" الشعب المصري على إسقاط مبارك، حيث قالت: " إن ما حققته ثورة الأحرار في مصر دليلٌ على أن ما من قوة تستطيع قهر إرادة الشعوب. وإن هذه الإرادة، التي حقّقت هذا الانتصار، قادرة على إكمال المسيرة، للقضاء على الظلم والاستبداد، والتخلّص التامّ من الهيمنة والتبعية للقوى المعادية لأمتنا "[26].

أمّا الأمين العام للمبادرة الوطنية الفلسطينية، د. مصطفي البرغوتي، فرأى أن الضغط المتعاظم لثورات العصر، الإعلامية والعلمية والتقنية، يدفع، بقوة، نحو التحديث والعصرنة. وستتأثر بذلك منظومات عديدة في منطقتنا -وحتى خلافات محتدمة، كتلك في الساحة الفلسطينية -بحكم هذا الضغط، بأعتبار أن طرفي الصراع "حماس، وفتح" هما وجهان للبنية التقليدية نفسها، التي تقاوم التحديث والعصرنة، وتتبنّي فكرة سيطرة وحكم الحزب الواحد، بدل القبول بالتعددية السياسية المتكافئة[27].

لعلّ من فضلة القول بأن أي تقدّم في الوطن العربي عمومًا، ينعكس إيجابًا، على القضية الفلسطينية، والعكس صحيح. أما في مصر، ففلسطين قضية مصرية، بامتياز؛ ليس لأن فلسطين جزء من الوطن العربي فحسب، بل أيضًا، لأن كل الغزوات إلى مصر - عبر التاريخ - عدا اثنتين، أتت عبر فلسطين، حتى أن رمسيس الثاني، حدّد خط الدفاع عن مصر عند الأهواز وجبال طوروس. وكذلك، فعل إبراهيم باشا ومن بعده كل الخبراء الاستراتيجيين الوطنيين المصريين.

واستمر التيار المركزي فيها متجذراً مع المبادىء والأهداف والأساليب والمنطلقات الأصلية للحركة، لا يحيد عنها. وهو ما عُرِف، لاحقًا، بالنواة الصلبة لتيار المقاومة والتحرير في الحركة، الذي رفض الشطحات السياسية كافّة، وكلّ الانحرافات التي جرت، لاحقًا، في عدد من المخططات بجميع أنواعها: وبقي على إيمانه المطلق بالمحددات الأساس في حركة "فتح": فلسطين من نهرها لبحرها واجبة التحرير بالكفاح المسلح وسيلة، وحرب الشعب طويلة الأمد أسلوبًا، وبأن "فتح" عربية العمق والانتماء وإنسانية المطاف. وقد بُدِءَ - قبل نحو العامين - بإصدار بيانات باسم "فتح الإنقاذ". وفي 2011/1/1 صدر بيان بشعار "العاصفة"، دعا إلى تحرُّك أبناء "فتح"، من أجل مقاومة الاحتلال، والتصدّي للمستوطنين، ورفض السير على طريق التنازلات والمفاوضات، والرهان الخاسر على أمريكا، والتمسك بالمبادىء والمنطلقات والمسلكية الثورية. وتمسّك البيان بتحرير كامل التراب الفلسطيني. ووقّع البيان كل من: غازي عبد القادر الحسيني، حلمي عطية البلبيسي، معين الطاهر وأيمن اللبدي. وحلّت "الإنقاذ" نفسها، وأعلنت اندماج عناصرها في "العاصفة".

لقد سرّعت الثورات العربية عمومًا، والمصرية على وجه الخصوص، الخطى لإنهاء الانقسام الفلسطيني. وبعد مفاوضات سرِّية، في أكثر من قطر، وقّعت كل من "حماس و"فتح" في القاهرة، في 2011/4/27، بالأحرف الأولى، اتفاق مصالح وتشكيل حكومة، وإجراء انتخابات. ما أزعج إسرائيل، ودفع نتنياهو إلى تخيير عبّاس بين العلاقة مع إسرائيل و"حماس". وردّ ناطق باسم رئاسة السلطة الفلسطينية في رام الله، بأن على نتنياهو أن يختار بين السلام والاستيطان[28]. وفي اليوم التالي، هدّد وزير خارجية إسرائيل، أفغدور ليبرمان، باللجوء إلى إجراءات انتقامية من السلطة الفلسطينية، كتجميد تحويل الضرائب المقتطعة، وإلغاء وضع (V. I. P). فقد اعتبر ليبرمان اتفاق المصالحة تجاوزًا لخط أحمر![29]. و حتى يُطمئن عباس الإدارة الأمريكية وإسرائيل، عمد إلى التأكيد على أن ملف المفاوضات سيبقى في يد منظمة التحرير. ما دفع "حماس" إلى الرد، سريعًا"، على لسان محمود الزهّار بأن ذاك الملف من صلاحية القيادة الموحّدة، التي ستشكّل في المرحلة الانتقالية، فيما ترفض "حماس" التفاوض مع إسرائيل(30). مما يشي بأن إسرائيل ستعمد إلى كل أسلحتها، لإحباط المصالحة.

أما الإدارة ألأمريكية، فقد صرّح مدير التخطيط السياسي في خارجيتها، جاكوب ساليفان، بأن واشنطن ستبقي على المساعدات ما بقي عبّاس! وأن الإدارة الأمريكية ستقوِّم الحكومة الفلسطينية الجديدة، وفق مبادئها السياسية. وإن اشترط المسؤول الأمريكي أن تحترم تلك الحكومة مباديء "اللجنة الرباعية"، الخاصة بالاعتراف بإسرائيل، والاتفاقات الموقّعة معها، فضلاً عن نبذ العنف. وعلى منوال ساليفان، نسج ديبلوماسي أوروبي رفيع المستوى، في بروكسل، بالنسبة لاحترام مبادئ الرباعية، والاعتراف بإسرائيل[31].

إلى القاهرة حضرت وفود معظم الفصائل الفلسطينية، للمشاركة في احتفال توقيع المصالحة بين رأسي "فتح" و"حماس": محمود عباس وخالد مشعل، على التوالي. وتمّ التوقيع النهائي على الاتفاق يوم 5/3، فيما جرى الاحتفال بالتوقيع، في اليوم التالي.

في القاهرة، تمّ الاحتفال، مساء يوم الأربعاء(2011/5/4)، بتوقيع إتفاق المصالحة الفلسطينية. لكن بعد ساعة ونصف من الموعد المضروب للاحتفال، ذلك أن رئيس المكتب

السياسي ل"حماس"، خالد مشعل، علم بأن المنصّة ستقتصر على مدير المخابرات المصرية، ورئيس السلطة الفلسطينية، من دون مشعل، ممثل الطرف الثاني في الصراع. وزاد الطين بلّة، أن الكلمات انحصرت في الاثنين الأولين، إضافة إلى الأمين العام لجامعة الدول العربية، عمرو موسى، ماجعل مشعل يلوذ بغرفته، في فندق سيتي ستارز إنتركونتننتال، في القاهرة، رافضاً النزول، قبل إقرار جلوسه على المنصّة، مشاركاً عباس، وإلقائه كلمة، شأن عباس. فيما هدّد الأخير بمغادرة القاهرة، على متن طائرته الخاصة، فيما لو تم إقرار ما طلبة مشعل. وبعد اكثر من ساعة ونصف الساعة، من المداولات، تمّ التوصّل إلى حلّ وسط، يلقي بموجبه مشعل كلمة قصيرة، من دون ان يجلس على المنصّة، ويحلّ في الكلمة محل عمرو موسي. وهذا ما حصل. وحين ألقيت الكلمات، اتضح بأن كل طرف من طرفي الخصام لا يزال متشبثاً بخطّه السياسي، الأمر الذي يعني بأن تلك المصالحة مفخّخة، خصوصاً وأن اتفاق المصالحة خلا، تماماً، من أي بند سياسي، وركّز على إجراءات المحاصصة بين الطرفين المتخاصمين. ولو أن عباس مخلص في المصالحة، لكان أفرج عن معتقلي "حماس" لديه، وهم أكثر من ثلاثمائة معتقل، وكل جريمتهم أنهم يعادون من اغتصب وطنهم. والأنكى، أن عبّاس عمد إلى اعتقال دفعة أخرى من أعضاء حماس في الضفة الغربية، بمجرد عودته من القاهرة إلى رام الله، وفي 2011/5/15 شنّت أجهزة أمن عباس حملة اعتقالات ضدّ نشطاء "الجهاد" في جنين!

ورغم كذلك، عمّت الفرحة سائر التجمّعات الجغرافية الفلسطينية، في الداخل وأقطار اللجوء، على حد سواء. صحيحٌ أن المصالحة أقرب إلى المهادنة منها إلى الوحدة الوطنية، وإن كانت، أولاً، تقربنا إلى تلك الوحدة، وثانياً، تردّ الأمل للشعب الفلسطيني باقتراب وقف التدهور المطرد في القضية الفلسطينية. وثالثاً، تسحب ذريعة "غياب مفاوض فلسطيني يمثل الجميع"من يد الطرف الإسرائيلي، ومن أيدى الحكّام العرب، الذين أعادو قطع مدّهم يد المعونة للعب الفلسطيني؛ بحجّة انقسام هذا الشعب على نفسه، وكأن هؤلاء الحكام مدوا يد العون لذاك الشعب، حين كان موحداً لنحو قرن من الزمن!

حين وقّعت كل من حركتي "فتح"و"حماس"على اتفاق المصالحة، بالأحرف الأولى،

في القاهرة، في 2011/4/27، أنذر وزير الخارجية الإسرائيلي، أفيغدور ليبرمان، الرئيس عباس بأنة"لايمكنه أن يكون شريكاً لإرهابيين[يقصد "حماس"]، من دون أن يكون شريكاً في الإرهاب[32].

على أن تأثير ثورة 25 يناير لن يكون سريعًا على الوضع الفلسطيني، الذي يتّسم بخصوصية شديدة التعقيد. فضلاً عن أنه ما يزال من المبكّر القطع بتحقيق تلك الثورة لأهدافها، بل يمكن التأكيد بأن الوضع الفلسطيني سيتأثر بطبيعة النظام الذي سيخلف نظام مبارك، ومدى اقتناع الأخير بأن فلسطين قضية مصرية، بالمعني الأمني الوطني، أو القومي العربي، أو بالمعنيين معًا. وهذا لن يكون إلاّ في نظام ديموقراطي، وبعد أن يُعيد النظام الجديد ترتيب أوراقة المصرية.

لقد وفّرت ثورة 25 يناير سانحة أمام مصر للنهوض، والعودة لاحتلال موقعها القيادي العربي الشاغر، منذ نحو أربعة عقود. ولأن هذا لن يتم بين ليلة وضحاها، فإن إسرائيل ستعمد إلى الاستفادة من الوقت، لتشديد حصارها وعدوانها واستيطانها، بما قد يصل بها إلى شن عدوان عسكري واسع ضدّ قطاع غزّة؛ أو الاكتفاء باحتلال " محور صلاح الدين "، الذي يسمّيه الإسرائيليون " فيلد ليفي "، لتعزل قطاع غزّة عن مصر، بعد أن غاب دور مصر مبارك في خنق قطاع غزّة، تنفيذًا لأمر إسرائيلي.

ولعلّ من نافلة القول، أن التراجع الإسرائيلي يبقى رهنًا بمدى التقدّم العربي في الديموقراطية والعدل الاجتماعي؛ والحسم الوطني تجاه التبعية للولايات المتحدة والمهاوَدة لإسرائيل.

لقد قدّمت أنظمة الاستبداد العربية استقرارًا لإسرائيل، لم تكن تحلم به؛ بقمع تلك الأنظمة السياسات المعادية لإسرائيل. حتى مَنَعَ غياب الديموقراطية في جُلْ الوطن العربي إسرائيل من إنهاء احتلالها للأراضي الفلسطينية، فيما ستُعيق الديموقراطية العربية طريق هذا الإنهاء. ما يجعل تظاهر نتنياهو بالميل لإعطاء حل للمسار الفلسطيني في الصراع، أمرًا مزيّفًا[33].

باختصار، إن مصر قوية، من شأنها تعزيز موقف النظام السياسي العربي، والموقف الوطني

الفلسطيني، لكن ثورة 25 يناير المصرية لم تقرأ من كتابها إلاّ صفحته الأولى، وإن كان الأمل معلقًا على المارد الذي خرج من القمقم، وهيهات له أن يعود إلى القمقم، من جديد.

لكن ، ماذا عن مصير كل من كامب ديفيد و معاهدة السلام ؟!

من المرجح أن مشهد النظام المصري الشريك و المتواطىء مع إسرائيل ضد الشعب الفلسطيني، و قضيته الوطنية ، لن يتكرر، على الأقل في المديين المنظور و المتوسط ، أياً كانت طبيعة الحكم الذي سيتولى الأمور في مصر ، سواء انتهى الأمر إلى مجرد انقلاب قصر ، بإحلال رئيس محل المخلوع ، مع بقاء النظام على حاله ، بعدما تخلّص من أكثر رموزه فساداً و استفزازاً ، الأمر الذي سيتم ، على الأغلب. أما إذا استجد حكم وطني ، فسيترك "كامب ديفيد " و" معاهدة السلام مع إسرائيل " تموتان بالإختناق . رغم أن أغلبية المصريين (71.1%) أعطت صوتها لاستمرار السلام مع إسرائيل ، مقابل 1.3% ، فقط ، وقفوا مع "التطبيع" ، فيما تحمس 13.2% لإلغاء " معاهدة السلام "، وهبطت النسبة إلى مجرد 3.7% مع شن حرب ضد إسرائيل ، فإن 28.6% من المستفتين رأوا أن يكون للشعب الفلسطيني دولة بجانب إسرائيل ، فيما شدد 58.1% على ضرورة إزالة إسرائيل .ما يعني أن "حل الدولتين" لا يحظى إلا بنصف ما تحظى به " إزالة دولة إسرائيل ".

وفي التفاصيل ، فإن النسبة الأكبر ممن صوتوا للخيار الثاني كانوا من الشباب ، أما دافعهم فكمن في : "علشان الحق يرجع لأصحابه "! و يعزز تفاؤلنا هنا أن 46% من العينة المستفتاة من الشعب المصري شددت على أن تمارس مصر دوراً قيادياً في القضايا العربية، فيما رأى 61.9% أن تقوم مصر بتوحيد العرب في دولة واحدة، وإن رأت أقلية (2.8%)، اكتفاء مصر بالوساطة في القضايا العربية، مقابل أقلية أصغر (1.3%)، صوتت لابتعاد مصر عن القضايا العربية، ومال 4% لاكتفاء مصر بدورها في الريادة الثقافية. على أن ثمّة ما يثير الارتباك في هذا الاستفتاء الذي أجرته جهتان حكوميتان، عشية اندلاع ثورة 25 يناير. ففيما يخص العلاقة مع الولايات المتحدة، إذ رأى 31.7% من المستفتين ضرورة تقويتها، إن اكتفى 38.8% بالدرجة التي وصلت إليها تلك العلاقة، مقابل 15.6% صوتوا لصالح العلاقة مع الولايات المتحدة[34].

لعل ما يعزز التفاؤل بصدد الموقف الشعبي المصري من إسرائيل تلك الأعلام الإسرائيلية التي أحرقها المتظاهرون، في مدن مصرية عدّة، قبل توجههم إلى مبنى السفارة الإسرائيلية بالقاهرة (أيام 8، 25، 4/29، 13، 14، 5/15/ 2011)، ومتطالبتهم بطرد السفير الإسرائيلي ، بعد إنزال العلم من فوق مبني السفارة، ورفع العلم الفلسطيني مكانه.

أما بعد إنكشاف جرائم نظام مبارك ضد الشعب الفلسطيني وقضيته الوطنية، فأغلب الظن أن نسبة المطالبين بالقطيعة مع إسرائيل والولايات المتحدة سترتفع.

تدفقت كتل كثيرة تبغي تشكيل أحزاب سياسية, مندفعة بموجة الثورة, وقدمت معظم هذه الأحزاب تحت التأسيس رؤاها وبرامجها, أو مشاريع برامجها, فما الذي قالته في الصراع العربي - الصهيوني, وفي "اتفاقية كمب ديفيد", و"معاهدة السلام مع إسرائيل"؟

نبدأ بالأحزاب الليبرالية, وعلى رأسها "حزب المصريين الأحرار", الذي رأى بأن قبول "معاهدة السلام مع إسرائيل" لا يعني "إمكانية التعاون الإقليمي معها, إلا عند تحقيق السلام الشامل والعادل, والذي يكمن في وقف عمليات تهجير الفلسطينيين من الضفة الغربية ,وكذلك عمليات تصعيد البناء الإستيطاني بالقدس والضفة الغربية, والتطبيق الكامل لقرارات الشرعية الدولية, بانسحاب إسرائيل من كافة الأراضي المحتلة, حتى خط الرابع من يونيو1967, والتوصل إلى حل عادل لمشكلة اللاجئين الفلسطينيين, وقبول قيام دولة مستقلة ذات سيادة"[35].

فيما جاء في "برنامج حزب العدالة":نؤمن بحق الشعب الفلسطيني في تقرير مصيره وبناء دولته وعاصمتها القدس. نساند النضال الوطني المشروع ونرفض التطبيع, حتى عودة جميع الحقوق المغتصبة ووقف جميع الممارسات العدوانية ضد الشعب الفلسطيني. نؤمن أن فلسطين هي العمق الاستراتيجي لمصر, ولذلك فإن القضية الفلسطينية تخصّ كلّ مصري, ويعتني بها, فهي جزء من الأمن القومي المصري".[36]

في الوقت الذي صرح قيادي في "الحزب المصري الديموقراطي الاجتماعي" بأن "الموقف سوف

يتبلور, بوضوح, في البرنامج". أردف بأن" الخطوط العامة لهذا الموقف يتعين أن تتضمن ضرورة إيجاد حل عادل, يضمن حقوق الشعب الفلسطيني, ويؤكد الدور القيادي لمصر في المنطقة, وفي الإقليم العربي, ككل".[37]

في البند الرابع من "برنامج حزب الرواد المصري ـ تحت التأسيس" جاء:

4-"العمل على الوصول لحل القضية الفلسطينية, والتي نسميها قضية الفرص الضائعة, التي تمثل القضية الأم في المنطقة العربية, وفق رؤية عربية إسلامية موحدة"[38].

على منواله نسج"حزب التغيير والتنمية المصري", مكتفيًا بتعريف نفسه بأنه"حزب مصري القلب, عربي الوجه واللسان, قيمي التوجه, يومن بأن مصر- التي لا تنفصل عن قضايا وهموم عالمها العربي, وقارتها الإفريقية, وأمتها". كما تباهى الحزب بأن ليس له" أي إرتباط, أو تأثر بأي توجهات فكرية دخيلة على المجتمع المصري...وهو, في المقابل,يحرص على الاستفادة من إنجازات الحضارات الإنسانية المختلفة, وتوظيفها, لتقوية كيان مصر, وعزتها".ولا ينسى"حزب التغيير والتنمية" أن يؤكد ابتعاده"عن كل من الغلو الديني, والتطرف العلماني".[39] بهذا يكون الحزب أكد ما يرفض, ولم يشير إلى ما يريد ويتبنى!

فيما كانت الأحزاب الإسلامية أقل غموضًا بصدد العدو الإسرائيلي, وهذا وكيل مؤسسي"حزب النهضة" السلفي, ممدوح اسماعيل, يجيب على سؤال لأحد الصحافيين عن موقف حزبه من "إتفاقية كمب ديفيد": "سوف نعرضها على الشعب, ولو رفض سوف نلغيها, فورًا". واستدرك اسماعيل, محقًا:"ولكن عندما ألغي كامب ديفيد لابد أن يكون لي قوة لتنفيذ القرار".[40]

في الوقت الذي طالب"حزب النور" السلفي" بمراجعة الاتفاقات الاقتصادية, التي عقدها النظام السابق, ومنها اتفاقية الغاز الطبيعي لإسرائيل, وغيرها من الدول".[41]

كأن السلفيين قرأوا على شيخ واحد, ففي ردهم على سؤال حول"اتفاقية كمب ديفيد", قال مؤسسو"حزب الفضيلة":" نحن نرى ما يراه عامة الشعب المصري, بأنها يجب أن تراجع, وفق المعطيات الجديدة...ونرى فيها كثيرًا من الجور الذي يقع على المصريين".[42]

أمّا "التيار المصري", فعمد إلى تعويم الأمر, مكتفيًا باعتزازه" بانتماءاته الحضارية, العربية والإسلامية, وعمقه الإفريقي, في مرجعياته, وهويته, وفي أولويات صلاته الخارجية".[43]

ننتقل إلى الأحزاب اليسارية الجديدة (تحت التأسيس), حيث رأى مشروع برنامج"حزب العمال الاشتراكي" أن نظام مبارك لعب "دور العميل الذليل لتلك القوى[الاستعمار والصهيونية] ,وساعدها على تحقيق مصالحها في فلسطين, والعراق, ولبنان". ورأى المشروع بأن الوقت قد حان" ليرفع الشعب المصري رأسه عاليًا, وأن يستقل عن الأميركيين, ويقف إلى جانب الشعوب التي تناضل من أجل الحرية والاستقلال, وعلى رأسها الشعب الفلسطيني, الذي يتم حصاره, وقمعه". وفي البند الثاني, من"المهام" جاء:" التصدي للمخططات الاستعمارية والصهيونية في منطقة حوض النيل... وقف كافة أشكال التطبيع الصهيوني, في كافة المجالات : السياسية, والعسكرية, والثقافية, والدبلوماسية, والتجارية, وعلى رأسها وقف تصدير الغاز للعدو الصهيوني, وإلغاء العمل باتفاقية الكويز". فيما طالب البند الثالث بإلغاء"الاتفاقيات التي تنقص من السيادة المصرية على الأراضي المصرية, وتحدد حجم الجيش المصري, بعدد معين من القوات". ليشدد البند الرابع من مشروع البرنامج على ضرورة:"فتح معبر رفح, والتحول من سياسة قمع الشعب الفلسطيني إلى سياسة التضامن مع مقاومته الباسلة".[44]

نأتي إلى مشروع البرنامج الذي أصدره"التحالف الشعبي الاشتراكي",الذي شدد على ضرورة " قطع العلاقات الدبلوماسية مع دولة إسرائيل, والتصدي لكافة أشكال التطبيع, الشعبي والثقافي, مع الكيان الصهيوني, والعمل على محاصرة دولية للكيان الصهيوني". فضلاً عن :"النضال ضد الصهيونية, وضد احتلال أراضي فلسطين التاريخية", ليصل مشروع البرنامج إلى "إن رؤيتنا لمستقبل الصراع الصهيوني, تقوم على إنشاء دولة ديموقراطية علمانية موحدة, تضم كل الأديان' من مسلمين ومسيحيين ويهود, على كامل التراب الفلسطيني".[45]

تحت بند"السياسة الخارجية" ثبّت مشروع برنامج "الحزب الاشتراكي المصري ـ تحت التأسيس" بندين, جاء في أولهما:"دعم ومساندة الشعب الفلسطيني, من أجل حقوقه المسلوبة,

بما فيها حق العودة,وإقامة الدولة الفلسطينية الديمقراطية على كامل التراب الفلسطيني, ووقف كافة أشكال التطبيع, الاقتصادي, والشعبي,والثقافي,مع الكيان الصهيوني". فيما دعا البند الثاني إلى "إعادة النظر في جميع الاتفاقيات والمعاهدات التي وقعت عليها مصر, خلال السنوات الثلاثين الماضية, بما يتوافق ومصالح مصر الوطنية والإقليمية, وبحث ما يحتاج منها للتعديل, أو الإلغاء".[46]

على أننا ننهي بالمرشحين المحتملين لرئاسة الجمهورية, الذين آثر معظمهم اختيار"المرجئة" لكل أمور الصراع العربي ـ الصهيوني, بما في ذلك "كمب ديفيد",و"معاهدة السلام", إلا عمرو موسى, الذي وعد ـ في حديث لصحيفة "لوس أنجلوس تايمز"الأمريكية ـ بالمحافظة على العلاقات مع إسرائيل, وإن استدرك بأنه سيستمر بالضغط عليها, من أجل التوصل إلى حل الدولتين, على أساس حدود عام 1967.[47] وسرعان ما كشف الموقع الإلكتروني لجريدة مصرية مشاركة موسى في جريمة بيع الغاز لإسرائيل بتراب الفلوس. ورد مدير دعاية موسى, بعد دقائق, على الموقع نفسه, متحديًا أن يتم كشف كل الأسماء المشاركة في الجريمة![48]

في لقائه طلاب جامعة عين شمس القاهرية, نهاية حزيران/يونيو2011, ردّ المرشح المحتمل للرئاسة المصرية, د.عبد المنعم أبو الفتوح ,على سؤال حول "اتفاقية كمب ديفيد",مشيرًا إلى أن "هناك بنود سرية ملحقة بهذه الاتفاقية,لا تتفق ومصلحة مصر والأمة العربية. وإلغاء المعاهدة, أو عدم الاعتراف بإسرائيل, لا يعني قيام الحرب"[49].

فيما التزم بعض المرشحين المحتملين لرئاسة مصر الصمت إزاء قضايا الصراع العربي ـ الصهيوني, ورد بعض آخر منهم بكلام عام, مراوغ.

باختصار، إن مصر قوية، من شأنها تعزيز موقف النظام السياسي العربي، والموقف الوطني الفلسطيني، لكن ثورة 25 يناير المصرية لم تقرأ من كتابها إلا صفحته الأولى، وإن كان الأمل معلقًا على المارد الذي خرج من القمقم، وهيهات له أن يعود إلى القمقم، من جديد.

الهوامش:

1- في حوار أجرته وكالة "قدسنا"الإيرانية مع الأمين العام للجبهة الديموقراطية، نايف حواتمة، في 2011/3/12. أنظر نصّ الحديث بالعربية، في: "الحرية" (دمشق) 20-2011/3/26، صـ4.

2- شفيق ناظم الغبرا، وعماد عمر،"القضية الفلسطينية والثورات العربية"، "الحياة" (لندن)2011/3/31.

3- إذاعة "بي. بي. سي". (بالعربية) 2009/9/18.

4- "البعث ميديا" (دمشق) 2011/2/11.

5- فهمي هويدي، "كنز إسرائيل الاستراتيجي"، "الشروق" (القاهرة) 2010/5/6.

6- "القدس العربي" (لندن) 2011/2/2.

7- "القدس العربي" (لندن) 2011/1/31.

8- "روز اليوسف" (القاهرة) 2011/5/10.

9- "مقاومة" (بيروت) 2011/1/26.

10- "القدس العربي" (لندن) 2011/3/4.

11- راديو "سوا"، 2011/3/10.

12- فضائية "المنار" (بيروت) 2011/3/14.

13-"هآرتس" 2011/4/13.

14- يديعوت أحرونوت، 2011/4/5.

15- هآرتس، 2011/4/6.

16- الغبرا وعمر، مصدر سبق ذكره.

17- "جيروساليم بوست" 2011/3/27 (بالانجليزية).

18- "لهذا مبارك صهيوني بجدارة"، "جيروساليم بوست" 2011/5/12.

19- باراك رافيد، "رياح التغيير في مصر تُمثِّل خطرًا على إسرائيل"، "هآرتس" 2011/4/17.

أنظر ترجمتها العربية، في: "مختارات إسرائيلية" (القاهرة)، العدد 197، السنة السابعة عشرة، مايو/أيار 2011، ص57.

20- فضائية "العربية" 2011/2/12.

21- "نيوزويك" 2011/4/25 (بالانجليزية).

22- "الغد" (عمّان) 2011/2/10.

23- موقع "عرب 48"، 2011/2/7.

24- وكالة "وفا"، 2011/2/12.

25- المصدر نفسه.

26 - Alqudsnews. net

27- د. مصطفى البرغوتي، "تأثير الثورة العلمية والمعلومات على فلسطين/دروس من ثورة مصر"، 2011/4/7. www. palestinemonitor. org

28- "الحياة" (لندن) 2011/4/28.

29- "الحياة" (لندن) 2011/4/29.

30- المصدر نفسه.

31- "الحياة" (لندن) 2011/5/1.

32- "الحياة" (لندن) 2011/4/30.

33- هنري سيغمان، "ثورات الديموقراطية والصراع الإسرائيلي-الفلسطيني، "الحياة" (لندن) 2011/3/29.

34- د. نجوى حافظ (إشراف وتحرير)، "بماذا يحلم المصريون"؟، القاهرة ، المركز القومي

للبحوث الاجتماعية والجنائية، ومركز المعلومات ودعم اتخاذ القرار بمجلس الوزراء، 2010م، (انظر: د. ابراهيم البيومي،، "المصريون والعالم: مصر في محيطها الإقليمي والعالمي" [أحلام المكانة والدور])، ص307 ـ 319.

35- موقع الدستور الأصلي, "المصريون الأحرار يرفض التعاون مع إسرائيل إلا بعد الانسحاب من الأراضي المحتلة", 2011/6/10.

36- "برنامج حزب العدالة",و"بيانه التأسيسي" 2011/6/10.

37- موقع "رابطة المعتقلين السياسيين بمصر", "الحزب المصري الديموقراطي الاجتماعي", 2011/4/20.

38- " مشروع برنامج "حزب الرواد المصري",(تحت التأسيس),القاهرة,د.ت., ص10.

39- موقع حزب "التغيير والتنمية", التوجه الفكري للحزب,د.ت.ن..

40- موقع الأهرام الرقمي, ممدوح اسماعيل, وكيل مؤسسي" حزب النهضة الإسلامي":لسنا حزبًا دينيًا, لكننا سلفيون2011/3/24.

41- المصري اليوم (القاهرة),2011/5/31,

42- موقع "سلف أون لاين", مؤسسو "حزب الفضيلة السلفي":حزبنا لجميع المصريين2011/5/1.

43- موقع "المصري اليوم" الألكتروني, برنامج "حزب التيار المصري",2011/6/23,.

44- "مشروع برنامج حزب العمال الاشتراكي",القاهرة,2011,صـ4ـ6.

45- "مشروع برنامج "التحالف الشعبي الاشتراكي",القاهرة,2011.

46- "مشروع برنامج "الحزب الاشتراكي المصري",القاهرة, يونيو/حزيران2011.

47- "المصري اليوم"(القاهرة),2011/6/25.

48- "موقع اليوم السابع" الألكتروني2011/6/26.

49- "المصري اليوم" (القاهرة),2011/7/1.

ملاحق

الشهادات الحيّة/بيانات الثورة

الشهادات الحيّة

خطاب عاطفي عن ثورة سياسية: مشاهد من ميدان التحرير

هناك فارق كبير بين أن تكون في قلب الحدث، وأن تتذكّره فيما بعد، وتحاول أن تكتب عنه، عندما كنّا هناك في قلب الميدان تُظلّلنا صور الشهداء، وتتردّد عبر حناجرنا شعارات الثورة، وتسري في عروقنا دماء الحرية، وتتعانق عيوننا مع الناس، كل الناس، الذين انتظرناهم طويلاً، ساعتها لا يمكن أن تشعر وأنت في قلب الجموع بأي أحساسيس سلبية: لا خوف، لا فزع، لا تردُّد ولا شك يساورك لثانية واحدة في انتصار الثورة. حتى شعور الجسد بالبرد، وبالجوع، وبالحاجة إلي الراحة يتلاشي تمامًا. أنت هنا مرتاح تمامًا، أنت في حالة سلام مع النفس ومصالحة مع العالم. بل أنت في حالة سمو روحيّ، وكأن روحك تصعد إلي الجنة، بل ربما تكون الجنة هي ميدان التحرير.

الآن، بينما يمرّ أمامك شريط الذكريات، تستعيد الثواني والدقائق واللحظات. تتحسّس مكان الحجر الذي أصاب رأسك بينما كنت في مواجهة بلطجية النظام عند ميدان الشهيد عبد المنعم رياض، يوم الخميس، الذي تلا موقعة الجمل الشهيرة. تشعر بوخذة الألم الآن، فيما لم تشعر بها وقتها ساعة أن أصابك الحجر. وتشعر بالبرد وأنت تحت الأغطية في فراشك، فيبدو أنك أدمنت دفء الجموع. والاستلقاء على الأرض أمام "كنتاكي" المغلق في الميدان، بينما تتّهمنا أبواق النظام بالحصول علي الوجبات منه.

الآن تمشي في ميدان التحرير، بعد فضّ الاعتصام، وكأنك لا تعرفه. وتتساءل هل هو حقا الميدان نفسه، أين ذهبت اللافتات والصور. غير أنك تنظر إليه باعتزاز. وتحبّه أكثر من أي مكان آخر. وتشمّ رائحة الناس وتسمع غنائهم، فلكل ركن هنا ذكرى وحكاية.

في اليوم التالي لجمعة الغضب الدامية، بعد سقوط آلة القمع البوليسية الرهيبة، وبعد أن استيقظت مبكرًا، رغم ساعات النوم القليلة، تخترق الميدان في اتجاه شارع القصر العيني، بينما دبابات القوات المسلحة تقف على مداخل الميدان. رائحة قنابل الغاز ما زالت تملأ الشارع وتزكم الأنوف، غير أنك اعتدت عليها بعد الكمّ المهول الذي ألقته قوات الغدر البوليسية علي المتظاهرين، في اليوم السابق، حتي أنهم لم يمهلوا إمام "مسجد الفتح" في "رمسيس" دقيقة واحدة بعد نهاية الصلاة، فأطلقوا القنابل وخراطيم المياه علي المتظاهرين العُزّل ؛ عناية الله واستبسال المتظاهرين، كانت وحدها السبب في انتصار "الجمعة" علي قوّات القمع والطغيان. الآن الميدان صار لنا ولن نتركه حتى سقوط دولة الفساد والاستبداد.

تتوالى التظاهرات يومًا بعد يوم، وتنضم الملايين إلي الثورة: " لن نتركه حتى يقول فهمتكم"، هكذا يقول لي شاب لا أعرفه، يبدو عليه أنه حديث عهد بالتظاهر، فأعرف أن الشعب خرج ولن يعود قبل أن ينتصر.

تبدأ "سيمفونية" الشعب المصري بالإبداع. وتتجلي "جينات" السخرية بأجمل صورها. كلّ ركنٍ في الميدان يتحوّل إلي لوحة من الإلهام والإبداع. كل شيء موجود في الميدان: تكبيرات الصلاة تختلط بأصوات الهتاف، أنغام الموسيقى تمتزج بهمهمات الدعاء، لعب الأطفال يتعانق مع مسيرات التظاهر، لا فارق بين المسيحيين والمسلمين، بين الشباب والكبار، بين المنقبّات والسافرات، الكلّ متوحِّدٌ هنا، هنا مصر كلها، من دون تفرقة، أو تمييز، من دون فتنة طائفية، من دون تحرُّش، حتى الزحام لم يعد خانقًا.

المصريون يدركون بلادة النظام، فيبدأون في رشقه بقنابل السخرية، الهتافات تتوالى "ارحل يعني أمشي أنت مبتفهمشي"، "ارحل بأه يا عم وخلّي عندك دم". يتنازل النظام لإرضاء

الغاضبين، لكنهم يردون فورًا. " حتي لو طلّقت سوزان، مش هنسيب الميدان"، اللافتات الصغيرة التي يحملها المتظاهرون تقطر إبداعًا وسخرية أيضًا، وسخرية، من نظام يعرفون بالتأكيد، أنه مات سريرياً، فيكتبون " مبارك ... طير أنت"، " أمشي بقي إيدي وجعتني"، "حركة زهقنا من أمك"، " مبارك. . عفوًا لقد نفذ رصيدكم. . تيت تيت تيت". آلاف الشعارات كانت كالسكاكين التي تقطع لحم النظام، لعبت دورًا كبيرًا في إسقاطه. حتّى عندما استمرّ النظام في عناده، رسموا له صورة تفيض بالعبقرية، يظهر فيها الرئيس المخلوع جالسًا على كرسي الحكم، بينما تخرج من جسده خيوط العنكبوت؛ وتحتها عبارة: "خليك قاعد إحنا هنجيلك".

في أسابيع الثورة الثلاثة، كانت هناك أيامٌ فاصلة، كان لها أكبر الأثر في تحقيق النصر الكبير، أوّلها يوم "جمعة الغضب"، عندما أسقط الشعب آلة القمع البوليسية. أيضًا، يوم الثلاثاء الذي سبق جمعة التنحّي، عندما حاول النظام العاجز تحويل ميدان التحرير إلي "هايد بارك" للصراخ، بينما تسير الحياة بعيدًا عنه في طريقها. نجح المعتصمون قبلها، في منع دخول الموظفين إلي مجمع التحرير؛ وفي الحفاظ على الميدان. ثم جاء الثلاثاء العظيم، الذي شهد أكبر تظاهرة في أيام الثورة، عندما فاضت الجماهير عن الميدان إلى الشوارع والميادين المجاورة. واحتلّ المتظاهرون شارع مجلس الشعب وكتبوا على المجلس لافتة "مغلق حتى إسقاط النظام". وحاصروا مجلس الوزراء، ما نعين الدخول إليه، فانتقلت الحكومة إلي مدينة نصر. ثمّ اتجهت التظاهرات إلي قصر عابدين. وكانت تلك التحركات نقلة نوعية هامة في مسيرة الثورة؛ ورسالة واضحة للنظام بأن مصر كلها، ستصبح ميدان التحرير. أمّا يوم الفصل، فكان يوم الجمعة 11 فبراير، جمعة الرحيل، الذي ردّ فيه المصريون على الخطاب البائس الذي ألقاه الرئيس المخلوع، مساء الخميس، فنزلوا بالملايين ليقولوا له لا حل سوى الرحيل.

في تلك الجمعة العظيمة، خرجتُ من الميدان في الساعة الخامسة، كنت في طريقي إلي مدينة السادس من أكتوبر لمقابلة أخي. وبينما السيارة تقطع الطريق رنّ هاتفي المحمول، كانت زوجتي تردّد على مسامعي البيان القصير الذي ألقاه نائب الرئيس المخلوع، معلناً تنحّيه، وانتقال السلطة إلى الجيش. صرخت في جنون وكل من حولي أصيبوا بالدهشة هتفت من دون وعي "رحل،

مشي مبارك، مشي، مصر حرّة"، فانطلقت صيحات الفرح وتحوّلت السيارة إلى "ساحة تحرير" أخرى، تلهج بالدعاء والغناء والزغاريد.

يوم السبت التالي لرحيل مبارك، حققْتُ الحلم الذي ظلّ يراودني، منذ بداية الثورة. كان ذلك الحلم هو أن أمشي في "الميدان" بعد إسقاط النظام، لأتأمله وحدي، استعيد صوت الهتافات، اقرأ اللافتات، أتفرّس في الوجوه وأقول بملء فمي: نعم انتصرنا، جهدنا وعرقنا لم يذهب هباء، مصر حرّة ولن تعود للعبودية أبدًا. لقد كان مشهد خروج المصريين إلى الشوارع لتنظيفها، من آثار الأسابيع الماضية، مشهدًا إبداعيًا، لا يقل جمالاً عن الثورة نفسها. كان تعبيرًا عن الحضارة، عن الروح التي تفنّن زبانية النظام في وأدها. كان المشهد إعلانًا عن عودة مصر الحقيقية إلي أهلها، عن عودة الناس، كل الناس إلي أنفسهم.

الآن، بعد هذا الإنجاز المعجِز، وباسم دماء الشهداء، أرجو من الجميع، من السياسيين والمثقّفين، أصحاب الأفكار والشعارات، أن يترفّعوا عن كل مقصد. وأن ينحّوا جانبًا كلّ خلاف. وأن يوقفِوا ولو قليلاً، حروب داحس والغبراء، مصر اليوم ليست هي مصر القديمة، مصر اليوم تحتاج إلي كل جهد مخلص. إن الأرواح المقدّسة، التي صعدت دفاعًا عن الوطن، لكي تكفل لنا الحياة الكريمة، تلزمنا أن نكون على مستوي هذه الأرواح البريئة الطاهرة. وأن نخلص القول والعمل.

وبالتأكيد، لا يمكن لهذه الثورة أن تكون بعيدة عن محيطها العربي وقضايا أمتها؛ فالعلم الفلسطيني الذي رفرف في الميدان أيام الثورة، كان تعبيرًا عن توجهات الشعب المصري الحقيقية. وسفارة العدو التي أغلقت أبوابها ونزعت علمها خوفًا من هبّة الشعب المصري، دليل آخر على معرفتهم أن المصريين لا يريدونهم، ولا يعترفون بهم. وليس أدلّ على ذلك من الهتاف الذي انطلق في ميدان التحرير عقب تنحّي مبارك " الشعب يريد تحرير فلسطين". عاشت الثورة، عاشت مصر الحرة، المجد لشهداء الحرية والكرامة.

محمد قاياتي

صحافي وشاعر مصري

شهادة على التحرير من ميدان التحرير

إيهاب شوقى

لم نفقد الأمل في أمتنا في يوم من الأيام, لكننا ربما فقدنا الأمل في التوقيت, حيث خلصنا الى ان الوقت الحالي لن يحدث فيه شئ له قوة الدفع والتأثير على مجريات الاحداث والتوازنات الدولية. ولم نفقد الأمل في الإنسان العربي وقدرته على تجاوز الصعاب ومفاجأة العالم بكل ماهو معجز, لكننا ربما فقدنا الأمل في الجيل الحالي والذى اعتبرناه ضحية تمّت محاصرتها بين حلم الوحدة المهدور والمحاصر من جهة، وبين انظمة عميلة تعمل ضدّ شعوبها ولمصلحة أعدائها من جهة ثانية. وربما كان ينتظر المهمومون شيئا قدريا يغيّر الوضع لصالح القلّة القليلة المقاومة من العرب، الذين تحولوا إلى أبطال اسطوريين يصارعون طواحين الهواء ويقاومون اعداء الخارج والداخل في آن واحد، غير عابئين بمحاولات تشويههم وسلاحهم الرئيسي هو الإيمان بالحق وبعدالة قضيتهم وبانهم لن يضرهم من خذلهم.

كما لم نفقد الأمل بمصر وبقدرتها على استرجاع دورها القيادى الملهم لاشقائها, لكننا ربما فقدنا الأمل في "مصر كامب ديفيد" والتي تحولت الى حالة , استشرى فيها الفساد وتوغلت فيها السلبية واللامبالاة، الى الحد الذي فقدت معه غالبية المجتمع بوصلتها وانتماءها وتعمقت فيها النزعة القطرية بشكل اشبه بالعنصري، بعد تغذية نظام العمالة المخلوع لهذا الاتجاه، عملا منه على عزل مصر عن محيطها وحتى يرفع الضغط عنه لممارسة عمالته للمشروع الامريكى الصهيونى بيد طليق. كما تفرّغ النظام المخلوع لزرع الفتنة الداخلية ليلهى بها الشعب بعيدا عن فساده ونهبه لمقدرات البلاد.

وفي السنوات الاخيرة، كانت هناك تراكمات للحركات الاحتجاجية، وارهاصات لثورة عارمه، نتيجة إستيفاء الاوضاع الثورية لظرفيها الذاتي والموضوعي, إلاّ ان الثورة لم تحدث، وكان ذلك مثار تعجب واستنكار المحللين والخبراء.

وفى يوم 25 يناير/كانون الثاني 2011 كانت الدعوة موجهة لتظاهرات من حركات وقوى

مختلفه، اعتراضا على الاستهزاء غير المسبوق من النظام، واستهانته بكل القوى، واستضعافه لهم، والذي توجّه مجلس الشعب الاخير في انتخاباته الهزلية ونتائجها المضحكة المبكية؛ وتمادي القبضة الامنيه في التنكيل بالمدنيين وقتلهم من دون رادع, ممّا شكّل غضباً عارماً لم يكن يتوقع احد ان يخرج بهذه الصورة، التي امتلأت بالإصرار والنزعة الإستشهادية والشجاعة النادرة والوحدة بين التيارات والجبهات المختلفه، وبين شباب غير مسيسين فاجأوا العالم بوعيهم وتنظيمهم, وفاجأوا العالم بسلاح تنظيمي رهيب وهو "الفيسبوك" والذي اثبت قدرة غير متوقعه على تعبئة الرأي العامّ والحشد والتجييش.

عن شاهد عيان كان له شرف المشاركة في هذا الحدث المجيد, لا بد من الإدلاء بالدروس المستفاده, التي يمكن تلخيصها وإيرادها بشكل مبسط، ونرجو ان لا يكون مخلاً، على النحو التالي:

* الثورة بدأت بشباب والتحمت بها الجماهير فأصبحت ثورة شعبية بمعنى الكلمة.

* هناك روح جديدة تراكمت وتشكلت في ميدان التحرير، عكست صحّة ما نادت به القوى الوطنية المستنيرة والتقدمية من ضرورة وجود مشروع قومي وهدف وحلم جامع، تنخرط فيه الجماهير وتنصهر في بوتقته وتختفى معه النزعات الفردية والقبلية والعنصرية. وقد تمثل هذا المشروع في اسقاط النظام الفاسد والمستبد والعميل. وصاحب ذلك ظهور اخلاق راقية وسلوك حضاري، دائما ما كان يميّز أوقات الازمات واللحظات التاريخية الملحمية وفترات الصعود الحضاري.

* تجلّت الوحدة الوطنية أوبالأحرى التوحد الوطني، في اجمل وابهى صوره، ورأينا مشاهد درامية مثل صبّ المسيحي للماء لأخيه المسلم لإتمام الوضوء، والتعاون في جبهات المواجهة مع البلطجية واتباع النظام المخلوع، وحمل الثوّار لبعضهم البعض لتلقي العلاج، من دون السؤال عن الإسم او الديانة، والحوارات الليلية التي تبادل المسلمون والمسيحيون فيها النقاشات واتفقوا على ان النظام المخلوع وجهازه الأمني هم المتورطون في إحداث الفتنه وتفجيرات الكنائس.

* أثبتت الثورة ان الحديث عن المصريين واستطاعتهم اختصار الزمن, وقدرتهم على الإنجاز, هى بالفعل من كبرى مميزاتهم. وان ذلك ليس كلاما إنشائيا, فبمجرد إيمانهم بضرورة الثورة وتحركهم, إستطاعوا ان يهزموا نظاما وحشيا من اكبر النظم القمعية لم يتورعىن ان يستخدم اقذر الاساليب القمعية والدعائية، ولم يعبئ بايقاع الفتنة الداخلية في سبيل بقائه واستمراره.

* أكّدت الثورة اهمية وسائل الإتصال الحديثة ودورها في توجيه الرأي العام والحشد، ولفتت نظر المثقفين والنخبة الى ضرورة إستحداث لغة جديدة للتخاطب لإيصال الرسائل التعبوية والتحريضية والتوعوية.

خاتمة

كانت ثورة الشعب التونسى العظيمة بمثابة الشرارة لثورة مصر، كسرت الحواجز النفسية المتراكمة على مدى اكثر من ثلاثين عاما, ثم الهمت ثورة مصر بدورها باقي الشعوب فقامت وهبّت على حكامها الفاسدين. وهذا يدل على عظمة الشعب العربي ووحدة الشعوب وتجاوبها. وتشكّل وحدة الثورات والثوار وحدة عربية حقيقية، تبادل هؤلاء فيها الخبرات والنصائح.

وتميزت كل ثورة بطابع خاص بها، برغم طابعها العربي ووحدة شعاراتها، التي ابتدعت في الثورة التونسية والتى اصبحت هى الشعار الرسمي لثورة مصر وماتلاها من ثورات عربية, (الشعب يريد إسقاط النظام), وكانت ثورة مصر بالفعل، مميّزة بميّزات مصر وطابعها الخاص المتمثل في خفّة الظلّ والسخرية، الذى ظهر بوضوح على لافتاتها وشعاراتها. واخذت طابعا احتفاليا، برغم ماتعرض له الثوّار من حرب نفسية وخذلان إعلامى وعزل عن المجتمع.

ان الليالي التي بات فيها الثوّار في الميدان مصرّين على تنحي مبارك ونظامه, برغم انها شهدت اوقاتا عصيبة وخطيرة, إلاّ انها كانت أفضل وامتع ايام الثوّار. وربما يتذكرها كل من شارك في الميدان, بمزيج من الحنين والشجن. وربما تمنّى قضاء لحظات منها مهما كانت كلفة ذلك, إلاّ ان إهدار هذه الثورة والتى بدأت ولم تكتمل نجاحاتها، كفيل بأن يضع الثوّار في نفق مظلم من الإحباط واليأس, ليس هم ببالغيه لو استمروا وايقنوا ان الثورة عمل ونضال مستمر وان اقوى اسلحته هو الوعي.

شهادة حول أحداث ثورة الخامس والعشرون من يناير/كانون الثاني 2011

عندما تلقيت عدة دعاوى على الموقع الاجتماعي " فيس بوك"، على الشبكة العنكبوتية، لم يدُر بخلدي لحظة، أن مصر سوف تشهد ثورة، فمصر التي أغمضت العيون عن حوادث جسام ألمَّت بها، وبمحيطها العربي، والتي عانت، طوال سنوات مضت، من الظلم والطغيان وديكتاتورية الحاكم وعصابته، من دون أن تئن. صر التي عانى شعبها طويلاً من اللا مبالاة بما يجري له، من سياسات التجويع والإفقار والإذلال وانتشار البطالة. كما لم يعبأ شعبها بتراجع الدور الريادي الذي لعبته في المنطقة، وإبعادها عن محيطها العربي. بل مصر التي تأكّدت عمالة نظامها وخيانته لقضيتها القومية، واستهانته بإرادة شعبه وتزييفها، وكلها عوامل لم تفلح في رفع حناجر المصريين، كلّ ذلك جعلني أتشكّك في إمكانية حدوث انتفاضة ثورية في مصر.

عندما حدثت الثورة "البوعزيزية"، في الشقيقة تونس، تعجّبت وأحسست بالخجل عن الشعب المصري، الذي قوام تعداده يزيد عن ثمانين مليون نسمة، لكنه أصبح فاقداً لكل أدوات الاعتراض، وليس الثورة فحسب.

كانت أحداث يوم الخامس والعشرين من يناير/كانون الثاني 2011، في مصر، مفاجأة، لم أشارك فيها للأسف، ويرجع سبب عدم مشاركتي فيها إلى عدم اقتناعي بأن للمصريين القدرة على التغيير.

فوجئت بأحداث يوم الخامس والعشرين من يناير/كانون الثاني 2011، التي أدهشتني وجعلتني أشعر بالندم والخجل لعدم مشاركتي في صنعها. ومن ثم قرّرت أن أنضم لمن هبّوا منتفضين، فقد هبّت رياح التغيير من تونس، الشقيقة الأصغر، التي صدّرت ثورتها لأشقائها العرب، فأصبحت شرارتها كالنار في الهشيم، أشعلت باقي الثورات والانتفاضات في الوطن العربي كله.

السادس والعشرون من يناير/كانون الثاني

توجّهت منذ الصباح إلى نقابة المحامين بشارع رمسيس، وهناك كان المحامون يتظاهرون، أمام النقابة، كما تظاهر الصحافيون أمام نقابتهم. وعلمنا بأن في أماكن أخرى ثمّة تظاهرات شبيهة، وسط كثافة أمنية عالية، استخدم رجال الأمن فيها قنابل الغاز المسيل للدموع، كما اعتُقِل عدد من المتظاهرين. ولاحظت أن الأداء الأمني أكثر عنفاً من المواجهات السابقة. وفجأة دارت معركة عندما حاولت تظاهرة حاشدة، قادمة من شارع الجلاء، الانضمام إلينا، تحوّلت على إثرها المنطقة إلى ساحة قتال، بين المتظاهرين وأفراد الأمن من الشرطة المصرية، لم تكن تظاهرة كغيرها من التظاهرات، التي خرجنا فيها خلال السنوات الأخيرة، فقد أعادت الجموع الحاشدة، في ذلك اليوم، إلى ذهني ذكرى العشرين والحادي والعشرين من مارس/آذار 2003، حيث خرجت التظاهرات المليونية تندّد باحتلال العراق.

خلّت الشوارع إلاّ من المتظاهرين وأفراد الأمن، تحّول المكان إلى ساحة حرب بيننا نحن والعدو المتمثّل في جهاز الشرطة، لم تكن وسائل قمع المتظاهرين عادية، أصيب على إثرها عدد غير قليل منّا.

في اليوم التالي، السابع والعشرين، تظاهرنا أمام مبنى نقابة الصحافيين، وسط كثافة أمنية، أيضًا، فيما سحابات الدخان ورائحته تملأ المكان، لكن اليوم مرّ بشكل أكثر هدوءًا من سابقيه.

استعدادًا لليوم التالي " جمعة الغضب"، اتفقْت مع الأصدقاء على أننا، قبل موعد الصلاة بساعتين أو ساعة، على الأقل، نتّفِق، عبر رسائل هاتفية نصية، على مكان التجمّع. ورغم توقُّعنا هجمات أمنية، واعتقالات، في تلك الليلة، لم يتطرّق إلى ذهننا بأننا سوف نصبح في عزلة عن العالم، فلا اتصالات هاتفية، ولا إنترنت، في محاولة من النظام لمنع تواصلنا مع العالم، فخرج كل منّا، من دون اتفاق، في محاولة للوصول إلى أقرب نقاط التقاء.

جمعة الغضب:

فور النزول إلى الشارع، اتّضحت صورة ما سوف يكون عليه اليوم، اختفت وسائل

المواصلات، تقريباً، من الطرق العامة، لم أتمكن من الوصول إلى وسط المدينة، فتوجهت إلى أقرب مكان استطعت الوصول إليه، حيث وجدت سيارة "ميكروباص"، متجهة إلى حلوان، فقررت، على الفور، التوجه للالتحام بتظاهرات حلوان، تلك المنطقة العمالية، علماً وأن الدعوة للتظاهر في جميع الميادين، سوف تنطلق من المساجد، عقب صلاة الجمعة.

في حلوان، لم يختلف الحال عن باقي الميادين والساحات في مصر، فقد تحولت المنطقة إلى ساحة معركة حربية، بين عزل معظمهم من الشباب، وبين عدو شرس مسلّح، استخدم وسائل القمع كافّة، بدءًا بخراطيم المياه، مروراً بالقنابل المسيلة للدموع، والهراوات، وغيرها من وسائل الضرب والسحل والاعتقال.

لم تُفرّق عناصر الشرطة في وحشيتها بين شيخ أو طفل أو امرأة، لكنهم، رغم العنف المفرط، وغير المسبوق، كانت في عيونهم نظرات تُبيِّن حالة من الرعب، أمام التحدي والإصرار، الذي تملّكنا جميعًا.

كان الفتية والفتيات أكثر شجاعة وجرأة، غير مبالين بأسلحة الشرطة، ولا بقنابلها. رأيت من هم، في حكم القانون، أطفالاً، من دون الثامنة عشرة، يُصابون، فيُضمِّدون جروحهم ويعودون أكثر تحديًا وإصرارًا. أيقنت أن الخلاص قد حان. وتساءلت أين اختبأت الثورة، طوال العقود الماضية، التي كانت آخر لمسة فيها "بوعزيزي"، وثورته التونسية.

ظللنا في كرٍ وفرٍ مع أفراد جهازالشرطة اللّعين، منذ انتهت صلاة "جمعة الغضب"، في يوم طويل. وفجأة لم يعد أمامنا أي فرد منهم، بدأت سياراتهم في الفرار، احترق قسم شرطة حلوان، ثمّ تبيّنا وجود سيارات تشبه سيارات ومركبات الجيش، حسبناها مددًا للشرطة.

لم ندرك ما تمّ، إلاّ بعد فترة من خلو الشوارع تمامًا من أفراد الشرطة. وبعد عودتي للمنزل، مساء ذلك اليوم الطويل، علمت من خلال متابعتي لشاشة قناة "الجزيرة"، أن ثمّة مؤامرة تمّت بانسحاب الشرطة. وبأن الشرطة، قُبيل انسحابها، أطلقت السجناء والخطرين من محابسهم وسجونهم. وفور سماع أخبار عن حدوث حالات سرقة وسطو، وحريق المنشآت، أدركت أن

ثمّة مؤامرة حاكها النظام لترويع المواطنين. وفهمت أننا على أعتاب ثورة، لكنها محفوفة بمخاطر كبيرة.

توجّهت يوم التاسع والعشرين إلى ميدان التحرير، بلا اتفاق مع أحد، حيث ما نزال بلا هواتف ولا "إنترنت"، والغريب أن ألتقي بمن لم ألتقِ بهم أو بهن، منذ سنوات طوال. التقينا بنفس حماسة خطواتنا الأولى نحو عالم السياسة. وأيضاً، التقيت بمن حسبتهم، لفرط إحباطهم وهجرهم للسياسة، أنهم لن يشاركوا. جمعنا ميدان التحرير، الذي انتشرت فيه الدبابات واختفى منه أفراد الشرطة، ليحل محلهم أفراد القوات المسلحة.

رغم الثقة في أفراد القوات المسلحة، فإن بعضاً من الحذر، لم أستطع التخلي عنه، مع أمل في أن يقف الجيش موقفًا حياديًا، أو أن يحمي المنشآت والمواطنين فحسب.

"مجتمع التحرير":

تجلّت في "مجتمع التحرير" أخلاق الأزمة، الكلّ في واحد، والواحد هو الكلّ. روح من التكافل والتكامل لم تكن سائدة من قبل، إزاء الضغوط التي يئنّ تحتها كاهل الجميع، نساء ورجال وشيوخ وحتّى الأطفال، الكلّ يؤثِّر غيره على نفسه، والكلّ يشترك أو يتقاسم، حتى جرعة الماء.

في ظهر يوم التاسع والعشرين من يناير/كانون الثاني، فوجئنا بمجموعات من الأشخاص، مسلّحين بعصيْ، يفدون إلى الميدان، انضموا للمتظاهرين. وفجأة تبيّنا أنهم من بلطجية النظام، جاءوا للاعتداء على المتظاهرين، وقد أحدثوا إصابات عديدة بهم. لكن المتظاهرين واجهوهم، بجرأة وعدم اكتراث بما يحملونه من عصيْ أو أسلحة بيضاء.

شكّل المتظاهرون فيما بينهم، لجاناً لتفتيش جميع الأفراد الداخلين إلى الميدان. والتأكد من هوياتهم. وقف أعضاء اللّجان عند المداخل المؤدِّية للميدان من كل الجهات، بعد أن استشعرنا الخطر. والغريب أن الكلّ تفهّم الأمر سريعًا واستجاب لتفعيل دواعي الأمن والأمان. سارع

البعض منّا للعمل ضمن تلك اللّجان. كما شارك آخرون في إسعاف المصابين وتوفير الماء وبعض الطعام.

حلّ المساء وبدأ حظر التجوال في شوارع القاهرة. اختفت السيارات من الشوارع، إلاّ من بعض السيّارات "الملاكي"، التي راحت تنقل في طريقها من تجده. كان هدف تلك السيارات أن تقلّ أكبر عدد من الناس، خصوصاً النساء. استقليْت إحدى السيارات مع أناس لا أعرفهم، علّني أُسجِّل بهذة السطور شكراً يستحقونه، صمّموا على أن يوصِّلوني إلى داري، التي لم تكن في طريقهم. بل تكبّدوا مشقّات أخرى في سبيل عملهم الإنساني الراقي، لم يفصحوا عن أن قصدهم توصيلي والعودة إلى حيث يقطنون، في اتجاه يبعُد عن مسكني حوالي عشرين كيلومترًا، بعكس اتجاهي، إلاّ بعد منتصف الطريق إلى منزلي.

في الطريق لمنطقة حدائق حلوان، على كورنيش النيل، وبعد منطقة سجن طرّة، فوجئنا بحوالي مائتي شخص يحملون عصياً غليظة، يوقفون السيارة، في همجية شديدة، تبدو من ملامحهم وألفاظهم أنهم عصابات إجرامية، بينهم نساء وأطفال. هاجموا السيارة، بمجرد أن توقّفَت، قفز بعض الشباب منهم فوق السيارة، وصار بعضهم يضربها بالعصي، التي يحملونها، فيما طلب آخرون من قائد السيارة أن يعطيهم "بنزين". ورغم تأكيده بأنه لايملك طلبهم، فإنهم اشتبكوا معه ومع الآخر الجالس بجواره، فنزلت من السيارة للحديث معهم، فحفظ تصرفي حياتنا، إذ قرّرت إحداهن بأنه يجب تركنا نمضي، وصاحت في الجميع حولها قائلة "سيبوه معاه حريم"! ففعلوا ومضينا، لكن بعضهم استمرّ في ضرب السيارة بالعصي، حتى ابتعدت عنهم.

بعد مغادرة مكان البلطجية بحوالي مئة متر، تقريباً، استوقفتنا لجنة تابعة للقوات المسلحة، سألتنا عن وجهتنا، ومررنا، بعد أن علمنا منهم أنه سوف يسمح للسيارة بالعودة.

منذ ذلك اليوم، قرّرتُ المبيت في "ميدان التحرير"، وفعلاً قضيت معظم الأيام والليالي هناك، فقد كان "التحرير" هو المكان الآمن. وكنت وغيري، حين نحتاج لقسط من الراحة أو متابعة الأحداث عبر شاشة "الجزيرة"، نجد ضالتنا في مقر "الحزب العربي الديموقراطي الناصري"،

لقربه من ساحة ميدان التحرير. وكنّا فيه نُقدِّم الإعاشة، ونوفر مكانًا آمنًا لراحة المعتصمين من كل ألوان الطيف، يحميهم من برودة ليالي الاعتصام.

تعرّفت على هالة ؛ شابة عربية جميلة من العراق، تحمل الجنسية المصرية، دفعتها عروبتها لترك بيتها والاعتصام في "الميدان"، نالت حظّها من الضرب من بلطجية "الحزب الوطني". وعندما عادت، بعد إلحاحنا، إلى بيتها، أعدّت الطعام وأحضرته، فأخذه البلطجية منها أربع مرات متتالية. وتعرّضت للضرب، لكنها عادت لتسهم في إعداد قافلة طبية، ترسلها مع القادمين من دونها للمستشفى الميداني. هذا نموذج يضاف إلى نماذج، تؤكِّد على أننا أمة واحدة في وطن واحد، قضيتنا واحدة وعدونا، أيضًا، واحد.

مرّت الأيام على الوتيرة نفسها، فوجيء النظام المصري، فاقد الشرعية والأهلية، بما جرى في الشارع المصري، ليس في العاصمة فحسب، وإنما في جميع المحافظات والمدن والقرى المصرية. واللافت للنظر في ذلك المشهد، أن معظم الثائرين من الشباب غير المنتمي سياسيًا. كما تواجدت، أيضًا، سيدات وربّات بيوت، وأطفال وشيوخ، حتى العجزة والمرضى وذوي الإصابات والعاهات، في من تواجد داخل موقع الأحداث، الذي اكتظ بالثائرين على النظام.

ظلّ العدد في تزايد حتّى بلغ ذروته في المظاهرة المليونية يوم الأربعاء 2فبراير، حيث ضاقت الأرض بالحضور. فقد انضمّ للمعتصمين جمع غفير من عدد من المحافظات المصرية. وأجمع الثوّار على طلبات محدّدة، لم يحيدوا عنها، أولها وأبرزها رحيل رأس النظام "مبارك"، بل إن البعض نادى بمحاكمته.

مرّ اليوم المليوني، بشكل رائع وجميل، شهد قِمّة الوعي والرُقي. وارتفعت الروح المعنوية، بشكل واضح، إلاّ أنه، في حوالي السادسة مساءً، بدأ قرابة 12 فردًا يحملون لافتة كُتِب عليها "نعم مبارك"، في الدخول من شارع طلعت حرب، في اتجاه ميدان التحرير. وحين رآها المعتصمون، تعقّبها عدد كبير منهم يهتفون هتافًا وحيدًا: "إرحل إرحل"! وهنا تدخّلنا لعودة المعتصمين للميدان، مرّة أخرى، فقد خشينا أن يكون هؤلاء أرادوا أن يسحبوا أعدادًا من

المعتصمين في "التحرير"، بعيدًا عن رفاقهم، للاعتداء عليهم، أو تسليمهم لقوات الأمن، الذين تحسّبنا لوجودهم بيننا متخفّين في زي مدني. ونجحنا في إعادة رفاقنا إلى الميدان.

ظلّ الوضع هادئًا، وقد أعلن الجميع نيّتهم في البقاء والدخول في إضراب واعتصام مفتوحين، حتى رحيل مبارك. وهنا بدأنا حوارًا مع عدد من الشباب، لأني أرى أن البعض ممن أُعجِبَ بقدرة هؤلاء الشباب على تفجير الثورة الشعبية، قام ببث ما يؤدي إلى تضخيم الذات، وتقزيم جميع الأحزاب وقوى المعارضة الأخرى، الأمر الذي جعل شباب الثورة يتوجّسون من أي منتم لحزب أو تيار سياسي، خشية سرقة منجزات ثورتهم، كما أوهمهم البعض. ومن هنا كان مُحتّمًا علينا إفهامهم بأن الثورة أو الانتفاضة شعبية، تضمّ كلّ الأطياف، السياسية وغير السياسية، وجميع الأعمار، وأنه لابد من وجود خبرات سياسية، تتعامل مع هذا النظام المُحنّك المراوغ، خصوصاً وأن الشباب يفتقد الخبرة، كما يفتقر لأساليب وتكتيكات، أو استراتيجيات مطلوبة لتجاوُز المرحلة، كما أن العدد المليوني يجعل من الصعوبة بمكان الاتفاق على أسماء، أو تشكيل لجنة من بينهم، لاتخاذ قرارات أو خطوات. وأشرنا إلى ضرورة أن نقوم بخطوات مبادِرة، حتى لا نظل أسرى رد الفعل أمام النظام الحاكم.

فوجيء الجميع بخطاب مبارك، المُخيِّب لآمالهم، والذي ألهب ثورتهم، من جديد. ومن ثمّ تبدّلت حالة الهدوء وضجّ الميدان بالهتافات، التي لم تكتفِ بالمطالبة برحيل مبارك ومحاكمته فحسب، وإنما بإعدامه. وفجأة إقتحمت الميدان أعداد من بلطجية "الحزب الوطني"، وأفراد من عناصر الشرطة السرِّيين، المُتزيِّين بزي مدني، مسلحين بالعصي والأسلحة البيضاء، طوّقوا الميدان من جميع مداخله، وحاولوا الاشتباك مع الثوّار المعتصمين، الذين ردّدوا هتاف "الجيش والشعب إيدِ واحدة"، في محاولة منهم للاحتماء بأفراد القوات المسلحة، المتواجدة في الميدان، إلاّ أن تلك القوات خيّبت آمال جماهير الثائرين، الذين قضوا ليلة طويلة مليئة بالتوتر.

دعا الثوّار إلى حشد الجماهير ليوم غضب، الجمعة المقبل. ومنذ نهار أمس الجمعة، اتّخذ أفراد القوات المسلحة موقفًا سلبيًا، إذ أعلنوا لمن احتمى بهم أنهم مكلّفون بحماية المنشآت

والممتلكات العامّة والخاصّة فحسب. والأمر الخطير هو أن بعضاً أو كثيراً من اللجان الشعبية، التي كانت تُشكِّل مصدر أمان وحماية للمواطنين والمعتصمين، تحوّلت إلى عصابات بلطجية، يعتدون على الثوار، ويمنعون دخول أي فرد يريد الانضمام إليهم، أو إمدادهم بالمأكولات، أو المشروبات، أو الإسعافات الأولية.

تحوّل ميدان التحرير إلى ساحة معركة حربية، بين الثوّار وبلطجية النظام، وصل على إثرها مجموع الشهداء إلى ما يزيد على 300 شهيداً، فضلاً عن عدد كبير من الجرحى، الذين تم إسعافهم في وحدات ضعيفة الإمكانات داخل أرض المعركة. وأخيرًا، انتشرت سيارات الإسعاف لنقل بعض الجرحى ذوي الإصابات الخطيرة إلى المستشفيات.

رغم كل ما سبق، فإن الثوّار أصرّوا على تنحية مبارك وإسقاط نظامه. واستمرت الدعوة ليوم الغضب، مع التمسُّك بالمطالب المشروعة، التي تبنّوها، منذ اللحظة الأولى.

على صعيد آخر، كان ثمّة محاولات لنشر أفكار تضعف حماسة الصف الثاني، المُتمثِّل بالأهالي، ممن لا يشاركون في الانتفاضة، فعليًا داخل الميدان. إذ أصبحوا ينادون بما يقول به الإعلام الرسمي المصري، من أن مبارك، بموجب خطابه يتنحّى، وأنه يجب إعطاؤه المهلة التي طلبها، فلماذا لا يُمنح هذه الفرصة؟! وكفى تخريبًا. وأن هؤلاء الثوّار يُخرِّبون البلد! هذه الأفكار التي كانت تتطلّب مواجهة، قامت بها الدولة بأجهزتها وإعلامها الرسمي، الذي لا وسيلة لمجاراتهم من قِبَل الثوار، الذين أصبحوا يفتقرون للمؤن التي تحفظ حياتهم، في محاولة من أولئك لإجهاض الثورة الوشيكة.

فقد أصبح الثوّار بمعزل عن العالم، خارج الحدود الجغرافية التي تحُدُّهم، بلا مأكل ولا مشرب ولا مأوى غير الأرض، تظِلُّهم السماء وسط أيام وليالٍ باردة. وبلا أدوية، أو إسعافات، اللهم أقلّ القليل. ونظام حكم غاشم، مستبدّ، متمسِّك بالحكم، حتى آخر نفس، يصرّ على فناء الشعب، نظير بقاء النظام وحده. وحالة من انعدام وفقدان الثقة الكامل، من كل مكونات الشعب وعناصره وأطيافه بالنظام، فطالبنا بتشكيل لجنة، تضم الآطياف السياسية كافة، والشباب والمرأة، لاتخاذ ما تراه مناسباً.

جمعة الرحيل :

"جمعة الرحيل" كما أسماها الثوّار المصريون رمزًا لرحيل مبارك، تجمّع فيها، منذ الصباح الباكر في ميدان التحرير، في القاهرة، حوالى مليوناً من أبناء مصر، القادمين من القاهرة والجيزة وحلوان والسادس من أكتوبر، بالإضافة إلى بعض المحافظات والذين يعتصمون في الميدان ويبيتون في العراء منذ بدء الانتفاضة، في 25 يناير/كانون الثاني الماضي. انتشرت، على طول الطرق المؤدِّية لميدان التحرير، نقاط تفتيش، تابعة للقوات المسلحة واللجان الشعبية، حيث كانت تلك اللجان تقوم بتفتيش الأشخاص والسيارات، الخاصة والعامة. وقد مُنِعت السيارات من الوصول إلى ميدان التحرير. استهدفت نقاط التفتيش جميع من يدخلون ساحة الميدان، بشكل مكثّف ومتقارِب جدًا، حيث تم التفتيش الذاتي والاطلاع على الهويات وبطاقات تحقيق الشخصية.

داخل الميدان، انتشرت وحدات طبية ميدانية للإسعافات الأولية. وأخذ عدد الثوّار المعارضين لمبارك في الزيادة، وبلغ ذروته بعد صلاة الجمعة، حيث بلغ عدد المتواجدين حوالي مليوناً ونصف المليون في ميدان طلعت حرب وميدان التحرير وميدان عبد المنعم رياض، في وسط البلد.

لاحظنا وجود بعض الأفراد الذين يشبهون القوات الخاصة (من أفراد الشرطة) مندسين، وسط الميادين المذكورة، يدخلون في حوارات مع المتظاهرين لإثارتهم والاحتكاك بهم.

التقطنا مجموعات عدّة مسلّحة بالشوم ومواسير الحديد، يُقدّر عدد أفرادها بحوالي مئة شخص، أويزيد قليلاً، طوّقوا ميدان طلعت حرب وأخذوا يهتفون: "مبارك مفيش زيُّه"! و"الشعب يريد مبارك رئيس"! لقد حاولوا إثارة الشغب والاعتداء على جموع المتظاهرين، الذين كانوا، في كل مرة، يقومون باحتواء الموقف.

علت هُتافات الجماهير، طوال الوقت:" الشعب يريد إسقاط الرئيس"، "الشعب يريد إسقاط النظام "، "مش هنخاف، مش هنبيع، ثورتنا مش هتضيع"، "ارحل ارحل"، "ما خفناش ما

خفناش الحرية مش ببلاش"! فيما انتصبت في الميدان لافتات كبيرة عدّدت مطالب الثوار، بدءً بإسقاط الرئيس، فحلّ مجلسي الشعب والشورى، والمجالس المحلية، مع تشكيل حكومة مؤقتة ولجنة لوضع الدستور .

شوهد وسط المتظاهرين المعارضين للنظام، بعض الشخصيات العامة من السياسيين والفنانين، منهم السيد عمرو موسى، حسب ما سمعنا على بُعد حوالي مائة متر، لكننا لم نتمكّن من رؤيته لشدّة الزحام. كما شاهدنا المخرج خالد يوسف والموسيقار عمار الشريعي، بالإضافة إلى بعض العناصر السياسية والحزبية من مختلف التيارات السياسية.

سمعنا عن منع بالقوة، من قبل الشرطة، أو القوات المسلّحة، للمتظاهرين القادمين من بعض المحافظات على مدخل القاهرة الزراعي. وأنه تمّ إطلاق الرصاص عليهم، حيث سقط ثلاثة قتلى وجرح عدد آخر لم يحيّد.

جاءتنا أخبار أخرى، عن إلقاء القبض على ثلاثة من الشباب القادمين من منطقة شبرا الخيمة، القريبة من القاهرة، وأنه تم اقتيادهم إلى قسم شرطة شبرا أول.

كما علمنا بأنه تم اعتقال بعض النشطاء الحقوقيين، حيث تمّ إلقاء القبض عليهم من "مركز هشام مبارك للقانون" الكائن في 1 شارع سوق التوفيقية، في وسط البلد، وبالقرب من ميدان التحرير، ومعظمهم من المحامين، ومنهم الأستاذ أحمد سيف الإسلام حمد، مدير المركز وآخرون، بينهم باحث جزائري في منظمة العفوالدولية، والاستاذ خالد علي المحامي، مدير المركز المصري للحقوق الاقتصادية والاجتماعية، والأستاذة منى المصري.

في الميدان توالت الإبداعات، فمثلاً يوم الأحد 6فبراير تم توزيع العدد الثالث من جريدة صدرت يوم الجمعة 4 فبراير 2011، المعروف بـ" جمعة الغضب"، بعنوان"ميدان التحرير" وعلى جانبها العلوي الأيسر مكتوب: صحيفة يومية يصدرها شعب مصر. تصدّر الجريدة عنوان بعرضها هو "مطالب التغيير وطنية ومقاومتنا لحرية التعبير"، وتحت العنوان صورة لمصاب يحمله اثنان من المتظاهرين، وصورة لأحد البلطجية مصاب عقب إلقاء القبض عليه،

كما ذكرت الجريدة. كما جاء فيها، أيضًا، مقال معنون: "العادلي" المتهم الأول بقتل المصريين". وعلى الوجه الآخر العنوان الرئيسي للجريدة. "حاكموا القتلة"، والعناوين الأخرى كما يلي: "نرفض الأجندات الخاصة ونتمسك بحقنا في التغيير"؛ "قيادات بالوطني وراء مؤامرة الهجوم الوحشي على الثوار"؛ "المعارضة ترفض محاولات قوى خارجية الدفع بأشخاص لسدة الحكم".

أصرّ الجميع على رحيل مبارك، وإلاّ سوف تستمر التظاهرات والاعتصامات. فيما انتظرنا بيان منه الليلة على حد ما سمعنا

كان من الواضح أن النظام، ورئيسه، بات يراهن على قوة احتمال المتظاهرين. وعلى صبرهم على نقص المؤن. وفي المقابل تمتّع المتظاهرون بالعزيمة والإصرار على المضي قدمًا في سبيل إنجاح ثورتهم.

بعد انتهاء جمعة الرحيل، استمرّ الثوّار، يوم السبت، في ثورتهم واعتصامهم. وأيضًا، أصرّواعلى مطالبهم، التي يأتي على رأسها رحيل مبارك، رغم قِلّة العدد في ميدان التحرير، وبرغم برودة طقس اليوم والأمطار، شهد ميدان التحرير كثير من الأحداث المتلاحقة.

بدأ اليوم كعادته هادئًا، وما لبث أن تجمّع في الميدان حوالي مئة وخمسون ألفًا من المعتصمين. وقد شكى بعض القادمين للميدان من صعوبة دخولهم ساحته، إذ تمرّ إجراءات التفتيش ببطء شديد، وتعطيل من قِبل أفراد القوات المسلحة، واللجان الشعبية.

استمرت الهتافات نفسها تتعالى في الميدان مطالِبة برحيل مبارك، معلِنة تمسّك الثوّار بمطالبهم، وبعدم مغادرة الميدان قبل رحيل الرئيس.

وإزاء محاولات البعض التفاوض باسم الثوّار، أكّد معظم المتواجدين رفضهم لأية مفاوضات قبل رحيل مبارك، كما رفضوا أن تتحدّث أي لجنة، سواء حكماء، أو أحزاب، أو غيرها باسم الثورة والثوّار.

على مدار اليوم، قام بعض المأجورين " البلطجية " بمحاولات إحتكاك بالمعتصمين المتظاهرين، وأحدثوا بعض الإصابات بالثوار.

بدأت حملات تشويه للثوّار، قام بها مؤيّدو النظام والتي بدأت في الزيادة، منذ انتهاء يوم أمس الجمعة. ومنها أن المتظاهرين يتقاضون من جهات خارجية كل يوم أجراً يتراوح بين 100دولار و200 يورو، بالإضافة إلى وجبات "كنتاكي" وبطانية لكل شخص. وأن المتظاهرين مسلّحين بزجاجات بها مواد حارقة، وقنابل "مولوتوف".

من محاولات فضّ الجماهير، أيضًا، تخويفهم بأن هذه التظاهرات جميعها، من تدبير "الإخوان المسلمين"، المأجورين من جهات خارجية منها: "حزب الله"، و"حركة حماس"، وفي السياق نفسه، يُردِّد أخرون أن المتظاهرين مخربين، يتبعون البرادعي، العميل لأمريكا.

تمّ استغلال حادث تفجير أنبوب نقل الغاز لإسرائيل، في الترويج لأنه قد تمّ بأيدٍ أجنبية، تقف وراء الثورة للتخريب، أو هي مستفيدة من الفوضى التي أحدثتها الثورة، للتأثير على البسطاء وفضّهم عن الثوّار.

رغم كل محاولات التشويه، ومحاولات فضّ الجماهير وإبعادها عن الثوّار، تصدّى هؤلاء لتلك الشائعات وحاولوا نفيها. كما قاموا بالتحضير لتظاهرة مليونية في نهار الأحد السادس من فبراير 2011، وكان القائمون على التنظيم والدعوة للتظاهر، قد دعوا إلى تظاهرات مليونية أيام الأحد، الثلاثاء والجمعة. وقد أطلقوا على هذا الأسبوع " أسبوع الصمود " على أن التظاهرة المليونية نهار الأحد سوف تكون وفاءً للشهيد، حيث أُطلِق على الأحد "يوم الشهيد".

عصر السبت، حضر اللواء حسن الرويني، قائد المنطقة المركزية، إلى ميدان التحرير، طالباً جموع المتظاهرين إخلاء الميدان والعودة إلى منازلهم، في تلميح إلى أنه سوف يتم إخلائهم بالقوة، حتى يبدأ العمل ابتداءً من صباح اليوم التالي بشكل طبيعي في البلاد، فرفضت جموع المتظاهرين الرحيل من "ميدان التحرير" قبل رحيل مبارك.

في محاولة لإرضاء المتظاهرين، المتواجدين في ميدان التحرير، تمّ إبلاغهم ببعض الإجراءات،

منها استقالة مبارك من منصب رئيس "الحزب الوطني"، وكذلك إقالة بعض العناصر التي اعترض عليها الثوّار، من أماكنهم القيادية داخل "الحزب الوطني"، مثل صفوت الشريف، أسامة الباز، جمال مبارك، أحمد عز؛ وتعيين الدكتور حسام بدراوي أمين عام "الحزب الوطني" وأمين السياسات أيضا، لكن الثوّار لم يرتضوا الاكتفاء بذلك وأصروا على رحيل مبارك ومحاكمته.

بحلول المساء، بدأت الدبابات تُضيِّق ساحة الميدان التي يتواجد فيها المعتصمون. كما تمّت زيادة عدد الدبابات في ميدان عبد المنعم رياض، ممّا أثار تخوفات المعتصمين من حدوث عنف في تلك الليلة، أو في يوم الشهيد.

ونظراً لبرودة الجو، في ليلة شتاء ممطرة، انخفض العدد في الميدان حتى وصل إلى حوالي خمسة وعشرون ألفًا، معظمهم من الرجال والشباب، فالنظام يتحدى إرادة الجماهير بمنتهى الإصرار. وعلى الجانب المقابل، تستميت الجماهير دون تحقيق مطالبها.

يوم الشهيد الأحد الخامس من فبراير/شباط 2011

في يوم الشهيد، جدّد الثوّار العهد لشهدائهم الذين سقطوا على أيدي النظام، بأنهم عازمين على الاستمرار حتى رحيل نظام مبارك وتحقيق مطالبهم. تحدّى المتظاهرون والمعتصمون عوامل الطقس البارد والأمطار الغزيرة، كما تحدّوا قرار الحكومة بعودة الحياة الطبيعية للبلاد. ورغم أن البنوك فتحت أبوابها وكذلك المصالح والأشغال، تجمّع المتظاهرون في أماكن تظاهرهم، كل بحسب مدينته أو المحافظة التي يوجد فيها. فقد تجمّع في ميدان التحرير عدد يصل إلى مليوناً ونصف المليون. العدد قليلاً في بداية اليوم، عن الأيام السابقة، لكنه استمر في الزيادة حتى بلغ زروته في وسط النهار.

أُحبِطت محاولات عدّة للبلطجية منذ الصباح، لدخول الميدان والاعتداء على المتظاهرين. وقد ضرب يوم الشهيد في ميدان التحرير، مثلاً للتآخي والوحدة الوطنية، حيث بدأ اليوم بإقامة القداس المسيحي وسط الميدان، في حضور المسلمين، تلاه قيام المسلمين بتأدية صلاة الغائب على أرواح الشهداء، تلاها إلقاء أهالي الشهداء وذويهم كلمات ألهبت حماس الثوّار، وطالب الأهالي الثوّار الاستمرار والصمود.

عقب انتهاء الصلاة هاجمت الميدان، من أحد مداخله الشمالية، مجموعة من البلطجية، لكن تمّ إحباط محاولتهم في اقتحام الميدان والاشتباك مع المتظاهرين.

فجّرت الثورة في علماء الأزهر، كما في القساوسة، روحاً جديدة، فَعَلت حناجرهم بالهتافات المعبّرة عن مطالب الثورة والدعوة للصمود والثبات. وقد علت هتافات "إيد واحدة" و"عاش الهلال مع الصليب".

عقد عمر سليمان، اجتماعًا للتفاوض مع بعض رموز المعارضة الرسمية من "جماعة الإخوان المسلمين"، وأحزاب: "الوفد"، و"التجمع"، و"الجيل"، وقد رفض التفاوض "الحزب الناصري"، وغد أيمن نور. كما رفضته الحركات الاحتجاجية مثل 6 أبريل وحركة كفاية. كنّا في الميدان نتابع ما يجري بحذر ونستلهم دلالالته وقد عبّر بعض من الشباب في الميدان، ومنهم شباب 6 أبريل، عن استيائهم من قيام بعض الشباب بالتفاوض باسمهم، وأكدوا أنه لا تفاوض إلاّ بعد رحيل مبارك.

التحم بالثوّار، يوم الأحد، عدد من القضاة، والإعلاميين، الكُتّاب، القيادات السياسية، الفنانين، لاعبي كرة القدم؛ ومنهم الإعلامي حمدي قنديل، عمرو الليثي. خالد يوسف، إبراهيم وأيمن نور وغيرهم. ولأن الثورة موت وميلاد، ومن الاستشهاد تولد الحياة، فقد شهد ميدان التحريرعقد قران شابين من شباب الثوّار، لتبدأ حياتهما بالتحرير من الظلم والطغيان، ولتبدأ حياتهما بالحرّية. وفي مشهد متكرّر طوال اليوم، كلما اشتدت برودة الجو وهطول الأمطار، قام الشباب بأداء أغاني وطنية حماسية والهتاف. كما قاموا بنصب الخيام ليحتموا بها من المطر في إعلان عن أنهم لن يبرحوا أماكنهم.

فجأة تجدّد حذري تجاه الجيش، فقد سمعنا صوت إطلاق أعيرة نارية في ميدان عبد المنعم رياض. وسمعنا أن من أطلق النيران أفراد قوات مسلحة. وقيل أنهم يركبون إحدى الدبابات ولم نتأكّد من المعلومة. كما علمت من بعض الزملاء العاملين بإحدى شركات البترول الموثوقين، بأن سامح فهمي وزير البترول، أصدر تعليمات مشدّده، بحصر أسماء موظفي شركات البترول،

الذين يشاركون في التظاهرات، كما أصدر تعليماته بضرورة الحضور اليومي للعمل وعدم التغيُّب، فشعرت بأن النظام يستعد لشيء ما.

اتّبع النظام شكلاً جديداً في حربه ضدّ الثورة والثوّار، فمن الخطير أن خطاب البسطاء، في الشارع، الذي لعب الإعلام المصري دوراً فيه، والذي يردِّد أن النظام قد استجاب لمطالب الثوّار، فلماذا يستمرون؟ واتهمهم بالتخريب الاقتصادي بسبب استمرارهم، بالإضافة لبعض الاتهامات بالعمالة.

في يوم الاثنين، السابع من فبراير/شباط، انتظمت حركة المرور في معظم شوارع العاصمة القاهرة، عدا القريبة من ميدان التحرير. ورغم ذلك احتشد المتظاهرون والمعتصمون في الميدان، فمنهم من ذهب إلى عمله وعاد لموقعه في الميدان؛ ومنهم من ظلّ مرابطًا فيه طوال الوقت. وقد اكتظّ الميدان بالمتظاهرين، حيث تجمّع فيه في الصباح الباكر حوالي نصف مليون شخص، ازدادوا ظهرًا، حتى وصل عددهم إلى ما يقارب من المليون. ووصل العدد بعد مواعيد العمل الرسمية، إلى ما يزيد عن مليون شخص، في ميدان التحرير، وميدان طلعت حرب، وشوارع وسط المدينة المؤدِّية جميعها إلى ميدان التحرير.

كان الحديث الذي يفرض نفسه على ساحة الميدان اليوم، هو استنكار الحوار الذي جرى بين بعض الأشخاص الذين يمثلون المعارضة الرسمية، وبين عمر سليمان نائب رئيس الجمهورية، الذي شغل منصبه حديثا عقب انتفاضة 25 يناير.

استنكربعض شباب حركة 6 أبريل وقياديها، الحوار الذي تمّ. ورفضوا كل ما تم فيه. وأعلنوا موقفهم بأنه لا تفاوض إلاّ بعد رحيل مبارك. وكذلك بعض قياديي "حركة كفاية"، وبعض الحقوقيين المستقلّين، وأعضاء المكتب السياسي للحزب الناصري، وبعض النساء الحقوقيات والصحافيات.

أدى المتظاهرون والمعتصمون عقب صلاة الظهر، صلاة الغائب على الصحافي في جريدة "الأهرام" أحمد محمود. ثم قاموا بتشييع جنازة رمزية له، في حضور زوجته الصحافية السيدة

إيناس عبد العليم، وابنته الطفلة. حمل الصحافيون نعشًا رمزيًا للصحافي الشهيد، جابوا به الميدان، وقد علت هتافاتهم " حسني مبارك يا خسيس دم الشُهدا مش رخيص، حسني مبارك يا خسيس دم الصحفي مش رخيص، يا شهيد نام وارتاح واحنا نواصل الكفاح، ارحل ارحل، باطل حسني مبارك باطل، . . . إلخ".

تحدّث من مقر الإذاعة الميدانية عدد من القيادات السياسية والصحافية، ومنها الأستاذ مجدي حسين الذي خرج من المعتقل بعد أن قضى سنتين فيه، إثر تسلله لدخول غزّة. وكذلك تحدّثت أرملة الشهيد وبعض الصحافيين الذين أعلنوا استقلالهم عن نقابة الصحافيين، كما أعلنوا رفضهم لنقيب الصحافيين مكرم محمد أحمد، الذي وصفوه بالعمالة. وفي كلماتهم التي وجهوها للثوّار، أعلنوا أنه لاحوار ولا تفاوض مع النظام بكل عناصره. وأن دم الشهداء يقف حائلاً بين الثوّار وبين النظام. كما أكدوا على تمسكهم برحيل حسني مبارك ومحاكمته ومحاكمة عناصر النظام.

استمر النظام في تقديم بعض الخطوات التي تمثل استجابة لمطالب الثوّار والتي لا ترضيهم، فقد حدّدوا مطالبهم ويصرون عليها، حتى بعد أن جمّد النظام أرصدة بعض القيادات الفاسدة وأحالهم للمحاكمة؛ فقد تم التحفُّظ على "شركة حديد عزّ" المملوكة لأحمد عزّ، الذي يعتبر من أكبر العناصر الفاسدة في لجنة السياسات في "الحزب الوطني"، والمسؤول عن تزوير الانتخابات البرلمانية السابقة.

لم تقتصر كراهية مبارك ونظامه على شيوخ وكهول وشباب مصر فحسب، فالأطفال عبّروا عن كراهيتهم، فالطفل الذي لم يتجاوز عمره سنوات عدّة تكاد تكون ثلث فترة حكم نظام مبارك، حمل على الأكتاف يهتف " يا جمال قول لابوك 80 مليون بيكرهوك". ومن اللافت تواجُد مشايخ ضمن المتظاهرين، قاموا بدورهم ودعوا الجموع للاستمرار في الاعتصام والتظاهر ورفضْ الحوار، قبل تحقيق المطالب، وانتشروا بكثافة داخل الميدان.

توجّس معظم المتظاهرين من محاولات اعتلاء ثورتهم وتفجيرها، خصوصاً بعد أن قام

البعض بالتحاور أو التفاوض، الذي لم يسفر عن نتيجة باسمهم، من دون تفويض من أحد. ومن ثم ظهرت مبادرات عِدّة للتحذير من ذلك.

أصدر "الحزب العربي الديموقراطي الناصري" بيانًا، أعرب فيه عن موقفه الرافض للحوار الذي أجرته بعض الأحزاب والقوى السياسية مع عمر سليمان، نائب رئيس الجمهورية، مؤكّداً أن الشرعية الثورية التي تولدت مع ثورة 25 يناير، أسقطت الدستوروالنظام وأنهت عهد مبارك. كما أعلن الحزب تمسكه برحيل مبارك، وبمطالب الثورة.

ظلّت الأعداد تتزايد حتى نهاية اليوم، استعدادًا لتظاهرة مليونية حاشدة، في اليوم التالي، الثلاثاء. وبات المعتصمون في الخيام التي نصبوها في الميدان.

يوم الثلاثاء، حدث تطور خطير، استجابة لدعوة البعض في جعل القاهرة كلها ميدان تحرير، انتقل بعض المتظاهرين للتظاهرأمام مجلسي الشعب والشورى بشارع القصر العيني، مُظهرين للعالم أن الشرعية الثورية أسقطت هذين المجلسين، اللذيْن فاحت منهما رائحة التزوير وتزييف إرادة الجماهير الغاضبة بسببه عند تشكيلهما، فانتخابات الشورى وما جرى بها، والتزوير الفجّ الذي تلاها في انتخابات مجلس الشعب، زادا من احتقان وغضب الشعب، وصولاً إلى الانفجار في 25 يناير/كانون الثاني، كما إنضمّت فئات أخرى للمتظاهرين، حيث انضمت مسيرة مكوّنة من عشرات الآلاف من أعضاء هيئة التدريس إلينا في التحرير، بما يمثّل رسالة واضحة من علماء وقيادات فكرية، من خيرة رجال المجتمع المصري، تؤكّد أن ما يجري على الأراضي المصرية، ثورة شعب بكل فئاته وليس ثورة جياع،، كما حاول البعض تصويرها. أكد أعضاء هيئة التدريس على أن النظام المصري فقد شرعيته، وعليه الرحيل فورًا. وفي ذلك اليوم ظهر في التحرير للمرة الأولى، بعد إطلاق سراحه "وائل غنيم"، الذي قيل عنه أنه منشئ ومحرر صفحة "كلنا خالد سعيد"، التي بدأت بالدعوة للتظاهرات. وقد التفّ حوله بعض الشباب يفوّضونه للتفاوض باسمهم!

دخلت الثورة الشعبية في مصر أسبوعها الثالث، ورغم رهان النظام على عامل الوقت،

فإن الثوّار لم تفتر همّتهم، بل ازدادوا إصرارًا وعزمًا على إكمال المسيرة التي بدأوها، وتحقيق مطالبهم، فأبدعوا أدواتاً وطرقاً جديدة، تُمكّنهم من التعايش مع الواقع الثوري المستمر، الذي يعيشونه. فداخل ميدان التحرير حياة كاملة. وقد أصبح الميدان قبلة يحجّ إليها الثوّار والمتظاهرون من جميع أنحاء البلاد؛ فقد تجمّعت في ميدان التحرير جموع من أبناء محافظتي شمال وجنوب سيناء؛ وكذلك السويس، الدقهلية، المنوفية، الشرقية، الفيوم، بني سويف، أسيوط، وأسوان.

تحوّلت جميع أيام "التحرير" إلى مليونيات، تقريبًا. فرغم أن الأربعاء لم يكن يومًا مليونيًا إلاّ أن الميدان استقبل ما يقرب من المليون متظاهر، من فئات وشرائح المجتمع كافّة، وطوائفه، متحدّين بجرأة، تهديدات النظام، التي اعتبرها المتظاهرون بالمستفزة، والتي جاءت على لسان نائب الرئيس حينما صرّح بأن النظام لن يحتمل تظاهرات لفترة طويلة، ملوحًا باستخدام العنف ضدّ الثوّار. وقد استمر الاعتصام أمام مجلسي الشعب والشورى، ومجلس الوزراء، فيما أحاطت الدبابات وأفراد القوات المسلحة بالمعتصمين.

شهد ميدان التحرير، في ذلك اليوم، ظواهر جديدة عِدَّة، منها أن زار الميدان عدد غير قليل، ممن يدخلوه لأوّل مرّة للوقوف على حقيقة الشائعات التي روّجها النظام عبر إعلامه الرسمي وأبواقه، والتي شوّهت الثوّار. وقد عبّر هؤلاء المدقّقين عن دهشتهم لما سمعوه. أعلن عدد غير قليل منهم، أنهم سوف يشاركون في التظاهر في الأيام المقبلة. ورغم ذلك ما زالت حرب الشائعات مستمرة، لكن يبدو أن أثرها بات أقل، وحلّت نغمة أخرى محلّها، تقول بأن استمرار التظاهر سبب قطع أرزاق البعض، وتعطيل الأشغال.

انتشرت في ميدان التحرير مظاهر حياة كاملة تدل على الاستمرار؛ فقد انتشرت فيه الإذاعات الميدانية. وقام أبناء المحافظات بنصب الخيام لتحميهم من البرد، وللمبيت داخلها. وأقيمت معارض الصور ورسوم الكاريكاتور وحفلات السمر. كما انتشر الباعة فيما يشبه سوق للمنطقة يشتري منها المعتصمون المأكولات والمشروبات وحتى التسالي، فقد أعلن الجميع الاستقرار والقرار في أماكنهم، حتى رحيل النظام.

بعد مواجهة الشائعات، وتصدّي الثوّار للفزاعات التي أشهرها النظام بوجههم، جاء الرد على اتهام الثوّار بتخريب الاقتصاد من البورصة المصرية، إذ أعلنت في لافتة كبيرة أن البورصة المصرية تؤيد مطالب الثوار" من أجل بورصة بلا فساد".

لأول مرّة، يظهر في التظاهرات أحد رجال الدين المسيحي، بزيّه الكنسي، يمسك بأيدي مسلمين، يرددون جميعا "إيد واحدة "، في مشهد يُدلِّل على الوحدة الوطنية.

كما حضر إلى الميدان عدد من الفنانين، منهم تامر حسني، الذي تمت مهاجمته من قِبل الثوّار بسبب تأييده لنظام مبارك. فيما رُحّب بالفنان أحمد حلمي المؤيِّد لمطالب الثورة.

أبدع الثوّار، ذلك اليوم، مزيدًا من الشعارات، والرسوم، التي تُعبِّر عن مطالبهم وسخريتهم وإصرارهم على رحيل النظام، وعدم التسامح مع عناصره، والاصرار على محاكمتهم.

تحركنا يوم الخميس، العاشر من فبراير/شباط، في مسيرة سلمية للمحامين المصريين، من أمام نقابتهم في شارع عبد الخالق ثروت، مرتدين اثواب المحاماة، باتجاه قصر عابدين. ضمّت التظاهرة حوالى ثلاثين ألف محام ومحامية، بذلك تكون ثمة نقلة نوعية وكيفية في تحرك الثوّار، انتقلوا فيه إلى موقف المبادرين والبادئين، ربما تُعجِّل بانتهاء الأزمة. وعقب الخطاب الذي ألقاه مبارك، تأجّجت ثورة لم تنطفئ، وتوجّه البعض في مسيرة إلى قصر العروبة. وأعلننا التصعيد في مسيرات واعتصامات، تتجه إلى المباني السيادية الهامة.

تحرّكت مسيرات عدّة، يوم الجمعة، باتجاة قصرالعروبة، وأخرى لمبنى التليفزيون. وثالثة لمجلسي الشعب والشورى، ومجلس الوزراء.

كان اليوم طويلاً وعصيباً، لكنه انتهى نهاية أثلجت الصدور، بإعلان سليمان، الذي لم يمض على توكيله بتحمُّل مسؤولية أعمال البلاد سوى يوم، "تخلّى" مبارك عن الحكم وتولّيه أمور البلاد للقوات المسلحة. وبدأت بذلك رحلة تحقيق المطالب.

اليوم التالي، السبت 12 فبراير/شباط 2011، ليس يومًا ككل الأيام، أشرقت على مصر

شمس جديدة، فقام شبابها بحركة دؤوبة لتنظيف وتجميل وسط المدينة، الذي شهد أيام نضالهم ضدّ نظام الطاغية. شباب وفتيات كنسوا الشوارع وأزالوا ما فيها من أحجار، كما أعادوا طلاء أرصفة الطرقات. واستمرت الاحتفالات بإزاحة الطاغية والانتصار الذي أعاد لمصر قدرتها وكرامتها، والتي عبّر الشباب عنها بهتاف " ارفع رأسك . أنت مصري "، مبتهجين بعودة مصر للصف العربي والإسلامي، بعد ثلاثين سنة من العزلة.

وفي خضمّ فرحة النصر، لم ينسَ الثوّار، كلّ في موقعه، أن يستكمل الخطوة القادمة. فقد أعلن الثوّار أنهم ما زالو مستمرين في ثورتهم حتى يتم تحقيق باقي مطالبهم. ففي نقابة المحامين تشكلت حركة محامي 25 يناير ولجنة لتسيير الأعمال في النقابة. وقرّرت الحركة منع حمدي خليفة نقيب المحامين، وأعضاء مجلس النقابة المنتمين للحزب الوطني، من دخول نقابة المحامين بأي صفة، عدا صفة محام. ومن بين الممنوعين، أيضاً، عضو "الوطني" ومجلس الشعب السابق عمر هريدي. كما قررت الحركة أنه في حالة دخول أي من الممنوعين، باستخدام أي من أساليب البلطجة والممارسات غير الشرعية، يتم التعامل معه ومنعه من الدخول.

وفي مقرّ مجلة "صباح الخير"، طالب صحافيوها بتنحِية محمد عبد النور عن رئاسة تحريرها، واتهموه بالخيانة والعمالة، بسبب انحيازه للحزب الوطني، الذي جعله يفرض على المطبوعة نهجًا لا مهنياً، يُشكّل جريمة مهنية وأخلاقية.

كما نجح صحافيوها "وكالة أنباء الشرق الأوسط" في الإطاحة برئيس التحرير " عبد الله حسن "، الذي قام بإبلاغ القوات المسلحة بأن ثمّة أعمال تخريب، فحضروا لكنهم لم يجدوا تخريبًا، فأمّنوا خروج حسن مخلوعًا وسط ضجيج الهتافات ضده، بعد سحب الثقة منه، ثمّ ليتمّ تسيير شؤون الوكالة من قبل لجنة حكماء، لحين تعيين رئيس جديدًا لها.

وفي السياق نفسه، استمرّ النظام في الانهيار، فقد سقط أحد أعمدته، الذي طالما خرّب الإعلام المصري، استقال أنس الفقي وزير الإعلام، لكن الإعلاميين الذين طالبوا بإلغاء منصب وزير الإعلام، الذي لم يعد موجودًا في معظم بلدان العالم، أعلنوا رفضهم أيضًا لرئيس اتحاد

الإذاعة والتليفزيون"أسامه الشيخ"، باعتباره أحد رموز الفساد أيضًا. وابتهاجًا بحرّية التعبير، تمّ إطلاق قناة فضائية جديدة، يترأسها إبراهيم عيسى، تضم مجموعة من شباب 25 يناير.

انتصاراً لدماء الشهداء، تمّ التحفّظ على أموال حبيب العادلي وزير الداخلية، الذي طالما تلوّثت يداه بدماء الأبرياء من أبناء مصر، وآخرها يوم بدء الثورة في 25 ينايرالماضي. كما تم منعه وأفراد أسرته من السفر، بقرار من النائب العام. كما إتّخذ أيضًا، القرار ذاته، بخصوص كل من: أحمد نظيف رئيس الوزراء السابق وأنس الفقي وزير الإعلام السابق، وتمّ وضعهما تحت الإقامة الجبرية. وكذلك رشيد محمد رشيد، وزير التجارة والصناعة السابق، أحمد المغربي، وزير الإسكان السابق؛ وأحمد عزّ، أمين التنظيم السابق في "الحزب الوطني".

جاء العنوان الرئيسي لجريدة "الأهرام" القومية " الشعب أسقط النظام". في حين كانت الصحيفة وزميلاتها من الصحف والجرائد القومية، كما في التليفزيون المصري والفضائيات المصرية طوال السنوات الماضية مجرد " أبواق للنظام "، مما يذكرنا بالمقولة " عاش الملك مات الملك ". وإزاء هذا التحول السريع والفجائي الذي قلب الأمور في تلك المؤسسات رأسًا على عقب، لا تعليق! لكنه يخشى على نجاح الثورة من انتهازية هؤلاء.

يساورني وبعض الثوّار قلق بشأن الأيام الآتية، رغم ثقتنا بالجيش، لكن هناك تساؤلات حول تشكيل الحكومة الانتقالية. ومستقبل الأيام والمهام في الفترة الانتقالية، ومتى تنتهي؟ تساؤلات تحتاج إلى إجابات أو ضمانات، لم يرى الثوّار سوى استمرار الاعتصامات حتى يتم تحقيق المطالب كافة.

بدأت في مصر مرحلة جديدة، حان فيها العمل الثوري. وأصبحت مصر في لحظة إمّا تسطّر فيها تحقيق الثورة لأهدافها، أو أن يكون ما حدث مجرد خلع رأس النظام، وبعض قليل من عناصر الفساد. وفي تلك اللحظة المفصلية، ندعو الله أن يلهم الثوّار حسن التصرّف، وفهم الأمور، والعمل لما فيه تتمة نجاح الثورة.

أجواء احتفالية مريبة

ساد بين المعتصمين العديد من ردود الأفعال المفرطة في الثقة بأفراد القوات المسلحة، وبعضها من ساورته الشكوك، والهواجس. فيما غلّب البعض الأكثر تشاؤمًا، أن هناك مؤامرة تهدف لإجهاض الثورة والإطاحة بمكتسباتها. كل ذلك جاء نتيجة لقيام بعض أفراد القوات المسلحة بالاعتداء على المعتصمين يوم الجمعة 18فبراير، الذي وصفه البعض بأنه غير مفسّر. جاء اعتداء الجيش على المعتصمين، على خلفية عدم امتثالهم لطلب الجيش بإخلاء ميدان التحرير والعودة إلى منازلهم.

تكرّرت اعتداءات بعض أفراد القوات المسلحة على المعتصمين، يوم السبت 19فبراير، وقد إعتبر بعض المعتصمين أنها مجرد حالات فردية؛ وردّد المعتصمون هتاف "الجيش والشعب إيد واحدة ". ومن بين أفراد القوات المسلحة الذين تواجدوا يومها في الميدان، عددٌ من الضابطات السيدات. واللافت انسحاب أعضاء "جماعة الإخوان" من الميدان يوم السبت19فبراير.

أصدر المجلس الأعلى للقوات المسلحة قراره بحل مجلسي الشعب والشورى. كما قرّر تعطيل العمل بالدستور. وتشكّلت مجموعة كبيرة من الثوّار المعتصمين، من حركة 25 يناير، للتأكيد على مطالب الثورة ومتابعة تنفيذها، بما يعكس وعياً ثورياً، لكنه لم يكن كافياً لتبديد المخاوف.

اندسّ وسط المحتفلين عددٌ من أفراد الأمن في زي مدني، عملت هذه المجموعات على إقناع المعتصمين بالعودة إلى منازلهم. كما تواجد عدد من شباب "الحزب الوطني"، حاولوا تحريض وتأليب الجيش على الشعب. وحاولوا أيضًا، الاشتباك مع المعتصمين إثر نقاشات تُردِّد جميعها أن البلاد في حالة فوضى تؤدي إلى تردي الأوضاع الاقتصادية وإرباك البلاد. وطالبوا أحد اللواءات بضرورة أن يذيع الجيش، عبر شاشات، نداءات للمواطنين بضرورة عدم التوجه إلى ميدان التحرير. وأنّ على الموظفين مغادرة "التحرير" فور انتهاء أعمالهم.

نظّم بعض بلطجية الحزب الحاكم مسيرة قليلة العدد، تحمل علمًا كبيرًا وتنادي "الجزيزة

فين الحزب الوطني أهُه"، مما أثار شكوك المعتصمين حول وجود مؤامرة ينتج عنها تغيير شخص رأس النظام، من دون تغييره بالكامل. واستندوا أو دلّلوا على صدق شكوكهم، بغموض موقف مستقبل "الحزب الوطني"، الذي لم يتعرّض له مجلس القوات المسلحة؛ وبعدم إلغاء قانون الطوارئ؛ وعدم الإفراج عن المعتقلين السياسيين، وبالإبقاء على معظم أعضاء الوزارة السابقة.

أصبح الوضع في ميدان التحرير يدعو للقلق، فقد ضيّق الجيش على المعتصمين باستخدام الحواجز الحديدية، بحجّة الإفساح للسيارات، في حين أن شباب المعتصمين هم من يقوم بتنظيم حركة المرور. وفي تصرُّف غير مفهوم ولا مفسّر، قام أفراد الجيش بحل الخيام التي أقامها المعتصمون للمبيت فيها، كما ألقوا متعلقات المعتصمين بعيدًا. وترددت أنباء غير مؤكّد، عن أنه توفى إثر الاحتكاكات، شخصان من المعتصمين. ورغم إطفاء جميع مصابيح أعمدة الإنارة في الميدان، فإن شباب "الحزب الوطني" ملأوا الميدان، مما يدعو للقلق.

يتواجد في الميدان عدد كبير من المحتفلين، إلاّ أن أجواء الاحتفالات التي يضج بها الميدان تخفي محاولات لإقناع الجموع بأن الثورة حقّقت أهدافها، وأنه لا داعي للتواجد في الميدان. ومما يثير القلق، قيام بعض المثقفين والنشطاء السياسيين، أيضًا، بالدعوة للعودة إلى المنازل.

تمرّ الثورة بمرحلة دقيقة، حيث تجتمع عليها قوى الشرّ من أذناب النظام البائد، والثورة المضادة. لكن الأمل معقود على أن دماء الشهداء، ستقف حائلاً دون إجهاض الثورة. وألف تحية لأرواح الشهداء الأبرار جمعة النصر في ميدان التحرير .

عندما انطلقت الدعوات لتظاهرة مليونية في ميدان التحرير، في جمعة النصر، لم يتوقع أحد أن يصل عدد المشاركين إلى ما يزيد عن سبعة ملايين مشارك.

بدأت الحشود تتوافد على ميدان التحرير منذ الصباح الباكر بأعداد كبيرة، حيث امتلأ الميدان وجميع الشوارع والطرق المؤدية إليه. وعند موعد صلاة الجمعة اكتظّت الأنفاق الخاصة بمحطة "مترو الأنفاق" بالمواطنين، الذين نقلهم "المترو" إلى المحطة ولم يتمكنوا من مغادرتها، بسبب الازدحام فوق الأرض، خارج المحطة.

قصد الميدان عدد كبير من العائلات والشباب، ومن كل فئات وطوائف الشعب. وتحوّل إلى ساحة كبيرة، ليس للتظاهر فحسب، وإنما إلى مهرجان إحتفالي، في أحد أركانه أقيمت خشبة مسرح تستعد لاستقبال أحد المطربين المعروفين بمواقفه الوطنية، ويحظى بحبّ كبير من معظم الجماهير المشاركة، خصوصاً أن موقف المطرب النوبي محمد منير الداعم للثورة، زاد حبه في قلوبهم، فيما أعلن أن المطرب الذي انتقد الثورة والمشاركين فيها (محمد فؤاد) سوف يحضر للميدان، فقوبل ذلك برفض الجميع، الذين قرّروا أنه سيتم التعامل معه عند حضورة بالطريقة نفسها التي تعاملوا بها مع نظيره تامر حسني.

وفي مكان ثانٍ وثالثٍ في الميدان، وُجِدت إذاعات ميدانية، واحدة تبثّ بياناً، وأخرى تذيع أغانٍ وطنية، وثالثة يصدر منها هتافات تعبّر عن مطالب الجماهير بتحقيق مالم يتحقق من مطالبهم، وإعلان أن الثورة مازالت لم تُحقّق أهدافها، وأنه رغم رحيل الرئيس المخلوع وبعض أعوانه، مازال النظام ذاته يطل برأسه في كل مؤسسات الدولة.

عكست اللافتات المرفوعة وعياً ثوريًا لدى الجماهير العريضة، يفوق كثيرًا ما يتحدّث به الساسة داخل أروقة الأحزاب والمنتديات الثقافية، فإحدى اللافتات عبّرت بكلمات بسيطة عمّا جرى، تقول: "الحكومة تمثيلية العصابة هي هي. . الحزب الوثني هو هو". وعبّرت لافته أخرى بقولها: " تنحّي الديكتاتور ليس هو مطلبنا الوحيد بل إسقاط النظام بكل وزرائه وأزلامه".

لم ينسى الثوّار أن يعلنوا عن تضامنهم مع الحركات الاحتجاجية التي بدأت تجتاح الوطن العربي، فحمل أحدهم لافته كبيرة عبارة عن رسم للعلمين المصري والجزائري؛ وأخر حمل لافته كتب عليها " إلى الأخ العقيد القذافي. . مبارك ينتظرك في شرم الشيخ. هذه الدعوة لكل الطغاة العرب"، مما يؤكّد وحدة نسيج الأمة، ووحدة مصيرها.

استمرت الحشود في التزايد، وامتلأت منطقة وسط المدينة بكاملها، وليس ميدان التحرير والميادين القريبة منه فحسب، ومنها ميدان عبد المنعم رياض وميدان طلعت حرب، وإنما لأبعد من ذلك كثيرًا كثيرًا، مما أدى إى ضرورة رفع خشبة المسرح من مكانها، وإبعاد الآلات الموسيقية خشية تحطيمها.

تشكلت كيانات وأشكال عدة، وكثرت دعوات لتشكيل أحزاب جديدة. وأعلن عدد كبير من الشباب استيائهم ورفضهم للهجة المجلس الأعلى للقوات المسلحة، في تصريحه بأنه لن يسمح بتصاعد موجة الاضرابات.

جدّد المتظاهرون التمسُّك بمطالبهم، وطالبوا مجددًا بالإفراج الفوري عن المعتقلين السياسيين وسجناء الرأي. كما طالبو بإلغاء وإنهاء حالة الطواريء فورًا، وبسرعة تشكيل حكومة مدنية لتصريف الأعمال.

خرج عدد من المؤيّدين للرئيس المخلوع، فيما أسموه بـ "مظاهرات الوفاء"، للتعبيرعن وفائهم وامتنانهم لمبارك. كما أنشأوا صفحة على الموقع الاجتماعي " فيس بوك "، الذي انطلقت منه الدعوة للتظاهرات والثورة بهدف إسقاط النظام، هدف صفحة المؤيدين الاعتذار لمبارك تحت إسم "أنا آسف يا ريس"، لكنهم لم يتمكّنوا من تنفيذ مخططاتهم، والحضور للاحتكاك بالمتظاهرين في الميدان، والميادين المحيطة.

يبدو أن الممتنِّين من الرئيس المخلوع، لم يسمعوا عن دوره في نهب وسلب ثروات البلاد، ولا عن أوامره بضرب المتظاهرين من أبناء الشعب بطائرات "إف 16"! على أي حال، نحن نحترم حريتهم في التعبير عن أرائهم ومعتقداتهم، لكن من حقنا أيضًا أن نندهش.

جمعة خلاص مليونية

خرج المصريون يوم الجمعة، الخامس والعشرين من فبراير / شباط 2011، بعد مرور شهر كامل على بدء الثورة، يطالبون بإقالة الحكومة. وتشكيل حكومة تصريف أعمال مدنية، مؤقتة، تخلو من الرموز الذين ينتمون للحزب الوطني، وتخلو من العناصر المعروفة بقربها من النظام السابق. كما يطالبون بتحقيق باقي مطالب الثورة، وعلى رأسها الإلغاء الفوري لحالة الطوارئ، وإطلاق سراح المعتقلين السياسيين وسجناء الرأي، وبتشكيل مجلس دستوري لتغيير الدستور، وليس تعديله. كما طالب المتظاهرون، بإخراج الرئيس المخلوع من شرم الشيخ، وبضرورة وسرعة اتخاذ إجراءات محاكمته.

من جمعة غضب إلى يوم للشهيد، فيوم للحسم، وجمعة للرحيل، وأخرى للخلاص، تظلّ الثورة مستمرة، حتي تحقيق النصر.

من تونس إلى مصرانتشرت شرارة الثورة لتعمّ أرجاء الوطن العربي، في اليمن والبحرين وانتفاضة الأردن، والثورة الليبية، ثم موريتانيا ولبنان، ثورة عربية واحدة ضدّ الظلم والطغيان والرجعية والعمالة. عوامل الثورة نفسها في الأقطار العربية كافة، وأدوات المراوغة والقمع ذاتها في مواجهة الثائرين، الذين يسطرون مرحلة جديدة في تاريخ الوطن العربي، بحريتهم ووحدتهم، ليكتمل النصر بتحرير التراب المقدس السليب.

شهادة على أحداث الثورة في الفيوم:

"يا أيها الأطفال.. أنتم الجيل الذي سيهزم الهزيمة" - نزار قباني

عصام الزهيري[*]

(1)

"اللّجنة التنسيقية للتيارات والأحزاب السياسية بالفيوم" شكلت قبل 25 يناير بأيام قليلة، بمشاركة من كل التيارات والأحزاب السياسية الأساسية بالفيوم. وقامت بدور رافعة الثورة وكانت قبضتها الضاربة في المحافظة. وقع على عاتق هذه اللجنة، بعد تشكيلها بأسبوع تقريبا" تحديد وتنظيم وإطلاق كل ما جرى على أرض الفيوم من تظاهرات واحتجاجات ثورية، وكل ما وزع من بيانات جماهيرية خلال أيام الثورة الثمانية عشرة.

أعرف بالطبع ما يعرفه غيري عن المواقف المريبة أحيانا، وغير النزيهة أحيانا أخرى، لرموز بعض الأحزاب والقوى في مصر قبل الثورة. وقطعا أعرف "الجهود" التي كان يبذلها جهاز أمن الدولة المرعب في اختراق الأحزاب والتنظيمات السياسية المختلفة، لكني أعرف - يقيناً - أن كل هذه القيادات السياسية التي طالما خذلت الناس وكل هذه العناصر "الحزبية" التي ارتضت أن تبيع كرامتها بمقابل، أو من دون مقابل، لجهاز أمن الدولة، الذي يطالب المصريون اليوم بحله وتفكيكه. كل هؤلاء، يختلفون عن القواعد التي تمثّلها هذه الأحزاب تمثيلا حقيقيا، القواعد التي انفصلت بعض قياداتها ورموزها عن تمثيل مبادئها وأفكارها وبرامجها، وبغض النظر عمّا أصاب هذه القواعد من انكماش. لذلك، أتى تشكيل "اللّجنة التنسيقية بالفيوم" شاملا كل التيارات والأحزاب في محافظة الفيوم، وبصورة قد تثير دهشة غير المطلعين على حقائق الأمور.

جاء تشكيل اللّجنة عفوياً كما جاءت الثورة نفسها، في عفوية ذات عنفوان. كانت "الجمعية الوطنية للتغيير بالفيوم" قد دعت إلى تظاهرة في الثلاثاء 18 يناير 2011 وهو يوم من أيام ثلاثة تصادف فيها أن سماء الفيوم ومصر لم تنقطع خلالها عن إرسال المطر، فألغيت المظاهرة.

_____

* قاص ومنسق الجمعية الوطنية للتغيير بالفيوم

لكننا إبان دعوة الناشطين السياسيين وممثلي الأحزاب لهذه المظاهرة ووجهنا باعتراض وهو أننا في حاجة إلى تنسيق أوسع يشارك فيه الجميع، ورحبنا بالأمر فورا.

كانت التظاهرة، التي أفشلها المطر، مكرّسة لتحية الثورة التونسية ودعوة الشارع المصري إلى ثورة مماثلة. وكانت الرسالة التي أردنا أن تصل إلى الشارع، تتلخص في أنه إذا كان الشعب التونسي قد أقام ثورته ضدّ الديكتاتورية السياسية والفساد المالي والاقتصادي والإداري والتدهور الاجتماعي الشامل، فإن أوضاعنا في مصر لا تقلّ سوءً ولا فساداً وتدهوراً عن الوضع التونسي. وعليه، فإن حاجتنا إلى ثورة لا تقلّ - إن لم تكن تزيد - عن الأشقاء في تونس. لكننا لم نذهب إلى التظاهرة التي أعاقها المطر الغزير، وذهبنا بدلاً منها، إلى اجتماع موسع استضافه مقر الوفد بالفيوم، وهو الاجتماع الذي شكلت وأعلنت خلاله "اللجنة التنسيقية للتيارات والأحزاب السياسية في الفيوم". ولم يكن أحد من الحاضرين، الذين ساهموا في تشكيل وإعلان اللجنة (وهم ممثلو "الوفد" و"التجمع" و"الغد" و"الأحرار" و"الأخوان المسلمون" وكفايه والجمعية الوطنية للتغيير) يعرف أننا بتشكيل هذه اللجنة، نكون قد وضعنا نقطة على أول سطر لن ينتهي حتى يكون كل شيء في مصر قد تغير.

(2)

مساء الخميس 27 يناير كان موعد اجتماع "اللجنة التنسيقية" الثالث في مقر "حزب الأحرار". كان المتظاهرون في ميدان التحريرقد تعرضوا قبل ذلك بنحو يوم، لضربة أمنية وحشية في منتصف الليل، أسقطت عدداً من الشهداء والجرحى. وكانت التظاهرة السابقة التي دعت إليها "اللجنة" في اليوم نفسه بميدان "الحواتم" قد شهدت مشاركةجماهيرية واسعة، سببت فزعا لقيادات أمن الفيوم، جعلها تعلن حظرا كاملا لكل أشكال التظاهر والاحتجاج في المحافظة. وكان مزمعا أن يناقش الاجتماع مسار تظاهرة "جمعة الغضب" في اليوم التالي، وصياغة بيان خاص بالأحداث أيضا.

في الليلة ذاتها التي جلست فيها إلى طاولة اجتماع "حزب الأحرار"، إلى جانب ممثل "الإخوان المسلمين" الصديق العزيز يحيى سعد، وصلني نبأ اعتقال منسّق "الجمعية الوطنية للتغيير" في

بني سويف، وهو ما جعلني أتوقع ضربة أمنية مماثلة في المحافظات ومنها الفيوم. توقعت أنه لن تمر الليلة حتى أكون (بوصفي منسقاً للجمعية في الفيوم) ضيفاً على أحد المعتقلات. لم أخبر أحداً من ممثلي القوى السياسية، الذين حضروا الاجتماع، حتى لا أسبب حالة من القلق لا داعي ولا مكان لها. ثم أتت الضربة في الليلة نفسها فعلاً، لكنها لم تصبني انا. أصابت صديقنا يحيى سعد الذي أعتقل من منزله بعد منتصف ليلة الجمعة، كما أبلغني   د. طه عبدالتواب منسّق الحملة الشعبية هاتفياً، ونصحني أن أبيت بعيدا عن منزلي، حتى لا يعتقل الجميع فتفشل تلك التظاهرة.

وخلال تلك الليلة الطويلة، قام ممثلو القوى المشاركون في اللّجنة، بدعاية واسعة للتظاهرة في شوارع الفيوم، وزعت دعوات مطبوعة في شوارع المدينة، وبعض مراكزها وقراها. وأرسلت مئات من رسائل "الموبايل" لكنها لم تصل جميعا، بعد أن قامت السلطات بتعطيل خدمة الرسائل بالكامل وفي كل أرجاء مصر.

(3)

بعد ظهر الجمعة 28 يناير، خرجت تظاهرات عدّة من عدد من مساجد في الفيوم. اتفقنا في اللّجنة أن تنطلق التظاهرة الكبرى منها من مسجد "عبدالله وهبي" وصولا إلى ميدان "قارون"، عقب أداء صلاة الجمعة. وبدأت التظاهرة بأكثر من خمسة آلاف متظاهر تقريباً، لكنها لم تصل إلى ميدان "قارون" بعد أن واجهتها قوات الأمن بوحشية، على بعد أمتار أمام "شارع السنترال". سيول من المياه أطلقتها على المتظاهرين سيارات الإطفاء وانهمرت قنابل الغاز كالمطر. وواجه المتظاهرون وحشية الأمن ببسالة فائقة وبغضب كبير، حتى تمكّنوا من كسر "كردونات" الأمن المركزي واستمروا في طريقهم المرسوم. فيما انفصلت تظاهرات أخرى أصغر منها، تسربت من الشوارع الجانبية وأخذت طريقها من شوارع موازية وبأعداد تتصاعد طوال الوقت، تجاه ميدان قارون. (ملاحظة: قنابل الغاز هذه كان يعتقد أنها مسيلة للدموع فقط، لكن اكتشف خلال تظاهرات الثورة أنها أيضا مؤدية للاختناق إذ أنها منتهية الصلاحية!).

في ميدان "قارون" كان وضع قوات الأمن المركزي التي تواجه المتظاهرين واصطفافها غريبا

بعض الشيء. إذ تمركزت القوات بحيث تغلق طريقين فقط من الطرق المؤدية للميدان، أحدهما هو الطريق الذي يؤدي إلى مديرية الأمن ومبنى محافظة الفيوم، وهو أمر طبيعي، لكن إغلاق الطريق الآخر الذي يمر بقصر الثقافة القريب، وصولا إلى منطقة "باغوص" كان أمرا لا يمكن تفسيره إلاّ في ضوء رغبة قوات الأمن في حماية صورتين ضخمتين للرئيس المخلوع على مفترق الطرق المؤدية لمديرية الأمن، وصورتين أخريين لا تقلاّن ضخامة لحرم الرئيس المخلوع سوزان مبارك، تقعان على مفترق الطرق المؤدية إلى حي "باغوص"!. وعند وصول المتظاهرين لميدان "قارون" تبدّت وحشية الأمن ورغبته في إجلاء المتظاهرين عن الميدان أولاً، ثم إبعادهم عن صور "الأسرة الحاكمة" التي أعتمت الميدان الرئيسي للفيوم سنوات طوال.

استمر كفاح المتظاهرين من أجل الاحتفاظ بالميدان والوصول إلى صور الديكتاتور وزوجته ثلاث ساعات، على الأقل. أطلق الأمن المركزي خلالها عشرات من قنابل الغاز (منتهية الصلاحية)، وأخلى المتظاهرون الميدان هاربين من الاختناق بالغاز مرات عدّة في حركة كرّ وفرّ: يخلي المتظاهرون الميدان ويختفون في الشوارع الجانبية والمؤدية إليه، يعالجون بعضهم من آثار الاختناق بقطع البصل وزجاجت الماء والكوكا والخلّ، التي كان سكان الشقق المطلة يلقونها عليهم من الشرفات، ثم يعودون للميدان بأعداد أكبر من التي خرجت منه، وبتصميم أشدّ على الاحتفاظ بمواقعهم؛ وهو ما نجح المتظاهرون نجاحا باهراً وبخسائر قليلة، حيث لم يلق أحد حتفه خلال "جمعة الغضب" في ميدان "قارون". واحتفظ المتظاهرون بالميدان بل تسلق الشباب الحوامل الحديدية ومزقوا صور الديكتاتور وصور حرمه. ولم تتوقف "حرب الشوارع" بين الأمن والمتظاهرين طيلة يوم "جمعة الغضب". وامتدت حتى الساعات الأولى من فجر السبت، الذي كان يوما جديدا من أيام التظاهر، الذي لم يتوقف بعدها في شوارع وميادين المحافظة كلها.

(4)

قبل ظهر السبت صاغ أعضاء "اللّجنة التنسيقية"على عجل، بياناً حمّلوا فيه وحشية الأمن واستخدامه المفرط وغير العقلاني، للقوّة في ضرب المتظاهرين، مسؤولية تصاعد الأحداث في شوارع الفيوم. وحسب ما استقرّ تخطيط اللّجنة عليه، انطلقت تظاهرات السبت في الفيوم، من

ميدان الحواتم وصولا إلى ميدان قارون. وانطلقت تظاهرات أخرى من أماكن أخرى. كذلك، طافت بشوارع المحافظة وصولا إلى الميدان نفسه.

في هذا الوقت، كان وزير الداخلية حبيب العادلي قد اتخذ قراره الخياني بانسحاب الشرطة من الشوارع وفتح السجون والزنازين، لينطلق المساجين والبلطجية والقتلة والمسجلون، ينهشون لحم المصريين بطول مصر وعرضها. وكان من بين هذه السجون سجن "ديمو" الفيومي، الذي بدأ الأهالي يرصدون توافد نزلائه على منازلهم، في أحياء ومدن وقرى الفيوم. لكن يبدو أن قرار الانسحاب الأمني لم يتم تنفيذه أو اتخاذه في كل المواقع، إذ ظلّ الأمن المركزي برغم خروج المساجين، يؤدّي دوره اليومي في مواجهة المتظاهرين بشوارع الفيوم لأيّام عدّة أخرى.

لم تحاول قوات الأمن، القليلة، المتواجدة خلال ساعات نهار السبت، الاحتكاك بالمتظاهرين، لم يطلقوا خراطيم المياه ولا قنابل الغاز. ووزع بهدوء بيان "اللّجنة التنسيقية"على المتظاهرين، الذين أطلقوا شعارات الثورة الشهيرة مثل: "يسقط حسني مبارك" و"الشعب يريد إسقاط النظام" و"ارحل"، من دون أي احتكاك من جانبهم بالأمن. بل وعندما ترامى لميدان قارون نبأ حصول اشتباكات بين الأمن وأهالي محتجزين ببندر الفيوم؛ وهو ما يهدد بفرار من كانوا في سجن البندر من محتجزين، انفصلت مجموعات من المتظاهرين بميدان قارون، متوجهة إلى البندر في محاولة لرد الأهالي وإقناعهم بخطورة ما يفعلون.

لم يكن هذا التصرف الحضاري مخططا له من قبل أحد، لكن ثورة يناير كشفت في الفيوم - كما في ميدان التحرير وكل ميادين مصر - عمق نبل الشعب المصري وأصالته الحضارية، كما ضربت الأمثلة تلو الأمثلة، على جدارة شعبنا الحبيب بالديموقراطية وبالحرية، جدارته بالعدالة والحياة الكريمة، وهي الأهداف التي انطلقت ثورة يناير من أجل تحقيقها.

مرّ هذا اليوم السبت 29 يناير - مع ذلك - بخسائر أكثر جسامة من خسائر اليوم الذي سبقه (جمعة الغضب)، وترامت أمام العيون والأسماع، صور وأخبار استشهاد أبطال الثورة بالفيوم. ومن بين هؤلاء الشهداء الطفل أحمد علي، الذي لم يتجاوز عمر 14 عاما، استشهد برصاص قنّاص قرب مبنى مباحث أمن الدولة.

(5)

بعد قرار انسحاب الشرطة من شوارع مصر وتخلّيها عن حفظ الأمن، اجتمعت "اللّجنة التنسيقية" وقررت أن يتوقف التظاهر يوميا عند غروب الشمس، حتّى يتسنى للمتظاهرين الالتحام ليلا باللّجان الشعبية التي انتشر أبطالها في كل الطرق والشوارع والحارات، يحمون ويسهرون ويزودون عن كل رجل وامرأة وطفل وشيخ في الفيوم والقاهرة. ومرة أخرى يتكشف في هذا القرار معدن الشعب النبيل الذي "لم يأت بجديد" حسبما صرح وزير خارجية إيطاليا لمّا قال:"لم يأت المصريون بجديد إنهم، كما عودوا العالم، يصنعون التاريخ".

بدءً من يوم السبت، لم يعد يتبقّى في ميادين وشوارع الفيوم متظاهرون بعد غروب الشمس. ولم يكن يبقى بعد انصراف جملة المتظاهرين، سوى شباب الأحياء الشعبية (دار رماد والصوفي والشيخه شفا وغيرها). وكانوا يستميتون في مواجهة قوات الأمن طيلة الليل استماتة مذهلة، وينهكونها في مطاردات لا تنتهي عبر شوارع وأزقة المدينة، مطاردات لم تكن تهدأ كل ليلة قبل قرب الفجر.

(6)

بدءً من آخر يوم في شهر يناير/كانون الثاني بدأت "حلاوة الروح" التي أطلقها أنصار "الحزب الوطني" بالفيوم، قبل أن يلفظ الحزب والنظام كله أنفاسهما الأخيرة.

ترامى إلى أسماع أعضاء "اللّجنة التنسيقية" - التي تهنأ نفسها لقيادتها وتنظيمها الناجحين لكفاح شعب الفيوم خلال الثورة - أنباء عن استعداد قيادات في الحزب لتسيير تظاهرة مؤيدة لمبارك! وحتى تتجنب قيادات الحزب المنهار غضب الشارع على الرئيس المخلوع ونظامه، قرّرت أن تسيّر هذه التظاهرات تحت شعار رئيسي هو "لا للعنف. . لا للتخريب". وكأن المتظاهرين وليس وزارة الداخلية، هم ارتكبوا العنف الوحشي باستخدام الرصاص المطاطي وقنابل الغاز وخراطيم المياه!! أو أن المتظاهرين من معارضي النظام السابق وليس النظام نفسه، هم أطلقوا المجرمين والمساجين من سجونهم لينشروا العنف والتخريب والجريمة!!

علمنا أيضاً، أن قيادات "الوطني" التي خططت للتظاهرة، قرّرت أن يكون ميدان "قارون" مكانا لها، فأصدرنا قرارا فوريا وبالإجماع، بتجنب الزحف اليومي تجاه ميدان "قارون" في هذا اليوم. كان المخطط له أن ينتهز بلطجية "الحزب الوطني" فرصة اقتراب تظاهرات المعارضة للاعتداء عليها وممارسة العنف ضدها. كان المقصود من حشد هؤلاء البلطجية تحت شعار "لا للعنف" هو ممارسة أكبر قدر ممكن من العنف!

في هذا اليوم، الذي كان يوم الأربعاء 2 فبراير، توجهت أيضا جماعات من بلطجية "الحزب الوطني" باتجاه ميدان التحرير يمتطون الجمال والخيول. وهاجموا متظاهري "التحرير" الذين صمدوا بصلابة وبسالة، أنقذوا بها ثورة المصريين من الموت اختناقا أسفل سنابك الهمجية وحوافر الفساد. وهو يوم الأربعاء نفسه 2 فبراير الذي شهد أقوى تظاهرة في تاريخ الفيوم الصغيرة على الإطلاق، أقواها من حيث العدد: قدّرت الأعداد المشاركة بها بأكثر من مئة ألف متظاهر، وأقواها من حيث طول المسار: بدأت التظاهرة في ميدات التدريب بالكيمان وانتهت بحي باغوص شاقّة طريقاً بطول وعرض أحياء المدينة الصناعية والخريانه والبارودية والصوفي والشيخ سالم ووسط البلد والجون والمسلة والحادقة وباغوص. تجنبت تظاهرة الأربعاء الفيومية ميدان "قارون" الذي فخّخته جحافل من بلطجية "الحزب الوطني" وعساكر الأمن المتنكرين في زي مدني. تجنبت التظاهرة ميدان "قارون" وتجنبت أيضا مأساة ربما كان مخططا لها أن تشبه المأساة التي اشتهرت باسم "معركة الجمل" في ميدان التحرير.

في مساء هذا اليوم الحزين - والمجيد كذلك - في تاريخ ثورة يناير، اجتمعت اللجنة التنسيقية لقوى المعارضة بالفيوم، ناقشت أحداث يوم الأربعاء في مصر والفيوم، واتخذت قراراً بإيقاف التظاهر في الفيوم والرحيل الجماعي باتجاه ميدان "التحرير". هناك كان فجر الحريّة يولد بسواعد المصريين الأبطال. وكان النظام المستبد الفاسد يلفظ على أعتاب الميدان أنفاسا أخيرة.

ثورة شعبية في مصر.. وقودها الشباب

شهادة مشارك

أعترف بداية أن هناك من هم أحقّ منّي بكتابة هذه السطور، وبالحديث عن ثورة الشعب المصري، منهم من هم شهداء أحياء عند ربهم يرزقون، وهم من خاض مواجهات دامية مع جحافل الأمن المركزي في الشوارع والميادين وامتلأ صدره أكثر مني بالغاز المسيل للدموع، ونالته رصاصات مطاطية أكثر من التي أصابتني، ومن تصدّى وهو أعزل بدلا عني لبلطجية "الحزب الوطني" ونام في العراء بقلب "ميدان التحرير" وعرّض حياته لقنبلة "مولوتوف" تسقط فوقه من إحدى عمارات وسط البلد، ومن خرج في "جمعة الشهداء" يتقدم الصفوف غير عابئ بالمصير الذى ينتظره، إذا إعترضه بلطجية مأجورين من "حيتان المال" وفلول النظام المخلوع.

25 يناير.. ولد الأمل من رحم الصمود

بدأ اليوم في ساعاته الأولى شبه طبيعي، فهو يوم عطلة رسمية ـ لمناسبة عيد الشرطة المصرية ـ لكن الشوارع والميادين الرئيسية، التي حددها شباب "الفيس بوك" والحركات الإحتجاجية والقوى الوطنية للتظاهر في قلب القاهرة ضدّ ممارسات الشرطة، كانت أشبه بثكنات عسكرية، مسدودة بصفوف مجنّدي الأمن المركزي والمدرعات المصفحة وسيارات الإطفاء.

كنت في منطقة "السيدة زينب" عند حوالى العاشرة صباحاً بصحبة ثلاثة من الأصدقاء الصحافيين في جريدة "الكرامة". طرق سعيد وتامر هنداوي وجمال أبوعليو. من هناك قررنا التوجه إلى ميدان التحرير للمشاركة في التظاهرات، وذهبت أقصى توقعاتنا أن تتشكل تظاهرة لايزيد قوامها عن 500 متظاهر من الشباب والنشطاء الحريصين على المشاركة في الفعاليات الاحتجاجية. وكان يؤكد هذا التوقع حالة الهدوء الحذر التي تشهدها القاهرة، بسبب التواجد الكثيف لقوات الأمن، وكذلك استياء البسطاء والمارة الذين التقيناهم من أجواء العطلة ووقف الحال، فضلا عن أننا الأربعة لم تصلنا أية معلومات بشأن أى تظاهرات جرت حتى الحادية عشر صباحا. وفي أثناء هذه المناقشة انهالت علينا الاتصالات بأن شارع شبرا في القاهرة يعجّ بآلاف

الشباب في طريقهم إلى "ميدان رمسيس" باتجاه "ميدان التحرير". ثم وردنا اتصال آخر يبلغنا بأن مئات المتظاهرين في طريقهم إلى نقابتي الصحافيين والمحامين بعد كسر "الكردون" الأمني في ميدان رمسيس. وبعدها بدقائق، فوجئنا باتصال آخر يؤكد أن منطقتي "فيصل" و"الهرم" بالجيزة، يشهدان تظاهرات بالآلاف، وكانت هذه التظاهرة مفاجئة لنا، فهما منطقتان لم تشهدا أي تظاهرات من قبل.

وفي أقل من خمس دقائق، تغيّر ميزان توقعنا عن نجاح دعوة التظاهر بنسبة مائة درجة. وقررنا النزول من "تاكسي" كنّا نستقله بسبب إغلاق الشوارع المحيطة بقصر عابدين، وترجلنا إلى "التحرير" من شارع "محمد محمود". وبمجرد وصولنا إلى ميدان الشهيد عبدالمنعم رياض، فوجئنا بأرتال المتظاهرين الذين أجبروا قوات الأمن على إفساح الطريق أمامهم للوصول إلى ميدان التحرير. وكان لافتا إصرار المتظاهرين على تكرار ترديد شعارات " الشعب يريد إسقاط النظام"، "أرحل" و"عيش حرية كرامة".

وجوه المتظاهرين شابّة في أغلبها، لكن في قلب مجموعات الشباب كان الشعب المصري بأطيافه المختلفة قد التحم بها، بينهم عمّال ونشطاء، صحافيون ومحامون وقياديون سياسيون ومجموعات من الشباب، أشبه بمجموعات التشجيع التي تشهدها مباريات كرة القدم، والمعروفة في مصر باسم " ألتراس" وهم شباب يمتاز بالحماس الشديد والقدرة على المواجهة والتصدي والصمود، حتى لو كان في مواجهة قوات الأمن؛ وهو ما رأيته بعيني عندما توجهنا إلى شارع القصر العيني قاصدين شارع مجلس الشعب الموصل إلى مقر وزارة الداخلية، وذلك حسب دعوة التظاهر أمام وزارة الداخلية للتنديد بسياسة التعذيب والقمع التي يتبعها نظام مبارك ضدّ المعارضة والحركات الاحتجاجية. توقفت المسيرات عند مقرّ البرلمان، ولم تسمح قوات الأمن للمتظاهرين بالتقدم خطوة واحدة باتجاه وزارة الداخلية، لكن أمام إصرار المتظاهرين على إكمال المسيرة قامت قوات الأمن بضرب الصفوف الأمامية من المتظاهرين بالهراوات والعصي المكهربة، ثم اشتدت المواجهات فقامت سيارات الإطفاء والعربات المصفحة بدهس صفوف المتظاهرين ورشهم بالمياة المخلوطة بالفلفل الحار. ورأيت بعيني كيف تصدى الشباب

لهذه المصفحات وسيارات الإطفاء ووقوفهم أمامها وإجبارهم لسائقيها على التقهقر إلى الوراء. ومع تواصل صمود المتظاهرين، دبّر بعض الضباط مكيدة لتفريقهم، قضت بأن يندسّ عدد من عناصر الشرطة، الذين يرتدون زيا مدنيا، وسط المتظاهرين، ويبثّون الرعب في وسطهم بإطلاق صيحات عالية وصراخ مخيف وهم يرددون " إجري"، " هيهجموا علينا"، ثم يفرّون وسط التظاهرة، فيجري وراءهم الآخرون. وقد فشلت هذه المكيدة عندما اكتشف المتظاهرون أمر هؤلاء المندسين.

بعد إخلاء شارع القصر العيني من المتظاهرين وإغلاقه بصفوف مجندي الأمن المركزي من الجانبين، تسلّل المتظاهرون إلى ميدان التحرير من الشوارع الجانبية، ولم أتمكن من اللحاق بهم بسبب محاصرة قوات الأمن لي مع عدد من الصحافيين في شارع مؤسسة "روزاليوسف"، وكان بيننا د. ضياء رشوان الباحث المتميّز في مركز "الأهرام للدراسات السياسية والاستراتيجية"، وهناك أجرينا أكثر من محاولة للحوار مع ضبّاط الأمن للسماح لنا كصحافيين بممارسة عملنا في تغطية التظاهرات، إلاّ أن الحوار باء بالفشل بعد قيام أحد الضبّاط الذي لم يتجاوز عمره 25 عاماً، بسبّ مهنة الصحافة واسم إحدى الصحف، كما قام بخطف أحد الصحافيين لإرهابنا، فتكتلنا لتخليصه من أيدى جنود الأمن المركزي، وتراجع بعضنا للتسلّل إلى ميدان التحرير من طرق جانبية، بينما فضلت أنا وعدد من الصحافيين الجلوس داخل أحد المقاهي القريبة لاستطلاع تغطية الفضائيات الإخبارية للتظاهرات المصرية، وردود الأفعال العربية والغربية عليها. هناك شاهدنا على الهواء المواجهات الدامية التي تشهدها مدينتي السويس والاسكندرية، وسقوط عشرات الشهداء والجرحى. ولاحظت ارتباك الفضائيات في تغطية التظاهرات المصرية، فبينما كانت قناتي "الجزيرة" و"بي بي سي" تنقل صدى المواجهات التي تشهدها القاهرة والجيزة وباقى الحافظات، كان أول خبر يظهر على شريط الأخبار لقناة "العربية" يقول:"مئات المتظاهرين يطالبون بإصلاحات سياسية وإقتصادية في مصر"، وهو خبر يشبه في صياغته واتجاهه الأخبار التي ظهرت على شاشة "قناة النيل" الرسمية المصرية للأخبار. بينما ركزت قناة "الحرّة" على ردّ الفعل الدولي عموما والأمريكي خصوصاً، بشأن ما يجري في مصر.

مرّت نحو ساعة. وفي حوالى الخامسة مساءً حاولنا دخول ميدان التحرير ولم نتمكن، بسبب الحصار الأمني المحكم للميدان. وعلى مدى أكثر من ساعتين تجولّنا في شوارع وسط القاهرة، لنلحظ حالة أشبه بحظر تجول غير معلن، تجلّت مظاهره في إغلاق الحشود الأمنية لكافة الشوارع الرئيسية المحيطة بميدان التحرير، ما تسبب في أزمة مرورية وارزدحام شديدين. ثم علمنا أن المتظاهرين في "التحرير" أجبروا قوات الأمن على التراجع، وبات ممكنا دخول الميدان بسهولة. كان الظلام آنذاك قد حلّ على القاهرة، فتجمعت حشود المتظاهرين بقلب ميدان التحرير، وبدأت مجموعات الشباب تتشكل لبحث أمر المعتقلين وإسعاف المصابين وتسجيل الشهداء الذين سقطوا خلال المواجهات مع قوات الأمن في القاهرة والمحافظات. كما ارتفع سقف مطالب المحتجين إلى أقصى درجاته، مطالبين برحيل نظام مبارك بالكامل، في تأثر واضح بثورة الشعب التونسي. وطوال ساعات الليل الأولى، تمّ نصب الاذاعات الداخلية بالميدان وقام بعض الشباب بإذاعة البيانات المنادية بمواصلة الاعتصام بميدان التحرير حتى سقوط النظام. وقد تجاوب المتظاهرين كافّة مع هذه النداءات، وتشكلت حلقات سمر لترديد الأشعار والأغاني الوطنية، وقام البعض بتدبير ما يلزم المتظاهرين من أطعمة وأغطية للمبيت في الميدان. وفي تمام الواحدة صباحاً فوجئ المتظاهرون بمدرعات الأمن المركزي تجتاح الميدان وتجرف أمامها كل من يعترض طريقها، ونجحت قوات الأمن في إخلاء الميدان بالقوة.

26 و27 يناير. . هدوء العاصفة

طوال ليل الـ 26 من يناير، كانت ساحة الفضائيات وشبكة "الانترنت" تعجّ بأخبار التظاهرات المصرية واعتزام المتظاهرين مواصلة الاحتجاجات حتى سقوط النظام. ومع ساعات الصباح الأولى بدت القاهرة أكثر حصارا من ذى قبل، قوات الأمن انتشرت بشكل مكثّف يصل إلى حد إغلاق شوارع رئيسية فيها؛ وبعد الظهر، بدأت مجموعات من الشباب التظاهر في مناطق متفرقة، لكن "تكتيك" التظاهر كان مختلفاً عن يوم 25 يناير، فقد اتّبع الشباب سياسة الكرّ والفرّ مع قوّات الأمن لتفادي المواجهات والاعتقالات، فما ينفك الشباب يتجمعون في إحدى المناطق مرددين " الشعب يريد إسقاط النظام" ثم يفرّون سريعاً للتجمع في منطقة أخرى بهدف

إجهاد قوات الأمن وإرباك حركتها، حتى أن بعض المتظاهرين فرّوا إلى داخل محطة مترو أنفاق " جمال عبدالناصر"وتجمّعوا فوق رصيف المحطة، ورددوا شعارات التغيير، والتفّ المواطنون حولهم ثمّ فروّا إلى خارج المحطة. وما حدث يوم الأربعاء تكرّر الخميس، لكن مع تصاعد الدعوات للتظاهر يوم الجمعة تحت شعار "جمعة الغضب".

جمعة الغضب. . حرب الساعات الست

كانت دعوة التظاهر، يوم الجمعة 28 يناير، تقضي بخروج المتظاهرين من المساجد عقب صلاة الجمعة والتجمّع في ميدان التحرير، وهو ما أتاح الفرصة لجموع المصريين لتلبية دعوة الشباب والمشاركة في التظاهرات، وفي مواجهة هذه الدعوات قامت قوات الأمن بحصار جميع المساجد الرئيسية في محافظات القاهرة والجيزة والسادس من أكتوبر وباقى المحافظات. وقامت شركات الاتصالات بقطع خدمات "الانترنت" والهواتف المحمولة. عدت من مدينة الانتاج الإعلامي إلى ميدان "سفنكس" في الجيزة قبل الجمعة بدقائق. وأديت الصلاة داخل زاوية صغيرة؛ ومضيت بطريقي إلى مسجد مصطفى محمود للالتحام بالتظاهرات التي خرجت من هناك. وعلى مرمى البصر فوجئت بالآلاف يعبرون شارع جامعة الدول العربية إلى شارع البطل أحمد عبدالعزيز، ومنه إلى شارع التحرير فميدان الجلاء ثم إلى ميدان التحرير.

قوات الأمن رافقت المسيرة خطوة خطوة، منذ خروجها من المسجد حتى وصلت إلى ميدان الدقى. وكلما اقتربت حشود الأمن من المتظاهرين هتف هؤلاء بصوت عال " سلمية. . سلمية". . حاولت كثيرا الوصول إلى بداية المسيرة لالتقط صورة واسعة للحشود الزاحفة إلى "التحرير". لكنني فشلت مرارا، ورغم ذلك كنت أكرر التجربة في استمتاع تام، ففي كل مرة كنت التقط صورا بديعة من داخل المسيرة، فهذا أب بصحبه نجليه وقد ألبسهما زياً بلون واحد واصطحبهما في يديه؛ وذاك شاب يمسك بيد خطيبته وهي ملفوفة بالعلم المصري؛ وفي قلب المسيرة التقيت أشخاصا أعرفهم لم أرى وجوههم منذ سنوات. . الفنانة جيهان فاضل تهرول وهي مبتسمة كأنها في فرح كبير، والفنانة نهى العمروسي تصرخ بأعلى صوتها "يسقط يسقط حسني مبارك"، والفنان خالد الصاوي يتوسط مجموعة شباب يهتفون:"الشعب يريد إسقاط النظام".

في منتصف المسيرة في شارع البطل أحمد عبدالعزيز، صادفت حمدين صباحي القيادي الناصري والمرشح لرئاسة الجمهورية، وبجواره نجله محمد، يتأملان المشهد في انبهار واضح، سلّمت عليهما بعد أن أزحت عن وجهى كمّامة أتقي بها آثار الغاز المسيل للدموع، الذي بدأت رائحته تزكم الأنوف وتدمي العيون كلما اقتربنا من التحرير.

وأمام تمثال طه حسين في ميدان الجلاء، توقفت المسيرة، حيث سدّت أربع سيارات أمن مركزي مدخل "كوبري الجلاء" لمنع المتظاهرين من الوصول إلى "كوبري قصر النيل" ثم ميدان التحرير. وبعد مواجهات دامية بين الشباب والجنود الذين أطلقوا قنابل الغاز والرصاص المطاطي لتفريق المتظاهرين، هرب ضباط الأمن المركزي وتركوا المجندين داخل العربات، فقام الشباب بالالتفاف حول العربات، وقاموا بتأمين الجنود، ونادوا في المتظاهرين أن اعبروا فالطريق إلى التحرير مفتوحا. لكن على مرمى البصر تشكلت حشود أمنية مكثّفة لإغلاق "كوبري قصر النيل"، الذي شهد من دون غيره، عدواناً وحشياً على المتظاهرين، حيث تمّ إلقاء قنابل الغاز المسيل للدموع عليهم وهم يصلّون العصر. ودهست سيارات الإطفاء عددا منهم وهي تتجول وسطهم وترشّ ماءها المخلوط برزاز الفلفل الحار فوق رؤوسهم. ولم يتوقف قصف القنابل المسيلة للدموع لحظة واحدة واتشحت سماء القاهرة بالأدخنة السوداء، لكن صمود المتظاهرين كان كفيلا بإنهاء المواجهة لصالحهم. كنّا نبصق مرارة الغاز المسيل للدموع ونحن نستنشق رحيق الحرية، تغمرنا مياه المطافئ ورزاز الفلفل الحار، فنبلّل ريقنا بهاتافات ساخنة. تسيل دموعنا وتحمرُّ أعيننا فنرى الحلم أوضح وأقرب ونتأكد أن العنف الأمني يقرّبنا أسرع من النهاية.

أكثر من عشرين ألف متظاهر واجهو بصدورهم العارية أكثر من عشرة صفوف من عساكر الأمن المركزي، ومن خلفهم أربع مصفحات وسيارة مطافيء. وبين ترقب حذر وكرّ وفرّ ومواجهات عنيفة بهدف عبور "الكوبري" والوصول إلى "التحرير"، سقط عشرات المصابين جرّاء الاختناق وحالة التدافع أمام المصفحات، التي كانت تتلوى كالأفعى بين المتظاهرين وسط الكوبري. تراجعت الجموع تفادياً للرصاص المتطاير فوق الرؤوس، وبدأ نقل المصابين إلى مستشفى المعلمين، التي فتحت أبوابها وأجرى المسعفون والأطباء هناك إسعافات أولية بحماس وكفاءة.

في هذه اللحظات، ظلّ المشهد على "كوبري قصر النيل" أشبه بحالة اللاسلم واللاحرب: الجنود يسدّون مدخل "الكوبري" من ناحية "التحرير" والشباب مرابطون في نهاية "الكوبري" من ناحية الأوبرا؛ وبين الجبهتين منطقة فاصلة تغمرها مياه المطافئ ودماء المصابين.

حاولت العبور إلى الجهة الثانية من نهر النيل عبر "كوبري 15 مايو" أو "6 أكتوبر"، فوجدت المشهد يتكرّر هناك بالصوت والصورة، قنابل الغاز تغطّي سماء القاهرة، لكن المتظاهرين في كل مكان، على "الكباري" وفي الشوارع الرئيسية والجانبية، فرادى وجماعات، يحملون الأعلام ويرفعون شعارات التغيير.

أمضيت أكثر من ساعة في شوارع الزمالك متنقلا بين "الكباري" الثلاثة، وأدركت أن الطريقة الوحيدة لعبوري إلى الجهة الأخرى من النيل هي القفز في مياهه. ضاقت بى الدنيا للحظات حتى مرّ أمامي شخص يقود دراجة بخارية، كان يحاول العبور إلى الكورنيش عبر "كوبري 15 مايو"، فوافق على نقلي وسمح له المجندون بالعبور، ونزلت أمام وزارة الخارجية، تقدّمت خطوات وسرت في الشارع المجاور لمبنى التلفزيون، لأجد ملحمة أخرى تدور رحاها بين عساكر الأمن المركزي وشباب منطقة بولاق أو العلا العشوائية. حرب شوارع بكلّ بمعنى الكلمة دارت حول المنطقة المواجهة لفندق "رمسيس هيلتون" بشارع الجلاء، استغرقت أكثر من ثلاث ساعات متواصلة.

دخلت بولاق مجبراً لأن كل الشوارع المؤدية لميدان التحرير، أو نقابة الصحفيين بشارع عبدالخالق ثروت، تشهد مواجهات دامية.

دلفت إلى داخل شارع "ظهر الجمال" الملاصق لمبنى التلفزيون، حيث تتفرع منه أزقّة طويلة وضيقة، حيث البيوت التي تبدو كعلب كبريت مصنوعة من الصفيح والخشب. صعدت إلى أحد المنازل على سلم خشبي، ما لم تتنبّه وأنت تصعده فقد تنقلب على ظهرك في ثوان. استأذنت صاحبة البيت لإجراء بعض الاتصالات من خلال الهاتف الأرضي، لأن كل خطوط الهاتف المحمول كانت متوقفة، بتواطؤ من شركات الاتصالات الثلاث "فودافون" و"موبينيل" و"اتصالات"، فوافقت السيدة على الفور، بل طلبت منّي أن أجري كلّ الاتصالات اللازمة، تحسباً لعدم تكرار هذه الفرصة في مكان آخر.

خرجت للشارع فوجدت أهالي بولاق موزعين على جبهتين، الأولى داخل المقاهي الصغيرة يتابعون الأخبار على شاشات الفضائيات؛ والجبهة الثانية عند مداخل منطقة بولاق المطلّة على شارع الجلاء، يقذفون الجنود بقنابل "المولوتوف" والحجارة، وعندما يصاب أحد شباب المنطقة برصاص مطاطي أو اختناق، يحمله الآخرون على الأكتاف داخل الحواري، ويبدأون بعلاجه بطرق بدائية. شاهدت بعيني أمّ أحد الشباب وهي تزغرد عندما أتوا به إليها محمولا على الأعناق وظهره مثقوبا بزخّات الرصاص المطاطي، وكيف دفعت بأخيه دفعا بحماس، للمشاركة، عوضاً عن أخيه، في صدّ جنود الأمن المركزي عن المنطقة.

وقفت أتابع المشهد وتنتابني مخاوف كبيرة من ارتكاب أحد الجنود حماقة قصف منطقة بولاق بقنبلة مسيلة للدموع، فقنبلة واحدة كافية لإصابة المنطقة المكتظة بالفقراء باختناق تام.

قنابل الغاز والرصاص المطاطي، التي لم تتوقف، لحظة كانت تخرق قلبي قبل أن تؤذي أذناي. وسيطرت على تفكيري صور وخيالات تتشكل للمتظاهرين وهم يسقطون جراء إصابتهم بهذه القنابل وكيف يواجهونها، خصوصاً أن أغلب هذه القنابل كان مصدر إطلاقها يأتي من ناحية ميدان التحرير. وأعلم أيضا أن أغلب أصدقائي متواجدون هناك: تامر هنداوي وسيد الطوخي وحمدين صباحي وآخرون، ولم أعرف تفسيراً لحالة الهياج العصبي التي انتابتني وأنا أربط مايدور في القاهرة وبين ماكان يسرده محمود درويش من يوميات القصف الصهيوني لبيروت عام 1982، في كتابه " ذاكرة للنسيان" وحالة الرعب التي كانت تغلّف بيروت أثناء قيام الطيران الصهيوني بقصف المدينة طوال ساعات الليل وتحولها إلى مدينة أشباح. ها هو الرعب نفسه والمواجهات نفسها تدور رحاها في قلب القاهرة، أراها بعيني وأشارك فيها أيضا. كان الموقف أقوى من أن تحتمله أعصابي المنهارة، فانطلقت من دون وعي في شارع الجلاء أصرخ بأعلى صوت " يارب".

وبعد مرور أكثر من ثلاث ساعات على تلك المواجهات، أجبر شباب بولاق قوات الأمن المركزي على الرحيل عن المنطقة، فخرجوا يعلنون انتصارهم وهم يرقصون فرحاً، بعد أن وصلتهم أخبار انسحاب الشرطة وانتشار قوات الجيش مع حظر التجوال.

شوارع وسط البلد التي كانت مسدودة تماماً منذ لحظات بعساكر الأمن المركزي، باتت شبه خالية منهم فور انتشار قوات الجيش، وكأنهم تبخروا في دقائ. عبرت "شارع الجلاء" ومنه إلى "عبدالخالق ثروت" حتى وصلت "شارع قصر النيل" لأجد من نجا من زملائي في "الكرامة" متسمرين أمام شاشة التلفزيون يتابعون الأخبار العاجلة، هنأنا بعضنا بنجاح تظاهرات "جمعة الغضب" في إجبار قوات الأمن على الانسحاب وانتشار الجيش، وما سيعقب ذلك من تغيرات لم تتأخر ساعات حتى أُعلن عنها. سألت عن تامر وسيد وحمدين وأمين اسكندر وآخرين، فقال لى أحد الأصدقاء إنهم أسرى مواجهات شرسة ما تزال تدور رحاها في ميدان التحرير، فانتابني قلق شديد، وثقة في صمودهم، خصوصاً مع تواتر الأخبار بإطلاق قوات الأمن الرصاص الحي على المتظاهرين الذين حاولوا الوصول إلى مبنى وزارة الداخلية، وسقوط مئات الشهداء والجرحى.

الشوارع التي كانت ساحة للمواجهات الدامية، تحولت إلى ساحات للفرح بنزول الجيش إلى الشارع تحت شعار " الجيش والشعب إيد واحدة"، حيث انتشرت قوات الجيش بدلاً عن قوّات الأمن، التي انسحبت بشكل مفاجئ مساء الجمعة من ساحات التظاهرات وأقسام الشرطة والسجون أيضا، الأمر الذى شكل فيما بعد "سيناريو" محكماً لإحداث فراغ أمني في مصر.

لابديل عن الرحيل

ضمنت القوات المسلحة للمتظاهرين حق التظاهر ومشروعيته، وآثرت ألاّ تدخل في مواجهة مع أبناء الشعب منذ اللحظة الأولى التي تولت فيها ضبط الأمن، خصوصاً وأن تكلفة المواجهات التي شهدتها "جمعة الغضب" كانت باهظة، ومنسوب الغضب لدى المتظاهرين والمصريين عموما وصل، ذروته. وكان ميدان التحرير قبلة المتظاهرين الذين خرجوا في أرجاء القاهرة، فتجمعوا فيه وقرروا الاعتصام حتّى رحيل النظام والثأر لدماء الشهداء الذين سقطوا برصاص الأمن المركزي. وعلى مدى الأيام العشرة التي تلت "جمعة الغضب" وزّعت نفسي على ثلاث جبهات: ميدان التحرير مشاركا في فعاليات الصمود حتى رحيل النظام، وشاشات الفضائيات واتصالات الأصدقاء أثناء تواجدى في المنزل، وفي "جريدة الكرامة" التي شاء القدر أن يصدر قرار التنحّي وأنا متواجد فيها، عندما تجمّع الزملاء كافّة داخل حجرة رئيس التحرير للاستماع إلى

بيان نائب الرئيس عمر سليمان؛ وكانت المفاجأة أنه يعلن قرار تنحّى مبارك عن الحكم، صرخنا جميعا " الله أكبر" وتعانقنا في حبّ وطن يستحق الحبّ، وهرولنا إلى ميدان التحرير لنذوب بين شعب مصر الفرح بانتصاره، واستجبنا للنداء الجامع: "إرفع راسك فوق أنت مصري".

18 يوما من عمر الوطن وعمر الشعب المصري العظيم أسقطت حاكما استبد بشعبه 30 عاماً، لكن لم تهدأ مصر ولم يهدأ الميدان برحيل مبارك، فما يزال نظامه يحكم فعلياً، وفلول حزبه الفاسد منتشرة كالأفعى في ربوع مصر، ومجلسه المزوّر لم يتم حله بعد، وحكومة الفريق أحمد شفيق التي عينها مبارك هي التي تسيّر أمور البلاد، والفاسدين واللصوص ما يزالون يتحركون بحرية وبإمكانهم السفر إلى خارج البلاد. كان الوعي بأهمية الاستمرار في الاعتصام بميدان التحرير حتى رحيل النظام بكامله، لا يحتاج إلى من يبثّه وسط المتظاهرين، أو لتطرحه جماعة بعينها، أو يتبناه أحد الأحزاب أو الحركات، فالمتظاهرون من الشعب المصري والثوّار الشباب الذين تشكلوا في إئتلافات وتجمعات ثورية، كانوا أوعى من أي إملاءات أو توجيهات. وجمعة تلو الجمعة كانت التظاهرات المليونية توجه تحذيرا بثورات جديدة مالم تتم الاستجابة لباقي مطالب الثورة وهي" إقالة حكومة شفيق ومحاكمة رموز الفساد ووضع دستور جديد للبلاد وإلغاء قانون الطواريء وإجراء إنتخابات رئاسية وبرلمانية نزيهة"

صباح الخميس 3 مارس 2011 استيقظت من النوم على خبر إقالة حكومة شفيق وتكليف د. عصام شرف تشكيل حكومة تسيير الأعمال، واعترافه بأنه يكتسب شرعيته من الشعب، ثم مشاركته في التظاهرة المليونية يوم الجمعة 4 مارس 2011 وحديثه للمتظاهرين بأنه واحدا منهم. أدركت ساعتها أن ثورة مصر وضعتها على أولى خطوات الطريق نحو الحرية وإعادة بناء البلاد بالفعل؛ وأن دماء الشهداء لم تذهب هدرا رغم محاولات فلول النظام السابق تنظيم ثورة مضادة وقف لها الجيش والشعب يدا واحدة.

أحمد عاطف

صحافي وإعلامي مصري

من تداعيات الثورة: عراة في الميدان

كأنه الحلم يا مصر، يحملنى على أجنحته إلى الميدان، تتفتح البراعم وتمتلئ ساحتك بالخضرة، وبهجة ألوان الزهور ونسمات تسري بالدفء إيذاناً بقدوم الربيع، تجدّدين شبابك بشباب ابنائك، بعد أن تتساقط الأوراق الجافة وتذبل الجذور العقيمة. هؤلاء الشباب الذين أراهم يقفون في الميدان عراةً إلاّ من أحلامهم التي يلتحفون بها فتنطلق، ويمتلئ فضاء الميدان بالفراشات الملونة بألوان قوس قزح. . وأتجه إلى نفس المكان.

يعجبني جداً تعبير يردده أولاد البلد , عندما يقولون " أقلع لك"، ليس بالمفهوم الأخلاقي، فهم لا يخطئون المعنى، وإنما يعني إنهم يواجهون من دون أن يلووا على شيء وقد أسقطوا كل الحسابات، إلاّ من كيانهم الإنساني كما ولدتهم أمهاتهم أحراراً.

هكذا كانت البطلة في روايتى "خرائط للموج" الصادرة عن "دار الهلال" في يونيو1997، وهي تتجه للميدان في نهاية الرواية. تعود إلى المكان نفسه الذي ضمّها هي وزملائها أثناء تظاهرات الطلبة عام 1972، بعد سنوات طويلة شهدت خلالها تغييرات كثيرة في الواقع، توزعوا في مساربها بدرجات متفاوتة، واختار كل منهم طريقه، وتبددت معالم الحل. تقول البطلة التي ظلّت تتشبث بالحلم:" يسرقون أحلامنا ويمسخونها". والبطل، رفيق العمر، يقول لها:" كفى البكاء على أحلام أنتهى عمرها الإفتراضي". كانت البطلة المهندسة المعمارية ترصد معمار المدينة ومعمار الواقع، بما يطرأ عليه من تغييرات، ومعمار العلاقات الإنسانية والتاريخ، وهى ترتحل عبر الأزمنة والأماكن، تحلم بعمارة أكثر إنسانية، تفجّر في الناس ينابيع الإحساس بالجمال كقوة مبدعة، وهى ترى العمارة الوحشية تجتاح المدينة والتراث والتاريخ، لتطمس معالمها بتلك الصناديق العملاقة التي تحجب الرؤى وتعتقل النيل. عشوائية السلطة ورأس المال، هي الوجه الآخر لعشوائية الفقراء.

تعود إلى بيت الأسرة في العباسية كحّي للطبقة الوسطى، تعود إلى الرحم بحثاً عن ميلاد جديد، تحتويها جدران الحجرة، تدور فيها وهي تعيد ترتيب أوراقها، أوراق الأبحاث والمشاريع

التي حلمت بتحقيقها، في واقع يسعى لأجهاض تلك الأحلام وإفراغها من مضمونها. في النهاية تلفّ الأوراق حول جسدها، تتوحد بها وترتدي المعطف فوقه وتتوجه إلى الميدان. المكان نفسه الذي كان يضمّ قاعدة لتمثال أو نصب تذكاري كانوا يقفون حوله. تخلع المعطف فتتقشّر الأوراق عن جسدها ويتلقفها المارة، مثلما كانوا يتلقفون المنشورات التي كانت تخفيها تحت سترتها أثناء تظاهرات الطلبة، تظلّ الأوراق تتقشّر عنها إلى أن تقف عارية في قلب الميدان.

تتردد في ذاكرة البطلة أغنية "صورة"، وتتالى مشاهد أرتبطت بها. . الزملاء والأهل والجيران ورفاق الطفولة والصبا، إحتفالات أعياد الثورة، طوابير العرض العسكري وهى ورفاقها في زى الكشافة يحيون الجنود. أخاها الصغير محمولاً على كتفي أبيها وهو يلوّح بيده. . تتردّد كلمة لعبد الناصر قالها في أحد احتفالات عيد العلم " إن هذا الجيل جاء في موعده مع القدر". كلّ ذلك كان يصحبني وأنا في الميدان. أرى الشباب عرايا إلاّ من أحلامهم التي يلتحفون بها، تتقشّر الأحلام عن أجسادهم وتتطاير مرفرفة وتملأ فضاء الميدان، وأسمع أغنية "صورة" تحديداً وهم يرددون مع عبد الحليم. والأطفال الصغار محمولين عل الأعناق يصيحون بالهتافات والناس تردّد وراءهم، كأنّي مازلت أحلم ولم أبارح صفحات الرواية، أفتح عيني على اتساعهما وأردد: اللهم اجعله خيراً.

يلّح علي العزيز الراحل د. أحمد عبد الله، زهرة شباب جيلنا، يستحثّ خطاي وهو يصحبنى إلى الميدان ليرى الحلم الذي اكتوى بناره في سنوات المخاض، يتحقق على أيدى هؤلاء الشباب. قاد أحمد عبد الله حركة الطلبه في جامعة القاهرة عام 1972 واحتلوا القاعة الكبرى. كان قيادياً فريداً، بسيطاً محبّاً للناس. كان الأوّل على دفعته في كلية الإقتصاد والعلوم السياسية، في سنة تخرّجه رفضوا تعيين معيدين، كي يبعدوه عن الجامعة ولا يتم تعيينه. سجّل حركة الطلبة في أطروحته للدكتوراه من جامعة كمبريدج وعاد ليظلّ بلا عمل ثابت يليق به. سخريته اللاّذعة المحببة بخفّة دمه المصرية، يسخر من الواقع وما يجري فيه، كانت تختلف سخريته من القريبين منه عن الأصدقاء. وحتى عن نفسه. عندما أحكم الحصار حوله اختار بقعة من مصر، وهو حي عين الصيرة الذي عاش فيه، ليحقق فيه أحد النماذج مما كان يود أن يحققه لمصر كلها، من خلال

"مركز الجيل" الذى أنشأه بجهود ذاتية لتنمية المجتمع، من دون تمويل خارجي. كان أحد أبطال "خرائط للموج " يترك المكتب الهندسى الذى يعمل فيه لأنه يخضع لشروط السوق. لم يستطع أن يحقق أحلامه، أقام مكتباً في حي شعبي ليعلّم الناس كيف يجعلون بيوتهم أجمل.

قال لي محمود أحد الشباب في الميدان، وهو يعد رسالة "ماجستير" في الأدب الأنجليزي، أنه تنقّل في أعمال كثيرة لأنه لا يجد نفسه، ويصطدم بعقليات جامدة لاتعنيها القيمة والإبداع، كثيرون مثلي يفعلون ذلك، يبدو أنها ظاهرة في جيلنا. لو كنّا نعيش في مناخ ديموقراطي بحقّ، ربما أصبح أحمد عبدالله رئيساً للجمهورية. قالها مرّة أحد رموز النظام في لقائه بوفد الطلبة عام 72: " هذا الطالب يمكن أن يحكم مصر". داهمني خبر وفاته وأنا بعيدة عن مصر.. روح أحمد عبدالله ترفرف في الميدان طليقة، فهو أحد الآباء الشرعيين لهؤلاء الشباب الذين يحتلون الميدان، ليصنعوا مصرجديدة تنعم بالحرّية والديمقراطية، ويخطّون صفحة جديدة في تاريخ الثورات في العالم، ثورة تليق بسنوات المخاض الطويلة، وبحضارة سبعة آلاف سنه، ولا أدري لماذا يشبّه البعض الحكام الطغاة الذين ينهبون بلادهم مثل الغزاة الأجانب بالفراعنة.

كانت سيدة مسنّة تمسك بلافتة عليها رسم صورة مبارك، كتب عليها:" أرحل يا فرعون". توقفت أمامها وقلت لها ضاحكة: الفراعنة مازالوا ينفقون علينا بعد رحيلهم بقرون، ويحققون لنا دخلاً، أما هو وعصابته الحاكمة فنهبوا مصر. فكرت السيدة قليلاً، ثم أجابت مبتسمة: أنا أقصد فرعون موسى الذى طغى وتجبّر.

شباب 25 يناير الذين فجّروا ثورة الشعب المصري وتصدروا المشهد، سجلوا صفحة جديدة في تاريخ الثورات في العالم. منذ اللحظات الأولى أدركنا أننا أمام ثورة حقيقية، ليس فقط على المستوى السياسي، لكن ثورة في الفكر والإبداع، في الممارسات وطرق التعبير والتنظيم. هؤلاء الشباب العزّل يمكن أن يزيحوا نظاماً مدججاً في ساعات قليلة، تعرّى النظام بهمجيته وتخلّفه وانحطاطه ووحشيته. عري الثوّار أطلق الأحلام من عقالها وحققها، أمّا عري النظام فأظهر عواره. وعرّى الزيف في كل المواقع، فلا مكان للمحترفين الذين أحترفوا القفز على حركة الجماهير والإلتفاف عليها، أو حتى أخذ صورة تذكارية بجوارها. أو الأحزاب التي ولدت بعيب

347

خلقي وانفضت عنها العناصر الجادّة، إلاّ من القلّة الذين مازال لديهم بعض الأمل. وسكنتها الصراعات التي يشعلها "الحزب الوطني" كي لا تنقلب المسألة جدياً، فقد انشأهها الحزب الحاكم لتكون معارضة له، أي يختار معارضته بمواصفاته الخاصة.

لقد تجاوز شباب الثورة الأجيال السابقة، الذين كانوا يشعلون الثورات في تاريخ مصرالحديث، ويوجهون الأحداث. منذ ثورة 19 التي شاركوا فيها مع الشعب، وقدّموا شهداء للوطن، قتل شباب عزّل بعربات مصفحة على مرأى من العالم، تلك هي الروح التي حكموا بها مصر ونهبوها. هذه ثورة عمّدت بالدم، ودم الشهداء يطلب دائماً الثار، يشد أزر الثوار ويزكّي روح المقاومة. هؤلاء الشباب الشهداء ذابوا في جموع الشعب واستقروا في أرواحنا وقلوبنا، يصطحبوننا في مشوار حياتنا ويعيشونها من خلالنا.

أقف مذهولة من هؤلاء الذين رفعوا صورة الشهيدة سالي مجدي من بين صور الشهداء في الميدان، بدعوى أنها متبرجة. سالى الآن بين يدي الرحمن الرحيم وهو أرحم بها منكم، فأنتم لاتدركون وسع رحمته في السموات والأرض. هذه البطلة الشجاعة، التي تركت حضن أمها وأبيها وأسرتها لتخرج في تلك الظروف الصعبة، وتعلم أنها ستواجه جهاز أمن وحشي، خرجت حاملة روحها على كفها من أجل بلدها، وليس لكي تتسلى. التقيت بأبيها في الميدان وهو يحمل صورتها، رغم الآلام المبرحة خرج إلى الميدان ليلتمس العزاء في زملائها. أختزلتموها في الحجاب، فالدين لديكم مظهر قبل أن يكون جوهراً. . ادعو الله أن تنالوا مكانتها في الآخرة.

كانت هناك في المسيرة الطلابية والشبابية محطّات كثيرة، من ابرزها تظاهرات 35 للمطالبة بالدستور والتي استشهد فيها عدد من الطلاب، كان أبرزهم عبد الحكم الجراحي. كان الطلبة في تظاهرات 72 يهتفون باسمه تمسكاً بتاريخ حركات الشباب والطلبة، فكانوا يقولون:" عبد الحكم ياجراح أوعى تفكر دمّك راح" وأيضاً:"أشغال شاقه إيه يا أخينا دا الجراح يبقى ماضينا". وتظاهرات 46 التي قادتها اللّجنة العليا للعمال والطلبة. استشهد فيها طلاب كثيرون بعد حادثة فتح الكوبري وهم يعبرون عليه. وتمّ اصطياد من لم يمت غرقاً بالرصاص على صفحة النيل، وظلّ هذا اليوم حياً في ضمير العالم باختيار هذا التاريخ22 فبراير يوماً للطالب العالمي، تكريماً لشهداء

مصر من الطلاّب. وتظاهرات الشباب عقب هزيمة يونيو في 68، ثم الحركة الطلابية في 72 التي شملت جامعات مصر، ثم 76 التي تبلورت في أسبوع الجامعة والمجتمع بجامعة القاهرة، وشارك فيها فئات أخرى من المثقفين والعمال والوظفين، وتوجت بمسيرة نوفمبر الطلابية من الجامعة حتى مجلس الشعب، وبعدها منع الرئيس السادات التظاهرات. بعدها بشهور قليلة تفجّرت تظاهرات يناير77، التي عمّت أرجاء مصر. ثورة 25 يناير كانت أشمل، فقد ضمت قطاعات أوسع من الشباب من الخريجيين والطلبة في القاهرة والأسكندرية. وسرعان ما انضمّ إليها الشارع المصرى في المحافظات كافّة، أخرجوا مصر من انتكاسة القرون الوسطى المظلمه تحت حكم المماليك الجدد. كانت شعارتهم بسيطة ومباشرة ونفّاذة:" الشعب يريد إسقاط النظام" و"مش هنمشي أنت تمشي" محدّدة من دون تفاصيل أو فذلكة، تجتذب جميع القطاعات من الشعب.

هذا الجيل من الشباب الذي ولد معظمه بعد تولي مبارك الحكم، لم يرى رئيساً غيره، تلقى معظمه تعليماً هزيلاً في ظل نظام تعليمي فاسد ومؤسسات تعليمية منهاره، وجامعات يسيطر عليها أمن الدولة، وكانت له اليد الطولى في اختيار قياداتها؛ وإعلام متهرئ. ولم يعد إلاّ القليل في الحياة العامة من يعطيهم أو يتعلمون منه؛ ولم يربوا على التلقين الإيديولوجي الذي يوسّع المسافة بين الفعل والممارسة، اكتسبوا خبراتهم عبر معانتهم في مطلع حياتهم وتبادلوها ونموها فيما بينهم، يرفضون الوصاية ويتعاملون مع الأجيال الأكبر بقناعتهم وليس بالقناع الأبوي.

كنت فرحة بهؤلاء الشباب الذين كنت أتحاور مع بعضهم في الميدان، أو الذين كنت على احتكاك بهم في مجال العمل والحركة، وحتى في محيط الأسرة والأصدقاء. هذه هي الغالبية من الشباب، التي حاولوا دائماً تشويهها من خلال أجهزة الإعلام التي يقدمون من خلالها شبابهم المسطح الذي يقدمونه، كي يقولوا أن هذا هو حال الشباب، الذين لا يمكن الإعتماد عليهم. وكي يبرروا استمراريتهم وأنانيتهم، وليتصابوا ويصبغون رؤوسهم. والمثل السئ الذى قدّموه للسلطة الأبوية بإعادة عصر الديناصورات، هو أحد عوامل التحرر من السلطة الأبوية، ليحل محلها الإقناع والإقتناع واحترام العقول.

حركات الطلبة والشباب، يأتي معظمها في يناير في ذروة العام الدراسي، وكذلك انتفاضة

الشعب في 1977، "حركة الضباط الأحرار"، ربما كانت ستأتي في الميعاد نفسه، لولا أنهم قدّموا الميعاد عندما أن علموا باكتشاف أمرهم، فجاءت حارّة في عزّ الصيف.

مصر التي خرجت إلى الشارع عام 1967 لتطالب الرئيس جمال عبد الناصر بالعدول عن التنحّي، هي نفسها مصر التي خرجت في يناير 2011 لتطالب مبارك بالتنحّي، بعد أكثر من أربعة عقود ونصف العقد. وليست تلك هى المفارقة الوحيدة التي توضح ما طرأ خلال تلك الفترة من تغيرات، فنظام عبد الناصر هزم في 67، ومبارك كان قائد سلاح الطيران في الحرب التي انتصرنا فيها في 73، لم يخيّب عبد الناصر أمل الشعب وشرع على الفور في إعادة بناء الجيش حتّى وفاته. وهذا بدأت آثاره تظهر في حرب الإستنزاف. قبل الحرب تحقّقت الخطّة الخمسية الأولى 60-65، في طريق التنمية، وبدأت الخطّة الثانية 66- 70 الديموقراطية التي لم تكتمل بسبب الحرب والإنفاق العسكري. وبالإضافة إلى أخطاء القيادة وغياب الديموقراطية، لم يكن مسموحاً لمصر أن تنمو كقوة إقليمية؛ وكان هناك تآمر لضرب تجربة مصر من القوى الإستعمارية، مثلما حدُث في عهد محمد علي. لقد هزت وفاته العالم كما تبلّور ذلك في جنازته، وغيّر في موازين القوى بعدها، فقد كان واحداً من أبرز قادة التحرر الوطني في العالم. رغم ذلك فقد كانت قضية الديموقراطية هى الخطأ التي نجني ثماره المريرة الآن، فحتى انجازات فترة عبد الناصر في مجال التنمية، ومن قبله الرأسمالية المصرية، التي أقامها الشعب بعرقه، تمّ بيعها لصالح عصابة من السماسرة اللصوص.

أمّا الرئيس المخلوع، فقد اختزل حرب أكتوبر في الضربة الجوية الأولى والأخيرة، وارتمى بعدها في أحضان الأعداء وشنّ حربه على الشعب. عبّر عن ذلك الكاتب الكبير الساخر جلال عامر في النكتة التي شاعت "ياريته كان وجّه لنا نحن الضربة الجوية وحكم إسرائيل". وكان ضحايا السلام من الشعب أكثر بكثير جداً من ضحايا الحرب، من دون أن يتكبد العدو أية نفقات عسكرية، بصورة لم تكن تحلم بها "إسرائيل". مات المصريون من المبيدات المسرطنة التي أرسلها لنا العدو الأسرائيلي، ومات ضحايا السلام بالسرطان والفشل الكلوي والكبدي، ماتوا مجاناً بعد أن أنفقوا الكثير في العلاج، وتركوا أسرهم تعاني الفقر من بعدهم، غير شهداء

الحرب الذين كرّمت أسرهم، ويفخر بهم أبنائهم، وتمّ تكريم يوسف والي وزير الزراعة عن هذه الجريمة في نهاية مدة خدمته. والذين حاولوا كشف ما حدث زجّ بهم في السجون مثل الصحافي الشريف مجدى أحمد حسين، الذي كشف المؤامرة من البداية.

ومع تصاعد سيناريو التوريث، ازداد ارتماء في أحضان أمريكا والعدو الإسرائيلى، وشنّت حرباً ضارية ضدّ الشعب على المستويات كافة، كانت الوزارات التي شكلها كأنها وزارات حرب ضدّ الشعب، كل وزير يحارب الشعب في مجاله. وتمّ القتل في أقسام الشرطة وحوادث الطرقات، بالأطعمة والمياه الملوثة والعلاج وإهدار أرواح المواطنين وحقوقهم، كل وزير في مجاله، ونهب أموالهم التي هي ملك للشعب.

مبارك لم يكن رجل دولة على الإطلاق، بل ربّ أسرة، كل ما يشغله قبل الرئاسة أن يجتهد في عمله كأي موظف، ويفخر أنه لا يقرأ الصحف لأنه لا يجد وقتاً، ولا تتوافر له ثقافة عامة، ويفقد مقومات الزعامة. ولعلنا نذكر النكتة التي شاعت عند توليه الرئاسة " الموظّف الذي ترقى حتى أصبح رئيساً للجمهورية"، وعندما أصبح رئيساً، رأى في موارد مصر خيرا له ولأسرته. وفي النهاية لعب على المكشوف بتولّي رجال الأعمال الوزارة، فحلبوا البقرة حتى استنزفوها ونزف الدم من ضرعها. استعاض مبارك عن الشعب بالشرطة، وأنفق عليها الكثير من دم الشعب، وترك أفرادها وبلطجيتهم يعيثون في أرجاء مصر فساداً. ورغم العنف الوحشي أمام مجموعة شباب عراة عزّل، فقد تهاوت الواجهة وانسحبوا إلى الخطوط الخلفية، ليقدموا ضباطهم وجنودهم بملابس مدنية ليقودوا جيوش البلطجية. هل هذا جهاز شرطة أم تنظيم عصابي من العصر المملوكي.

في الرواية كنت أصف مشهداً يدخل فيه الخيالة الساحة وهم ممسكين بالسياط، يفرقون الناس ويتخاطفون الأسلاب. كان المشهد في مولد يتعايش فيه الناس جنباً إلى جنب وكل يعبر بطريقته، المنشدون والحواة، حلقات الرقص والبهلوانات ورواة السيرة والوعّاظ وحلقات الطرب والنيشان والأراجوز، الذي يمثل لهم مشهد المنسر في قصر السلطان وهم يلقون بالأسلاب أمامه،

ويكتشفون أنه أبو عرام شيخ المنسر. كان الناس عندما هاجمهم المنسرفى الساحة يتدافعون إلى أطرافها، يمضون في ممرات لا يدرون أن كانت طرقاً أم بيوتاً. هكذا الحال عندما أرى ميدان التحرير مزدحماً بالشباب الذين أقاموا فيه خياماً للمبيت، فقد أصبح شارعاً وبيتاً ووطناً. لقد عزل مبارك لكل هذه الأسباب، ولمحاولة قلب نظام الحكم بالقوة وتحويل مصر من جمهورية إلى ملكية، بالاستعانة بجهات أجنبية، ولم يدافع عنه، سوى نتنياهو زعيم العصابة الصهيونية، وبيرلسكوني ذو العلاقة المشبوهة بالمافيا والملك عبدالله ملك السعودية.

شباب الثورة أعمارهم مثل أعمار "الضباط الأحرار" عندما قاموا بالثورة، يتمتعون بوعي كبير كما بدا من خلال أحاديثهم ومناقشتهم في الأعلام. هل سنشهد منهم رئيساً للجمهورية خلال السنوات القليلة المقبلةً؟ أعتقد انني لا أغالي. أجلس الآن أمام التلفزيون أتابع أخبار الثورات العربية في القنوات المختلفة، أسمع نفس الكلمات من الحكّام، ونفس الكلام من الشعب، لقد خُلع إثنان من الحكّام حتى الآن، ورغم ذلك يصر الباقون على ترديد الإسطوانات المشروخة نفسها، أنه الغباء التاريخي. ستفتح الحدود بين الشعوب العربية ليتزاوروا من دون تأشيرة، وستقيم الدول العربية في السنوات المقبلة سوقاً عربيا مشتركاً وبرلماناً موحداً، بإرادة الشعوب وليس بقرارات الحكام.

سهام بيومي

صحافية وروائية

بيانات الثورة المصرية

(الملحق 1)

استقلال القضاء ضمانة تحقيق مطالب الثورة المصرية

في إطار ثورة الشعب المصري للمطالبة بالديموقراطية وإحترام حقوق الإنسان وسيادة القانون، انبثقت عن هذه الثورة الشعبية قوة سياسية جديدة يجسدها الشعب المصري الذي يسعى إلى تقييد الصلاحيات المطلقة والحصرية للسلطة التنفيذية. واتفقت القوى الشعبية بالإجماع على أهمية إصلاح النظام القضائي، مما يؤدي إلى استقلال القضاء المصري استقلالا تاما. وتعتقد الشبكة الأوروبية-المتوسطية لحقوق الإنسان أنه على الرغم من الاستجابة لبعض مطالب القضاة، فإن العمل على تحقيق استقلالية القضاء لم تتحق بعد.

لذا تشجع الشبكة الأوروبية-المتوسطية لحقوق الإنسان السلطات المصرية على تنقيح قوانين مختلف الهيئات القضائية، بطريقة تسمح بتحقيق الاستقلال التام للقضاء. كما تحثّ المجتمع المدني على وضع استقلالية القضاء على أجندة الاولويات باعتبارها إحدى اولويات الفترة الانتقالية في مصر، بما أن القضاء المستقل هو الضامن الرئيسي للعدالة التي تمثّل أحد أهم أهداف الثورة المصرية.

وفي إطار عملها على مسألة استقلال القضاء، طلبت الشبكة الأوروبية المتوسطية لحقوق الإنسان من باحثين كتابة تقرير يشخّص مواطن الضعف فيما يخص استقلال النظام القضائي المصري، مشفوعا بتوصيات ومقترحات من شأنها تعزيز استقلال القضاء.

ولقد بدأ تقرير الشبكة "مصر: استقلال السلطة القضائية " - في قسمه الأول - بعرض الإطار العام (القانوني والتاريخي) لاستقلال النظام القضائي المصري. ثم تناول التقرير - في قسمه الثاني - معوقات استقلال القضاء مثل تدخّل السلطة التنفيذية في شئون القضاء عن طريق التعيين في المناصب القضائية العليا والتحكم في الندب والإعارة، وعدم تنفيذ الأحكام

القضائية، وحرمان بعض المتقاضين من قاضيهم الطبيعي عن طريق اللجوء إلي المحاكم الاستثنائية، وحرمان جزء كبير من المجتمع من فرصة اختيارهم كقضاة، والمساس بالحقوق الجماعية والفردية للقضاة، وتركز السلطة في أيدي رؤساء المحاكم. هذا بالإضافة إلي المشاكل التي يواجهها أعوان القضاء من محامين وخبراء وكتبة ومحضرين.

ويمكن رد هذه المعوقات التي تحول دون استقلال القضاء إلى سببين: السبب الأول والأهم، هو وجود سلطة تنفيذية فاسدة تخشى من وجود سلطة قضائية مستقلة تحاسبها. ولذلك حرصت السلطة التنفيذية على أن تدع في القوانين المنظمة للهيئات القضائية العديد من الثغرات التي تمكّنها من المساس باستقلال القضاء. السبب الثاني، هو وجود ممارسات سيئة لبعض القضاة نمت وترعرت في مناخ عام ملوّث خيّم على مصر لسنوات طويلة، ذلك المناخ سمح وأسّس لتوريث المهن القضائية وحرمان النساء من اعتلاء منصّة القضاء لفترات طويلة.

ومثلما حاول التقرير إبراز سوءات النظام القضائي المصري، حاول التقرير وضع مقترحات وتوصيات لمختلف الجهات المعنية حتي تزول هذه السوءات.

(ملحق 2)

بيان رقم 1

الصادر بتاريخ 11-2-2011

جماهير ثورة 25 يناير 2011

نحن جماهير شعب مصر، صاحب السيادة على أرضه ومصيره ومقدراته، التي استردها كاملة باندلاع ثورة 25 يناير الشعبية المدنية الديموقراطية وتضحيات شهدائها الأبرار، وبعد نجاح الثورة في إسقاط النظام الفاسد وقياداته، نعلن استمرار هذه الثورة السلمية حتى النصر وتحقيق مطالبها كاملة وهي:

أولاً: إلغاء حالة الطوارئ فورا.

ثانياً:الإفراج الفوري عن كافه المعتقلين السياسيين.

ثالثاً: إلغاء الدستور الحالي وتعديلاته.

رابعاً: حل مجلسي الشعب والشورى والمجالس المحلية.

خامساً: إنشاء مجلس حكم رئاسي انتقالي يضمّ خمسة أعضاء من بينهم شخصية عسكرية وأربع رموز مدنيه مشهود لها بالوطنية ومتفق عليها، على إلاّ يحقّ لأي عضو منهم الترشح لأول انتخابات رئاسية قادمة.

سادساً: تشكيل حكومة انتقاليه تضمّ كفاءات وطنيّه مستقلّة لا تضم تيارات سياسية أو حزبية، تتولى أدارة شؤون البلاد وتهيئ لإجراء انتخابات عامه حرة ونزيهة في نهاية هذه الفترة الانتقالية، في مدّة لا تزيد عن 9 أشهر. ولا يجوز لأعضاء الحكومة الانتقالية الترشح لأول انتخابات رئاسية او برلمانية.

سابعاً: تشكيل جمعية تأسيسية أصلية لوضع دستور ديموقراطي جديد، يتوافق مع اعرق

الدساتير الديموقراطية، والمواثيق والعهود الدولية لحقوق الإنسان ويستفتى عليه الشعب خلال ثلاثة أشهر من إعلان تشكيل الجمعية.

ثامناً: إطلاق حرية تكوين الأحزاب على أسس مدنيه وديموقراطية وسلمية، من دون قيد أو شرط وبمجرد الإخطار.

تاسعاً: إطلاق حرية الإعلام وتداول المعلومات.

عاشراً: إطلاق حرية التنظيم النقابي وتكوين منظمات المجتمع المدني.

حادي عشر: إلغاء كافه المحاكم العسكرية والاستثنائية وكل الأحكام التي صدرت بحقّ مدنين من خلال هذه المحاكم.

أخيراً: نهيب بجيش مصر الوطني البار ابن هذا الشعب العظيم، الذي صان دماء الشعب وحفظ امن الوطن في هذه الثورة العظيمة، أن يعلن تبنيه الكامل لكل هذا القرارات ومطالب الثورة وانحيازه التام إلى الشعب.

* تلاه في ميدان التحرير أمام جماهير الثوّار السيد المستشار الدكتور محمود مكي، نائب رئيس محكمة النقض.

* وتلاه في قناة "الجزيرة" لنشره أمام شعوب العالم، السيد المستشار الدكتور محمد فؤاد، نائب رئيس مجلس الدولة.

(ملحق 3)

بيان رقم 2

الصادر بتاريخ 11-2-2011

جماهير ثورة 25 يناير2011

باسم شهداء ثورة مصر الشابة نشكر كل من ساند ثورتنا الشعبية للحرية والديموقراطية في جميع أنحاء العالم.

بعد تحقيق الثورة المظفّرة أول وأهم انتصار لها وهو إسقاط النظام الاستبدادي الفاسد واستعادة شعب مصر العظيم لسلطاته وسيادته بحماية جيشها الباسل.

فإن جماهير الثورة تعلن أن الثورة مستمرة وأن جماهيرها الغفيرة باقية في كل ميادين وساحات مصر حتى تتم الاستجابة لكل قرارات الثورة صاحبة الشرعية الوحيدة الواردة في البيان الأول.

وتدعو جماهير الثورة جيش مصر العظيم ممثلا في المجلس الأعلى للقوات المسلحة إلى إعلان فوري ناجز بقبول كل القرارات الواردة في البيان الأول لجماهير الثورة.

إن الانتصار الأول وإن كان دليلاً على أن دماء شهداء الثورة وجرحاها من شباب مصر الطاهر لم تضع هدراً، فإن احترام تضحيات شعبنا تقتضى استمرار الثورة حتى تعٌهد الجيش بحماية قرارات الثورة الساعية إلى نقل مصر لدولة حرة مدنية ديموقراطية

* تلاه في ميدان التحرير أمام جماهير الثوّار الأستاذ أحمد نجيب.

(ملحق4)

بيان ثورة التغيير

الخميس, 03 شباط 2011 19:48

4 فبراير «جمعة الرحيل»

وفاءً لدماء مئات الشهداء الذين سقطوا برصاص الغدر في رؤوسهم وصدورهم، ولآلام آلاف المصابين من أبناء ثورة 25 يناير، وللملايين المصريين الذين خرجوا بقلوبٍ عامرةٍ بالحب والإيمان بوطنهم العزيز مصر. . الذين وضعوا نصب أعينهم حياةً حرةً كريمةً ترفض كل أشكال الذّل والهوان، وتعيش في ظل عدالةٍ اجتماعيةٍ وتوزيعٍ عادلٍ للثورة بين أبناء مصر، بعيدا عن الخوف وإساءة استخدام السلطة الذي تمثل في تحويل جهازي أمن الدولة والشرطة إلى عصابات للترويع والقتل وتدمير وتبديد ونهب ثروات الشعب الخاصة والعامة.

وقد اعترف المجرمون من عناصر الشرطة والبلطجية بالصوت والصورة أنهم قد استؤجروا من قبل رؤوس مجلس الشعب المزور وأعضائه، ومن رجال أعمال الحزب الوطني ومحتكري أراضي الدولة، الذين هرَّبوا مليارات الدولارات المنهوبة خلال الأيام الماضية. . هذه الأموال المنهوبة كانت كافية للرد على خطاب عمر سليمان وكشف زيفه. . وهذه الأموال كانت كفيلة بتوفير فرص عمل حقيقية لشبابنا العاطل. . وكانت كفيلة أيضا بوضع حد أدني للأجور يضمن حياة آدمية كريمة لشعب مصر الحر.

إن القوى السياسية الحقيقية للتغير طالما طالبت بتحقيق آمال الشعب المصري وحقوقه المشروعة، وكثيرا ما قدمت الحلول الكافية لإصلاح أحوال المجتمع، ولكن نظام مبارك رفض هذه الحلول وتجاهلها لأنها تتعارض مع مصالح غير مشروعة للقلة التي اغتصبت السلطة والثروة.

إن قوى التغيير الحقيقية لن ترفض الحوار من حيث المبدأ كما يدّعي النظام ومسؤولوه ممثلا في خطاب عمر سليمان، ولكننا نرفض الخداع الذي يمارسه النظام على مدى ثلاثين عاما، ونرفض

تزييف الحقائق واللعب على مشاعر الشعب ورفع سيف التجويع ومصادرة الطعام ومنعه من الوصول إلى المعتصمين. . والآن نرفض الحوار قبل الاستجابة لمطالب ثورة الشعب، ولأن النظام لم يستجب حتّى اليوم إلاّ لبعض المطالب التي يمكن أن يتراجع عنها في لحظة لأنه عودنا على التصرف بخبث وجنون.

ورغم حديث النظام عن إنجازات وهمية لا نهائية، فإن الشعب يعاني من الفقر والبطالة والمرض والجهل، ويعاني من القهر والتعذيب وانتهاك كرامة المصريين. . تلك الأسباب هي التي فجرت الثورة الشعبية، ولا يملك أي شخص التفريط فيها، ولا يمكن التفريط في دماء الشهداء ولا جراحات الآلاف ومعاناة الملايين من أبناء الشعب المصري.

ونحن جماهير الشعب المصري التي تواجه حصار النظام، نعلن إصرارنا على العيش بكرامة وحرية. . ويأأيها الشعب العظيم لا تنخدع بخطاب رؤوس النظام للالتفاف على مطالب الشعب العادلة.

ويا أيها المعتصمون الثائرون أنتم -بعد تأييد الله تعالى- من يصنع مصيره وينتزع حريته وحقوقه من أنياب نظام مجرم مازال يحاصر ويغتصب حقوقنا. . وعلى الجميع اليوم أن يحيط الشباب الحرّ بكل التأييد والدعم من أجل أن تنقشع غيوم الظلم ونقضي على الفقر والبطالة ونزيل آثار القهر. . اليوم لم يبق إلاّ سويعات قليلة حتي تشرق شمس الحرية والعدالة. . فثورة التغيير مستمرة حتي النصر.

(ملحق 5)

بيانات ثورة التغيير الصادر من ميدان تحرير مصر صباح جمعة الرحيل 4 فبراير

بيان ثورة التغيير

وفاءً لدماء مئات الشهداء الذين سقطوا برصاص الغدر في رؤوسهم وصدورهم، ولآلام آلاف المصابين من أبناء ثورة 25 يناير، ولملايين المصريين الذين خرجوا بقلوبٍ عامرةٍ بالحب والإيمان بوطنهم العزيز مصر. . الذين وضعوا نصب أعينهم حياةً حرةً كريمةً ترفض كل أشكال الذل والهوان، وتعيش في ظل عدالةٍ اجتماعيةٍ وتوزيعٍ عادلٍ للثورة بين أبناء مصر، بعيدا عن الخوف وإساءة استخدام السلطة الذي تمثل في تحويل جهازي أمن الدولة والشرطة إلى عصابات للترويع والقتل وتدمير وتبديد ونهب ثروات الشعب الخاصة والعامة. وقد اعترف المجرمون من عناصر الشرطة والبلطجية بالصوت والصورة أنهم قد استؤجروا من قبل رؤوس مجلس الشعب المزور وأعضائه، ومن رجال أعمال الحزب الوطني ومحتكري أراضي الدولة، الذين هرَّبوا مليارات الدولارات المنهوبة خلال الأيام الماضية. .

هذه الأموال المنهوبة كانت كافية للرد على خطاب عمر سليمان وكشف زيفه. . وهذه الأموال كانت كفيلة بتوفير فرص عمل حقيقية لشبابنا العاطل. . وكانت كفيلة أيضا بوضع حد أدنى للأجور يضمن حياة آدمية كريمة لشعب مصر الحر.

إن القوى السياسية الحقيقية للتغيير طالما طالبت بتحقيق آمال الشعب المصري وحقوقه المشروعة، وكثيرا ما قدمت الحلول الكافية لإصلاح أحوال المجتمع، ولكن نظام مبارك رفض هذه الحلول وتجاهلها لأنها تتعارض مع مصالح غير مشروعة للقلة التي اغتصبت السلطة والثروة.

إن قوى التغيير الحقيقية لن ترفض الحوار من حيث المبدأ كما يدّعي النظام ومسؤولوه ممثلا في خطاب عمر سليمان، ولكننا نرفض الخداع الذي يمارسه النظام على مدى ثلاثين عاما، ونرفض تزييف الحقائق واللعب على مشاعر الشعب ورفع سيف التجويع ومصادرة الطعام ومنعه من

الوصول إلى المعتصمين. . والآن نرفض الحوار قبل الاستجابة لمطالب ثورة الشعب، ولأن النظام لم يستجب حتى اليوم إلاّ لبعض المطالب التي يمكن أن يتراجع عنها في لحظة لأنه عودنا على التصرف بخبث وجنون.

ورغم حديث النظام عن إنجازات وهمية لا نهائية، فإن الشعب يعاني من الفقر والبطالة والمرض والجهل، ويعاني من القهر والتعذيب وانتهاك كرامة المصريين. . تلك الأسباب هي التي فجرت الثورة الشعبية، ولا يملك أي شخص التفريط فيها، ولا يمكن التفريط في دماء الشهداء ولا جراحات الآلاف ومعاناة الملايين من أبناء الشعب المصري. ونحن جماهير الشعب المصري التي تواجه حصار النظام نعلن إصرارنا على العيش بكرامة وحرية. . ويا أيها الشعب العظيم لا تنخدع بخطاب رؤوس النظام للالتفاف على مطالب الشعب العادلة.

ويا أيها المعتصمون الثائرون أنتم - بعد تأييد الله تعالى- من يصنع مصيره وينتزع حريته وحقوقه من أنياب نظام مجرم مازال يحاصر ويغتصب حقوقنا. . وعلى الجميع اليوم أن يحيط الشباب الحر بكل التأييد والدعم من أجل أن تنقشع غيوم الظلم ونقضي على الفقر والبطالة ونزيل آثار القهر. . اليوم لم يبق إلاّ سويعات قليلة حتى تشرق شمس الحرية والعدالة. . فثورة التغيير مستمرة حتى النصر.

(ملحق 6)

القوى الوطنية المصرية تعلن إنشاء

(ائتلاف ثورة يناير للحرية ودعم المقاومة العربية)

شارك في مؤتمر الائتلاف: (د. عبد الله الأشعل - الشيخ جمال قطب - د. رفعت سيد أحمد - د. محمد مورو - أحمد عز الدين - د. صفوت حاتم - عادل الجوجري - الشيخ عبد الحميد بركات - إبراهيم بدراوي - أحمد شرف - عصام عامر - فاروق العشري - عبد القادر ياسين - د. صلاح الدسوقي- وممثلين عن شباب 25 يناير والعديد من المثقفين والسياسيين).

القاهرة 2011/2/20

* أعلن ممثلو القوى الوطنية المصرية بالأمس (2011/2/19) وفى مؤتمر موسع لها في مقر "مركز يافا للدراسات والأبحاث" بالقاهرة، برئاسة د. رفعت سيد أحمد رئيس المركز - إعلان تأسيس (ائتلاف ثورة 25 يناير للحرية ودعم المقاومة العربية)، وجاء في البيان التأسيسى للائتلاف أن الهدف من إنشائه هو اعطاء ثورة 25 يناير بعدها العربي والمقاوم لإسرائيل وأمريكا، والذي أُفتقد خلال الفترة الماضية، ولم يتمّ تضمينه في العديد من البيانات الصادرة عن الحركات والتيارات المناضلة المشاركة في ثورة 25 يناير ؛ وأكد المشاركون في المؤتمر على أن مقاومة الاستبداد وإسقاط الأنظمة الفاسدة، مثل نظام مبارك، لن يتم بشكل كامل ونهائي إلاّ بمقاومة المشروع العدوانى الأمريكى والإسرائيلى على الأمّة، فالاستبداد والهيمنة والتبعية كل لا يتجزأ، ومن واجب القوى الشعبية والشبابية التي فجّرت ثورة 25 يناير أن تعلن للأمة العربية والإسلامية أنها تقف في صفّ المقاومة في العراق وفلسطين ولبنان، وكل مكان في العالم العربى والإسلامى يتم فيه مقاتلة العدوّ الأمريكى والإسرائيلي، ومن واجبها أيضاً أن تحمي ثورتها من الوجوه الأمريكية والإسرائيلية التي تحاول خطفها تحت دعوى أن هذه الثورة، تهتم بمصر فقط من دون باقى الأمة.

* هذا وقد أجمع المشاركون في المؤتمر على أربعة قضايا رئيسية:

أولاً: تحية شهداء الثورة والتأكيد على استمرارها حتى يتم إنجاز الأهداف العليا التي اتفقت عليها كافة القوى الوطنية التي فجرت هذه الثورة، والتي ناضلت وسجنت واضطهدت طيلة الثلاثين عاماً الماضية من أجلها وليس فقط خلال الثمانية عشر يوماً فقط.

ثانياً: إنهاء كل رموز ومؤسسات النظام القديم الفاسد، والسعي لبناء مصر الثورة على أسس وقيم ومؤسسات جديدة وديموقراطية تحقّق العدالة الاجتماعية والحرية السياسية.

ثالثاً: العمل بكل جهد من أجل استرداد أموال وأراضي الشعب المنهوبة، والإفراج الفوري عن كافة المعتقلين السياسيين، وإنهاء كل القوانين المقيدة للحريات.

رابعاً: الربط بين ثورة مصر والمقاومة العربية ضدّ الكيان الصهيوني، والأمريكي وضدّ الاستبداد، والعمل على تجسيد عروبة مصر سياسياً وقومياً.

ولقد شارك في المؤتمر ممثلون عن قوى اليسار المصري (إبراهيم بدراوي - أحمد شرف (القياديان الشيوعيان المعروفان) - عاطف المغاوري عضو اللجنة المركزية لحزب التجمّع وأمين الحزب بمحافظة الشرقية- سيد امين - د. صفوت حاتم - أ. عادل الجوجرى - أ. هانى ماضى - أ. إيهاب شوقى وآخرين) - التيار الإسلامى: الشيخ جمال قطب رئيس لجنة الإفتاء في الأزهر الشريف - د. محمد مورو المفكر الإسلامي ورئيس تحرير مجلة المختار الإسلامى - الشيخ عبد الحميد بركات الأمين العام المساعد لحزب العمل وآخرين - ومن الشخصيات العامة د. عبد الله الأشعل المفكر المعروف ومساعد وزير الخارجية الأسبق - أ. عبد القادر ياسين المناضل والمؤرخ الفلسطيني المعروف - اللواء وجيه عفيفي مدير المركز العربى للدراسات الاستراتيجية).

(ملحق 7)

بيان 2 ائتلاف شباب الثورة

اليوم، ونحن نحتفل بتحقيق خطوة كبرى على طريق استعادة الوطن والكرامة، وعودة مصر إلى مكانتها التي تستحقها بين شعوب العالم.. مازال أمامنا خطوات أخرى لتحقيق أهداف ثورة، لم تنشأ من فراغ وإنما غرست بذرتها منذ أيام النضال ضد الاستعمار ورواها الشعب المصري دما وتضحيات جيلا بعد جيل حتى اشتد عودها في جيلنا.. ومازال علينا أن نتعهدها بالرعاية لنسلمها راية خفاقة إلى أجيال بعدنا.

وكما أصبح معروفا للكثيرين فإن "ائتلاف شباب الثورة" تم تأسيسه منذ فترة الإعداد لفعاليات يوم 25 يناير، من خمسة مجموعات سياسية هي: "6 ابريل، والعدالة والحرية، وحملة دعم البرادعي ومطالب التغيير / معا سنغير، وشباب الأخوان المسلمين، وشباب حزب الجبهة الديموقراطية بالإضافة إلى شباب الجمعية الوطنية للتغيير وبعض المدونين والمستقلين"

ومنذ اليوم الأول اعلن الائتلاف عددا من المطالب هي :

* رحيل الرئيس السابق.
* حل مجلسي الشعب والشورى وانتخاب مجلسين جديدين.
* تشكيل هيئة تأسيسية تقوم على صياغة دستور جديد للبلاد.
* تشكيل حكومة إنقاذ وطني من التكنوقراط.
* إلغاء قانون الطوارئ، والإفراج عن جميع المعتقلين السياسيين، وإطلاق الحريات العامة وحق تشكيل التنظيمات السياسية والنقابية المستقلّة.

وتحقق بدماء أكثر من ثلاثمائة شهيد وثلاثة آلاف وخمسمائة مصاب الأهداف التالية :

* رحيل الرئيس السابق.
* وقف العمل بالدستور.
* حل مجلسي الشعب والشورى.

ومازلنا نطالب بالتالي:

* إلغاء قانون الطوارئ والإفراج عن المعتقلين السياسيين، وإطلاق الحريات العامة وحق تشكيل التنظيمات السياسية والنقابية المستقلة.

* تشكيل حكومة إنقاذ وطني من التكنوقراط.

التحقيق مع المسئولين عن قتل شهداء الحرية والكرامة واصابة الآلاف ممن رفعوا راية الحرية.

ولمّا كان الائتلاف يعبّر عن رؤى سياسية مختلفة، فهو بالتالي قد يعبّر عن قطاع كبير من الشعب المصري.. لكنه لا يشكل حزبا.لأن الحزب بطبيعته يستهدف الوصول للسلطة، لكن شباب الائتلاف مثلما اجتمعوا، رغم اختلافاتهم الفكرية والسياسية على قيام الثورة والمشاركة في إنجاحها، فهو يجتمعون ـ أيضا رغم الاختلاف السياسي ـ لمتابعة تحقيق أهداف الثورة، وحشد الآخرين ـ جماعات وأفراداً ـ للمشاركة في بناء الوطن الذي عمل النظام البائد على نهبه وتخريبه. ومن ثم، قرر الائتلاف استمرار عمله خلال الفترة الانتقالية، وتوسيع قاعدته بضم أعداد جديدة من المجموعات السياسية والأفراد المستقلين ليقوم بمتابعة عملية تحقيق مطالب الثورة وانتقال السلطة سلميا لأياد مدنية.. التزاما منا بحماية منجزات تطلعنا إليها طويلا وتحققت بدماء الشهداء.

المجد لشهداء الوطن ..

ولتهنأ أرواحهم وقلوب أسرهم، فلن تضيع دماؤهم سدى

عاشت مصر وطنا ينعم فيه جميع المصريين بالحرية والعدالة الاجتماعية